2018年度国家社科基金重大项目
“把社会主义核心价值观融入法治建设”（18VHJ016）阶段性成果

首届
“信用法治·韶山论坛”
优秀论文集

Social Credit Law - Shaoshan Forum

谭　曼　顾敏康·主编

法律出版社
LAW PRESS·CHINA

主编简介

谭　曼

1975年生于湖南新化，中共党员，法学博士。湘潭大学信用风险管理学院首任院长，湘潭大学信用立法研究中心主任，杜兰-永雄国际信用法律研究中心主任，长沙永雄股权投资管理有限公司董事长，湖南永雄资产管理集团有限公司党委书记、董事长，湖南卫成信用风险管理有限公司董事长。

兼任湖南省法学会诉讼法学研究会副会长、湖南省法学会民营经济法治研究会常务副会长、湖南省法学会法治反腐研究会常务理事、湖南省法学会法治反腐研究会非公企业依法合规经营示范基地主任、湖南省新媒体协会副会长、湖南大学法学院法律硕士实务导师、湖南师范大学法学院兼职教授、中南大学商学院兼职硕士研究生导师、长沙市经信委党风政纪监督员（2016～2019年）等职务。

顾敏康

教授，香港太平绅士，湖北省政协委员，湘潭大学信用风险管理学院院长，曾任香港城市大学法律学院教授和副院长。德国波鸿鲁尔大学法律系访问学者和奥地利维也纳大学访问教授。

上海华东政法大学第一届“上海东方学者”讲座教授，香港世界贸易组织研究中心研究员兼副主任，香港“一带一路”国际研究院研究员，香港基本法教育协会副主席，香港内地海外学人联合会副会长，中国高等院校香港校友会联合会副会长，沪港校友联合会监事长，香江智汇副会长兼秘书长，中国国际经济贸易仲裁委员会、深圳仲裁委员会、前海国际仲裁院等多家机构仲裁员，香港国际争议解决及专业谈判研究院顾问。

序　言

社会信用体系建设应该是新时代具有中国特色的社会管理方法，其目的是通过新的社会管理方法促进全社会信用道德的提升；其正当性体现在对守法尊约者予以奖励和激励，对违法失信者予以惩罚和限制；其涵盖的信用主体既包括个人、企业，也包括政府，既包括被管理者，也包括管理者本身。

具体而言，社会信用体系建设就是依靠技术和数据搭建信用信息平台，通过信用管理而实现新的社会管理模式。换言之，就是通过信用信息共享来实现联合奖惩，真正做到让守信者获得奖励；让失信者"一处失信，处处受限"，不得不认真规范自己的行为。

《社会信用体系建设规划纲要（2014～2020年）》对社会信用体系建设的定义："社会

信用体系是社会主义市场经济体制和社会治理体制的重要组成部分。它以法律、法规、标准和契约为依据,以健全覆盖社会成员的信用记录和信用基础设施网络为基础,以信用信息合规应用和信用服务体系为支撑,以树立诚信文化理念、弘扬诚信传统美德为内在要求,以守信激励和失信约束为奖惩机制,目的是提高全社会的诚信意识和信用水平。”这段话表达了四层意思:第一层是提出“社会信用”的概念,这是一个相对于经济信用的概念。经济信用(与发达国家信用概念等同)可形成可量化的债权债务关系,社会信用不直接形成债权债务关系,可以理解为诚信。广义的社会信用,是指主体履行约定义务的(客观)能力和(主观)意愿。约定既包括“公约”,也包括“私约”。法律是对全体社会成员具有强制约束力的社会公约,因此,违法即是对其他社会成员的失信。违反合同、承诺等“私约”,则是对特定主体的失信。第二层是以现有的法律、法规、标准和契约为依据,追究违法、违约者的民事、行政,甚至是刑事责任。而这些失信行为和承担过责任就可能成为联合惩戒所依据的负面信息。第三层是将这些失信者的信用状况加以记录并合法共享,从而实现联合对失信者进行二次惩戒的机制。第四层是通过社会信用体系建设,提高全社会的诚信意识和信用水平,最终实现社会主体自觉守法和履约。

湘潭大学信用风险管理学院因应社会信用体系建设而成立,是全国专门从事信用立法教学和研究的二级学院。信用风险管理与法律防控专业是教育部于 2018 年 3 月批准设立的法学类别下的新增特色专业。湘潭大学信用风险管理与法律防控专业,在全国第一个获准招收全日制本科生。本专业依托湘潭大学与长沙永雄股权投资管理有限公司签署的“共建协议”,依托湘潭大学与杜兰大学法学院“3 +1”全日制法律硕士(LLM)合作培养项目,依托湘潭大学的法学、管理学、金融学、信息工程等优势学科,秉持“宽口径、厚基础、强能力、综合性、复合型”的培养理念,采取“法学基础+信用法特色”“法律+信息管理+信息技术”的培养模式,为我国社会信用体系建设培养专门人才。本专业在培养具有宽广知识视野、扎实法学基础的法律职业人才的同时,因应我国社会信用体系建设的时代需要,面向信用监管部门和征信、信用评估、不良资产处置、债务催收、信用修复等信用服务行业,面向国家机关、企事业单位、社会团体中的信用管理岗位,培养既懂法律,又懂管理,掌握一定信息技术工具的综合性、复合型专门人才,能够适应互联网、大数据等技术背景下个人、企业、政府信用风险管理与法律防控的特殊需求,能够为事前、事中、事后信用风险管理提供全流程精准法律服务。目前,信用风险管理学院已经健全了从本科、硕士研究生到博士研究生的完整学位培养体系。欢迎有志于社会信用体系建设的人士报考。

2018年的“信用法治·韶山论坛”是信用风险管理学院与中国法学会学术委员会联合举办的一次高规格的专题研讨会,是对社会信用法治建设的重要贡献。此次入选一至三等奖的论文共有21篇,分为四个部分:一是关于信用立法的文章:杨福忠的《诚信价值观法律化视野下社会信用立法研究》;王聪的《困境与出路:我国社会信用立法的现状检视》;王锐的《信用的本质及其法治路径》;李佳飞的《论信用联合惩戒的运行逻辑与立法建议》;缪若冰的《我国信用奖惩机制完善的法律路径探析》。二是关于信用信息平台建设的文章:陈祥玲的《避免信用法治建设的“道德洁癖”——以信用信息保护为视角》;石珍和张琴的《简政放权背景下黑名单制度的文本分析与实践考察——以全国各省51份有关失信管理文件为研究对象》;王鹏鹏的《论个人信用信息公开的私法规制》；邓安、刘弦和刘青青的《错误不良信用记录引发的侵权责任的司法认定——基于200份司法裁判文书的分析》；闫敏的《信用治理中的声誉异化及其法律规则——以失信行为黑名单为分析对象》；徐晓明的《论信用规制目标导向下的行政黑名单制度及其法律控制》。三是各论文章：李语嫣的《民事诉讼失信行为如何治理——以诉讼诚信机制之解释论与构建论为视角》；范志勇的《论破产重整制度的实施与市场信用的修复》；张远照的《信用预防性行政诉讼研究——以信用执法中相对人重大合法权益之事前预防为视角》；夏先华和郝巧会的《基于社会信用体系的培育——破解“执行难”的现实路径》；王新红的《行业协会对社会信用的影响及其法律促进》；陈永嘉的《政府失信被执行人的执行效果与机制改良探析》。四是关于债务清收的文章：蒋华玉和许斌的《债务催收的刑民界分——以“套路贷”与民间借贷二分为视角》；郭纯的《债务催收中债务人的权利救济研究》；李璐的《我国第三方债务催收行业的法律供给与规则完善》；陆银清和袁亚的《债务催收不当行为的类型化分析——从“辱母杀人案”谈起》。这些文章从宏观到细微、从理论到实践、从不同角度探讨了社会信用体系建设的一系列问题。虽然未能穷尽社会信用立法所涵盖的方方面面，但已经能够为读者提供一条清晰的研究思路，为后继者继续研究和拓展提供了重要的思想火花。因此，特向所有从事社会信用立法研究者和对这方面有兴趣者推荐这些文章。

此次“信用法治·韶山论坛”能够成功举办，离不开各家单位的鼎力支持，离不开作者的辛勤工作，离不开听众的积极参与，在此一并致以衷心的感谢！

社会信用体系建设能够实质性地提升整个社会的信用道德

水准,因此具有正当性和合理性。社会信用体系建设的成功不仅能够打造坚实的“信用中国”品牌,也为“一带一路”倡议提供扎实的声誉基础,以期中国对全球化发挥更加重要的引领作用。

社会信用体系建设任重道远,让我们一起努力!

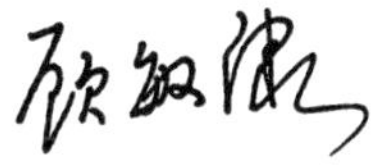

香港太平绅士

湘潭大学信用风险管理学院院长

2019 年 3 月于湘潭大学

目录

完善信用法律体系，力推信用法治建设

——首届“信用法治·韶山论坛”会议综述

开幕式

2018年10月13日由中国法学会学术委员会与湘潭大学联合主办的首届“信用法治·韶山论坛”在伟人故里湘潭市韶山市隆重召开。论坛的主题为“中国信用法律体系研讨”。来自全国人大、全国政协、最高人民法院、最高人民检察院、国家发展改革委、教育部、中国法学会、《法学杂志》、《中外法学》等单位，中央党校、北京大学、中国人民大学、杜兰大学、香港中文大学等30余所高校从事信用法治理论研究的专家学者，以及政法系统、金融行业、律师行业、信用服务行业等部门的实务人才共计200余人齐聚一堂，共同为信用法治建设献言献策。

论坛开幕式由中国法学会办公室王增勇副主任主持，湘潭大学党委书记黄云清教授，最高人民检察院原副检察长、全国政协社会和法制委员会姜建初委员，最高人民法院审判委员会副部级专职委员刘贵祥，湖南省人大常委会原副主任、全国人民代表大会监察与司法委员会委员谢勇教授，中南财经政法大学原校长、中国法学会学术委员会委员吴汉东教授分别在开幕式上发言。湖南省高级人民法院副院长杨翔教授，湖南省人大法制委员会戴少一副主任，美国杜兰大学法学院院长大卫·梅耶教授，浙江大学文科资深教授王贵国，广东外语外贸大学土地法制研究院院长、湘潭大学特聘教授陈小君，教育部督导局副局长、湘潭大学副校长廖永安教授，湘潭市中级人民法院院长廖迪文等出席开幕式。

黄云清教授在致辞中表示，湘潭大学自成立全国首家信用风险管理学院以来，在深化信用法治人才培养、加强信用法治学科建设方面，取得了很好的成绩。学校将以召开此次论坛为契机，整合相关学科的综合优势，凝聚国内外信用法治研究精英，打造信用法治建设智库，努力在信用法治人才培养和科学研究方面做得更好、更有特色，为信用中国建设贡献更多的“湘大智慧”。

姜建初委员指出，构建社会信用体系是建设现代市场体系的必要条件，是规范市场经济秩序的治本之策，也是国家治理体系和治理能力现代化的必然要求。第十三届全国人大将社会信用方面的立法列入规划，这意味着社会信用体系建设中还有很多的法律问题、立法问题需要进行更加深入系统的研究。本次论坛的召开响应了国家的号召，顺应了时代的要求，丰富了我国信用法治研究的理论资源库，为有志于进行信用法治研究的人员提供了很好的平台。

刘贵祥大法官指出，党的十八大提出的社会信用体系建设的总体要求中，加强司法公信建设是一项非常重要的内容。作为社会信用体系建设的重要参与者，最高人民法院先后出台相关规定，积极推进失信被执行人信用监督、警示和惩戒机制的联动化和信息化建设，形成了多部门、多行业、多手段共同发力的联合信用惩戒体系，切实推进了“基本解决执行难”工作，产生了良好的法律效果和社会影响。

谢勇委员指出，信用法治建设在当今中国是极为迫切和紧要的问题。中国经济经过多年的迅速发展，如今正面临信用不足的问题。构建信用法治是降低市场交易成本、促进经济发展的现实要求，也是维护社会发展秩序、满足人民美好生活需要的长远要求。只有将发自内心的道德信念和来自外在的法律规制相结合，才能促进社会信用的整体提升。

吴汉东教授指出，全面推进依法治国是国家治理领域一场广泛而深刻的革命。随着国家社会信用体系建设的不断推进，我国信用法治研究、信用立法等工作已成为当务之急。湘潭大学率先成立全国首家信用风险管理学院，积极推动信用法治人才培养和科学研究，为推动我国信用立法和社会信用体系建设迈出了可贵而坚实的一步。

开幕式上，大卫·梅耶院长宣布“永雄—杜兰国际信用法律研究中心”成立，并向该中心的中方主任谭曼和美方主任王贵国颁发了聘书。该中心是根据湘潭大学、长沙永雄股权投资管理有限公司与美国杜兰大学签订的信用法治人才联合培养协议，为湘潭大学和杜兰大学的教师、学生提供专业拓展与跨国界文化交流的平台。经济全球化对信用法治环境提出了更高的要求,该中心将在全球商贸的环境下,开展国际信用法治研究,推动国际信用法治环境建设。

会上还宣读了会议主办方《关于表彰2018首届信用法治·韶山论坛征文获奖作者的决定》。本次论坛共收到投稿论文80余篇,论题涉及中国信用立法、域外信用法治实践、信用信息公开机制、信用奖惩机制、信用中介机构法律供给与规制等领域,从中评选出获奖论文一等奖2篇、二等奖8篇、三等奖11篇。

主旨演讲

韶山论坛主旨演讲阶段由廖永安教授主持。国家发展改革委财政金融司信用处严畅副处长代表论坛支持单位作了题为《推进信用法治建设、夯实社会信用基础》的主旨发言。

湘潭大学信用风险管理学院首任院长、长沙永雄股权投资管理有限公司董事长谭曼博士发言的主题是《责任·挑战·出路——中国第三方债务催收行业的革命》。他认为,推进信用服务市场的法治化是信用法治建设的重要目标;第三方债务催收是信用服务市场的基本形态,其在唤醒诚信文化自觉、助推法治建设进步、促进金融风险的化解、繁荣信用服务市场等方面具有重要意义。

中证国信信用增级股份有限公司董事长王祚君先生发言的主题是“增信:基于法理的信用核心”。他从信用和增信的关系出发,展示了现存的增信形式和权益增信产品,并根据信用历史发展规律总结了信用增信的现实作用和历史意义。

中国人民大学法学院副院长杨东教授发言的主题是“区块链与中国信用体系建设”。他指出,我国金融信用体系建设存在数据权属不明、数据质量不高、数据孤岛化、数据碎片化、数据流动性差以及数据利用率不高、数据监督责权不明等问题，应该在信用体系建设方式方法上寻求新的突破，尤其是探索利用新兴技术的新型金融信用体系建设路径。利用区块链技术可以有效实现区块链下的信用体系建设，保障数据存储和传输的安全性和隐私保护性，并厘定数据产权，促进数据共享和流动，发挥数据产权最大效用。

武汉大学信息管理学院冉从敬教授发言的主题是“信用信息的多维视角”。他系统介绍了目前正在推动建设的金融大数据，电子商务平台与对政府开放数据服务企业增值开发的服务能力评估平台。其指出，从个人隐私到公司财产的冲突贯穿于信息征集、信息管理、信息使用等整个信用信息流通的生命周期，因而确立隐私保护与公开共享冲突的处理原则，以及明确信息采集、信息使用过程中的保护原则尤为重要。其提出，在信用信息的使用中要着重于解决信用信息的共享与信用信息全生命周期的管控，着重于确定立法规范与确立监管机制，着重于协调信用信息相关主体的利益与探索信用信息增值开发的经济模式利益关系。

北京大学法治与发展研究院院长王锡锌教授在“如何建构社会信用体系的信用”的主旨演讲中强调，信用立法的目光不仅要聚焦于规制各类主体及行为，也要关注信用体系本身的信用。必须强调社会信用体系的合法性和公信力，避免“黑箱化”的操作，对数据的处理，要保证公平就需要提升技术和算法的准确性。信用体系本身必须要有法可依、理论正当。

湘潭大学信用风险管理学院院长顾敏康教授以“中国信用立法的五个理论问题”为题，阐述了对中国信用立法的思考：第一，信用立法的必要性。在市场经济中，信用的经济性质需要用法律规则加以确认，以法律制约人性弱点。第二，现有的法律惩戒更多是为了判决或裁决的执行问题，信用立法的目标是将失信人的信息纳入征信范围内，市场主体拒绝与其交易，使守信者得利、失信者受到惩罚。第三，负面信息公开与公民的隐私权要确定边界，明确个人隐私的范围和判断标准等问题，否则很容易造成披露过界而侵害公民的安宁权。政府也应当是被征信对象，因而征信系统的管理应由独立的社会机构或是人大负责。第四，政府参与失信惩戒对建立社会信用体系具有引导作用。从长远来看应该注意两个问题：一是对公民权利限制应当通过立法程序解决，而不应该用部门规章规制；二是对政府失信惩戒也应该通过法律明确规定。第五，催收是私力救济的主要形式，合法合理的催收行为是对债权人利益的有效保护。债权人与债务人是平等的主体，应平等的保护。不能错误地认为债务人是弱势群体，就限制债权人通过私力救济保护自身的合法权益。

分论坛

下午，四个分论坛同时进行。分别由王贵国教授，陈小君教授，湘潭大学法学院、知识产权学院院长肖冬梅，湘潭大学信用风险管理学院副院长肖伟志博士主持。

第一分论坛的主题为"中国社会信用体系建设与域外信用法治经验借鉴"。河北省委党校杨福忠教授以《诚信价值观法律化视野下社会信用立法研究》为题发言，提出我国未来的社会信用立法应采用集中立法模式，由全国人大制定专门的信用信息管理法；确立5种主要制度：一是建立失信行为的认定标准；二是信用信息采集和披露的负面清单制度；三是信用信息符合正当目的的使用制度；四是失信行为的惩戒制度；五是信用修复制度。常州大学史良法学院高国梁博士以《社会信用体系建设背景下个人信用信息权利的冲突与协调》为题发言，提出在社会信用体系的建设中需要正确认识和处理个人信用信息私人性和公共性的双重属性,认为应根据3种思路构建相应的协调机制,包括明确界定个人信用信息征集和公开的范围,合理设定信息主体的知情权和同意权,以及建立信用信息责任机制。

长沙市中级人民法院王聪博士以“困境与出路:我国社会信用立法的现状检视”为题发言。他认为,目前我国公民还没有将信用意识与个人日常行为联系起来,公民的信用意识还远没有确立起来,中央政策、法规较少,有地方规章但是效力较低。他认为,我国目前的社会信用状况及已有信用立法所提供的框架可以为国家制定社会信用法提供有益参考。首席数据官联盟安志勇博士以《韩国的个人破产制度》为题发言。他重点阐释了韩国个人破产制度的优越性:政府会主动对破产人进行救济,通过设立信用修复机构,制定相关法规条例来管理社会信用,以构建完善的社会信用制度机构体系;注重破产个人的还款意愿,对于有还款意愿但暂时无能力的破产人应给与相应的时间,通过有计划的还款恢复个人的信用。湘潭大学法学院罗欢平副教授以“美国信用法律体系评述”为题发言。她认为,“credit”理解为“授信或信贷”更准确,美国的17部涉及信用制度的法律其中的4部才是严格意义上的信用法。湘潭大学法学院覃斌武副教授以“中美澳的社会诚信制度比较”为题发言。他认为,我国信用法律制度存在的问题是:法规和规章层面,信用立法层级较低,多数是地方立法;信用法律规范范围较窄,主要规范个人诚信和社会诚信方面,在政务和商务诚信上很少涉及;反映中央最新要求的程度不够。他认为,应参考澳大利亚对信用从行为转化为风险管理的重视,以及美国对规则本身落实到实处的强调。分论坛与谈人北京大学窦尔翔教授、同济大学朱国华教授、广州大学卢护锋副教授参与点评。

第二分论坛的主题是“信用法治视野中的隐私权与个人信息保护”。华容县人民法院陈祥玲法官以“避免信用法治建设的道德洁癖——以信用信息保护为视角”为题发言。她提出:(1)信用权不同于名誉权,前者是经济上的评价而后者是社会上的评价;(2)个人信用信息公开的范围、边界等应当有明确的标准;(3)将侵害信用权的行为纳入民事立法以侵权赔偿进行救济。对于侵害信用的行为,只要具备侵害行为,无须证明实际的损害结果即可请求损害赔偿。美国圣路易斯华盛顿大学博士生张歌以“大数据征信时代个人信息保护法律机制研究——一种比较法的视角”为题发言,其认为,我国个人信息滥用形势严峻,缺乏统一的个人信息保护法,修补式的分散立法不能较好地保护个人信息;我国征信业需要进入政府对大数据征信业个人信息的监管阶段。其提出,建立统一的全面的个人信息保护法,除刑事救济外,还需从民法、行政法以及行业自治等方面入手保护个人信息。岳阳市云溪区人民法院闾敏法官以“信用治理中的声誉异化及其法律规制——以失信行为黑名单为分析对象”为题发言。她认为,黑名单信息传达不畅,导致该制度威慑力不足;黑名单的发布标准参差不齐,地方裁量权过大,容易滋生腐败和损害社会公共利益。她提出,嵌入多元参与主体的约束,企业自治、行业监管与政府监管并举,媒体信息公布前的审核;黑名单信息发布标准均一化,支持将声誉罚分为 4 个等级,分别由不同等级的规范性法律文件予以规制,附条件限制负面信息的传播;从主体、程序和司法救济等方面分析了解决途径。深圳市场和质量监督管理委员会石珍以“简政放权背景下黑名单制度的文本分析与实践考察”为题发言。他指出,在初创现代社会信用体系的我国,政府要出面对失信企业进行社会联防的组织和协调。湘潭大学法学院博士研究生魏远山以“算法偏见及其规制研究”为题发言。他介绍了征信领域算法偏见的具体表现及其来源，建议通过减少富含偏见的数据，以公平为指导标准，增强透明度，规范数据使用者的行为实现算法的善治，对企业和个人进行客观的评级，从而构建一个良好的社会信用体系。长沙市中级人民法院邓安法官以“错误不良信用记录引发的侵权责任的司法认定”为题发言。她指出，在司法实践中存在由于错误不良信用记录引发的侵权问题，建议以立法或司法解释的方式明确侵权责任的承担，以提升我国司法的公正性、统一性、权威性。分论坛与谈人湘潭大学法学院欧爱民教授、郑令晗博士、华侨大学法学院翟相娟副教授参与点评。

第三分论坛的主题是“信用奖惩与信用修复法律制度”。中国人民大学法学院博士生范志勇以“论破产重整制度的实施与市场信用的修复”为题发言。他就破产法与信用的相互联系与作用提出：第一，破产法的清算程序可以有效清理无效信用，破产重整和破产和解可以使具有挽救价值的企业得以重生。第二，信用修复权体现为对失信惩戒措施实施主体的请求权，未来的民法典应当对信用权作出更加明细的规定。第三，结合破产重整与信用修复，其对银行、税务、工商、司法 4 个系统的信用修复提出了个人建议。第四，建立市场化的第三方信用机构、完善破产重整中债务人义务、通过担保与保险机制为市场主体提供增信并转移风险。首都师范大学管理学院副院长谢新水教授以“论社会信用体系建设中的政府赋能模式”为题发言，认为形成政府赋能模式的原因有两点：信用成为政府治理的新战略工具，社会信用体系建设面临“双重困境”。社会信用体系建设中政府赋能模式的主要方式是政策规划赋能、共享信用信息赋能、诚信教育和诚信文化建设赋能。政府赋能的不足之处在于私人信用建设方面以及社会信用体系发展的结构性不平衡。其提出应当由政府赋能模式向以法赋能模式转变。湘潭大学信用风险管理学院程波教授以“公共信用信息的征信模式的软法属性及其意义”为题发言。他指出，针对我国在信用制度建设方面已呈现出的特点：政策推动，行政主导；立法“碎片化”，效力层次低；解决信用立法有效供给不足，需要软法形式的制度化构建。福建师范大学法学院王新红教授以“行业协会对社会信用的影响及法律促进”为题发言。他从组织机构的角度探讨信用法制建设，认为行业协会是个体利益组织化的产物，强调行业协会在权力社会化过程中的重要性，并提出政府应当建立其信用的观点。认为行业协会必须走向独立，应当加强对行业协会的自律监管。厦门大学法学院李佳飞博士以“论信用联合惩戒的运行逻辑与立法建议”为题发言，提出我国的信用联合惩戒应划分为了行政与司法两类：行政类联合惩戒的基本逻辑在于鉴别、公示、施行、救济；司法类联合惩戒存在前置程序，作用体现于风险告示与告知。应当在国家层面建立统一的社会信用法；应当区分一般失信行为与重点失信行为，要对失信条件与标准进行规制以应对行政机关的认定失信行为的随意性；应当对政府信用加强监管。中南财经政法大学夏先华博士以“基于社会信用体系的培育：破解‘执行难’的现实进路”为题发言，指出社会信用缺失的归因主要是多主体守信观念缺失和征信体系乏力。提出应厘清民事执行与社会信用体系的联动关系，明晰社会信用体系的培育和完善是破解执行困局的重要路径后，从思想维度、系统建设、信息融通、失信制裁、制度配套和权益保障6个方面逐步完善社会信用体系。分论坛与谈人湘潭大学法学院连光阳副教授、长沙理工大学文法学院副院长张敏纯副教授参与点评。

第四论坛主题为“中国债务催收行业的机遇与挑战”。湖南省高级人民法院李世锋法官以“第三方债务催收行业刑事犯罪的规避与治理”为题发言，指出第三方债务催收中催收人员刑事犯罪风险成因，提出了预防与治理的途径。认为第三方催收行业的发展不容忽视，既要确定其法律地位，又要根据新时期的新要求明确赋予其对债务纠纷化解的职能。中国不良资产催收外包产业联盟秘书长王晖以“中国债务催收行业自治的困境与出路”为题发言，指出债务催收行业自治面临的困境是：合法化路径缺失及自治管理功能不够完善。提出行业自治为主，行政管理为辅；适度开放行政限制，建立专门行业协会。在催收行业自治的功能设计方面，主张推动行业立法，加强与政府部门的交流；加强行业自律管理，完善协会自治功能；促进行业内部交流，促进行业共同进步。湖南启元律师事务所合伙人朱志怡律师以“中国债务催收机构IPO的前景与未来”为题发言，指出上市是促使催收机构规范发展、提升催收机构企业整体治理水平及社会形象的需要。湖南师范大学法学院吴智教授以“债务催收机构持牌经营的趋势与应对”为题发言，提出催收机构地位模糊、权利义务界定不明，对债务催收机构监管不力，竞争失序、催收乱象频发等问题，而主要原因就是催收行业没有行业准入门槛、职业准入门槛的限制。建议我国可以借鉴美国的“催收行为规范”和日本的“催收行业规范”双重模式，并设立市场准入标准、确立催收机构与催收从业人员的资质认定标准。湘和永晟资产管理有限公司董事长何波以“债务催收行业职业培训的问题与完善”为题发言，建议在现行主管单位尚不明确的情况下，可以由行业协会牵头进行培训和相关资质认证，资质认证具体可以参考英国获取等级资格证书从业的模式。湘潭大学法学院段明博士以“中国债务催收行业立法的逻辑与架构”为题发言。他介绍了域外催收行业立法的基本体例，并从立法目的、基本原则、调整对象三方面论述了中国债务催收行业立法的基本逻辑。提出构建中国债务催收行业基本框架的建议：制定中国债务催收行业管理条例，明确催收机构、催收员、催收行为规则、催收行业管理协会、监督管理、法律责任等的具体规定。分论坛与谈人武汉大学法学院陈金林副教授、平安金服沈王健先生、永雄资产管理集团李磊轮值总裁参与点评。

论坛闭幕式由信用风险管理学院院长顾敏康教授主持，4个分论坛的主持人王贵国教授、陈小君教授、肖冬梅教授、肖伟志副教授分别总结和分享了各分论坛的基本概况。谢勇教授在最后的讲话中指出，希望以办好每年的“信用法治·韶山论坛”为契机，吸引更多的有识之士参与信用法治研究，共同助力信用中国建设。至此，信用法治·韶山论坛圆满结束。

民事诉讼失信行为如何治理

——以诉讼诚信机制之解释论与建构论为视角

李语嫣*

内容摘要 当前,我国司法领域诚信缺失严重,虚假诉讼、伪造证据、作伪证等失信诉讼行为对当事人的合法权益和法院的司法权威造成了极大损害。这种现象既与社会诚信缺失的整体环境相关,更与民事诉讼程序构造有关。随着民事诉讼理念从竞技主义迈向协同主义,诚实信用原则在程序法领域日益受到重视,当事人的真实义务被立法明文规定。从诉讼失信行为的典型类型来看,诚实信用原则对当事人诉讼行为的规制主要分为 4 类情形:排

* 湖南省长沙市岳麓区人民法院助理法官。

除以不正当行为形成的诉讼状态、禁止滥用诉讼权利、禁止反言、诉讼上的权利失效。违背诚实信用原则可能承担民事侵权法律责任、刑事法律责任、程序性法律责任和司法强制性措施4种法律后果。然而,由于我国民事诉讼体制机制方面的原因,诉讼失信的法律后果威慑效果有限,诉讼失信治理与社会信用体系脱节。为此,应该让诚实信用原则"长满利齿",对诉讼失信行为要依法予以严惩;建立诚实信用原则与社会信用立法的对接机制;加强对诉讼失信不良信息的公开和运用,使失信诉讼主体"一处失信,处处受限";促进诉讼信用信息管理制度的法律化,将诉讼领域的失信行为纳入国家社会信用立法整体法律框架,使信用惩戒于法有据。通过信用的综合治理和诚实信用原则的严格适用,为民事诉讼创造一个诚信的健康的司法环境。

关键词 诚实信用;真实义务;失信行为;诉讼信用

一、问题的提出:"法庭已经成为骗子的天堂?"

[案例一:伪造证据]原告杨某因交通事故责任纠纷诉至法院,在庭审期间,原告为获得更多的赔偿,伪造了劳动合同、误工证明等证据,并在被诉保险公司提供相反证据的情形下,仍继续编造事实,最终经法庭启动司法调查程序,查明其提供虚假证据的事实,法院根据法律规定对其伪证行为处罚款1万元。

[案例二:证人伪证]王某经原告申请,作为证人到庭作证,王某经法官当庭告知伪证法律后果,并签署了证人具结书。庭审中,证人王某声称自己没有在原告公司上班,经查其作证内容虚假。法院根据相关法律规定报院长批准后,作出罚款500元的决定。

[案例三:虚假诉讼]原告刘某自称与被告张某是朋友关系,

其将100万元现金借与被告张某,因期满张某未偿还借款,向法院提起诉讼。但在庭审中,刘某对借款现金来源、借款用途等问题回答含混不清、前后矛盾。法院调取刘某名下银行账户的流水明细后发现,并未发生大额现金往来。庭审结束后,刘某即申请撤诉。法院认为该案涉嫌虚假诉讼,不准其撤诉,并依法判决驳回原告刘某要求被告张某偿还借款的诉讼请求。宣判后,双方当事人并未上诉。判决生效后,承办法官到原、被告居住地了解情况,获知刘某与张某为亲属关系,张某因个人房产被法院依法查封,为了逃避合法债务,与刘某恶意串通,虚构双方之间借款100万元的事实诉至法院,企图通过诉讼的方式让法院确认债权后参与执行案款分配,以达到稀释真实债权的目的。此案中,刘某还委托了贺某作为其诉讼代理人,参与并协助当事人实施了虚假诉讼行为。法院认定3人实施了虚假诉讼行为,应当追究法律责任,分别对刘某、张某、贺某作出1万元~3万元不等的罚款。

上述3个案例所呈现的诉讼乱象是令我国民事法官头痛不已的"痼疾"。在我国民事司法实践中,一些当事人伪造证据、虚假陈述、拖延诉讼,一些证人作伪证,一些律师教唆当事人欺诈,一些鉴定人等诉讼辅助人出具虚假鉴定报告,这些当事人和诉讼参与人为了获得有利于己方的诉讼结果,试图通过自认、调解等各种手段隐瞒真相,诱使法院作出错误裁判。一项实证调查研究表明,在转型时期中国的民事审判实践中,书证具有压倒一切的重要性,当事人陈述和证人证言的作用极其有限。由于伪证普遍、谎言盛行,法官普遍不相信证人证言成为一种较普遍的现象。①

① 参见徐昕:《法官为什么不相信证人——证人在转型中国司法过程中的作用》,载《中外法学》2006年第3期。

这种违背诚信诉讼义务的行为既阻碍了法官对真实的发现,也严重损害了当事人的合法权益,破坏了司法权威和司法公信力。因此,通过健全诉讼诚信机制,治理诉讼过程中诚信危机具有紧迫性和必要性。2016年中共中央办公厅、国务院办公厅发布了《关于进一步把社会主义核心价值观融入法治建设的指导意见》,提出要用公正司法培育和弘扬社会主义核心价值观,用司法公正引领社会公正。诚信价值观是社会主义核心价值观的重要组成部分,诚实信用原则是民事诉讼的基本原则,维护诉讼诚信也是司法活动贯彻社会主义核心价值观的重要举措。党的十八届四中全会以来,中共中央反复强调要加强社会诚信建设,建立健全社会信用体系。习近平总书记在中央政治局第37次集体学习时强调,对突出的社会诚信问题,既要建立覆盖全社会的征信系统,又要建立守信激励和失信惩戒机制,使人不敢失信、不能失信。在国家治理能力和治理体系现代化的宏观语境下,本文聚焦于民事诉讼领域突出诉讼诚信问题,追问并回答:为什么诉讼过程中容易出现失信行为;应当如何认识这种诉讼过程中的失信行为;这种失信行为与社会信用视域下的失信行为有无不同;是否可以将诉讼过程出现的失信行为纳入不良征信记录;民事诉讼中的诚实信用原则在这一过程中如何发挥作用?笔者尝试回答上述问题,以期通过诉讼诚信,促进司法公信,保障社会诚信。

二、民事诉讼为何多谎言:"无谎不成讼?"

在传统的司法理念中,民事诉讼充满了紧张而激烈的对抗色彩。人们常将诉讼比作体育竞技,当事人作为运动员,遵守游戏规则展开角逐,而法官作为裁判员则消极中立的进行判断,这种司法观念被美国法学家庞德称为"司法的竞技理论"(sporting theory of justice)。后来,诉讼竞技观念不断得到强化,以至于人们常把诉讼比作战争，把证据比作武器，把当事人的诉讼活动比作攻击防御行为，诉讼俨然就是一场没有硝烟的战争。爱斯梅因就曾指出，诉讼是"两个战斗者之间的模拟战，法官通过裁决一方或另一方失败而结束战斗"。现代诉讼中的对抗制、武器对等原则、直接言辞主义等核心特征无不流露出司法决斗的遗风。[①] 唯一不同的是，双方当事人之间的武力争斗演变为和平对抗，兵戎相见演变为唇枪舌剑。为了获得有利于自己的鉴定结论，双方不断展开"鉴定大战"，拖延诉讼、诉讼突袭等都成为常见的诉讼策略，这些都使诉讼充满了激烈的对抗色彩。究其根本原因，主要有如下原因。

首先，民事诉讼处分权主义和辩论主义的程序构造使谎言难以避免。民事诉讼因私权纠纷而起，尊重当事人私权自治的实体法理念延伸至诉讼程序中，故民事诉讼坚持当事人主义诉讼体制，其基本程序结构是当事人"对抗"与法官"判定"。"对抗"意味着当事人双方处于相互对立的位置，"判定"意味着法官是严守中立的消极第三者，通过当事人之间的相互"攻击防御"而对呈现出来的案件争议事实作出最终裁断。[②] 在这种程序构造中，处分权主义与辩论主义成为"当事人主义诉讼体制运行中的两个车轮"。[③] 处分权主义要求，在民事诉讼中，当事人何时起诉或终结诉讼，何时以何种内容、范围对何人起诉，由当事人自由决定。

---

① 参见王聪：《从司法竞技主义迈向司法协同主义》，载《人民法院报》2014年11月14日，第7版。

② 参见王亚新：《对抗与判定：日本民事诉讼的基本结构》，清华大学出版社2010年版，第51页。

③ 参见张卫平：《民事诉讼：关键词展开》，中国人民大学出版社2005年版，第13页。

辩论主义要求,直接决定法律效果发生或消灭的要件事实,只有在当事人的辩论中出现才能作为判决基础,法官不能将当事人没有主张的事实作为判决基础,法官应当将当事人之间没有争议的要件事实作为判决基础,法官能够实施调查的证据仅限于当事人提出的证据。处分权主义划定了法官裁判的范围以及当事人在诉讼开始与结束方面的主导地位,辩论主义划定了法官与当事人在诉讼资料形成方面的作用分担。[①] 正是这种对抗制的程序构造为民事诉讼中的谎言埋下了伏笔。

其次,法官的有限理性和中立地位难以查明当事人诉讼行为的虚实真伪。当事人是否说谎需要通过当事人的外在诉讼行为去判断其有无说谎的主观故意,而法官在事实判断上并不比普通人更有优势,其有限的认识能力、中立的裁判角色、有限的调查手段往往难以有效辨识当事人精心掩盖的谎言,法官只能依据呈现在法庭上的证据去还原的法律真实,但这种法律真实并不总是与客观真实相符合。因此,国家在民事诉讼中投入多大的成本和精力去调查当事人是否说谎,涉及当事人与国家诉讼成本分担的公共政策问题。民事诉讼是因私权纠纷而起,如果耗费巨大的成本去核实当事人在诉讼中全部诉讼行为的真实性,势必会将事实查明的所有成本转嫁给国家,由全社会为少数当事人的诉讼失信行为埋单,这样的立法政策显然是不合理、不经济、不正当的。由于判断真实抑或是谎言的过程显然是一个非常艰难的过程,“判断谎言标准的度必须提升为最高,只有非常明确、显而易见、明显与

① 参见许可:《民事审判方法:要件事实引论》,法律出版社2009年版,第123页。

其他证据相抵触等情形方得认定”,[①]故法官在审理案件的过程中往往不敢轻易认定当事人的诉讼行为是失信行为。

再次,当事人及其他诉讼参与人在民事诉讼中的说谎成本较低。人们所追求的莫不与其利益有关,为了获得诉讼利益,当事人不惜通过说谎制造有利于己方的诉讼状态。由于诉讼过程中的谎言较难认定,法官对存疑的证据往往不予采信,但不会进一步对该存疑行为作出否定评价。在我国的司法实践中,法院对民事诉讼作伪证或进行虚假陈述不以犯罪论处。原因有二:一是拘留或罚款均需由本院院长批准,合议庭没有决定权;二是当前法院的司法权威较低,法院一般不会对当事人妨碍民事诉讼秩序的行为采取罚款或拘留决定,以免法院卷入由此而来的衍生纠纷中,加重当事人与法院的对立情绪。基于这种息事宁人的现实考虑,当事人在民事诉讼中说谎既不会被追究刑事责任,也不会被拘留或罚款。本文开始列举的3个案例正是因为稀缺,才会作为新闻被法院特意宣传。

最后,民事纠纷的可争讼性表明,要求当事人在诉讼中完全诚实守信的陈述案件事实是不符合诉讼规律的。因此,要求当事人承担绝对的真实陈述义务是法律所无法解决的道德难题。[②]

一方面,民事诉讼的内在规定性,使其成为当事人之间竞技的场所,要求当事人承担绝对真实陈述义务是不可能的,其必须容忍当事人双方运用各种诉讼技巧获得于己有利的结果,而法官的职责仅在于确保基本规则的平等。另一方面,如果法官在审理

---

① 参见徐昕:《民事诉讼中的真实与谎言——关于当事人的真实陈述义务》,载《人民法院报》2002年4月8日,B1版。

② 同上。

过程中绝对消极中立,完全放任当事人在诉讼过程中肆意妄为,司法活动将会沦为尔虞我诈、弱肉强食的"诉讼达尔文主义"。绝对真诚与完全虚假都将彻底瓦解民事诉讼制度。因此,健康的民事诉讼程序必须在这两种极端之间求得合理的平衡,以维护司法公正。

三、民事诉讼为何需要诚实信用:从司法竞技主义迈向协同主义

建立在对抗制基础上的司法竞技主义虽然是民事诉讼制度存在的基础和前提,但其弊端也是显而易见的。首先,双方当事人的诉讼行为建立在不诚信的基础上,社会成本极大;其次,由于当事人因经济能力等原因导致诉讼能力实质不对等、证据偏在现象十分严重(这在现代型诉讼中尤为普遍),当事人凭借优势地位而不是事实和法律获得胜诉判决,这严重背离了实质正义;最后,双方强烈的对抗竞技思维,使双方妥善解决纠纷的诚意降低,丧失了和解、调解的契机,破坏了和谐的人际关系,还导致了诉讼迟延与司法资源的极大浪费。①

司法竞技主义观念迎合了19世纪以来的启蒙思想运动,在这种背景下,其极力排斥国家的干预,奉行极端的个人主义、自由主义、竞争主义及放任主义,民事诉讼完全奉行私法理念,坚持处分权主义和辩论主义,反对职权干预主义和职权探知主义。然而,这种竞技主义诉讼很容易沦为"诉讼达尔文主义",使司法完全背离权利保护的根本目的,引起人们对司法制度的质疑和反思。为了重建民众对司法的信任感,司法必须完成自我救赎。在

---

① 参见李建伟:《公平诉讼观与诚实信用原则》,载《国家检察官学院学报》2000年第3期。

自由放任主义式微、福利国家观念兴起的社会背景下，诉讼竞技主义终于迎来完善的契机。福利国家所主张的适度干预理念开始在司法领域发生作用，司法能动主义兴起，能动型司法与政策实施型司法开始引领司法潮流。1978 年德国著名法学家鲁道夫·瓦萨曼撰文指出，民事诉讼不仅是当事人对抗的武器，其也关系到社会公共福利与公共政策的实现。现代民事诉讼已从"自由主义的民事诉讼观"演变为"社会的民事诉讼观"，其诉讼构造模式也从辩论主义向协同主义嬗变。① 协同主义的新司法理念在承认辩论主义核心构造的基础上，使当事人与法院的作用又进行了重新分担：一方面，其强调法官在诉讼中要扮演更加积极、能动的角色，要充分运用诉讼指挥权，尤其是释明权与当事人进行沟通与协作，赋予当事人陈述意见并提出诉讼资料的权利；另一方面，其强调当事人之间的诉讼协力义务、诉讼促进义务、真实义务、完全义务等，通过当事人与法院、当事人之间的共同发力，协同发现真实、实现正义。②

司法协同主义在对司法竞技主义利弊的扬弃下，倡导一种公平的诉讼观，确保了当事人诉讼地位和权利的实质对等，弥补了当事人诉讼能力不足，使司法成为一个公共商谈场域，在遵循基本程序框架的前提下，通过程序参与者、主持者三方的真诚对话、协商，减少不必要的对抗，增加更多有益的妥协与合作。在这种协同主义司法理念下，最大限度地减少诉讼中的不诚信行为，克服对抗制诉讼模式的弊端，就成为民事诉讼制度构建的重点。在

---

① 唐力：《辩论主义的嬗变与协同主义的兴起》，载《现代法学》2005 年第 6 期，第 81 页。

② 参见王福华：《民事诉讼协同主义：在理想和现实之间》，载《现代法学》2006 年第 6 期。

这种社会背景下,诚实信用原则开始从民事实体法领域向程序法领域扩张,诚实信用原则对当事人诉讼行为的规制可以视为该原则调整双方实体法律关系的延伸。以"社会型民事诉讼"的发祥地德国为例,其从两个方面强化了诚实信用原则在民事诉讼中的功能发挥:其一,明确规定了当事人的真实义务,将诚信原则从一项道德义务法律化;其二,明确加强了法官的释明权和心证开示义务,要求法官也必须坚持诚信的裁判原则,禁止裁判突袭,这一点甚至被誉为"社会的民事诉讼"的根本标志,是"民事诉讼的大宪章"①。因此,正是在司法协同主义观念的指导下和协同主义诉讼模式的运作环境下,诚实信用原则终于站稳了脚跟,找到了用武之地。有学者指出,诚实信用原则在民事诉讼中的引入,反映了诉讼文明在现代的新发展和新要求。②

2012 年我国《民事诉讼法》的一个重大修改亮点就是将诚实信用原则明文化、法定化。修订后的我国《民事诉讼法》第 13 条第 1 款规定:"民事诉讼应当遵循诚实信用原则。"在民事诉讼中,诚实信用原则主要表现为当事人负有的真实义务,即当事人及其他诉讼参与人负有真实陈述的义务。需要特别注意的是,民事诉讼法上所谓"真实"的含义,不同于日常用语中的真实,不是要求当事人只能主张百分之百为客观真实的义务,而是要求当事人仅需就其内心所认为的"真实"进行陈述,即使该事实陈述经过法院证据调查并非客观真实,也不能认定为民事诉讼法所要求的"真实义务",有学者将民事诉讼中的这种真实义务称为"真诚

---

① 参见[德]鲁道夫·瓦塞尔曼:《从辩论主义到合作主义》,载[德]米夏埃尔·施蒂尔纳编:《德国民事诉讼法学文萃》,赵秀举译,中国政法大学出版社 2005 年版,第 373 页。

② 参见汤维建:《论民事诉讼中的诚信原则》,载《法学家》2003 年第 3 期。

义务”或“主观真实义务”。[①] 因此，民事诉讼法中的“真实义务”旨在禁止当事人故意作出虚假陈述，或者故意对对方当事人所作真实陈述进行否认。在广义上，真实义务还包括“完全义务”，例如，《德国民事诉讼法》第138条第1款规定：“当事人应就事实状况为完整而真实的陈述。”即意味着当事人不得就不利于自己的部分事实予以掩盖。当然，这种“完全义务”不能过度扩大化，否则会导致举证责任规则乃至辩论主义民事诉讼程序的瓦解。

四、民事诉讼适用诚实信用原则的具体情形：诉讼失信行为的类型化分析

德国“诉讼法之父”赫尔维格（Hell wig）在论及民事诉讼中的诚实信用原则时认为，它是指禁止当事人为了自己诉讼上的利益，以恶意手段形成有利于自己的诉讼状态的行为。[②] 通说认为，民事诉讼中的诚实信用主要包括当事人诚信、律师诚信、法官诚信三个方面，当事人诚信表现为禁止恶意制造诉讼、禁止反言或矛盾诉讼行为、禁止滥用程序权利、禁止妨碍他人诉讼等方面；律师诚信表现为坚守职业道德、秉持诚实善意心态；法官诚信表现为不得滥用自由裁量权、不得突袭裁判等。[③] 为了使诉讼更有秩序和效率，为了真正实现公平与正义，民事诉讼过程中的一切诉讼参加人都应该受到诚实信用原则的规制。鉴于本文的议题是如何治理当事人的诉讼失信行为，故此处只讨论诚实信用原则

---

① 参见姜世明：《民事诉讼中当事人之真实义务》，载《东吴法律学报》第16卷第3期。

② 参见唐力：《论民事诉讼中诚实信用原则之确立》，载《首都师范大学学报》（社会科学版）2006年第6期。

③ 参见徐国栋：《论诚信原则向公法部门的扩张》，载《东方法学》2012年第1期。

对民事诉讼当事人及其他诉讼参与人的诉讼行为调整的基本规则。

本文开始的三个案例列举了我国民事诉讼实践中典型的当事人诉讼失信行为,具体而言,这些形形色色的行为大致可分为三类:第一类是虚构事实行为。这是通过积极作为的方式如采取不实陈述、虚假诉讼、伪造证据等形式来获得不正当的目的。第二类是恶意隐瞒行为。这是通过消极不作为的方式故意隐瞒诉讼中的重要信息,如隐瞒对方当事人的送达地址或联系方式等。第三类是滥用诉权行为。其特点是在外观上运用法律赋予的诉讼权利,实际上故意拖延诉讼、损害他人合法权益,包括滥用管辖权异议、滥用申请回避权、逾期提交证据等,这类行为具有法律的外衣保护,直接认定失信行为的难度较大。

为了有针对性地对当事人在诉讼过程中的失信行为进行治理,从域外司法实践来看,诚实信用原则对于当事人诉讼行为的规制主要表现为以下4类情形。①

(一)排除以不正当行为形成的诉讼状态

主要是指当事人为了自己诉讼上的利益,恶意利用法律漏洞,或者不当地妨碍对方当事人有效实施诉讼行为,从而形成有利于自己但损害他人利益的诉讼状态。对此,对方当事人可以提出反对,法院也可以依据诚实信用原则否定其不正当诉讼行为所形成的诉讼状态。② 这在民事诉讼中具体表现为以下行为:以不

---

① 谷口安平将诚实信用原则的表现形式分为如下4类:禁反言、诉讼状态的不当形成、诉讼上的权能丧失、诉讼上的权能滥用。参见[日]谷口安平:《程序的正义与诉讼》,王亚新、刘荣军译,中国政法大学出版社2002年版,第175~177页。

② 参见刘荣军:《诚实信用原则在民事诉讼中的适用》,载《法学研究》1998年第4期。

正当手段骗取法院对案件的管辖权;以虚构理由骗取法院的财产保全等;提供虚假的对方当事人的住址,利用宣告失踪或宣告死亡以及公告送达,获得有利于自己的缺席裁判等。

(二)禁止滥用诉讼权利

由于民事诉讼坚持处分权主义与辩论主义,因而赋予了当事人大量的诉讼权利。然而任何人都不能滥用其诉讼权利。所谓滥用诉讼权利,是指当事人违背权利的设置目的,专门以损害对方当事人、第三人或国家利益为目的行使的诉讼行为。[①] 具体而言,包括滥用程序异议权,反诉权,申请回避权,不适时地提出证据故意拖延诉讼,隐藏、毁灭证据等证明妨碍行为。这些行为既给当事人的私权利造成了损害,又浪费了国家司法权的精力、损害了司法权威,因此需要用诚实信用原则给予否定性评价。

(三)禁止反言

禁止反言(estoppel)本是英美法上的一个重要的诉讼规则。后来在大陆法系得到了广泛的应用。禁止反言又称禁止前后矛盾的行为。日本著名民事诉讼法学家兼子一教授认为,禁止反言是指"当事人在诉讼上或诉讼外为某种行为的结果,使对方当事人相信其行为将出现一定的法律状态,因而决定其态度。这时,只要从客观上来看该当事人的相信是合理的,就应该受到法律的保护"。[②] 之所以禁止当事人反言是为了保护对方当事人的利益,因为对方当事人基于其陈述和行为,已经产生了合理的信赖利益,如果该方当事人反悔或实施矛盾行为,就会损害该信赖利

---

① 参见聂明根:《民事诉讼法上诚实信用原则研究》,载《诉讼法论丛》2000 年第 1 期。

② [日]兼子一、竹下守夫:《民事诉讼法》,白绿铉译,法律出版社 1995 年版,第 145 页。

益而且同时也造成了程序的不安定。例如，一方当事人随意撤回诉讼上的自认，一方当事人在后诉中作出与前诉生效裁判相矛盾的主张或陈述即属于此类，应该予以禁止。

（四）诉讼上的权利失效

诉讼上权利的失效是指“当事人一方懈怠行使诉讼权利，长期没有行使的表示和实施相应的行为，致使对方当事人以为已经不会再行使，而实施了一定的诉讼行为时，方开始行使该项权利，并导致对方利益受到损害的行为，对此应作为违反诚实信用原则予以否定”。[①] 例如，当事人不在法定期间内进行答辩，将导致答辩失权；现代民事诉讼坚持证据适时提出主义，当事人逾期不提出证据将导致证据的失效等。对当事人逾期不行使诉讼权利科以失权制裁，可以促使当事人积极履行诉讼促进义务，避免故意拖延诉讼，给对方当事人造成证据突袭。

为了诉讼的顺利进行，民事诉讼中还存在其他诉讼参与人，他们或者辅助一方当事人进行诉讼，如诉讼代理人，则此时该诉讼代理人的行为也要和当事人一样，受到诚实信用原则的约束，其必须遵守职业道德和职业伦理，在代理权限内从事代理行为，不得滥用和超越代理权，其对委托人和法院都必须诚实。他们或者辅助法院查明案件事实，如鉴定人，此时其不得收受贿赂，出具虚假鉴定结论；如证人，其必须如实作证，在正常情形下当庭作证，接受当事人的质证，而不得提供虚假证言。在域外司法实践中（如德国和美国），证人在作证之前必须先进行口头宣誓，违反誓言提供虚假证言将会受到法律的制裁。此外，翻译人员、勘验

---

① 参见刘荣军：《诚实信用原则在民事诉讼中的适用》，载《法学研究》1998 年第 4 期。

人员等其他诉讼参与人也都必须遵守诚实信用原则。

当然,诚实信用原则所要求的当事人真实义务并不是无限度的,尤其是与当事人本人的权利发生冲突的时候,期待并要求当事人如实陈述难免强人所难。通说认为,如果当事人因其如实陈述而造成其名誉受损或者受刑事追诉危险,或者涉及商业秘密时,当事人的真实义务可以得到豁免。①

五、说谎的代价:违背诚实信用原则的法律后果

德国法学家耶林说:"没有强制力的法是不燃烧的火,不发亮的光。"诚实信用原则如果仅仅被视为道德上之提醒或训诫规范,则会被视为毫无意义的"空气震动"。虽然就当事人违背真实义务而言,各国法律均未作出直接规定。但根据学理通说和各国民事诉讼法的立法规定,违背诚实信用原则可能会面临如下 4 个方面的法律责任。

(一)民事实体法责任

违反诚实信用原则的民事实体法责任主要是指侵权责任。从各国的相关立法来看,将滥用诉讼程序、恶意诉讼、虚假陈述等故意违反诚实信用原则的行为纳入侵权法调整的范畴,规定了当行为人实施的上述行为给他人造成损害时,要承担损害赔偿的法律责任。遗憾的是,我国现行《侵权责任法》未将当事人违背违反诚实信用原则的诉讼行为明确规定为侵权行为,但民法学者对这类行为的侵权责任达成了理论共识。②

---

① 参见姜世明:《民事诉讼中当事人之真实义务》,载《东吴法律学报》第 16 卷第 3 期。

② 参见王琦:《民事诉讼诚实信用原则的司法适用》,载《中国法学》2014 年第 4 期。

（二）刑事法律责任

我国《民事诉讼法》第 111 条和第 112 条规定，诉讼参与人或者其他人伪造、毁灭重要证据，以暴力、威胁、贿买方法阻止证人作证或者指使、贿买、胁迫他人作伪证，恶意串通，企图通过诉讼、调解等方式侵害他人合法权益的，人民法院可以根据情节轻重予以罚款、拘留；构成犯罪的，依法追究刑事责任。长期以来，我国刑法对民事诉讼领域严重违背诚实信用原则的行为缺乏规制，对于以非法占有为目的，通过伪造证据骗取法院民事裁判占有他人财物的行为，能否以诈骗罪追究刑事责任在实践中一直存有争议。① 而在我国《刑法》中，妨害司法罪的 16 个罪名中，第 305 条规定的伪证罪，第 307 条规定的妨害作证罪和帮助毁灭、伪造证据罪与虚假诉讼行为有关。但是，这 3 个罪名均适用于刑事诉讼领域，针对的诉讼主体并非民事诉讼中的原、被告双方。2015 年我国新修改《刑法》第 307 条规定，对以捏造的事实提起民事诉讼，妨害司法秩序或者严重侵害他人合法权益的行为，新设虚假诉讼罪。对此类严重违背诚实信用原则、具有严重社会危害性的行为有了处罚依据。

（三）程序法律责任

在民事诉讼法理论上，当事人的诉讼行为可分为与效性诉讼行为和取效性诉讼行为。所谓与效性诉讼行为，是指无须法院介

---

① 最高人民检察院研究室于 2002 年 10 月 24 日针对山东省人民检察院研究室《关于通过伪造证据骗取法院民事裁判占有他人财物的行为能否构成诈骗罪的请示》作出了如下答复：“以非法占有为目的，通过伪造证据骗取法院民事裁判占有他人财物的行为所侵害的主要是人民法院正常的审判活动，可以由人民法院依照民事诉讼法的有关规定作出处理，不宜以诈骗罪追究行为人的刑事责任。”但该答复并非司法解释，在司法实践中对这类情形多以诈骗罪论处。

人即可直接发生诉讼效果的行为，如当事人自认；所谓取效性诉讼行为，是指无法单独直接获取其所要求的诉讼效果，必须借助法院相应的行为才能发生相应诉讼效果的行为，如当事人申请法院调查取证。[①] 日本著名民事诉讼法学家在论及违背诚实信用原则的诉讼法效果时认为，与效性诉讼行为违反诚实信用原则的，该行为无效，已经产生的效果也会被撤销。例如，当事人诉讼上的自认，如果与对方当事人恶意串通侵害国家、集体或他人合法权益，则该自认行为无效。取效性诉讼行为违反诚实信用原则时，法官经审查认为其为不合法时，可驳回其申请或者不予采信其证据。[②] 此外，对于不负证明责任的一方当事人，基于故意或过失，以作为或不作为，妨碍负证明责任的当事人之证明使其对要证事实之证明陷于不能，该妨碍证明之人将被课以一定的程序不利益后果。[③] 最高人民法院《关于民事诉讼证据的若干规定》第 75 条规定："有证据证明一方当事人持有证据无正当理由拒不提供，如果对方当事人主张该证据的内容不利于证据持有人，可以推定该主张成立。"体现的就是证明妨碍的法理。

（四）妨害民事诉讼的强制措施

我国民事诉讼法独具特色地规定了对妨害民事诉讼秩序的强制性措施，与行政处罚不同的是，民事诉讼强制措施最主要的功能是排除妨害，并兼有普法教育功能，而并不以制裁惩罚为主要目的。根据我国《民事诉讼法》第十章的规定，对当事人及其

---

① 参见邵明：《民事诉讼行为要论》，载《中国人民大学学报》2002 年第 2 期。

② 参见[日]谷口安平：《程序的正义与诉讼（增补本）》，王亚新、刘荣军译，中国政法大学出版社 2002 年版，第 175～177 页。

③ 参见占善刚：《证明妨害论——以德国法为中心的考察》，载《中国法学》2010 年第 3 期。

他诉讼参与人实施的妨害民事诉讼的行为,人民法院可以视情节轻重采取训诫、责令退出法庭、罚款、拘留的强制措施。其中,对个人的罚款金额,为人民币10万元以下;对单位的罚款金额,为人民币5万元以上100万元以下;拘留的期限,为15日以下。对于当事人的诉讼行为违背诚实信用原则的,最常适用的强制措施主要是训诫、罚款和拘留。

六、威慑何以效果甚微:“重重拿起,轻轻放下”的惩罚

如果仅从“纸面上的法”来看,当事人及其诉讼参与人的诉讼行为违背诚实信用原则,可能会承担侵权法律责任、受到刑法追究、遭受不利的程序后果或者被采取罚款、拘留的强制措施。但从“行动中的法”来看,当事人的诉讼失信行为却很少受到严厉的惩罚。真实陈述没有奖赏,而虚假陈述却能够逃避责任,当事人实际上因违背诚实信用原则而付出的代价仍然微不足道。守信者受损、失信者获益,正是诉讼信用法律环境失范的表现。

首先,民事审判程序中缺乏绝对真实的事实认定机制。高度盖然性的证明标准使法官无法作出某个事实必定为真的判断,对包括虚假诉讼在内的诉讼失信行为进行辨别、预防存在操作上的巨大困难。在司法权威不高的情况下,法官为了规避审判风险,最多只对其内心确认的违背诚实信用原则的诉讼行为不予采信,而不愿投入额外精力直接作出该诉讼行为是失信行为的认定。有法官甚至直言不讳地指出,现行民事诉讼基本结构并不存在“法院主动行使甄别预防虚假诉讼之职能”的要求与余地。①

其次,从法律实施效果来看,对民事诉讼中当事人违背诚实

---

① 参见吴晓静:《整体性法律观的民商法应用:民商事疑难法律问题研究》,法律出版社2013年版,第293页。

信用原则的诉讼行为存在处罚不力、执法不严的倾向。实践表明，法院对诉讼失信行为作出罚款决定的案件十分少见，在民事案件中实施了罚款措施的案件甚至可能不足万分之一。此类妨害民事诉讼的强制措施依然备而不用，当事人就会将其视为无须畏惧的“空气”，司法权威必然荡然无存。[①] 至于刑事法律手段，除新增设的虚假诉讼罪外，对于证人在民事诉讼中作伪证，当事人在民事诉讼中伪造证据，都难以在现行刑法中追究其法律责任。更重要的是，证明伪证行为难度较大，而证人、当事人陈述真假的判断是一个难以明确的标准，需满足超越合理怀疑的证明标准。种种困难导致民事诉讼中对伪证罪的追诉在事实上几乎不可能。[②]

再次，诚实信用原则只是一般性概括条款，在我国民事诉讼的具体适用中缺乏具体化机制。与辩论原则和处分原则相比，诚实信用原则具有辅助性和补充性。[③] 有学者指出，在缺乏具体制度规定和判例机制的情形下，期望通过诚实信用原则的一般性规定，以防止诉讼权利滥用是不太现实的，最终诚实信用原则难免成为“睡眠”条款。[④]

最后，我国民事诉讼制度与社会信用法律体系脱节。在社会信用法律体系不健全的大环境下，当事人及其诉讼参与人违背诚

---

① 参见刘哲玮：《从河南省人民医院妨害取证罚款案展开：重新认识民事诉讼中的强制措施》，载《中国法律评论》微信公众号 2016 年 8 月 23 日。

② 参见徐昕：《法官为什么不相信证人？证人在转型中国司法过程中的作用》，载《中外法学》2006 年第 3 期。

③ 参见任重：《民事诉讼诚实信用原则的实施——德国的认知与实践》，载《法学家》2014 年第 4 期。

④ 参见张卫平：《民事诉讼中的诚实信用原则》，载《法律科学（西北政法大学学报）》2012 年第 6 期。

实信用原则的诉讼行为不仅很少在个案中被惩罚，而且在走出法庭之后，当事人及其诉讼参与人不需要为其法庭上的信口雌黄“埋单”，诉讼中的失信行为对今后日常生活不会产生相牵连的不利影响，这也是导致威慑难以奏效的原因。

七、通过信用的治理：诉讼诚信体系建设的路径

不言而喻，诚实信用原则对于诉讼失信行为之规制具有重要意义。但作为一项伦理化色彩浓厚的法律原则，诚实信用原则要在民事司法实践中有效发挥作用，必须置于整体的诉讼诚信体系建设之中，通过完善具体机制使其落地见效。

首先，要让诚实信用原则“长满利齿”，对诉讼失信行为要依法予以严惩。具体而言，需要从法律上明确违反诚实信用原则的法律后果及应该承担的法律责任。针对惩治诉讼失信行为的法律漏洞，应该立法完善。例如，对于一方当事人伪造证据、虚假诉讼、拖延诉讼等严重失信行为给对方当事人造成损失的，应该从民事实体法上将其规定为民事侵权行为，受侵害的权利人可以依法请求赔偿；对于当事人在民事诉讼中故意伪造证据获取不正当利益或者证人在民事诉讼中作伪证的，我国《刑法》也应该设置相关规定，对于情节恶劣或者损害后果严重的行为进行入罪惩罚。同时，人民法院在对诉讼失信行为进行法律评价时，要敢于亮剑，通过严格司法让失信者受到应有的惩罚。

其次，要建立诚实信用原则与社会信用立法的对接机制。社会信用是“具有完全行为能力的自然人、法人和非法人组织遵守法定义务或者履行约定义务的状况”。[①] 信息主体的社会信用状况主要通过其公共信用信息的载体予以客观呈现。公共信用信

① 参见罗培新：《社会信用法》，北京大学出版社2018年版，第38页。

息是国家机关、法律法规授权的具有管理公共事务职能的组织在依法履职、提供服务过程中产生或获取的,可用于识别信用主体信用状况的数据和资料。司法机关在审判过程中产生或获取的当事人的信用状况的数据和资料也应该纳入公共信用信息的范畴,即人民法院在立案、审判、执行等司法全过程收集当事人及其诉讼参与人的诚信信息,并统一评定诚信信息等级。对于当事人在诉讼过程中的失信行为,应当作为负面信息或失信信息记入征信信息库。例如,山东省潍坊市中级人民法院在立案时由立案法官向当事人送达诚信诉讼提示书和承诺书,督促其诚信参与诉讼,同时启用"诉讼诚信信息管理卡",随卷宗在立案、审判、执行等环节流转,由办案法官随时记录当事人虚假作证、逃避执行等信息,在执行局设立诉讼诚信调度中心,对各环节收集到的信息进行分析汇总和等级评定。[①] 人民法院记录的当事人及其他诉讼参与人失信信息可以与相关征信部门进行信用信息的共建共享,并在此基础上根据信用分级标准,针对严重失信行为建立失信联合惩戒机制,使失信诉讼主体"一处失信,处处受限"。

再次,要加强对诉讼失信不良信息的公开和运用。在执行程序中,人民法院对于失信被执行人的信息,通过适当平台如火车站、电视、报刊等载体予以公开,以形成强大的舆论压力。在诉讼过程中,人民法院也可以将当事人的失信行为通过适当方式向社会公开,建立诉讼信用信息资料的警示、披露、查询体系。同时,通过选取典型、重大失信案件,定期向社会公开,让社会各界了解失信人的信用状况。例如,在好人帮扶倒地老人反被讹诈起诉的

① 参见张爱云:《缺失与建构:社会管理诚信理念的凸显——以潍坊法院诉讼诚信体系建设为视角》,载《山东审判》2012 年第 2 期。

诉讼案件中，经查实原告属于故意隐瞒事实真相，恶意提起诉讼以谋取不正当利益的，可以将该行为列入诉讼不良信息记录。

最后，要实现诉讼信用信息管理制度的法律化，使信用惩戒于法有据。在社会信用立法的整体框架下，立足诉讼领域失信行为的特殊性，可专门制定诉讼信用信息管理方面的单行规定，明确诉讼不良信息的收集、评级、公开、查询要求、保存时间、惩罚措施、救济机制等内容。有实务界人士提议，应该通过我国《民事诉讼法》赋予人民法院诉讼征信管理职能，并制定诉讼信用信息管理办法、诉讼信用评估办法、不良信用信息披露办法等相配套的规章制度，这对从信用治理的角度完善诉讼诚信机制建设殊值参考。①

八、结语

古罗马思想家西塞罗曾言：“诚信乃公正的基础。”在我国熟人社会“人格化信任”逐渐解体失效的情况下，为“陌生人社会”提供普遍的“制度化信任”是法治社会的必然要求。社会信用体系正是这种普遍信任的制度保障，它以法律为依据，以覆盖全社会的信用记录为基础，目的是提高全社会的诚信意识和信用水平。对于司法诚信来说，诚实信用原则是正义的守护神和捍卫者，通过完善并严格落实民事诉讼诚实信用原则的相关法律制度，并通过建立与诉讼信用相配套的机制，将诉讼领域的失信行为纳入国家社会信用立法整体法律框架，从而为民事诉讼创造一个诚信的健康的司法环境。

---

① 参见郭丛林、秦海涛：《诉讼诚信体系建设的核心是声誉机制》，载《青年记者》2012 年第 32 期。

论破产重整制度的实施与市场信用的修复

范志勇*

内容摘要　企业破产法是维护市场信用的有效路径,及时清理了市场信用垃圾,破产重整程序亦为市场主体信用缺陷的弥补提供了可能。这一目标的达成迫切需要信用修复制度的建立与完善。信用修复请求权为信用权的派生权利,信用权成为重整企业申请修复信用的请求权基础。因破产重整对于失信风险的消解与债权人对债务人债务的实际豁免,使失信惩戒措施失去了维持的必要性。目前,我国尚缺乏面向破产重整企业信用修复问题的具有针对性的法律规范与政策指引,亟待全

* 中国人民大学法学院经济法学博士研究生。

国统一性的明确规则予以规范。为辅助重整企业信用修复机制的建立,有必要沿着市场化进路培育第三方评级市场,完善重整计划中对职权机关义务的约定,并充分运用担保与保险的制度工具,为重整企业进行增信。

关键词　信用;破产重整;信用权;失信惩戒;信用修复

市场经济就是信用经济,信用是影响市场经济有序、健康运行的决定性因素。近年来,我国各级政府加强了对信用经济的重视,采取了一系列措施推动建设社会信用体系。国务院2014年6月公布的《社会信用体系建设规划纲要(2014～2020年)》(国发〔2014〕21号文)从整体宏观角度明确提出,社会信用体系是社会主义市场经济体制和社会治理体制的重要组成部分。它以法律、法规、标准和契约为依据,以健全覆盖社会成员的信用记录和信用基础设施网络为基础,以信用信息合规应用和信用服务体系为支撑,以树立诚信文化理念、弘扬诚信传统美德为内在要求,以守信激励和失信约束作为奖惩机制,目的是提高全社会的诚信意识和信用水平。2016年经中央全面深化改革领导小组审议通过,国务院发布的《关于建立完善守信联合激励和失信联合惩戒制度加快推进社会诚信建设的指导意见》(国发〔2016〕33号)提出建立完善守信联合激励和失信联合惩戒制度,加快推进社会诚信建设的要求;并规定建立健全信用修复机制,从而为我国各领域的市场主体信用修复工作提供了指引。具体而言,联合惩戒措施的发起部门和实施部门应按照法律法规和政策规定明确各类失信行为的联合惩戒期限;在规定期限内纠正失信行为、消除不良影响的,不再作为联合惩戒对象。而破产法律制度与社会信用体系具有天然的联系,不仅可以通过破产清算程序及时清理市场信用垃圾，而且破产重整程序亦为市场主体信用缺陷的弥补提供了可能，而这一目标的达成迫切需要市场信用修复制度的建立与完善。

一、破产法的实施与市场信用

（一）市场经济需要社会信用体系建设

信用是一个多层次、多侧面的概念，在形式、主体和用途等方面具有多样性，既可以是道德层面的，也可以是经济层面的。[①]在道德层面的信用等同于诚信。经济学意义上的信用，是指建立在授信人对受信人偿付承诺的信任的基础上，使受信人不用立即付款就可获得商品、服务或货币的能力。这种能力受到一个条件的约束，即受信人在其承诺的时间期限内为所获得商品、服务或货币付款或付息。这个时间期限必须得到授信人的认可，具有契约强制性。[②] 法律上的信用主要是基于市场延时交易而表现出的以借贷为主的关系，即债的法律关系。道德、经济、法律等社会多层次信用内容组成了综合性的范畴——社会信用体系。

社会信用体系是市场经济体制中的重要制度安排，是一项覆盖全社会的诚信系统工程。它以法律法规为依据，以信用活动的参与者为主体，以信用活动者的信用记录为基础，旨在规范信用数据的收集和使用，形成激励守信、惩戒失信的机制。[③] 社会信用体系是一种社会机制，具体作用于一国的市场规范，目的是建立适合信用交易发展的市场环境，保证一国的市场经济向信用经

① 参见陈新年：《信用论》，经济科学出版社 2017 年版，第 1 页。

② 同上书，第 2 页。

③ 参见吴维海、张晓丽：《大国信用——全球视野的中国社会信用体系》，中国计划出版社 2017 年版，第 15 页。

济方向转变。[①] 信用在市场经济中的作用在于扩大交易范围和交易规模、提高交易效率，增加经济体的财富。完善的社会信用体系是信用发挥作用的前提，它保证授信人和受信人之间遵循一定的规则达成交易，保证经济运行的公平和效率。[②] 社会信用体系按照信用主体分类可以划分为个人信用关系、企业信用关系、国家信用关系3个信用层次。企业信用是指企业作为承诺及履行的行为主体与利益相关者之间的关系。[③] 企业信用体系的建设对于约束企业在市场经济中开展公平竞争、诚信经营，规范市场优胜劣汰机制，促进市场资源的优化配置方面发挥重要的作用。笔者主要着眼于在企业信用范畴内探讨破产重整制度的实施与市场主体信用的修复。

法治发达国家的社会信用管理模式，主要可以划分为市场主导型模式、政府主导型模式和会员制模式。市场主导型模式又称作美国模式，主要以美国、英国、加拿大以及北欧诸国为代表。美国的征信业发展相对成熟，拥有世界级的征信机构和成熟的信用经济市场，目前已形成了以法律规范为指引、以第三方机构为主体、以公众监督为保障的健全的市场主导的信用修复机制。[④] 政府主导型模式又称作欧洲模式或公共模式，主要以德国、法国、比利时等欧盟国家为代表。政府主导型模式的基本特点是，以政府力量为依托建立公共的信用管理机构，强制性地要求个人和企业

---

① 参见吴维海、张晓丽：《大国信用——全球视野的中国社会信用体系》，中国计划出版社2017年版，第49页。

② 参见陈新年：《信用论》，经济科学出版社2017年版，第4页。

③ 参见毛道维：《中国社会信用制度体系建设及其次序研究》，中国金融出版社2015年版，第78页。

④ 参见梁宵、胡于恒：《论我国个人信用修复机制研究——以美国实践为参考》，载《法论（西南政法大学研究生学报）》2016年第2辑。

提供真实的信用数据信息。会员制模式主要存在于日本,因此又被称作日本模式。它依靠行业协会建立信用信息管理中心,其目的在于为行业协会提供个人和企业的信用信息交换平台,通过内部信用信息共享机制达到收集、处理和使用信用信息的目的。[①]我国社会信用体系建设主要以政府信用收集与管理为主导,同时,积极培育第三方信用机构,发展信用经济市场。

(二)破产法是规范市场信用的有效路径

市场经济是直接以商品交换为目的的经济模式,而信用交易是商品交换、配置资源最重要的方式,信用关系也就必然成为维系市场经济正常运转与配置资源的决定性关键。[②] 破产法通过作用于企业信用领域、有效清理市场信用垃圾,成为维护市场经济信用秩序的法律保障。

前已述及,市场信用在法律层面主要表现为债的关系,市场经济以信用交易为原则,以即时交易为例外。在市场经济的日常交易环节,当市场主体尚保有债务清偿能力时,债的法律关系的规范任务主要由合同法、民事诉讼法等法律完成。而破产法作为"特别的债法",与其他法律一同调整市场主体的债权债务关系,在市场主体对外丧失债务清偿能力时发挥公平清偿的作用。债务人发生了破产原因,进入破产程序之时,其信用状态也濒临崩溃,倘若容忍各方债权人各自通过分散的诉讼途径开展维权"竞赛",面向有限的债务人财产追索债权,势必导致非公平的偏颇性清偿,损害行权能力相对低下的债权人以及起诉、执行在后或没

---

① 参见陈鹏飞:《社会信用管理法律制度研究——基于需要国家干预的视角》,西南政法大学院系2009年博士学位论文,第32页。

② 参见王欣新:《论破产法在市场资源配置中的重要作用》,载《中共杭州市委党校学报》2014年第6期。

有诉讼债权人的合理债权受偿利益。传统民事救济手段不利于债务人财产价值的最大化，使债务人难以选择能够带来事业重生的破产重整、和解程序，只能走向营业终止、主体注销的道路。同时，无序的债权清偿导致的恐慌也破坏了市场经济秩序，为社会发展带来了不稳定因素。破产法本质上是公平清理债权债务关系之法，是解决市场主体信用危机的有效路径。在破产程序中，所有债权视为到期，由管理人安排按照取回权、担保债权、优先权、一般债权、劣后债权等固定顺序与比例统一受偿。对丧失清偿能力的市场主体及时通过破产程序实现有序退出，可以形成阻止信用危机蔓延的“防火墙”，保障市场经济的良性运行。

从宏观经济层面而言，“僵尸企业”、杠杆过高、市场产能过剩等市场经济发展中出现的痼疾，使市场信用产生了错配。纵容市场经济顽疾的存在，会引发社会经济危机的风险。破产法的实施有力地配合了国家供给侧结构性改革的调控措施，破产具有及时披露信用风险的功能，使市场信用风险的处理关口前移，对已经实际“死亡”或濒临“死亡”但仍无效占用市场宝贵资源的主体实施市场出清，及时清理无价值的信用垃圾，促进了市场资源向更有效率的方向转移，维护市场经济的健康发展。假设没有建立起以破产制度为核心的市场退出机制，信用垃圾就会积累，信用“血管”遭到堵塞，交易费用会非常高昂，交易主体没有稳定的预期，债权人作为市场的主要“输血者”，其利益就得不到保障。[①]当然，对于具有挽救价值的陷入经营困境的市场主体，通过破产重整、和解程序也可使其“涅槃重生”，摆脱僵化的无效状态，恢

---

① 参见高翔：《破产制度能有效清理市场经济中的信用垃圾》，载《上海证券报》2016年6月2日，第12版。

复、焕发市场信用活力。

破产法是宽容失败、鼓励创新的法律,它响应了国家“大众创业、万众创新”的政策号召,激发了社会创新的活力。破产法一方面是保障债权人公平受偿之法,另一方面也是保护债务人之法。市场竞争中充满了机会,也遍布挑战,市场竞争胜出者毕竟是少数,对于丧失信用的竞争失败者必须妥善安置,推动其无效信用的清理与信用的再生,给予债务人事业重生的机会,这是破产法对信用经济的又一重要功用。法律必须明确区分两类债务人:诚实而不幸的债务人与欺诈的债务人,并应当给予两类群体截然不同的规范调整。[①] 破产法对符合法定条件的诚实而不幸的债务人进行债务的实际免责,使其摆脱沉重债务的束缚,得以轻松地再次融入市场经济大潮中。破产解除了犹豫在创业、创新边缘的市场主体的后顾之忧,助推着市场经济的快速发展。

破产法有助于正常经营企业树立破产的底线思维,从而促进公司治理结构、金融创新、市场交易规则等方面的规范、完善,进一步妥善处理市场各方的信用关系。近年来,我国《公司法》进行了修订,认缴资本制全面取代了实缴资本制,虽然适应了国家“投资兴业”的要求,但在社会诚信建设尚不完善、市场主体诚信不彰的社会背景下,也助长了信用失控的危机。而破产法中出资人缴纳所认缴的出资义务加速到期的规定,则成为永远悬于不诚信出资人头顶的“达摩克利斯之剑”,促使企业投资者依据诚信和理性的原则认缴公司资本,有效弥补了公司法资本制度改革的

① See F. Regis Noel, “Bankruptcy Law as It Affects Credit”, *Georgetown Law Journal*, Vol. 13, Issue 2(1924 – 1925), p. 131.

缺陷。[①] 担保制度在一定意义上可以说是为破产程序做准备，所谓"沧海横流方显英雄本色"，倘若担保债权在破产债权清偿顺位中不能即时受偿，担保的效力将大打折扣。日益创新的非典型担保形态、金融衍生品、资管产品破产规避的新规则、资产证券化的风险隔离机制等，能否在市场经济中产生价值，关键要经过破产程序的考验，视其效力能否得到破产程序的认可而决定。

（三）重整制度的实施需要信用修复制度的配合

对于纯因财务问题而非市场竞争本身而陷入困境的企业，最好的解决办法不是以分拆为主要手段的破产清算，而是通过破产重整程序重新调整公司债务结构，减轻其债务负担，进而维持企业的生存和发展。破产重整制度不仅符合促进社会整体福利增长的基本要求，还有助于社会稳定和弱者保护。[②] 市场信用的维护需要破产重整制度，而破产重整程序的顺序开展也需要市场信用制度的支持，即市场主体信用修复制度。以债权人利益最大化为债务人破产重整工作的基本指导原则，债务人企业的重整模式的选择必须秉持实用主义的态度，基于发挥债务人企业"壳资源"、其他无形资产功用，以及节省固定资产交易环节的税收成本等考量，当有必要通过"存续式重整"[③]和"反向出售式

---

① 我国《企业破产法》第35条规定："人民法院受理破产申请后，债务人的出资人尚未完全履行出资义务的，管理人应当要求该出资人缴纳所认缴的出资，而不受出资期限的限制。"

② 参见许德风：《破产法论：解释与功能比较的视角》，北京大学出版社2015年版，第472页。

③ 存续式重整，即保持原企业的法人资格存续，在原企业的外壳之内进行重整，虽然企业的主人——股东可能会发生变更。参见王欣新：《重整制度理论与实务新论》，载《法律适用》2012年第11期。

重整”[①]等重整方式，保存了债务人企业的原民事主体资格时，也由此带来了重整前后债务人企业的信用修复问题。

以“浙江中城集团（以下简称中城集团）破产重整案”为例，中城集团曾是全国500强企业、温州“龙头”建筑企业，也是温州地区唯一具有特级资质的建筑企业，破产前的年产值达到80亿元。但在2011～2012年民间借贷风波中，中城集团负债累累，债权工程达到几百亿元，还有两万多名农民工等待安置，最终走向了破产重整之路。中城集团的特级资质吸引了战略投资人，根据企业的实际情况采取了反向出售式重整方式。然而，由于企业破产重整后，企业的组织机构代码不会变更，旧有企业的信贷不良记录、税务记录等都将被新的企业承接。原中城集团的不良信用记录记在了新企业的账上，使新中城集团无法获取银行贷款，只能靠股东出资维持资金需求，极大地影响了新中城集团的业务拓展能力，为其经营带来了新的困难。企业信用修复是目前推动企业破产重整中普遍需要解决的问题。[②]

---

① 出售式重整，是将债务人具有活力的营业事业之全部或主要部分出售让与他人，使之在新的企业中得以继续经营存续，而以转让所得对价即继续企业价值，以及企业未转让遗留财产（如有）的清算所得即清算价值，清偿债权人。其标志性的特点是不保留原债务人企业的存续，在事业转让之后将债务人企业清算注销，事业的重整是以在原企业之外继续经营的方式进行。参见王欣新：《重整制度理论与实务新论》，载《法律适用》2012年第11期。而反向出售式重整，不同于一般的出售式重整模式，它保留债务人企业的外壳，由战略投资人取得该外壳，而原来的债务人企业通过子公司或设立新公司的方式进行清算，以清偿债务。这种模式一方面，有利于使债务人企业的特殊资质得以保留，并且能够以较高的价格出让；另一方面，能够保证债务人的资质资源可以被继续利用，避免资源的浪费。参见徐阳光：《出售式重整模式的司法适用问题研究——基于中美典型案例的比较分析》，载《法律适用》2017年第4期。

② 参见任晓：《温州探路僵尸企业破产重整破产后信用修复难》，载《中国证券报》2016年6月6日，A02版。

二、重整企业信用修复的法理基础

债务人企业因进行保留主体资格的破产重整程序而进行信用修复，具有深厚的法理基础，这也是对重整企业开展信用修复的主要原因。市场主体信用权从根本要求修复重整企业的信用。同时，因破产重整对失信风险的消解与债权人对债务人债务的实际豁免，对信用主体之前施加失信惩戒的非难基础基本不复存在，失去了继续维持失信惩戒措施的必要性。

（一）由信用权到信用修复权

信用利益包含人格利益与财产利益双重属性。信用利益上升为权利被法律保护时，该种信用权亦获得了双重属性。信用权与信用权利主体日常的经济活动密不可分，作为权利内容的、能通过使用为权利人带来经济收益的信息与权利主体具有不可分割性。[①] 在市场经济条件下，信用至关重要，将信用纳入法律的调整范围使之成为信用权，是对信用进行保护的最佳途径。信用权是一个人信用之主要表现形式，它以实现交易中的信用利益为内容，是自然人、法人、其他组织所具有的履约能力和意愿所获得的信赖程度的社会评价及其保有、利用、收益、处分信用并排除他人干涉的排他性权利。[②] 在民法中，信用权是主体所享有的一项独立的人格权，2002 年 12 月 23 日提请第九届全国人大常委会审议的民法草案在"人格权法"一编明确规定自然人、法人享有信

---

① 参见李建革、刘文宇：《基于法经济学视角的信用权》，载《东北师大学报》（哲学社会科学版）2016 年第 3 期。

② 参见曾言：《刍议信用权》，载《湖南师范大学社会科学学报》2008 年第 4 期。

用权，这已然为民法学界多数学者所主张。[①] 而法人具有自我负责的理性行为的能力，基于法人实体在社会关系中所享有的意志自由和通过其行为形成的社会形象的完整性，[②]法人亦可为人格权主体，享受按性质不独为自然人所享有的人格利益。信用权作为市场主体从事市场交易活动所必备的人格权类型，为所有民事主体所享有。根据我国《民法总则》第 57 条、[③]第 102 条[④]规定，法人、非法人组织与自然人一并作为民事主体，享有民事权利，承担民事义务，非法人组织与法人一样，也可成为人格权主体。作为破产债务人的企业类型。基本为法人与非法人组织所涵盖，[⑤]所以，破产债务人企业同样享有信用权。

失信惩戒措施构成对市场主体信用权的合法限制，但失信惩戒并非可以无限制地施加于信用主体，信用主体享有基于正当事由的信用修复权，并构成对失信惩戒的反限制，以保证将失信惩戒措施限缩于正当性范畴内，避免其侵犯信用主体的其他权利，如宪法基本权利、人格权等民事权利。此信用修复权在权利形式上体现为对失信惩戒措施实施主体的请求权，其请求权基础规范则在于作为市场主体人格权的信用权。当修复信用的正当事由

---

① 如杨立新教授认为，信用权是指自然人和法人以及其他组织就其所具有的经济能力在社会上获得的相应信赖与评价所享有的保有和维护的具体人格权。参见杨立新：《人格权法》，法律出版社 2011 年版，第 539 页。

② 参见杨立新：《人格权法》，法律出版社 2011 年版，第 49 页。

③ 我国《民法总则》第 57 条规定："法人是具有民事权利能力和民事行为能力，依法独立享有民事权利和承担民事义务的组织。"

④ 我国《民法总则》第 102 条规定："非法人组织是不具有法人资格，但是能够依法以自己的名义从事民事活动的组织。非法人组织包括个人独资企业、合伙企业、不具有法人资格的专业服务机构等。"

⑤ 我国《企业破产法》第 135 条规定："其他法律规定企业法人以外的组织的清算，属于破产清算的，参照适用本法规定的程序。"

具备时，信用主体得基于信用权的人格权请求权，向职权机关提出修复信用的申请，以恢复信用权的完满状态。倘若此时职权机关予以不当拒绝，信用主体的信用修复的人格权请求权则相应转化为侵权请求权，得以向职权机关主张其承担侵犯人格权的侵权责任。在破产企业重整成功后，行政机关拒绝债务人修复信用的请求，是一种侵犯债务人企业信用权的不作为的侵权行为，行政机关的依法执行职务的主张不构成正当的能够消解侵权责任的违法阻却事由。因此，信用修复请求权为信用权的派生权利，属于信用权范畴内的子权利类型。未来中国民法典人格权编对于信用权的具体规范，则可以成为破产重整企业申请主张修复信用的最根本的法理依据。当然，破产重整由作为市场主体信用修复的正当事由转为合法情形，仍需要破产立法等法律规范予以明确规定。

（二）风险的消解与债务的豁免

从信用风险角度而言，破产重整程序的开展需要债务人企业具备破产立法规定的重整事由；债权人会议对重整计划草案进行表决时，将对草案内容进行审核与评定；法院批准破产重整计划草案时，又会再次对债务人整体经营状况以及重整计划草案的合理性、可行性等进行多维度的考量；最终，债务人成功执行完毕重整计划，实现了债权人和法院对其规划的目标。此四重风险防范手段已将债务人企业群体层层过滤，走出破产重整程序，进而面对信用恢复问题的债务人企业可谓“凤凰涅槃”，失信导致的风险已然无存。

从信用本质的角度而言，信用的本质是基于产权、交易或其他经济活动所派生的经济要求权的实现。[①] 而信用范畴的核心则是基于债权之上的要求权。当债务人的全体申报债权的债权人通过法定的破产重整程序对债务人的部分债务进行豁免,在债务人执行完毕重整计划,实现了债权人对债务人偿还债权的期望后,意味着债务人企业在重整计划草案被债权人依法表决通过或被法院强制批准时点之前,其对外债务的负担已经解除。况且,在破产重整程序中,物权、股权、知识产权等权利享有人的权利内容也往往被一并处分。通过重整计划草案的生效与被执行终结,债务人在事业重生的同时,也面向过去的信用进行了彻底的告别。作为失信惩戒的信用缺陷已经无法再发挥实际意义,惩戒措施再继续下去只会给债务人企业带来事业重生的巨大困难,而无积极的社会作用。[②]

企业破产原因主要为其丧失了债务清偿能力,本身就是一种失去市场交易信用的表现,往往因此走向破产清算程序,并最终退出市场,实现市场出清。破产重整不同于破产清算,是对已经濒于破产却有再生希望的债务人实施的旨在挽救其生存的破产预防程序。破产重整的目的在于对债务进行概括清理的同时,拯救具有营业价值的债务人,使债务人摆脱财务困境,企业的运营价值得以维持。[③] 破产重整成功不仅带来了债务人企业营业事务的恢复,也意味着债务人信用的修复,债务人企业将以重生的、全新的市场主体身份参与到市场交易中。重整成功后存续的债务

① 参见李晓安等:《社会信用法律制度体系研究》,社会科学文献出版社 2013 年版,第 28 页。

② 如在破产重整程序中,债务人的物权人可以通过向管理人主张行使取回权来实现权利。

③ 参见韩长印主编:《破产法学》,中国政法大学出版社 2016 年版,第 231 页。

人企业较重整前为同一企业,因为其仍延续着重整前企业的统一社会信用代码、法人资格等主体身份。重整企业公司治理、股东结构、财务状况、经营方向等内容的变更并不构成其主体变更的实质理由,况且企业并购、重组等非破产的操作方式也会导致其内部结构的上述变动。而对于同一企业在重整后进行信用修复的根本原因,在于债务人企业信用权的必然要求,而且重整程序产生的债务豁免、信用风险消失等效果,使继续维持信用惩戒措施失去了价值。

(三)完整的失信惩戒体系的要求

由于契约不完全性的客观存在,导致机会主义产生和失信行为发生,而惩戒机制是保证契约实施的一种节约交易成本的机制。有利于消除信息不对称,降低交易成本,消除不完全契约带来的效率低下问题。因此,信用惩戒机制的建立有利于契约的达成和履行,它规定了未能履行合约义务时的惩戒措施,通过这种惩戒机制排除了契约的不确定性及推理性,使守信守约成为普遍的基础和客观标准。① 健全有效的失信惩戒机制直接标志着一个国家或地区信用服务体系和信用制度的完整性,同时也间接标志着其信用交易的成熟程度。② 信用惩戒机制应当是囊括守信激励、失信惩罚、信用修复等多项子系统的完整的制度体系。信用修复是以失信惩戒机制为前提的,仅当债务人企业被授信单位以征信数据为基础课以失信惩罚措施时,才会产生企业信用的缺陷。欧盟1995年颁布的《涉及个人数据处理的个人权利保护以

① 参见李锋:《社会主体信用奖惩机制研究》,中国社会科学出版社2017年版,第58页。

② 参见吴维海、张晓丽:《大国信用——全球视野的中国社会信用体系》,中国计划出版社2017年版,第83页。

及此类数据自由流动的指令》,规定了征信信息的收集、保存、处理、获取和删除规则,违反该指令的法律责任以及在欧盟内部以及欧盟外部各国之间的跨国界征信信息的流动规则。[①] 该指令第一章第2条(b)规定:"'个人数据处理'是指对个人数据进行的任何操作或一系列操作,无论是否采用自动化手段,例如收集、记录、组成、存储、改编或变更、修复、查询、使用、通过传输、分发或任何其他方式的披露、排列或组合、隔离、删除或销毁。"[②]从而明确了不良信用信息修复机制的建立。

在设计失信惩罚机制时,还要考虑给失信企业以生存空间和改过的机会,要合理"量刑"。失信惩戒机制的"量刑"是基于对企业进行震慑作用和教育的效果而设计的,尝到因失信而受到惩罚的严重后果,足以达到教育失信企业的目的。[③] 例如,美国的《公平信用报告法》(Fair Credit Reporting Act,FCRA)[④]规定:"企业失信记录与企业破产记录都有最高保持年限(一般规定不超过10年),而优良记录将被永久保存。破产记录保存年限为10年,其他信息(偷漏税和刑事诉讼记录)保存为7年。"[⑤]失信惩戒措

---

① 参见李锋:《社会主体信用奖惩机制研究》,中国社会科学出版社2017年版,第66页。

② 孙志伟:《国际信用体系比较》,中国金融出版社2014年版,第275页。

③ 参见李新庚:《社会信用体系运行机制研究》,中国社会科学出版社2017年版,第64页。

④ FCRA旨在平衡主张便捷获取作出正确商业决策所必需信息的商业需求,与保障消费者信用信息知情权与纠正权。该法案强调了消费者的隐私权与信用记录的私密性,并需要公正、平等的程序以实现消费者信贷、保险、就业以及其他合法的商业目标。隐私是整个法案中反复出现的主题,与意在确保信用报告信息准确的规定相互交织。See Blair C. Fensterstock, "The Public and the Fair Credit Reporting Act", 2 *Communications and the Law*, Vol. 2, Issue 1(1980), p. 34.

⑤ 李锋:《社会主体信用奖惩机制研究》,中国社会科学出版社2017年版,第161页。

施可以区分为有限性和持续性方式。与有限性惩戒措施不同，债务人企业被施加持续性失信惩戒措施，会导致其信用的持续性缺陷，倘若没有外部的规范的信用修复制度，企业信用将无法自我恢复完满状态。信用修复缺失背景下的债务人企业也将因持续性的信用惩戒在信用领域被判以“无期徒刑”，信用的缺陷成为其经营活动中无法承受之重。信用法律规范未来的发展方向应当鼓励针对个体债务人企业的不同层面的失信惩戒措施加以惩罚期限，相应的制度规范应设立法定期限区间以约束在实践中无限期失信惩戒措施的适用；同时，设定在法定期限内消除惩戒措施的条件，明确破产重整作为导致部分必要的惩戒措施提前到期终止的规则。

三、破产重整企业信用修复制度的探索

我国中央与地方已逐步认识到企业信用修复制度的重要价值，启动信用修复制度规范的探索工作。国家发展改革委、中国人民银行于2017年11月发布的《关于加强和规范守信联合激励和失信联合惩戒对象名单管理工作的指导意见》(发改财金规〔2017〕1798号)明确提出了“保护权益，鼓励修复”的基本原则，要求“畅通异议申诉等救济渠道，建立完善信用修复制度”。2017年6月公布的《上海市社会信用条例》第38条也明文规定了信用修复的条件、程序与时限要求。浙江省政府印发的《关于防范化解企业资金链、担保链风险促进经济平稳健康发展的实施意见》中也规定，对兼并重组、司法重整成功的企业，引导其重建良好信用记录。即便如此，尚缺乏面向破产重整企业信用修复问题的具有针对性的法律规范与政策指引。在实践中，破产重整企业信用修复问题突出，已成为严重制约重整企业持续经营的顽疾，亟待全国统一性的明确规则予以规范。

(一)银行系统的信用修复

银行征信信息主要包括中国人民银行和各类别商业银行对企业信贷业务、资产抵押、金融资信等级及其他奖惩记录等。[①]《征信业管理条例》(国务院令第631号)第16条明确了征信机构对个人不良信息的保存期限为5年,在不良信息保存期限内,信息主体可以对不良信息作出说明,征信机构应当予以记载。但并未涉及企业不良信息的保存期限与相应的查询权、知情权、隐私权等权利保障的内容。根据《征信业管理条例》第25条的规定,信息主体向征信机构或者信息提供者提出异议、要求更正的适用前提仅限于征信机构采集、保存、提供的信息存在错误、遗漏的情形,破产重整并未被涵盖在内。在实践中,征信中心现有的工作流程只能修复数据错误以及信用主体非主观原因导致的不良信息,通过数据更新和个人解释途径进行处理。与发达国家相比,缺少修复由信息主体自身原因导致的不良信息,以及改进信息主体个人评分等级的渠道。[②]

在破产重整程序中,银行往往担任了债务人企业的担保债权人的角色,被法院批准生效的重整计划本应对银行债权人产生未获清偿的债务豁免的效力,在实践中却并未被银行所接受并予以配合。债务人企业执行重整计划过程中与执行完毕后,银行未获清偿的债权并未在内部系统中进行消除,仍挂于债务人开立的基本户上,其在人民银行征信系统与重整前合作的商业银行的企业信贷的不良信用仍然延续。当债务人企业在重整后使用其在银

---

① 参见宋玉霞:《实施破产重整企业信用修复制度》,载《人民法治》2016年第9期。

② 参见覃珺:《不良信用修复机制的设计》,载《中国金融》2014年第14期。

行债权人处设立的账户时,转入基本户的款项会被银行自动扣划并用于偿还重整前的债务。银行征信系统信用修复机制的缺乏,不仅导致了偏颇性清偿的出现,还会影响债务人企业在重整后的正常运营,其难以获得金融机构的融资、开具银行保函等,使重整程序对债务的豁免效力失去了意义。

对此问题,佛山市中级人民法院《关于佛山市破产管理人处理税务及信用修复问题的工作指引(试行)》第13条,采取了法院主导协调人民银行系统对债务人进行信用修复的方式,修复时点为法院裁定确认重整计划执行完毕后,信用修复依据为法院确认重整计划执行完毕的裁定及相关函件,管理人同时享有向人民银行书面申请跟进信用信息变更的权利。[①] 浙江省高级人民法院和人民银行杭州中心支行于2016年8月5日在浙江省杭州市签署《关于共同推动供给侧结构性改革防范金融风险的合作框架》,规定浙江全省各级人民法院对破产重整成功企业,及时在执行系统内进行信用修复。各级人民银行在管理人提交申请、法院出具函件的情况下,按照有关规定支持企业通过添加"大事记"或"信息主体声明"等手段对破产重整情况进行说明。[②] 温州地区在实践中通过法院与政府部门联合会议纪要的方式,采取了封

① 佛山市中级人民法院《关于佛山市破产管理人处理税务及信用修复问题的工作指引(试行)》第13条规定:"人民法院裁定确认重整计划执行完毕之日起十日内,人民法院将向中国人民银行佛山市中心支行送达确认重整计划执行完毕的裁定及相关函件,中国人民银行佛山市中心支行将及时转发各债权人银行,要求各债权人银行依据征信管理有关法律法规在征信系统中对重整企业的偿还债务信息进行变更,以修复原企业的失信记录。若人民法院裁定确认重整计划执行完毕之日起六十日后,债权人银行仍未在征信系统中对重整企业的偿还债务信息进行变更的,管理人可向中国人民银行佛山市中心支行书面申请跟进信息变更。"

② 参见沈杭:《防范和化解金融风险服务和保障经济转型升级》,载《金融时报》2016年8月6日,第5版。

存重整企业的以往信用记录,即银行可以直接依据法院的裁定另建信用记录,不受重整程序之前的信用记录影响的做法,在一定程度上解决了企业重整成功后因信用记录不良导致融资成本增加、招投标受困的难题。[①] 但根本解决之道需要修订《征信业管理条例》,增加重整企业在征信系统中进行信用修复的程序规则,建议规定重整企业管理人在重整计划生效后,持法院裁定批准重整计划的裁定文书,向破产重整受理法院的同级人民银行提交征信系统信用修复申请,人民银行系统有义务规范内部审核机制,在固定时限内予以审核恢复信用。而商业银行系统需加强对破产法的学习与尊重,积极履行重整计划的约定内容,对银行债权人在债务人重整后扣划基本户款项的行为予以禁止。

(二)税务系统的信用修复

我国税务机关对纳税人的纳税信用信息开展采集、评价、确定、发布和应用,进行纳税信用管理。根据国家税务总局《纳税信用管理办法(试行)》第 15 条、第 18 条的规定,纳税信用评价采取年度评价指标得分和直接判级方式,纳税信用级别设 A、B、C、D 4 级,其中,D 级纳税信用为最低级别。《纳税信用管理办法(试行)》第 20 条明确规定了 D 级纳税人的适用情形,未缴纳、未足额缴纳税款、滞纳金、罚款,以及逃税、骗税,有非正常户记录等破产重整企业一般难以避免的情形均包括在内。该办法第 32 条列举了税务机关单独或与其他部门联合对 D 级纳税信用人所施加的惩戒措施,其中,“将纳税信用评价结果通报相关部门,建议在经营、投融资、取得政府供应土地、进出口、出入境、注册新公

① 参见潘光林、方飞潮、叶希希:《僵尸企业司法处置的温州路径》,载《人民司法》2016 年第 16 期。

司、工程招投标、政府采购、获得荣誉、安全许可、生产许可、从业任职资格、资质审核等方面予以限制或禁止”,致使重整企业丧失了持续运营的可能性。在重整涉税实践中,重整企业引进战略投资人后会涉及税务登记证上法定代表人的变更问题,若原法定代表人被列为非正常纳税人企业的法定代表人,原法定代表人则会被列入税务黑名单,税务部门以此为由不予变更,将会加大重整企业寻找战略投资人的难度,也会导致已进入的战略投资人权益的损害。[①]《重大税收违法案件信息公布办法(试行)》第9条[②]规定,撤出税收违法“黑名单”的必备条件是缴清税款、滞纳金和罚款,在国家税务总局2018年7月4日通报的上半年全国公布的税收违法“黑名单”案件中,已有172户“黑名单”当事人主动缴清税款、滞纳金和罚款后被撤出公布。[③] 但这对于重整企业来说难以做到,也是有悖重整程序规则的做法,因此,我国重整企业的税收信用修复领域面临空白。税务信用修复困境的根源在于税务机关不认可破产重整对未获清偿债务免责的效力,未依照重整计划的约定内容对未获清偿的税收债权在税务系统中进行核销,并对相应的信用信息进行修复。对此,可行的解决方式仍是

---

① 参见宋玉霞:《实施破产重整企业信用修复制度》,载《人民法治》2016年第9期。

② 《重大税收违法案件信息公布办法(试行)》第9条规定:“符合本办法第六条第一款第一项、第二项规定的重大税收违法案件的当事人,能按照《税务处理决定书》《税务行政处罚决定书》缴清税款、滞纳金和罚款的,经实施检查的税务机关决定,只将案件信息录入重大税收违法案件公布信息系统,不向社会公布该案件信息。案件信息已经向社会公布后,当事人符合前款规定的,经实施检查的税务机关决定,停止公布并从公告栏中撤出,并将缴清税款、滞纳金和罚款的情况通知实施联合惩戒和管理的部门。”

③ 参见蔡岩红:《公布税收违法黑名单显示威力建立信用修复机制帮助企业主动纠错》,载《法制日报》2018年7月5日,第6版。

税务部门接受破产税收债权无法全额受偿的现实,尊重重整计划的效力,在重整企业管理人持法院出具的批准重整计划的裁定文书申请办理税务信息修复手续时,不得以欠税为由拒绝办理。

(三)工商系统的信用修复

我国工商行政管理总局已设立了"国家企业信用信息公示系统",根据2014年8月公布的《企业经营异常名录管理暂行办法》(国家工商行政管理总局令第68号)第2条的规定,工商行政管理部门将有经营异常情形的企业列入经营异常名录,通过企业信用信息公示系统公示,提醒其履行公示义务。该办法第4条[①]明确规定了列入经营异常名录企业的范围。更严重者,根据《严重违法失信企业名单管理暂行办法》(国家工商行政管理总局令第83号)第5条的规定,由县级以上工商行政管理部门列入严重违法失信企业名单。根据《企业信息公示暂行条例》第18条的规定,对被列入经营异常名录或者严重违法企业名单的企业,在政府采购、工程招投标、国有土地出让、授予荣誉称号等工作中依法予以限制或者禁入。破产重整企业往往列入经营异常名录或严重违法失信企业名单之中,因难以满足移除名录或失信名单的行政要求,重整企业的后续经营举步维艰。另外,工商失信还主要表现为被工商行政管理部门吊销营业执照。当债务人企业重整成功后,被吊销营业执照的恢复程序缺乏规范。因此,工商行政管理部门应接受重整企业管理人持法院裁定的申请,消除重

① 《企业经营异常名录管理暂行办法》第4条规定:"县级以上工商行政管理部门应当将有下列情形之一的企业列入经营异常名录:(一)未按照《企业信息公示暂行条例》第八条规定的期限公示年度报告的;(二)未在工商行政管理部门依照《企业信息公示暂行条例》第十条规定责令的期限内公示有关企业信息的;(三)公示企业信息隐瞒真实情况、弄虚作假的;(四)通过登记的住所或者经营场所无法联系的。"

整企业的失信公示；当重整企业需要恢复营业执照以继续运营的，法院应出具相应的恢复营业执照协助执行书，由重整企业的管理人向工商行政管理部门申请办理。

需要注意的是，建筑施工行业关于行业资质的规制，食品药品、安全生产、环保、检验检疫等具有强烈负外部性领域的信用恢复，因会严重影响信用主体之外的不特定公众的生命、财产安全，并非如工商、税务、银行、司法执行等信用信息主要涉及交易安全，管理人需提供相应问题达标的证明材料，与法院对重整计划裁决的司法文书一并提交职权部门予以审核。我国部分地方已开展该特定领域信用修复的实践，如《南通市企业环境信用修复办法》规定，企业针对自身环保方面存在的问题，通过整改认为其环境行为已经提升的，可以向原公布其企业环境信用的市、县环保局提出要求，出具企业环境信用修复情况说明的申请，并附具相关整改情况的证明材料。市、县（市、区）环保局受理企业申请后，应在2个工作日内进行核查，需监测的应在3个工作日内采样监测，5个工作日内出具监测结果。对已经整改到位、符合环境管理要求的企业，应在核查完成后2个工作日内为企业出具污染治理情况说明，并在1个工作日内报送同级人民银行等关注企业环境信用的相关部门，人民银行应在收到说明2个工作日内将信息录入《企业信用信息基础数据库》，以使企业重新获得信贷支持。①

（四）司法系统的信用修复

最高人民法院《关于公布失信被执行人名单信息的若干规

① 参见高杰：《戴上黑帽、红帽后，如何重获金融机构信赖?》，载《中国环境报》2009年2月2日，第3版。

定》第 1 条规定了被执行人在有履行能力而拒不履行生效法律文书确定义务等法定情形时,人民法院应当将其纳入失信被执行人名单,依法对其进行信用惩戒。破产重整企业面对全部债务时丧失清偿能力,但对于单个债务来说,重整企业难谓不具备履行生效法律文书义务的能力,所以重整企业经常被纳入失信被执行人名单中。该若干规定第 8 条明确了企业被纳入失信被执行人名单的后果。法院将失信被执行人名单信息,向政府相关部门、金融监管机构、金融机构、承担行政职能的事业单位及行业协会等通报,供相关单位依照法律、法规和有关规定,在政府采购、招标投标、行政审批、政府扶持、融资信贷、市场准入、资质认定等方面,对失信被执行人予以信用惩戒。法院并将失信被执行人名单信息向征信机构通报,并由征信机构在其征信系统中记录。名列失信被执行人名单的重整企业在后续经营中也面临巨大的困难。该若干规定第 11 条明确了法院删除企业失信信息的条件。受破产程序要求限制,重整企业必须适用统一清偿规则,无法满足单一的申请执行人的执行要求,由此重整企业无法从失信被执行人名单中撤出。最高人民法院应当牵头组织修订《关于公布失信被执行人名单信息的若干规定》,增加债务人企业重整成功后,相关执行法院应当及时共享重整信息,将其从失信被执行人名单中去除,管理人也可以持破产法庭函件向执行法院申请修复债务人的司法信用。

以上对于银行、税务、工商、司法信用修复的建议,需要明确对于重整计划草案生效后,到被执行完毕前的这一阶段,建立企业信用动态修复制度。根据重整计划的执行期间,框定企业信用暂时恢复的时间段。当企业重整成功,经管理人向法院、行政机关等职权部门申请,债务人信用的暂时修复转变为完全修复。当然,根本性的信用修复方式是针对重整计划执行完毕的债务人企业,在企业信用信息公示系统中,赋予债务人新的统一社会信用代码,如此一来,工商行政管理部门为债务人办理新的营业执照,税务机关重新记录税务信息,人民银行征信系统中刷新债务人的金融信用信息等也成为顺理成章的一系列后续举措。同时,可以考虑以最高人民法院全国破产重整案件信息网平台为基础,构建法院系统的重整企业信用信息系统,随着破产法庭的批准重整计划的裁决即时更新信用信息,并与金融、工商、税务等职权部门的企业信用系统实时对接,确保在管理人向职权部门提出修复债务人信用的申请时,职权部门工作人员能够在本系统中核实债务人的重整信息。

四、信用修复的辅助措施

在论述了重整企业信用修复的必要性法理基础,梳理了我国当前重整企业信用修复规范现状与面临的问题后,笔者将提出信用修复的可行性辅助措施的建议,以进一步减小管理人申请修复重整企业信用的阻力,消除信用修复职权机关的顾虑。

(一)建立第三方评级机构的市场化信用修复制度

美国的信用服务市场主要是通过不同类型的征信公司开展商业运作形成的,征信企业主要有以下3种类型:一是以穆迪和标准普尔为代表的资本市场征信机构,它们主要对国家、投资银行及大型上市企业等机构进行信用等级评价。二是全国信用管理协会、邓白氏集团、克莱勒商业信息集团等为代表的商业市场征信机构,它们主要对各种类型的企业进行信用调查评级,并帮助其追收账款等。三是以全联公司、益百利公司和伊科法克期公司为代表的消费者信用评级机构,它们主要以合法的方式和手段收集、整理消费者的个人信用记录,制作消费者的个人信用调查报告。[①] 美国的失信惩戒机制也由民间运作并自愿执行。信用经营机构、信用管理机构、信用服务机构将有不良信用记录的责任人和处罚意见，通过信用信息、资信评估报告的形式公告社会，并载入相应的信用信息数据库，被列入黑名单的企业和个人很难与社会各界进行正常的信用交易。不良信息记录一般保持9～10年，在这段时间内，有不良信用记录的企业和个人很难取得银行贷款、信贷销售服务和个人信用卡等。[②] 美国的《信用修复机构法》(Credit Repair Organizations Act, CROA)规定个人信用修复服务通常由“个人信用修复机构”等中介服务机构提供。这些第三方咨询公司为消费者提供流程化、专业化、个性化的信用修复服务。[③] 美国《信用修复机构法》的目的在于确保信用修复组织提供服务的潜在购买者获得有关购买此类服务的知情决策所需的必要信息，并保护公众免受信用修复机构的不公正或欺诈性广告与商业行为的影响。[④] 该法详细规定了信用修复机构在界定业务范围、细化工作流程、明确责任义务等方面的内容。专业的信用修复机构的工作内容，主要包括为客户的信用报告异议处理提供专业化的指导与服务，及时修改错误信息；若客户信用报告确实发生不良记录，及时向其发出警示并提供对策，有序引导信用

---

① 参见李锋：《社会主体信用奖惩机制研究》，中国社会科学出版社2017年版，第66～67页。

② 参见吴维海、张晓丽：《大国信用——全球视野的中国社会信用体系》，中国计划出版社2017年版，第83页。

③ 参见覃珺：《不良信用修复机制的设计》，载《中国金融》2014年第14期。

④ See Molly Bee MacCaskey, "Is the Right to Sue Really the Right to Sue-Examining Arbitration and the Language of the Credit Repair Organization Act", *University of Louisville Law Review*, Vol. 50, Issue 1(2011), p. 131.

记录的良性发展。[①] 在美国,有1100多家信用修复机构,其主要功能是向信息主体提供建议,包括如何清理、重组债务,如何理财、分批偿还债务等建议,同时也为信息主体提供信用修复的相关服务,协助信息主体对某些有异议的负面记录进行申诉,以降低不良信用记录对消费者造成的伤害等。[②]

美国多元化的信用服务市场为市场主体提供高水平的信用监测服务,信用监测服务公司实时监测消费者的信用报告,并就报告中的相关重要变化对信息主体进行告知,以满足主体的信用知情权。如信息主体的报告被第三方查询、以信息主体的名义发生了新的授信、债权人或催收人向征信机构报送了不良信息、公共记录显示信息主体申请破产、法院作出对信息主体生效判决、信息主体的信用额度改变以及信息主体的个人基本信息变更。[③] 美国的信用监测市场服务不仅保证了信用主体信息的准确性,充分保障了市场主体对自身信用信息的知情权、监督权、隐私权等广义的信用权,而且为因信用信息错误、信息的不当收集、征信侵权行为,抑或是破产等特殊事由导致的信用修复提供了重要的信息来源与依据,很好地发挥了辅助市场主体信用修复的作用。

(二)完善重整计划中债权人的义务

管理人需要具备重整工作的前瞻性,对于涉及后续债务人信用恢复问题的重整程序,管理人应尽量在重整计划草案中,通过明确约定银行、税务、行政罚款债权人、刑事罚金债权人、民事债

---

① 参见张亚蕾:《个人信用修复机制:美国案例》,载《金融纵横》2017年第9期。

② 参见陈勇:《个人不良信用修复机制的国际经验及其启示》,载《福建金融》2014年第7期。

③ 参见漆世濠:《多元化信用服务市场发展与信息主体权益保护的权衡——美国信用修复市场监管的矛盾与启示》,载《征信》2018年第5期。

权人等必须在重整程序中予以配合的义务,在重整计划取得效力的阶段即争取各方债权人的支持,首先在债权人内部形成一致行动。参与债务人企业重整程序的各方债权人需切实履行被法院批准生效的重整计划中对其所约定的关于债务人信用恢复方面的配合义务。如约定债务人的银行债权人需积极协调人民银行征信系统恢复债务人的金融征信信用;债务人的税收债权人在接受重整所具备的债务人的税收债务事实免责的基础上,在税务系统的欠税"黑名单"中将债务人除名;行政罚款、刑事罚金作为劣后债权,在一般重整程序中无法获得清偿,生效的重整计划同样对其产生了事实上的免责效力,重整债务人的信用恢复则是其债务免责的必然"附随效力",行政机关、刑事司法机关需要对债务人在相关行政、刑事征信系统中的信用进行修复。当然,这一切的信用修复均以管理人向对应职权机关提出申请为起点。在重整计划约定了各方债权人配合债务人信用修复义务的情况下,职权机关接受管理人信用修复申请并办理,更像是履行其契约承诺的行为,或者说,相关机关修复债务人信用的职权行为实现了私法化,债务人以重整计划为依据对职权机关债务人享有要求其修复信用的契约权利。倘若职权机关违背重整计划约定义务,管理人可以向法院起诉,请求法院裁决要求职权机关修复债务人信用,重整计划的约定为法院提供了裁判依据。因此,重整计划的约束力应当被重视,重整计划以多数决而非全部决的方式产生效力,不仅对债务人形成了禁锢,同时也对债权人的行为进行了指引。对于债权人与债务人来说,重整计划对二者可谓均构成了"双务合同",任何重整计划的当事人在享有计划赋予的权利的同时,必须尊重重整计划,积极履行所负担的义务。

(三)担保与保险机制的增信

担保是一种信誉证明和资产责任结合在一起的金融中介行为。对于中小企业融资来说,可以排除其向金融机构融资时担保品不足的障碍,补充中小企业信用的不足,改变资本供求双方的利润流和剩余控制权配置结构,分散金融机构对中小企业融资的风险,促进融资交易的发生,进而优化金融结构。[①] 市场经济的发展客观上呼唤现代担保业的产生,而随着社会对信用需求的不断增加,各国的信用担保领域越来越广泛,担保品种也不断增加。除贷款信用担保外,还逐步产生了工程承包招标担保,供货时间、质量和付款担保,银行结算担保,以及关税担保、执照担保、服务质量担保、雇员忠诚担保等。[②] 担保既是信用范畴,也是法律范畴。从法律含义上来讲,信用担保即信用保证,是保证人和债权人约定,当债务人不能履行债务时,保证人按照约定履行债务或承担责任的行为。[③] 由于信用担保的高风险化,多数国家的政府在为中小企业信用担保机构提供财政支持的同时,也在积极促进担保风险的商业化转移。允许并鼓励保险公司的介入,为担保进行保险实质上的是再担保。因此,可以有效避免政府的“习惯性干预”,减轻财政压力,又能增加风险承担的主体,从而降低企业信用风险,促进市场发展。[④] 这也体现出了21世纪行政法发展的明显转向,政府职能进一步通过社会化进行转移,政府将更多的

---

① 参见李镇华:《信用制度建设的理论基础探讨:基于信用风险管理的视角》,中国金融出版社2010年版,第46页。

② 参见刘瑛:《企业信用法律规制研究》,中国政法大学出版社2011年版,第164页。

③ 同上书,第165页。

④ 同上书,第199页。

行政职能内化于民事主体的民事行为予以完成。如通过机动车交通事故责任强制保险,不仅拓展了保险公司业务范围,促进了我国保险行业发展,更极大减轻了道路交通管理部门对道路安全的监管压力。目前,政府通过倡导全国统保或区域统保的环境污染责任保险、安全生产责任保险等社会性保险产品,进一步践行着政民协治的价值理念。担保风险向保险机制的转移充分体现了这一趋势。

保险具有损失补偿、经济给付、化解和分散风险、融资等功能。[①] 信用保险是信用担保的再担保行为,而保险公司又可以通过向国内外再保险经营机构进一步分散风险,尤其是通过国际再保险机构的再担保之上的再担保行为,实现了利用国际资金增强企业信用,进而推动我国困境企业经营重生的功效。同时,前已述及,重整成功的债务人企业在进入破产程序前因失信导致的市场风险已被繁复的重整程序涤除干净,扩大对重整成功企业的信用担保、信用保险以及再保险机制的适用,并不会为金融系统乃至市场经济的健康运行带来不稳定的危险因素。由此,建议保监会和保险行业协会出台文件鼓励保险业务经营主体通过传统保险产品或创新信用保险等产品为破产重整成功企业增信,从而分担与间接缓解银行等金融机构恢复重整企业信用的风险。根据风险承担原理,承担等量风险的主体越多,单位风险就越小。但保险机构的增信仅能够发挥补强债务人信用缺失的补充性功能,无法填补债务人由于失信惩戒导致的根本性信用缺陷,后者仍然有待于完善的信用修复制度予以解决。

① 参见李镇华:《信用制度建设的理论基础探讨:基于信用风险管理的视角》,中国金融出版社2010年版,第45页。

除专业担保机构与保险机构外,在参与债务人重整的战略投资人信用较好的情况下,投资人可以通过积极担任债务人的担保人为其信用进行增信,或者在人民银行征信系统中,将战略投资人信用与债务人信用互联,从而将战略投资人的信用与债务人企业的信用进行绑定,以战略投资人的良好信用为债务人企业背书。同时,探索重整阶段的纳税担保制度的适用规则,为重整成功企业的税务信用修复问题提供可能。纳税担保是一项可以考虑融入破产重整程序中的制度工具,针对法院受理破产案件之前债务人所欠税款与滞纳金,由债务人或第三人(如投资人)提供担保,可以消除税务机关对税收债权获得清偿的忧虑,从而支持债务人或管理人提出的重整计划草案的表决。纳税担保也可以适用于保障重整计划实施过程中新发生的税收之债的情境,从而使债务人得以集中自身本就稀缺的资源,全力推动重整计划方案的落地。[①] 总而言之,纳税担保制度可以获得税务机关对债务人企业重整的支持,及时修复债务人税务信用信息。

---

① 参见范志勇:《纳税担保制度完善的私法进路》,载《税务与经济》2018 年第 4 期。

诚信价值观法律化视野下社会信用立法研究

杨福忠*

内容摘要　诚信是社会主义核心价值观的重要内容,其不仅存在于观念层面,而且更主要地存在于规范层面。将诚信价值观的要求由道德诚信转化为法律诚信,能确保诚信价值观在现实生活中得到培育和有效践行。在我国,将诚信价值观的要求法律制度化(以下简称诚信价值观法律化)具有必然性,首先,市场经济的发展需要通过法律诚信建立起来的信任机制;其次,我国重建高信任度社会需要诚信法律规范予以保障。制定专门的信用立法是诚信价值观法律化的一条重要途径。我

---

* 中共河北省委党校政法部副主任,教授。

国未来的社会信用立法应采用集中立法模式，即由全国人大制定专门的信用信息管理法。信用信息管理法应确立如下主要制度：建立失信行为的认定标准、信用信息采集和披露的负面清单制度、信用信息符合正当目的的使用制度、失信行为的惩戒制度以及信用修复制度。

关键词　诚信；道德诚信；法律诚信；社会信用立法

诚信是社会主义核心价值观的重要内容，同时也是古今中外各国人民的价值追求和行为准则。诚信价值观的要求最早以道德规范形式存在，之后随着社会分工和商品经济发展，诚信价值观的要求被法律制度化。今天，发达国家不仅在私法和公法领域中制定了大量的诚信规范，而且建立了比较完善的社会信用立法，从而使诚信成为人们日常行为中最基本的行为准则。我国自古就倡导诚信，但长期以来，诚信一直处于道德层面，约束力不强。改革开放以来，很多民事商事立法开始有意识地引入诚信规范，但总体来看，诚信价值观法律化的程度比较低。党的十八大提出了"积极培育和践行社会主义核心价值观"的任务，为了发挥法治在培育和践行社会主义核心价值观方面的保障和促进作用，2016 年 12 月中共中央办公厅和国务院办公厅联合印发了《关于进一步把社会主义核心价值观融入法治建设的指导意见》，该意见指出："法律法规体现鲜明价值导向，社会主义法律法规直接影响人们对社会主义核心价值观的认知认同和自觉践行。""把社会主义核心价值观的要求体现到宪法法律、法规规章和公共政策之中，转化为具有刚性约束力的法律规定。"在此背景下，如何将诚信价值观的要求予以法律化就不仅是一个理论问题，而且是一个重大的现实问题。本文拟以诚信价值观法律化为背景，探讨社会信用立法问题。

一、从道德诚信到法律诚信：诚信价值观规范化的转型

“诚信”作为一种价值观，它并不仅仅存在于观念层面，从实践来看，它更主要的是存在于规范层面，并转化为人们最基本的行为准则，这也是人们倡导诚信价值观最基本的理由。从存在形式上来看，诚信价值观的要求在现实社会中主要以两种规范形式存在：一种是道德规范形式，另一种是法律规范形式。以道德规范形式存在的诚信，又称道德诚信。比如，在中国古代，孟子就提出“朋友有信”，并把它与“父子有亲、君臣有义、夫妇有别、长幼有序”（《孟子·滕文公上》）并列为“五伦”，“五伦”就是当时社会基本的道德规范。发达国家在近代之前，诚信价值观的要求也是以道德规范形式存在的，即便在今天世界上的很多国家，诚信价值观的要求仍然是以道德规范形式存在的。道德诚信发挥作用的机制，正如朱利叶斯·穆尔（Julius Moor）所言：“道德规范并不威胁适用外部的强制手段；有关执行道德规范要求的外部保证，对于它们来说并无用处。它们能否得到执行，完全在于有关个人的内心。它们唯一的权威是以人们对它们的认识为基础的，即它们指明了行事的正当方式。使道德规范得以实现的并不是外部的物理性强制与威胁，而是人们对道德规范所固有的正当性的内在信念。因此，道德命令所诉诸的乃是我们的内在态度、我们的良知。”①换言之，道德诚信的践行主要依靠人们的自律。一个社会，当巨大的利益诱惑使自律不能发挥应有的作用，致使人们做出不诚信的行为时，就会触发道德规范的强制机制，社会舆

① 参见[美]E.博登海默：《法理学：法律哲学与法律方法》，邓正来译，中国政法大学出版社2004年版，第388页。

论就会对其不道德行为施压，迫使其恢复已被破坏的道德秩序。当然，社会舆论对当事人产生的压力强度往往因人而异，一个对他人的评价持无所谓态度的人可能会无视社会舆论，因而也就感受不到舆论的压力，其行为也就不受道德规范的影响。此时，就需要将道德诚信的要求借助一定的法律概念、法律条文转化为诚信法律规范。

以法律规范形式存在的诚信，又称法律诚信。正如西班牙学者鲁比奥·费雷伊拉（Rubio Ferreira）所指出的，法律诚信被吸收到法中的人类生活关系要素，但法并非在不赋予其术语的精确性的情况下吸收它，而是将它转化为一个法律概念。换言之，诚信并非立法者的创造，它有先定的内容。立法者不过是把这一内在于人类行为的原则扩张于全部人类行为的最广泛的领域。把诚信确定为法律规则是为了使其具有法律效力。这时，先前的自然的诚信就被转化为法定的诚信。[①] 法律诚信得以实现主要依赖外部物理性的强制手段，即他律。如果一个人不履行诚信法律规范设定的义务，则必须承担不利的法律后果。从这种意义上来说，把诚信价值观的要求由道德诚信转化为法律诚信，对人们具有更强的约束力，因而也就能确保诚信价值观在现实生活中得到培育和有效践行。

二、诚信价值观法律化之证成

恩格斯曾经指出："一切社会变迁和政治变革的终极原因，不应当在人们的头脑中，在人们对永恒的真理和正义的日益增进的认识中去寻找，而应当在生产方式和交换方式的变革中去寻找；不应当在有关的时代的哲学中去寻找，而应当在有关的时代的经

① 徐国栋：《诚实信用原则二题》，载《法学研究》2004年第4期。

济学中去寻找。”[①]将诚信价值的要求予以法律化属于政治变革的范畴，因此，其正当化理由也必须到社会、经济的变化中去寻找。

（一）市场经济的发展需要通过法律诚信建立起来的信任机制

现代社会是劳动分工高度专业化、精细化的社会。法国社会学家涂尔干在《社会分工论》中开篇就描述了今天社会分工的现象，指出：劳动分工自古以来就有，今天已经成为家喻户晓的现象。“在工厂里，不仅每个工种界限分明，专业性强，而且每件产品本身也都使其他产品的存在成为必需的特殊产品。亚当·斯密和约翰·穆勒都还希望农业至少还是个例外……但是今天我们已经难以否认，农业生产的绝大部分都已经日益卷入到了这个大趋势中”。[②] 在现代社会分工不断专业化的大趋势背景下，每个人自身的多层次需求必须依赖他人提供的产品和服务来满足，因而不得不和他人建立起合作关系。社会分工越细，就越有和他人建立合作关系的必要。每个人需要的满足是通过商品交换的形式来实现的，而商品交换则内在地蕴含了对诚信的要求。从经济发展史的角度来看，最初的交换是物物交换，之后发展为以货币作为支付手段的交换。在货币作为支付手段出现后，商品的价值通过货币来衡量，从而使商品使用价值的让渡与商品价值的实现在时间上产生分离。买者先支付一定的价值而后才能获得卖者让渡的商品使用价值，或者卖者先让渡商品的使用价值而后才能获得商品的价值。这样就在交易当事人之间建立起了债权债

① 《马克思恩格斯选集》（第3卷），人民出版社1972年版，第307页。

② ［法］埃米尔·涂尔干：《社会分工论》，渠东译，生活·读书·新知三联书店2000年版，第1页。

务关系，其中每一方都既是债权人，又是债务人。当事人之间的债权债务，除口头约定外，通常记载于书面的契约或合同当中。根据《法国民法典》(1804 年)第 1101 条的规定，“契约为一种合意，依此合意，一人或数人对于其他一人或数人负担给付、作为或不作为的债务”。我国《合同法》第 2 条规定：“本法所称合同是平等主体的自然人、法人、其他组织之间设立、变更、终止民事权利义务关系的协议。”简而言之，契约或合同是当事人之间在意思表示一致的基础上达成的、产生相互间法律关系的协议。订立契约的过程通常包括要约和承诺两个环节。要约是指当事人一方向他方表示订立合同的意向，要其做约定要做的行为或遵守约定的不得为的行为；承诺是指受要约方对要约人提出的要约内容表示完全同意的意思表示。这种一致的意思表示在契约中是以权利、义务和责任的条款形式表现出来的，契约一经达成，就产生了法律效力。因此，契约实际上已经把当事人之间民事活动的诚信要求法律化了。

以契约形式进行交易的意义在于，它使商品使用价值的让渡与商品价值的实现在时间上产生分离的情况下，陌生人之间建立合作关系成为可能。经济发展史表明，陌生人之间建立合作关系是交易范围扩大和经济发展的关键。陌生人之间彼此互不了解，之所以能通过契约进行合作，是因为两个方面因素在起作用：一方面，是当事人都有充分的信心预期对方能履行承诺。当事人的信心源于法律，双方基于意思表示一致签订的契约具有法律效力，当事人不履行义务要承担不利的法律后果。另一方面，即便陌生人之间也存在最低限度的诚实和信任，这是人类社会最基本的道德准则。它要求当事人在合同订立的目的上，不以欺骗对方获取利益为目的；在合同订立的过程中，必须诚实地向对方传递真实的信息；在合同履行过程中，必须忠实地履行合同中的义务，在行使自己权利、实现自己利益的同时为对方负责。美国学者弗朗西斯·福山在《信任：社会美德与创造经济繁荣》一书中设想了没有诚信的世界是个什么样子。他说："如果我们在签订每一份合同时都认为合作者只要有可能就会企图行骗，那么我们势必要花大量时间使文件无懈可击，从而没有法律漏洞让对方有机可乘。这样，合同将无限长而且详细，列出所有可能的意外事件，定义每一条能想到的责任。"①在福山看来，现代经济生活没有最低限度的诚实和信任是不堪设想的。事实上，诚信已经融入日常的经济生活当中，对经济生活的有序运转起着至关重要的作用。"如果双方都相信彼此的诚实，每一件事将更容易处理，减少了逐条逐款记入冗长合同的必要；减少了因预防不测而采取的套购保值措施的必要；纠纷少，且减少了通过诉讼解决纠纷的必要。的确，在一些高信任的关系中，各方甚至并不担心短期的最大利润，因为它们知道一个时期的亏损会在以后从另一方那儿得到补偿。"②

在促使陌生人之间能够以契约形式进行合作的两个因素当中，前者是基于法律诚信建立起来的信任机制。在这种信任机制下，法律作为具有较强约束力的行为规范发挥了规制和保障作用，它促使当事人不得不按照对方当事人预期的那样行事，否则就会受到惩罚。换言之，这是一种由于害怕惩罚而保持其行为与契约规定相一致时获得的信任，因此又被称为基于制度的信任。

---

① [美]弗朗西斯·福山：《信任：社会美德与创造经济繁荣》，彭志华译，海南出版社2001年版，第153页。

② 同上书，第151页。

努特博姆(Nooteboom)认为,透明的法治可以在陌生人之间创造信任的基础,从而将信任扩大到家庭和朋友这一自然的圈子之外。[①] 同时,他研究发现,在私有产权得到有效法律保护的社会,人们之间的信任度通常较高。后者是基于道德诚信建立起来的信任机制。在一个社会中,人们的每一次交易行为中的诚实守信情况累积起来,就能形成一个人的信誉。在熟人社会,一个人信誉无论是好还是坏,都通过人的口口相传而为他人所知晓。在信息技术高度发达的现代社会,个人信用可以被商业化,一个人的诚实守信情况会被征信公司采集起来,形成关于其个人的信用记录档案。其他人在与其交易前,到征信公司数据库查询其信用记录,即可以知其信誉好坏,从而决定是否与其合作。因此,这种信任又被称为基于信誉的信任。基于信誉的信任对市场经济的作用,正如努特博姆所指出的,有降低风险和交易成本的工具价值,尤其是风险很复杂或者用正式的途径(如政府管制、法律制度和科层管理)成本很大的时候。[②] 我国有学者也认为,这种信任机制"是一种成本更低的机制。特别是在许多情况下,法律是无能为力的,只有信誉能起作用。一个没有信誉机制的社会是不可能有真正的市场经济的"。[③] 因此,在市场经济国家,无论是基于制度的信任还是基于信誉的信任,都是市场经济健康发展所必需的,它们相辅相成,共同构成了市场经济的灵魂。

(二)我国重建高信任度社会需要诚信法律规范予以保障

在不同社会,人们之间的信任程度不同。华人本身倾向于信

---

① Nooteboom, " B. Social Capital, Institutions and Trust ", *Review of Social Economy*,2007(1):pp. 29 – 53.

② Ibid.

③ 张维迎:《信息、信任与法律》,生活·读书·新知三联书店2003年版,第34页。

任与自己有血缘关系的人，而不相信家庭和亲属以外的人……朋友和熟人，只有建立相互依赖的关系，共同承担投资的风险才能达到信任的程度。[①] 福山认为，对外人的不信任阻碍了公司的制度化，家族的企业主不让专业经理接管公司的经营，而是眼睁睁地看着它四分五裂成几个新的公司或全面解体。因此，华人的私营企业很难发展成科层化、专业化管理的大公司。即便像李嘉诚那样的企业在发展成为大公司后仍然在高层实行家庭管理，在它们的管理结构中，亲戚关系仍是压倒性的。然而在高信任度的美国却不同，虽然80%的小型企业也属于家族企业，但与华人家族企业最明显不同的是，在第一代创业者去世后，公司迅速引进专业化管理制度，到了第三代，公司已经完全交到专业经理的手中。孙子辈们仍然作为大股东拥有所有权。在福山看来，"在一些社会中，其特定的文化限制大企业的增长，而另一些社会中，文化则允许大企业发展"。[②]

福山关于华人社会低信任度的文化决定论观点受到了一些中国学者的质疑。如张维迎教授就指出，从历史上来看，中国原来是高信任度的社会，[③]后来信任的基础被破坏了，出现了信任

---

① 参见[美]弗朗西斯·福山：《信任：社会美德与创造经济繁荣》，彭志华译，海南出版社2001年版，第74页。

② [美]弗朗西斯·福山：《社会资本与全球经济》，张铭译，载《现代外国哲学社会科学文摘》1996年第5期。

③ 张维迎教授的证据是早在秦始皇时期就实行了"郡县制"。"郡县制"就是职业化的管理，皇帝通过职业化的官僚队伍去管理地方。"皇帝如果不信任外人就不会把这些权力委托出去；官员如果不信任皇帝，他们也不会为皇帝尽忠卖命。在现代意义上，皇帝和官僚之间的关系实际上是一种委托代理的关系，就像现代企业中股东和经理人之间的关系一样。"张维迎还认为，中国过去有票号、有钱庄的汇票，它们可以流通，有价值，也是基于人们对它的信任。参见张维迎：《信息、信任与法律》，生活·读书·新知三联书店2003年版，第7～8页。

危机,使今天的中国变成了一个低信任度的社会,但这并非因为中国的文化基因有问题。孔祥毅教授用历史学的研究成果来证明历史上中国人是很讲诚信的。他通过分析17世纪中期到20世纪30年代这段时间内山西中部与长城以外的北方地区通行的镖局、标期、标利与社会信用状况,得出结论认为,镖局、标期、标利制度构成了当时中国北方社会商品交易、资金融通的债权债务清偿网络体系,是当时成熟的民间信用制度。他认为,从中“我们也看到了当时的社会诚信,看到了当时商号和金融机构的自律,看到了当时商业行会或商会的行业自律和自卫,看到了市场自发的调节功能”。①

但我国学者没有说明何时基于何种原因中国社会的信任基础被破坏。笔者认为,造成中国社会由高信任度向低信任度转折的历史事件是“文化大革命”。由于这次所谓的“大革命”发生在文化领域,因此首当其冲地给中国传统文化造成剧烈冲击,给人们的道德观念造成了混乱,破坏了人们之间信任的道德基础。

1979年11月26日邓小平同志在会见外宾时说:“你们如果是五十年代、六十年代初来,可以看到中国的社会风尚是非常好的。”“文化大革命”“使无政府主义、极端个人主义泛滥,严重地败坏了社会风气”。“所以我们提出在加强民主的同时,要加强社会主义法制。我们要解放思想,也要恢复我们长期已有的好的社会风尚”。②

由于对外开放,发达国家以个人自由主义为核心的价值观得

---

① 孔祥毅:《镖局、标期、标利与中国北方社会信用》,载《金融研究》2004年第1期。

② 《邓小平文选》(第2卷),人民出版社1994年版,第233页、第303页。

以不断涌入中国。与中国传统文化重集体利益不同,发达国家的价值观念强调的是以个人为中心,表现在经济方面,就是每个人都充当理性的"经济人"的角色,追求个人利益最大化。发达国家的经济理论认为,个人通过市场来追求自身利益可以为整个社会带来最大好处。这种理论为有些人在我国实行社会主义市场经济后不择手段追逐自身利益最大化提供了正当性,他们完全不顾礼义廉耻、不讲诚信、不守规则,生产或销售假冒伪劣产品,坑害消费者。也正因如此,中国社会被西方学者贴上了低信任度的标签。尽管这个标签听起来让国人不舒服,但不能忽视的事实是,这种认识基本上反映了当下中国的社会信用状况。

现在的问题是我们如何重建社会诚信?解决问题的思路无非是加强道德诚信和法律诚信建设。从历史经验来看,通过道德诚信自发地建立起信任机制是一个缓慢的过程,对扭转当下中国社会的信用状况并不能起到立竿见影的效果。特别是道德诚信通常适用于熟人之间,而我国由于进行户籍制度改革以及实行市场经济,促进了人口的自由流动,今天的中国社会已经逐渐地由熟人社会变成了陌生人社会。所谓陌生人,是指对方虽然身在旁边但在心理感觉上却非常遥远。根据美国法学家布莱克的理论,熟人之间的关系距离比较近,用法律解决纠纷的可能性比较小;而陌生人之间关系距离比较远,用法律解决纠纷的可能性比较大。[①] 在这种情况下,我国必须注重发挥法律的规范和引领作用,加强法律诚信建设,把道德诚信融入法律诚信之中,通过法律诚信促进道德诚信,从而逐渐地建立起人们之间的信任。

---

① 参见[美]唐纳德·J.布莱克:《法律的运作行为》,唐越、苏力译,中国政法大学出版社2004年版,第48~49页。

三、社会信用立法是诚信价值观法律化的一种实现途径

综观世界各国诚信价值观法律化进程不难发现,诚信价值观法律化主要有两种实现途径:第一种途径是将诚信价值观的要求借助于一定的法律概念、法律条文转化为具体立法中的诚信法律规范。诚信法律规范包括诚信法律原则和诚信法律规则。在发达国家,道德诚信转化为法律诚信起源于罗马法。据有的学者统计,“诚信”在东罗马帝国皇帝优士丁尼(Justinianus,483 ~ 565年)下令编写的《法学阶梯》中就有 38 处;在《优士丁尼法典》中有 117 处;在《学说汇纂》中有 462 处①。但是,罗马法仅有诚信概念与有限的诚信制度,并没有一般的诚信原则。② 相较罗马法有限的诚信制度而言,中世纪的教会法却有丰富的诚信规范,“教会法对近现代民法诚信制度的贡献在于确立了诚信的一般原则地位,并且发展出大量体现诚信原则的各类具体的诚信制度”。③公元 12 世纪前后,罗马法复兴。在此基础上出现了近代民法,各国民法典基本上都继承了将诚信价值观的要求予以法律化的传统。特别是 1907 年的《瑞士民法典》将诚信由调整债务人的行为准则,上升为私法的基本原则。到 20 世纪 30 年代,诚信作为法律原则和法律规则已经不仅局限于私法领域,而是开始出现在公法领域,如在宪法、行政法以及民事诉讼法中都有诚信的具体规定。

在我国,“诚信原则”或“诚实信用原则”,作为一项法律原

---

① 参见徐国栋:《客观诚信与主观诚信的对立统一问题——以罗马法为中心》,载《中国社会科学》2001 年第 6 期。

② 参见郑强:《合同法诚实信用原则研究》,法律出版社 2000 年版,第 47 页。

③ 刘正峰:《论教会法中的诚信原则与其对民法诚信制度的贡献》,载《云南大学学报》(法学版)2007 年第 5 期。

则,其意指该原则适用于该法调整的所有行为。如我国《民法总则》第一章第7条规定:“民事主体从事民事活动,应当遵循诚信原则,秉持诚实,恪守承诺。”该规定确立的诚信原则适用于该法所调整的所有民事行为。诚信法律规则一般规定在法律的其他章节,其仅适用于某些特定情形。从表现形式上来看,诚信法律规则一般表现为对“善意”行为的保护和对欺诈行为的处罚之规定。“善意”不具有欺诈的意思,是指主观上不知某种情形存在,而真诚地认为该种情形存在并想从事某种行为的意愿。如我国《民法总则》第65条规定:“法人的实际情况与登记的事项不一致的,不得对抗善意相对人。”此处的“善意相对人”是指误信法人的登记事项和实际情况相一致而与其交易的相对人,法律对于这种误信行为予以保护。除该法第65条外,该法第三章“法人”中的第61条、第85条和第94条,第六章“民事法律行为”中的第145条,第七章“代理”中的第170条和第171条都是关于“善意”的法律规则。对“欺诈”行为处罚的法律规则,在很多立法中都有体现。比如,根据我国《公证法》第44条的规定,当事人提供虚假证明材料骗取公证书,或者利用虚假公证书从事欺诈活动,或者伪造、变造或者买卖伪造、变造的公证书、公证机构印章,给他人造成损失的,依法承担民事责任;违反治安管理的,依法给予治安管理处罚;构成犯罪的,依法追究刑事责任。据笔者统计,在现行有效的266部法律中,含有对“欺诈”行为处罚的法律就有28件。

第二种途径是制定专门的信用立法。将诚信价值观的要求无论转化为诚信法律原则还是转化为诚信法律规则,在技术层面都是借助于一定的法律概念转化为法律权利、法律义务和法律责任。人们在日常行为中的每一次权利行使,特别是义务履行和责任承担情况都会以一定形式被记录下来，这些被记录下来的信息就构成个人或组织（以下简称信用主体）的信用状况。到20世纪70年代，在西方国家的市场上，出现了专门经营信用主体信用记录的公司，这些公司被称为“征信机构”。它们从信用信息记录者那里采集信用主体原始的信用记录资料，经过整理后形成关于信用主体信用状况的评级，并有偿或免费地提供给信用信息的使用者，从此信用记录进入商业化阶段。在信用商业化阶段，为了避免信用市场失灵从而给信用主体以及信用信息使用者的权利造成侵害，发达国家出现了专门的信用立法，对信用信息的采集、管理、披露以及使用等行为进行规范。美国是世界上较早制定信用立法的国家，早在1970年美国国会就制定了《公平信用报告法》（Fair Credit Reporting Act），之后又对该法进行过十几次修改，使之日益完善。除该法外，美国国会还制定了《诚实租借法》《公平信用结账法》《信用修复机构法》《信用控制法》等法律，这些法律构成了美国信用立法体系。

2015年全国人大常委会公布了第十二届全国人大常委会的立法规划，社会信用法的制定位列其中，但属于“立法条件尚不完全具备、需要继续研究论证”的立法项目。因此，我国社会信用立法的生动实践主要体现在法规、规章层面。在中央立法层面，2012年国务院通过了《征信业管理条例》，对各行业各领域的征信活动进行规范。此外，国务院某些下属行政机构也根据自己所主管的行政事务需要制定了本领域信用方面的部委规章，比如，中国人民银行为了防范和降低商业银行的信用风险，保障个人信用信息的安全和合法使用，于2005年制定了《个人信用信息基础数据库管理暂行办法》；2014年海关总署为了保障贸易安全与便利，制定了《海关企业信用管理暂行办法》；2015年国家工商行政管理总局为促进企业守法经营和诚信自律,制定了《严重违法失信企业名单管理暂行办法》等。在地方立法层面,深圳市政府早在2001年年底就率先颁布了《深圳市个人信用征信及信用评级管理办法》,之后,其他有地方立法权的机关也陆续出台了有关信用信息管理的地方性法规或政府规章。据笔者统计,自2001年到2017年年底,全国有效的信用信息方面的地方立法共有33部。

综合分析我国现有的社会信用立法,可以发现其具有如下特点:第一,信用立法位阶低。在现有的社会信用立法中,法律位阶最高的是国务院的《征信业管理条例》,其余的都是低位阶的部委规章、地方性法规和地方政府规章。特别是在33部地方立法中,政府规章占全部地方立法的87.5%,地方性法规只有5件。第二,信用立法规范领域普遍较窄。根据党的十八大报告以及国务院颁布的《社会信用体系建设规划纲要(2014~2020年)》,社会信用体系包括政务诚信、商务诚信、社会诚信和司法公信。因此,政务诚信和司法公信都是社会信用体系建设的重要内容,特别是"政务诚信是社会信用体系建设的关键,各类政务行为主体的诚信水平,对其他社会主体诚信建设发挥着重要的表率和导向作用"。[①] 但现有信用立法主要针对的是商务诚信和个人诚信,对如何提升政府公信力和司法公信力并没有给予应有的关注。即便对于商务诚信和个人诚信,现有的信用立法也把着眼点放在信用信息的采集、整理、披露和使用行为的规范上,对信用主体的隐私权以及信用修复权如何保护,多数立法没有作出规定,因而现有社会信用立法存在适用范围较窄的问题。第三,信用立法的

---

① 国务院《社会信用体系建设规划纲要(2014~2020年)》(国发〔2014〕21号)。

内容反映中央最新政策要求不够。自党的十八届三中全会以来，党中央对加强诚信建设提出了一系列新的要求。为了落实中央的要求，国务院先后出台了一系列文件，包括《关于加强政务诚信建设的指导意见》、国务院办公厅《关于加强个人诚信体系建设的指导意见》，以及中共中央办公厅、国务院办公厅联合下发的《关于加快推进失信被执行人信用监督、警示和惩戒机制建设的意见》等。然而就现有信用立法出台的时间来看，有68.6%的立法是在党的十八届三中全会之前出台的，并且在党的十八届三中全会之后并未根据中央新的要求作相应修改，这也就意味着现有的信用立法在内容上具有一定的滞后性。

四、我国的社会信用立法模式及应确立的主要制度

（一）社会信用立法模式

发达国家的信用立法归纳起来有两种立法模式：一种是分散立法模式，即没有专门的信用立法，有关规定分散在不同的法律当中。以德国为例，目前德国没有专门的信用立法，相关的规定散见于《德国商法典》《民事诉讼法》《破产法》《反不道德支付法》《信贷法》《联邦数据保护法》等法律之中。另一种是集中立法模式，这种立法模式以美国为代表。美国是世界上信用立法最完备的国家，现行有效的信用立法就达16部，其中《公平信用报告法》是美国信用立法体系中最具代表性、影响最大的一部法律。笔者认为，我国未来的社会信用立法应采用集中立法模式，即由全国人大制定专门的信用信息管理法。这里的“信用信息”因产生或获取的主体不同可以分为两类：一类是行政机关、司法机关以及依法承担公共事务管理和服务职能的组织在履行职责过程中形成的反映市场主体和个人信用状况的信息；另一类是征信机构、行业协会以及网络交易平台等在提供服务过程中产生或者获

取的，可用于识别市场主体和个人信用状况的信息。目前，多数地方立法机关将这两类信用信息区别对待分别立法，笔者认为这种区分没有必要，且浪费立法资源，未来全国人大进行信用立法时完全可以在一部法律中加以规范。

（二）社会信用立法应确立的主要制度

1. 建立失信行为的认定标准。失信行为标准的认定涉及信用信息记录机构记录的个人和市场主体信用信息的准确性以及其信用评级的客观性。目前，我国社会信用管理方面的地方立法尽管很多，但明确界定失信行为的却比较少。原国家工商行政管理总局和海关总署的部委规章以及最高人民法院《关于公布失信被执行人名单信息的若干规定》虽然都有对失信行为的认定，但由于其只针对各自主管范围内的事务，从而使这种认定不能涵盖所有行业、领域。全国人大的社会信用立法有必要建立适用于各行业、领域的失信行为的认定标准。

笔者认为，我国在建立失信行为的认定标准时，可以借鉴 ICE8000 国际信用标准体系①的做法。根据 ICE8000 国际信用标准体系规则，失信行为是指违反诚信原则的行为。ICE8000 国际信用标准体系列举了诸如未善意地遵守法律法规、未善意地披露重要事实等 9 种行为属于失信行为。其中每一种行为构成失信行为都需要具备 4 个条件：第一，没有正当事由。所谓正当事由，是指该事由被相关行为的受侵害方谅解，或显而易见地令人信服，或符合平等、公正、诚信等人类普遍追求的价值原则。第二，

① ICE8000 国际信用标准体系是世界信用组织（World Credait Organization，WCO）会员信用机构，为了防范自身滥用信用评价等权利或损害他人正当权益，合理地确定失信行为的责任人，促进社会诚信，根据国际通行法律原则与国际惯例制定的信用评价标准体系。

该行为不出于善意。第三,侵犯了他人的正当权益。第四,未积极采取补救措施。这 4 个条件实际上就是失信行为的认定标准。结合 ICE8000 国际信用标准体系对失信行为的认定标准以及我国当下诚信建设的实际,我国在建立失信行为的认定标准时,应注意以下 3 点。

第一,根据诚信的实质内涵建立失信行为的认定标准。“诚信”要求行为主体诚实、不欺诈,与他人交往时遵守和兑现承诺,忠诚履行义务,尊重并善意地维护他人的正当利益。一个行为之所以被认定为失信行为是因为其与诚信的这些要求相违背。如果其没有违背诚信要求,即使违背了诸如平等、民主等其他价值要求,也不能视为失信行为。换言之,不可将失信行为予以泛化。

第二,要区分善意与恶意。“善意”与“恶意”都是人的主观心理状态。根据《牛津法律大辞典》的解释,“如果一个人诚实行事,即不知道或无理由相信其主张没有根据,他就是善意行为”。恶意是指一个人“明知缺乏权利,或者相反,不相信他的行为具有合法正当的理由”而仍然为之。[①] 简言之,“善意”不含有欺骗之义,主观上不知某种情形存在,而真诚地想从事某种行为的意愿;而“恶意”则含有事实上或法律上的伪装、误导或欺骗之义,主观上明知某种情形存在,而从事某种行为以获取非法或不当利益的心愿。行为人基于恶意实施的行为才可能构成失信行为。

基于上述认识,笔者认为,我国的社会信用立法可以将下列行为认定为失信行为:(1)恶意不履行发生法律效力的判决、裁定、仲裁裁决或者行政复议决定确定的义务。当事人恶意的表现

---

① [美]戴维·M. 沃克:《牛津法律大辞典》,光明日报出版社 1989 年版,第 102 页、第 578 页。

形式多种多样，比如，有履行能力而拒不履行；以伪造证据、暴力、威胁等方法妨碍、抗拒履行；以虚假诉讼、虚假仲裁或者以隐匿、转移财产等方法规避履行；等等。(2)违反法律规定实施的应该受到行政处罚或刑事制裁的行为。将违法行为认定为失信行为是国际上的惯例，最根本的原因在于：法律乃人民的公意，是人民之间的契约。违反法律意味着不诚信地履行契约。(3)提交虚假材料或者采取其他欺诈手段获得行政许可的行为。(4)恶意不按照法律规定或合同约定履行义务。比如，有履行能力但预期拖欠依法应缴税款、应缴罚没款项；有履行能力但超过合同约定期限履行债务；逾期还款或拖欠劳动者工资报酬；等等。(5)利用他人的合理信任，恶意隐瞒重要事实，给他人合法权益造成损失的行为。(6)其他恶意违反诚信法律规范的行为。

第三，在建立失信行为的认定标准时，还应该考虑区分一般失信行为和严重失信行为。ICE8000 国际信用标准体系规则区分了 3 种失信行为，即一般失信行为、恶意失信行为以及严重失信行为。行为人因疏忽大意或过于自信的过失造成的失信行为属于一般失信行为。行为人故意实施的失信行为，属于恶意失信行为。比如，承认或默示失信行为但拒不改正；刻意隐瞒重要事实、刻意误导他人、刻意诬陷他人、刻意制造事端逃避责任义务等。主观恶性较大、具有严重恶意的失信行为，属于严重失信行为。比如，隐瞒失信信息，或捏造事实对受侵害人进行诽谤等。笔者认为，这种以行为人主观上是否以故意为标准进行的分类很有新意，但实施起来会比较困难，原因在于“过失”“故意”“严重恶意”这些都属于主观的心理状态，信用信息记录机构在形成个人和市场主体的信用信息时对这 3 种主观心理状态进行区分存在一定的难度，而且会赋予其较大的裁量权，不利于信用主体的权利保护。

笔者认为,我国在进行信用立法时,应建立一种客观标准来区分一般失信行为和严重失信行为。客观标准可以是以失信行为发生的情节、频率、失信行为造成他人损害的结果等进行判断。目前,我国有些社会信用立法采用的是客观标准。如根据《严重违法失信企业名单管理暂行办法》第5条的规定,企业“两年内受到三次以上行政处罚”则被视为严重失信行为。“两年内受到三次以上行政处罚”是个客观标准,它足以说明企业主观恶性较大,这相对于多年内偶尔有一次违法行为来说,无论在情节还是社会危害后果方面都明显不同,因此应认定为严重失信行为。这个标准具有可操作性,便于实施。

2. 信用信息采集和披露的负面清单制度。该制度涉及征信机构采集和披露信用主体信息的范围问题。信用立法既要考虑征信机构所采集和披露信用主体的信息的完整性、准确性,又要兼顾信用主体隐私权的保护。因此,必须清楚界定可以采集、披露的信用主体的信息范围。在这一方面,美国与我国目前的信用立法采取了不同的规定方式。美国的信用立法在信用信息的披露方面采用的是负面清单的规定方法。美国《公平信用报告法》明确禁止某些信息出现在信用报告中,此类信息包括储蓄信息,收入状况,医疗信息,性别、种族、婚姻状况、来源国或者宗教信仰。

我国的信用立法在信用信息采集方面采用的是负面清单的规定方式。国务院《征信业管理条例》第14条规定了两种情况:一种是绝对禁止征信机构采集的信息,包括个人的宗教信仰、基因、指纹、血型、疾病和病史信息以及法律、行政法规禁止采集的其他个人信息;另一种是相对禁止采集的信息,包括个人的收入、存款、有价证券、商业保险、不动产的信息和纳税数额信息。对于此类信息,征信机构明确告知信用主体提供该信息可能产生的不利后果并取得其书面同意以后,可以采集。目前我国地方的信用立法,规定方式不一,多数采用的是"肯定列举 + 负面清单"的规定方式。"肯定列举"就是明确征信机构应当将哪些信息纳入信用主体的信用信息目录。"负面清单"就是明确征信机构不能采集信用主体的哪些信息。这种规定方式既能为征信机构采集信息提供明确的指引,又能对信用主体隐私权加以一定的保护,因而具有一定的价值。

笔者建议,我国未来的信用立法在信用信息的采集方面可以采用"肯定列举 + 负面清单"的规定方式,在信用信息的披露方面采用"负面清单"的规定方式,明确禁止征信机构在信用报告中披露的信息内容。一方面,是由于尽管在立法中明确禁止征信机构采集哪些信息,但仍存在此类信息被采集的可能性;另一方面,允许被采集的信用信息存在使用期限问题。超过使用期限的信用信息会转化为个人的隐私信息。对信用信息的披露加以限制,有利于对信用主体隐私权的保护。

3.信用信息符合正当目的使用制度。设计此项制度的主要目的是防止信用信息的滥用侵害信用主体的权益。在国外,使用目的是对信用信息管控的一个重要方式。比如,美国《公平信用报告法》通过列举的方式规定了符合哪些目的情形时,征信机构才能够为信用信息使用申请人提供信用报告。法律允许的目的主要包括:消费者信用交易时,授予消费者信用额度或者核查、收取消费者的账目,雇佣,消费者的保险业务等。[①] 该法还规定了

---

① 参见李利军:《美国信用法律制度简介》,载《北京工商大学学报》(社会科学版)2004年第3期。

征信机构和信用信息使用者违反法律允许的目的应承担的法律责任。法律规定信用信息使用者请求用于不被允许的目的而得到信用信息的,信用信息使用者不承担民事责任,该责任需要由征信机构承担;信用信息使用者以恶意欺诈方式向征信机构获取信用报告的,将被单处或并处罚款,或两年以下监禁。[①] 我国未来在进行信用立法时,可考虑借鉴美国的做法,在立法中通过列举的方式明确信用信息的使用目的,通过使用目的加强对信用信息的控制,以保护信用信息主体的权利。

4. 失信行为的惩戒制度。对失信行为的惩戒主要有 3 类措施:第一类是市场惩戒,是指因失信行为人的信用信息的传播而承担的名誉损失和机遇损失;第二类是行业惩戒,是指行业协会、商会按照行业标准、行规、行约等对失信会员采取惩戒措施;第三类是法律惩戒,即失信行为人对其失信行为承担的不利法律后果。比如,限制失信行为人参与基础设施和公用事业特许经营;对有履行能力但拒不履行的失信行为人限制购买不动产、乘坐飞机、乘坐高铁、入住三星级以上宾馆等。从性质上来看,法律惩戒措施是运用公权力对失信行为人权利的限制和义务的加重。按照我国《立法法》第 80 条、第 82 条的规定,没有法律、法规的依据,规章不得设定减损公民、法人和其他组织权利或者增加其义务的规范。规章以下的规范性文件更无此项权力。换言之,对失信行为人实施法律惩戒的依据只能是法律法规,法律法规以外的规范性文件不能设定对失信行为人的惩戒措施。因此,未来全国人大在进行社会信用立法时,应对惩戒措施作出规定,为有关机

① 人民银行哈尔滨中心支行课题组:《美国〈公平信用报告法〉对我国信用信息使用人行为规范的启示》,载《理论纵横》2007 年第 11 期。

关、市场主体对失信行为人实施惩戒提供法律依据。

5. 信用修复制度。征信机构数据库中有关信用主体的不良信用记录影响会信用主体的信用评级，进而影响会其权利的行使。然而，并非所有不良信用记录都是由于信用主体自身主观恶意造成的。如有研究发现，中国人民银行个人信用信息基础数据库中的大部分个人不良信用记录属非恶意，其产生有 3 种情况：一是信息主体不熟悉规则导致产生不良信用记录，如意外激活信用卡造成欠缴年费等；二是个人遗失的身份证被他人冒用办理信用卡，与银行发生信贷关系而产生的不良信用记录；三是持卡人个人信息变更，银行无法将还款账户余额不足的信息及时通知持卡人，造成预期还款而产生不良记录。① 如果把由于上述情况产生的不良信用记录与由于主观恶意原因产生的信用记录同等对待，作为市场主体和个人信用评级的依据，对信用主体来说显然是不公平的。为了解决这个问题，美国、英国以及韩国等国家都建立了信用修复制度。目前，我国现行的信用立法普遍缺少信用修复方面的法律规范。笔者建议，未来我国的信用立法应增加信用修复方面的内容，明确对不良信用修复的途径、修复程序以及征信机构、信用信息提供者、信用主体各方在信用修复中的权利、义务，从法律上帮助信用主体恢复信用。

五、结语

为了解决诚信缺失问题，中央先后出台了《关于加强政务诚信建设的指导意见》《关于加强个人诚信体系建设的指导意见》等政策性文件，一些地方立法机关则试图通过社会信用立法来重

---

① 参见陈勇：《个人不良信用修复机制的国际经验及其启示》，载《福建金融》2014 年第 7 期。

建我国的高信任度社会。在这种背景下,社会信用立法也成为近年来学术研究的热点,但现有研究成果多是就事论事,缺少宏观视野。笔者在诚信价值观法律化视野下研究社会信用立法问题,指出将诚信价值观的要求予以法律化主要有两种途径,制定社会信用立法只是其中的一种途径。社会信用立法是以采集、整理、披露、使用自然人、法人或非法人组织践行道德诚信、法律诚信情况的信息的行为为调整对象的法律规范。在这种背景下,本文探讨了未来全国人大进行社会信用立法的模式、社会信用立法应确立的主要制度等问题。

困境与出路：我国社会信用立法的现状检视

王　聪*

内容摘要　熟人社会的信用机制与陌生人社会的信用机制存在根本差异，在我国社会转型期，社会信用体系建设在市场经济运行中显得尤为紧迫。我国现行信用立法呈现“碎片化”、分散化，社会信用基本法律供应不足，既有规章制度的效力层级较低，部门规章和地方性法规欠缺法律依据支撑，导致在社会信用建设实践中，出现于法无据、惩罚过重或过轻、权益保障不足等法律“真空地带”。加快社会信用立法是法治中国建设的重要内容，有助于维护市场经济秩序、建立普遍信任、维护社会秩

* 湖南省长沙市中级人民法院法官助理。

序安定。在我国统一的、分层次的立法体制下，地方性社会信用立法的先行先试、大胆探索为我国未来制定社会信用法这一信用基本法提供了有益参考。在当前我国社会信用体系建设由政府政策主导推动的现状下，应加强市场机制作用，在政府调控与市场自律之间，平衡推动以法律约束为核心的社会信用体系建设。

关键词　社会信用；信用信息；征信管理；信用权益；立法框架

一、社会信用：法律问题还是道德问题

信用在中国文化传统中历来受到珍视。儒家经典《论语》将信用摆在了极为重要的地位。《论语》中有一则故事，子贡问政，子曰：“足食，足兵，民信之矣。”子贡曰：“必不得已而去，于斯三者何先？”曰：“去兵。”子贡曰：“必不得已而去，于其二者何先？”曰：“去食。自古皆有死，民无信不立。”在孔子看来，对于治理一个国家来说，在足食、足兵、民信三者之中，唯有信用不可或缺，为政不可无信。“人而无信，不知其可也。”在乡土中国的熟人社会中，信用，通俗而言，就是说话算数，“君子一言，驷马难追”“一诺千金，一言九鼎”的古训都体现了传统社会对信用的重视。社会学家费孝通先生对这种信用有精辟的论述，“乡土社会从熟悉里得到信任……西洋的商人到现在还时常说中国人的信用是天生的……乡土社会的信用并不是对契约的重视，而是发生于对一种行为的规矩熟悉到不假思索时的可靠性”。[①] 显然，这种植根于传统小农经济中的信用更多是一种道德，是一种习俗。

然而，这种基于熟悉的信用在小农经济解体后遭遇了前所未

---

① 参见费孝通：《乡土中国》，人民出版社2015年版，第7页。

有的危机。“现代社会是个陌生人组成的社会,各人不知道各人的底细,所以得讲个明白;还要怕口说无凭,画个押,签个字。这样才发生法律。”[①]在市场经济环境下,社会交往超越了血缘、地缘的束缚,路不拾遗、夜不闭户的田园诗般生活已经一去不返,人口流动范围大、经济交易频繁、社会失范行为增多,传统社会的信用机制无法再有效发挥作用,市场经济呼唤法治所保障的现代信用机制登场。在现代陌生人社会,信用最主要的功能在于克服信息不对称、促进交易安全,并成为法律有效实施的前提。[②]

因此,信用不再仅仅是一个道德问题,而是一个法律问题。在人们的日常生活中,信用的功能几乎无所不在。2018 年一起男子高铁“霸坐”事件引发网络舆论广泛关注。

2018 年 8 月 21 日在一列济南开往北京的高铁上,男乘客孙某霸占了一名女乘客的靠窗座位,列车员与乘警劝说后,该男子拒绝对号入座。列车员与乘警劝说未果后,只好为女乘客安排了商务座。事后,该男子的“霸坐”的行为举止在网络上引发强烈反响,遭到网民一致谴责。随后,该男子的过往大量负面信息被网民曝光。事件发生后,济南铁路局官方回应称,该男乘客的行为属于道德问题,不构成违法行为,又引发网络一片哗然。最终,济南铁路公安局介入调查,依据我国《治安管理处罚法》第 23 条第 1 款第 3 项之规定,给予孙某治安罚款 200 元的处罚。铁路客运部门依据《关于在一定期限内适当限制特定严重失信人乘坐火车推动社会信用体系建设的意见》《关于限制铁路旅客运输领域

① 参见费孝通:《乡土中国》,人民出版社 2015 年版,第 7 页。

② 参见应飞虎:《我国个人信用制度构建之探讨》,载《深圳大学学报》(人文社会科学版)2004 年第 2 期。

严重失信人购买车票的管理办法》的规定,在铁路征信体系中记录该旅客信息,并在一定期限内限制其购票乘坐火车。

这个案例值得深思之处在于:一方面,礼让传统的道德要求已经无法有效约束行为人的“霸坐”行为,需要法律机制的惩罚;另一方面,有关部门对社会信用机制还较陌生,仍然将其视为单纯的道德问题。“霸坐”为何会成为一个社会信用问题?这涉及社会信用立法调整对象的界定,我国著名信用立法专家罗新培教授将社会信用界定为:“具有完全行为能力的自然人、法人和非法人组织遵守法定义务或者履行约定义务的状况。”①这一概念揭示出社会信用不仅包括说话算数、一言九鼎的履行私人契约,更包括履行法定义务、依法行事的社会契约。社会信用立法所规制的正是这种遵守法定义务和履行约定义务的状况。

二、为信用立法的必要性:社会信用的制度功能

我国经济学家张维迎教授曾用农民豆腐坊卖豆腐的故事,生动阐明了信用的功能。一个农民在村里开了一个豆腐坊,很多村民到他的店里买豆腐吃,但是大部分人都是赊账,每一个月或者每半年结一次账,这种赊账与还账就是一种信用。如果豆腐坊老板接受村民的信用,村民就可以吃到豆腐,老板可以营利。如果村民不兑现信用,豆腐坊老板就会亏本。如果老板不接受信用,不现场付钱就不卖豆腐,双方交易就无法进行,双方的获益都为零。如果老板认为农民有50%以上的概率会给钱,他就应该提供信用,因为他这样做肯定比不接受信用或者农民失信时收益都大。那么,豆腐坊老板对农民的信用建立在什么基础上;为什么农民会兑现他的信用呢;一种社会制度如何才能得到大家的普遍

---

① 参见罗培新:《社会信用法》,北京大学出版社2018年版,第38页。

遵循?张维迎教授引入了“纳什均衡”这个经济学概念,并提出建立信用需要4个条件:一是多次重复博弈,交易高频率维持;二是博弈主体有足够的耐心关心未来,人越有耐心,就越考虑未来,就越讲信用;三是信息传输的速度要足够快,任何欺骗行为都应该能够被及时观察到,并且迅速得以传输,以减少和杜绝不守信用行为的发生;四是受害人要有积极性和可能性来实行惩罚。[①]在此过程中,有学者强调市场在克服信用危机中的基础性作用;[②]有学者强调从经济法学需要国家干预社会的理论视角提出要构建社会信用管理法律制度;[③]还有学者强调重建社会信用需要在不同层面和不同方面同时用力,促成法律与社会规范、国家与社会、自上而下和自下而上、正式制度和非正式制度之间的良性互动和配合,最大限度地满足实现社会信任的制度条件。[④] 无论如何,传统熟人社会那种无须法律保障的信用机制已经难以适应现代社会需要,单纯依赖道德力量或市场自发力量均难以实现社会信用的重建。因此,在当前我国经济社会形势下,加强社会信用立法已经刻不容缓。

首先,加强信用立法是维护市场经济秩序的需要。市场经济是法治经济,更是信用经济。当今中国正面临社会信任危机,食品药品、金融投资、工程质量、安全生产、招标投标、知识产权等领

---

① 参见张维迎:《信息与信用》,载爱思想网:http://www.aisixiang.com/data/1979.html,最后访问日期:2018年9月18日。

② 参见凌斌:《当代社会信用危机的成因及其市场解决》,载《陕西师范大学学报》(哲学社会科学版)2008年第4期。

③ 参见陈鹏飞:《社会信用管理法律制度研究——基于需要国家干预的视角》,西南政法大学院系2009年博士学位论文,第2页。

④ 参见梁治平:《法律与信用》,载人民网:http://theory.people.com.cn/GB/49167/3708006.html,最后访问日期:2018年9月18日。

域存在较严重的假冒违约、欺诈失信现象,严重危害了社会经济秩序和人民群众人身财产安全。因此,国家必须加强信用立法,建立守信激励和失信惩戒机制,通过制度化的信用机制维系和构建社会共同体,营造健康的市场经营环境,维护交易安全,促进经济繁荣。加强信用立法有利于"我国从小农经济为基础的、以道德信用为核心的传统信用观逐步向以社会主义市场经济为基础的、以资本信用为核心的现代信用观转变"。[①]

其次,加强信用立法是法治中国建设的必然要求。梁治平先生提出,"制度系于道德","法律的实现是一个合作的过程。没有合作,任何法律都很难实施"。[②] 信用正是促成合作的基本条件,现代信用的最大功能在于"它能够在一个瞬息万变的时代最大可能促成这些不断流动的、陌生的、自利的个体间的有效合作"。[③] 季卫东教授对信用(信任)与法律之间关系作出精辟阐释,"在建构秩序的过程中,法律务实,信任务虚;法律着眼既往,信任着眼将来;法律取决于国家,信任取决于个人"。他认为,借助信任的长处可以弥补法律的不足。[④] 由此可见,法律既可以为信用提供保障,信用也可以促进法律有效实施,二者相辅相成、相互促进。法律尊重契约自治、保护产权、维护司法公信既是法治建设的核心,也是确立信用的过程。信用法治本身就是全面依法治国的重要组成部分。党的十八大报告提出,要积极培育和践行

---

① 参见吴弘:《信价值观融入信用立法研究》,载《东方法学》2018 年第 1 期。

② 参见梁治平:《法律与信用》,载人民网:http://theory.people.com.cn/GB/49167/3708006.html,最后访问日期:2018 年 9 月 18 日。

③ 参见凌斌:《当代社会信用危机的成因及其市场解决》,载《陕西师范大学学报》(哲学社会科学版)2008 年第 4 期。

④ 参见季卫东:《法治与普遍信任——关于中国秩序原理重构的法社会学视角》,载《法哲学与法社会学论丛》2006 年第 1 期。

包括诚信在内的社会主义核心价值观,2016 年 12 月中共中央办公厅、国务院办公厅颁布的《关于进一步把社会主义核心价值观融入法治建设的指导意见》提出,深入开展道德领域突出问题专项教育和治理,依法惩处公德失范、诚信缺失的违法行为,大力整治突破道德底线、丧失道德良知的现象,弘扬真善美、贬斥假恶丑。把诚信价值观融入信用立法,是社会主义核心价值观融入法治建设,实现依法治国与以德治国相结合的重要举措。

最后,加强信用立法是建立普遍信任、维护社会秩序安定的客观需要。哲学家邓晓芒先生在论及中西方社会秩序时指出,"中国人比较讲真诚,西方人比较讲真实。真实不可能返身内求,而只能外向进取;真诚则是从自己出发('从我做起')而又复归于自己('问心无愧'),不计利害与客观效益的。西方人要证明自己确有诚意,总要凭借外在的真凭实据,如契约、财产、互利关系以及与此相关的签字和信誉。而在中国人看来,一个人要凭借这些才相信另一个人,这恰好是不相信人、不'以诚相见'的表现"。[①] 法治发达社会强调的"真实"是一种客观的、外在的、可预测的、可计算的普遍信用;而中国传统社会强调的"真诚"则是一种求诸于内在的、无形的、道德的、无法计算的特殊信用。梁治平在观察发达国家社会的信用时也指出,一个人在日常生活里的"表现",如交电话费、交水电费、买保险等日常交易行为活动都被作为信用记录客观保存,这些记录会直接影响他人对行为人的信用评估,继而影响行为人的"能力"和活动空间。[②] 这种制度环

① 参见邓晓芒:《文学与文化三论》,湖北人民出版社 2005 年版,第 28 页。

② 参见梁治平:《法律与信用》,载人民网:http://theory. people. com. cn/GB/49167/3708006. html,最后访问日期:2018 年 9 月 18 日。

境会促进人们有意识地去积累自己的“信用”,维护自己的“信用”,以获得最有利的活动空间。在社会转型时期,我国民众的信用意识尚不健全,加强信用立法可以引导人们逐渐培育良好的信用意识,维护社会秩序安定。

三、我国信用立法的初步探索:从一无所有到专门立法

信用与社会经济活动密切相关,信用立法由社会经济活动的现实需要决定。因此,我国信用立法史也是一部经济社会改革史。大致梳理,我国信用立法可以分为以下三个阶段。

(一)集体化时期的政府信用立法

中华人民共和国成立伊始,我国进行了社会主义集体化改造,在计划经济体制下,执政党以全心全意为人民服务的宗旨建立起全能型政府,政府公权力具有较高的公信力,人民群众对党和政府形成高度政治化的信任和依赖关系,集体化时期的经济关系简单,使这种国家信用或政府能够有效发挥作用,在法制整体不健全的条件下,信用立法缺乏必要性和紧迫性,因此,当时专门的信用立法付诸阙如。1951 年政务院颁布的《妨害国家货币治罪暂行条例》是我国立法对信用的最早规定,该条例第 5 条第 1 款规定,“散布流言或用其他方法破坏国家货币信用者,处 5 年以下徒刑或罚金”。1953 年中央政府颁布的《中央人民政府一九五四年国家经济建设公债条例》第 9 条规定,“如有伪造本公债或损害本公债的信用行为者依法惩处之”。1954 年我国《宪法》第 8 条第 2 款明确规定,“国家指导和帮助个体农民增加生产,并且鼓励他们根据自愿的原则组织生产合作、供销合作和信用合作”。从这些规定中不难看出,这一阶段的信用立法十分简单,且主要针对政府信用。

(二)改革开放初期的市场信用立法

改革开放以来,随着市场经济的发展,陌生人之间社会交往频繁,信用需求迫切,在维护经济社会秩序的过程中,我国通过各种法律法规间接对信用进行管理和调整。在改革开放初期,政府对市场的管制仍然严格,这一时期的信用立法主要集中在金融市场领域。1980 年国务院颁布的《关于管理外国企业常驻代表机构的暂行规定》第 3 条要求外国企业设立常驻代表机构必须提供“金融机构出具的资本信用证明书”;1981 年国务院颁布的《关于切实加强信贷管理严格控制货币发行的决定》重申了“信用集中于银行的原则”。1992 年国务院颁布的《关于进一步加强证券市场宏观管理的通知》,1993 年国务院颁布的《关于坚决制止乱集资和加强债券发行管理的通知》《企业债券管理条例》涉及信用评级问题。1986 年全国人大通过的《民法通则》是一部较成熟立法,成为调整我国经济活动最重要的法律,该法第 4 条规定,“民事活动应当遵循自愿、公平、等价有偿、诚实信用的原则”,这一原则也在我国《合同法》《反不正当竞争法》《消费者权益保护法》等诸多民事法律领域相继确立。从这些立法过程中不难看出,这一时期虽然信用日益受到重视,但关于信用管理方面的立法大多零散分布在民法的诚实信用原则、债权制度等相关法律法规中,且停留在一般法律原则层面,不具有可操作性。有学者总结我国的信用制度建设具有“三多三少”的特点,即政府相关文件多,领导讲话多,一些地方征用的信息多;而信用信息使用少,信用制度对良好行为的促进作用少,信用制度的威慑功能发挥少。[①]

---

① 参见应飞虎:《信用制度的威慑力何以形成》,载凤凰网:http://news.ifeng.com/gundong/detail_2012_09/11/17516000_0.shtml,最后访问日期:2018 年 9 月 18 日。

（三）改革开放中期以来的社会信用立法

随着改革开放的不断深入，市场经济繁荣与失序泥沙俱下，尤其是20世纪90年代末的亚洲金融危机，更是让信用制度建设日益紧迫，执政党对社会信用制度建设的重视力度空前。2000年中国人民银行上海分行颁布了中国第一部有关信用征信的地方性规章——《上海市个人信用联合征信试点办法》。2002年党的十六大报告提出，"整顿和规范市场经济，健全现代市场经济的社会信用体系"。随后，党的十六届三中全会、十七届六中全会都强调了"社会信用体系"建设。特别是党的十八大以来，推进社会信用体系建设的速度明显加快，党的十八报告提出要"推动诚信体系建设，以政务诚信带动商务诚信和社会诚信"。党的十八届三中全会则提出要"建立健全社会征信体系"。党的十八届四中全会提出："加强社会诚信建设，健全公民和组织守法信用记录，完善守法诚信褒奖机制和违法失信行为惩戒机制，使尊法守法成为全体人民共同追求和自觉行动。"2014年国务院发布了《社会信用体系建设规划纲要（2014～2020年）》，对加快社会信用体系建设作了相对具体的规划。2016年习近平总书记先后在中央全面深化改革领导小组第二十五次会议和中央政治局第37次集体学习中强调，要构建"一处失信，处处受限"的信用惩戒大格局，要建立覆盖全社会的征信系统。从这些密切出台的改革性、纲领性中央文件中可以看出，社会信用体系建设被摆在了突出位置。正是在这一时期，我国社会信用立法才驶入"快车道"，专门性的社会信用管理方面的立法开始起步。在2013年第十二届全国人大常委会发布的立法规划中，"社会信用立法"被列入"立法条件尚不完全具备、需要继续研究论证的立法项目"，这表明专门的社会信用立法终于被提上了立法日程。

四、我国信用立法的基本内容:基于现行法律规定的梳理

目前,我国尚没有制定统一的社会信用法,有关"信用"的法律文件主要由法律、行政法规、部门规章和国家政策、地方立法构成,信用立法规定较分散(具体情况见表1)。

表1 近年来我国关于社会信用的部门规章、主要规范性文件

部门规章、主要规范性文件	颁布主体	颁行年份
《纳税信用等级评定管理试行办法》	国家税务总局	2003
《关于增加认可企业债券信用评级公司的通知》	中国保险监督管理委员会	2003
《资信评级机构出具证券公司债券信用评级报告准则》	中国证券监督管理委员会	2003
《关于加快建立和完善房地产信用档案系统的通知》	建设部住宅与房地产业司	2003
《关于对企业实行信用分类监管的意见》	国家工商行政管理总局	2003
《关于开展质量信用等级评价工作有关问题的通知》	国家质检总局	2004
《关于加快食品安全信用体系建设的若干指导意见》	国家食品药品监督管理局	2004
《关于在国家科技计划管理中建立信用管理制度的决定》	科技部	2004
《药品安全信用分类管理暂行规定》	国家食品药品监督管理局	2004
《关于加快推进建筑市场信用体系建设工作的意见》	建设部	2005

续表

部门规章、主要规范性文件	颁布主体	颁行年份
《个人信用信息基础数据库管理暂行办法》	中国人民银行	2005
《个人信用信息基础数据库信用报告本人查询规程》	中国人民银行	2005
《个人信用信息基础数据库管理暂行办法》	中国人民银行	2005
《中国人民银行信用评级管理指导意见》	中国人民银行	2006
《关于加强中小企业信用担保体系建设意见的通知》	国家发展改革委等部门	2006
《关于社会信用体系建设的若干意见》	国务院办公厅	2007
《征信业管理条例》	国务院	2013
《征信机构管理办法》	中国人民银行	2013
《关于加快推进失信被执行人信用监督、警示和惩戒机制建设的意见》	中共中央办公厅、国务院办公厅	2016
《关于加强和规范守信联合激励和失信联合惩戒对象名单管理工作的指导意见》	国家发展改革委、中国人民银行	2017
《关于加强对外经济合作领域信用体系建设的指导意见》	国家发展改革委等28个部委	2017
《〈关于对对外经济合作领域严重失信主体开展联合惩戒的合作备忘录〉的通知》	国家发展改革委等28个部委	2017
《关于推进社会组织统一社会信用代码制度建设和信息共建共享有关事项的通知》	民政部办公厅、国家发展改革委办公厅	2017
《快递业信用管理暂行办法》	国家邮政局	2017

续表

部门规章、主要规范性文件	颁布主体	颁行年份
《对安全生产领域守信行为开展联合激励的实施办法》	国家安监总局	2017
《社会组织信用信息管理办法》	民政部	2018
《关于加强和规范守信联合激励和失信联合惩戒对象名单管理工作的指导意见》	国家发展改革委	2018
《关于在一定期限内适当限制特定严重失信人乘坐火车推动社会信用体系建设的意见》	国家发展改革委、最高人民法院等部委	2018
《关于在一定期限内适当限制特定严重失信人乘坐民用航空器推动社会信用体系建设的意见》	国家发展改革委、最高人民法院等部委	2018
《关于对失信被执行人实施限制不动产交易惩戒措施的通知》	国家发展改革委、最高人民法院	2018

在法律层级,主要有我国《民法总则》《民法通则》《合同法》《反不正当竞争法》等法律中关于诚实信用的原则性规定,以及《刑法》中对侵犯公民信息犯罪的处罚规定。在行政法规层级,主要有《政府信息公开条例》《征信业管理条例》等。同时,一些地方采取先行先试的模式,相继出台了社会信用的地方性法规,如2017年出台的《湖北省社会信用信息管理条例》《上海市社会信用条例》《河北省社会信用信息条例》《浙江省公共信用信息管理条例》。《北京市公共信用信息管理办法》于2018年出台,《浙江省社会信用条例(草案)》已经浙江省第十二届人大常委会第四十一次会议审议通过。

此外,各部门、行业领域的信用立法也蓬勃开展。银行基于对信贷风险的控制，较早制定了金融行业的信用管理的部门规章，如中国人民银行制定了专门的《个人信用信息数据库管理暂行办法》《企业信用信息数据库管理办法》《个人信用信息基础数据库信用报告本人查询规程》《信用评级管理指导意见》《支付信用信息管理办法》等。国家税务总局为构建税收信用体系颁布了《纳税信用等级评定实行办法》；原国家工商行政管理总局为构建企业信用体系颁布了《关于企业实行信用分类监管的意见》；科学技术部为构建科技管理信用体系，颁布了《关于在国家科技计划管理中建立信用管理制度的决定》，中共中央办公厅、国务院办公厅联合印发《关于进一步加强科研诚信建设的若干意见》；建设部为构建建筑市场信用体系，颁布了《关于加快推进建筑市场信用体系建设工作的意见》；等等。

与此同时，一些部门建立了失信联合惩戒机制。如国家发展改革委办公厅和中国人民银行办公厅联合颁布了《关于对失信主体加强信用监管的通知》，还出台了《关于在一定期限内适当限制特定严重失信人乘坐火车推动社会信用体系建设的意见》，原国家工商行政管理总局制定了《网络交易违法失信惩戒暂行办法》和《严重违法失信企业名单管理暂行办法》等。

从这些立法规定可以看出，目前我国社会信用立法主要采取部门行业立法和地方信用立法模式相结合。这些立法经验及其实践，为制定统一的社会信用法积累了宝贵的经验。从立法实体内容来看，这些信用立法主要由如下三个部分组成。

（一）公共信用信息管理法律制度

根据信息的来源途径，社会信用信息分为公共信用信息和市场信用信息。《湖北省社会信用信息管理条例》第 3 条对这两种信用信息作了明确分类。所谓公共信用信息，是指国家机关、法律法规授权的具有管理公共事务职能的组织以及群团组织等,在依法履职、提供服务过程中产生或者获取的,可用于识别信用主体信用状况的数据和资料,包括基本信息、良好信息和不良信息。所谓市场信用信息,是指信用服务机构、行业协会、其他企业事业单位和组织,在生产经营和提供服务过程中产生或者获取的,可用于识别信用主体信用状况的数据和资料。目前,《浙江省公共信用信息管理条例》《北京市公共信用信息管理办法》《上海市公共信息信息归集和使用管理办法》,均对公共信用信息的归集、披露、使用及其管理活动进行了规范,明确应当遵循合法、安全、及时、准确的原则,建立对守信主体的激励机制与对失信主体的惩戒机制。

(二)征信管理法律制度

2012 年国务院颁布的《征信业管理条例》是我国首部征信行政法规,该条例的调整对象是我国境内征信机构的业务活动及对征信机构的监督管理,即征信主体对企业、事业单位等组织的信用信息和个人的信用信息的采集、整理、保存、加工,并向信息使用者提供的活动。《征信业管理条例》第 2 条第 3 款作了明确的除外规定,即国家机关以及法律、法规授权的具有管理公共事务职能的组织依照法律、行政法规和国务院的规定,为履行职责进行的企业和个人信息的采集、整理、保存、加工和公布,不适用该条例。该条例调整的是征信机构以及国家设立的金融信用信息基础数据库这两类征信信息提供主体,对个人、企业的征信活动,这是其与公共信用信息法律制度的最大区别。《征信业管理条例》的主要内容包括:一是明确了征信机构的类别(经营个人征信业务和经营企业征信业务)、设立条件、准入程序等。二是明确了征信业务规则,严格规范个人征信业务规则,包括采集个人信息应当经信息主体本人同意,未经本人同意不得采集;信息提供者向征信机构提供个人不良信息,应当事先告知信息主体本人;征信机构对个人不良信息的保存期限不得超过5年,超过的应予删除等。三是明确了禁止和限制征信机构采取的个人信息以及信息主体对自身信用报告的异议和投诉权。四是明确了国家设立金融信用信息基础数据库。五是明确了征信监督管理制度和征信主体应承担的法律责任,包括对征信主体违规从事征信经营活动、违法采集、处理和出售个人信用信息应承担相应的民事责任、行政责任和刑事责任等。

（三）守信激励和失信惩戒法律制度

守信激励和失信惩戒法律机制作为信用信息的具体运用,是社会信用立法的核心组成部分,是社会信用体系有效运行的法律保障机制。社会信用体系之所以能发挥作用,最重要的就是从经济社会各个方面对守信者予以激励,对失信者进行惩戒,使守信者一路绿灯、失信者处处受限。国务院2016年印发的《关于建立完善守信联合激励和失信联合惩戒制度加快推进社会诚信建设的指导意见》是我国第一部关于信用联合奖惩的规范性文件。一方面,该意见对诚实守信者进行联合激励,为其提供优先机会,减轻其社会负担,比如,优先办理行政审批、优先享受优惠政策、优先提供公共服务、减少审批环节、减少监管频次、降低市场交易成本,使守信者在市场中获得更多机会和实惠,让信用成为市场配置资源的重要考量因素。另一方面,该意见对违法失信者进行行政性、市场性、行业性和社会性约束和惩戒,对严重损害人民群众身体健康和生命安全的行为,严重破坏市场公平竞争秩序和社会正常秩序的行为,拒不履行法定义务、严重影响司法机关、行政机关公信力的行为,拒不履行国防义务及危害国防利益的行为4类严重失信行为进行联合惩戒。目前,一些地方政府如湖南省、云南省出台了落实上述规范性文件的具体实施意见,一些地方人大如湖北、上海、河北、浙江等省市的社会信用地方立法对守信激励和失信惩戒作出了明确规定。

五、我国社会信用立法的逻辑框架:基于典型地方样本的启示

根据我国《宪法》和《立法法》的规定,我国立法体制是统一的、分层次的立法体制,即除由全国人大及其常委会统一行使国家立法权外,国务院可以制定行政法规,省、自治区、直辖市人大及其常委会可以制定地方性法规。在改革开放过程中,我国立法也在“摸着石头过河”中不断探索,国家通过将某些事项授予地方进行立法试点,然后在总结成熟经验和不足的基础上再行制定法律。我国社会信用立法也采取了这种模式,在国家统一的社会信用法尚未出台前,一些地方如湖北省、上海市、河北省、浙江省大胆探索,先行先试,相继制定了的地方性信用法规(具体类型见表2),分析这些地方性法规,可以为国家制定社会信用法提供有益参考。

表2　近年来我国社会信用地方性立法典型样本

立法名称	《社会信用条例》		《社会信用信息(管理)条例》		《公共信用信息(管理)条例(办法)》			
先行地区	上海市人大常委会(2017年)	浙江省人大常委会草案(2017年)	湖北省人大常委会(2017年)	河北省人大常委会(2017年)	陕西省人大常委会(2011年)	浙江省人大常委会(2017年)	北京市人民政府(2018年)	深圳市人民政府(2017年)

续表

性质定位	综合性立法		社会信用信息管理		公共信用信息管理			
结构内容	第八章：总则、社会信用信息、信息激励与约束、信息主体权益保护、规范和促进信用服务行业发展、社会信用环境建设、法律责任、附则	第六章：总则、信息归集与发布、激励与惩戒、异议与投诉、法律责任、附则	第七章：总则、信息归集、信息披露、信息应用、信息安全与权益保障、法律责任、附则	第八章：总则、信用信息归集、信用信息披露、信用信息查询、信用信息使用、权益保障、法律责任、附则	第七章：总则、行业信用信息建设、信用信息征集、信用信息披露和使用、异议信息处理、法律责任、附则	第六章：总则、信息归集与披露、激励与惩戒、信息主体的权益保护、法律责任、附则	未分章节	第八章：总则、信用目录、信息归集、信息披露、信息使用、信息监管、法律责任、附则

从立法章节结构安排上来看，既有的8个省市地方立法样本共性内容包括信用信息的归集、披露、应用（激励与惩戒或约束）、主体权益保障；不同之处在于上海市立法设有规范促进信用服务行业发展、信用环境建设的专章。这些立法主要分为以下三类。

一是综合性、全面性的社会信用立法。立法冠以《社会信用条例》名称，立法内容涉及信用信息归集和使用、信用信息激励与奖惩、主体权益保护、信用服务行业监管、社会信用环境打造等。二是社会信用信息管理方面的立法。除北京市和深圳市是以行政规章形式立法外，其他省市均以地方性法规形式立法。社会信息管理立法，则涵盖了公共信用信息和市场信用信息的管理。三是公共信用信息管理方面的立法。该立法旨在打破公共领域的

“信息孤岛”;后两类立法都侧重于解决信用信息管理、信用信息的应用以及信用联合奖惩等问题。

从上述地方立法、政策文件与信用实践来看,未来我国社会信用法的逻辑结构应包括以下内容:总则、信用信息的归集、信用信息的公开与利用、信用激励与惩戒、信用权益保障与信息安全、信用信息监管、法律责任、附则等。具体而言,未来我国社会信用法重点应包括以下基本内容。

第一,社会信用法应该科学合理定位社会信用信息,准确界定公共信用信息与市场信用信息,明确各自作用边界和调整范围。

第二,社会信用法应该坚持社会共建共治共享理念,凝聚各方力量,明确各级政府及其主管部门在社会信用体系建设中的职责,避免出现多头执法或相互推诿的情形。

第三,社会信用法应该规范信用信息归集方式,规范信用信息披露,促进信用信息共享,促使信用主体的守法和履约信息记录转化为公共信息供社会利用,成为识别特定主体信用状况的客观依据,破除“信息壁垒”和“信息孤岛”现象。

第四,社会信用法应该强化信用信息应用,重点建立守信激励和失信联合惩戒机制,明确其适用范围和具体奖惩措施,使社会信用真正成为各类行为主体的“通行证”,使激励和惩戒行为于法有据。

第五,社会信用法应该保障信息安全,保护信用主体合法权益,建立健全信用信息异议、投诉制度和信用修复机制,明确社会信用信息管理中的法律责任,保障民事主体的商业秘密、隐私权、名誉权、信用权等人格权不受侵害。特别值得一提的是,信用权是指“民事主体基于其经济活动能力(支付能力、履约意愿等)的良好评价所享有的权利”,是一项新兴的民事权利。[①] 法治发达国家均十分重视对信用利益的保护,我国现行民事立法未对信用权作出明确规定,在司法实践中一般以保护名誉权的方式间接予以保护。通说观点认为,信用权兼具精神利益及财产利益的内容,不同于名誉权,应将其单独确认为一项具体人格权。[②] 我国民法典草案在人格权编中,将信用权与名誉权、隐私权等具体人格权并列予以规定,体现了私权的保护以及公私之间的利益平衡。

六、结语:信用立法的紧迫性与信用建设的持久性

德国社会学家齐美尔认为,信任是“社会中最重要的综合力量之一”。美国政治学者福山认为,信任是一种具有经济价值的文化美德,“在我们仔细检讨人类的经济生活之后,我们所能学习到的重要教训之一就是:一国的福利和竞争能力其实受到单一而广被的文化特征所制约,那就是这个社会中与生俱来的信任程度”。[③] 信任是社会经济运行的“润滑剂”,普遍信任来自成熟的社会信用体系建设。社会信用体系建设是国家治理能力和治理体系现代化的关键环节,加快我国社会信用立法,对我国法治建设具有深远意义。社会信用立法是一项具有开创意义的创新工程和系统工程,但具有复杂性和综合性,既涉及公权力与私权利之平衡,又涉及法律与道德之交叉;既需要国家的顶层设计,也需

① 参见李新天、孙聪聪:《信用的权利化及其民法保护》,载《时代法学》2012 年第 3 期。

② 参见王雷:《民法典对社会诚信建设的立法回应》,载《光明日报》2018 年 8 月 6 日,第 11 版。

③ [美]弗朗西斯·福山:《信任:社会美德与创造经济繁荣》,彭志华译,海南出版社 2001 年版,第 8 页。

要社会主体的通力合作。[①] 通过对我国社会信用立法的现状检视不难发现,近年来我国社会信用立法的进程加快,中央政策性文件对信用立法的推动力度空前,地方性立法也已初现成效。

然而,这种立法实践的局限性也显而易见。我国现行信用立法呈现"碎片化"、分散化,既有规章制度的效力层级较低,社会信用基本法律供应不足,部门规章和地方性法规欠缺法律依据支撑,缺少专门的信用法律规范,导致在我国社会信用建设实践中,出现于法无据、惩罚畸轻或畸重、权益保障不足等"法律真空"。在司法实践中,一些法院为了迫使失信被执行人履行生效判决,探索出一些颇具特色的失信惩戒方式,如法院给"老赖"电话机主定制专属的手机彩铃,法院限制失信被执行人子女就读高学费的"贵族学校",甚至有子女因父亲是"老赖"受到"株连"而被高校拒绝录取等。这些失信惩戒措施虽然在实践中行之有效,但也引发极大争议,尤其是惩戒正当性法律依据不足,失信惩戒与信息主体的权益保护之间存在失衡。对于这些游走于法律的"灰色地带"的信用建设实践和具体措施,需要从法律角度进行认真审视,将其纳入更加严格的法律规制。[②] 为了更加有效地回应现实中已经存在的难题,制定具有中国特色的社会信用法已经势在必行。

同时,也必须清醒地意识到,"徒法不足以自行",社会信用立法的制定不等于社会信用的建成。信用社会的成熟是一个漫长的历史过程,发达国家在市场经济的推动下,经过百余年的信

---

① 参见廖永安、谭曼:《以信用立法推进社会信用体系建设》,载《光明日报》2018年2月19日,第3版。

② 参见王伟:《制定社会信用法刻不容缓》,载《学习时报》2016年10月6日,A6版。

用制度建设，才形成了较完备的社会信用体系。观察世界各国社会信用体系建设模式，或者以美国的市场主导模式为主，或者以欧陆国家的政府主导模式为主。由于传统文化、政治体制等现实国情的不同，我国社会信用建设不可能照搬任何一种单一模式，当前我国的社会信用体系建设主要由政府主导，甚至出现了政府为市场主体信用背书的错位。① 在这种现实环境下，我国信用社会建设应该强化市场机制的力量，政府职能应尽量不直接介入信用经济，尊重和保障私权自治，在政府调控与市场自律之间平衡推动以法律约束为核心的社会信用体系建设。

---

① 参见李晓安：《我国社会信用法律体系结构缺陷及演进路径》，载《法学》2012年第3期。

避免信用法治建设的“道德洁癖”

——以信用信息保护为视角

陈祥玲*

内容摘要 信用缺失问题已成为信用法治建设中亟待解决的问题，我国信用建设立法较零散，并且还未有明确的信用权概念，因而在实务中，关于侵害信用权的案件均已类推适用侵害人格权、名誉权的法律规定。在商事法律活动中，上市公司信用缺失导致股东损害严重，此类损害赔偿请求案件层出不穷。法院发布信用缺失的当事人“黑名单”中，各法院对于被执行人名单公布内容并不统一，导致了实务中的乱象。信用权是以社会上的经济评价为基础，故从信用信息保护的角度出发，个人

* 湖南省华容县人民法院民二庭法官助理。

信用信息的公开应遵循特定目的明确原则、规范与目的的拘束原则，还应判断特定目的的正当性与合法性。另外，侵害个人信用信息不仅需要消除银行的不良信用记录，更应从民事赔偿角度进行法律规范，道德标准虽是最高标准，但是法律是调整社会关系的重要规则，因此，规范信用法律制度建设才能有效促进我国成为信用法治社会。

关键词　信用法治；道德；信用公开；信用保护；赔偿

一、问题的提出：以道德为标准衡量个人信用

“信用”一词在罗马法中的对应概念是拉丁语“*fides*”及“*bonanl fides*”。“*fide*”有信任、信义、诚实的含义，与英语中的“faith”“confidence”等词语的意思基本一致或相近。尽管信用在不同的场合，具有不同的意义和特有的内涵，但其含义中有一点却是共同的，即信用的核心是基于信任而形成的特殊的人与人之间的信义关系。其包括了两个因素：一方面是主观上自身是否具有值得他人对其履行义务能力给以信任的因素，包括诚实、守信的良好品格等人格方面的因素，①及资本状况、生产能力等财产方面的因素；另一方面是其履行义务能力能为他人信任的程度，是来自社会的评价。总而言之，信用是一个人的履约和守信能力的社会评价。

我国信用法治立法还处于亟待完善阶段，传统诚信观念整体性的破裂预示着道德诚信社会主体地位的丧失。“社会信用体系”并不等同于“社会诚信体系”。市场经济不仅是法治的经济，更是信用的经济，我国与信用相关的相关法律颇多（见表1），虽

---

①　参见程合红：《商事人格权论——人格权的经济利益内涵及其实现与保护》，中国人民大学出版社2002年版，第88～89页。

然我国与信用相关法治在各部门法中均有体现,但是并没有详细具体地载明“信用权”法益,因此在实践中以何为法律基础衡量信用权利,值得探讨。并无具体法律规定个人信用受到侵害的赔偿制度,导致个人信用侵害仅有道德上的束缚,诚然衡量某件事,道德是最高的标准,其次是管理,最后才是法律,[①]但是法律具有国家强制力,是国家意志的体现,故法律规则对于信用法治建设尤为关键。特别是随着《关于建立犯罪人员犯罪记录制度的意见》的颁布,犯罪记录被纳入国家信息管理层面,然而“违法”与“犯罪”的二元化立法模式,导致违法犯罪记录当事人的信息得不到合理保护,故更应防止“道德洁癖”现象在信用信息保护中的发生。

表1　我国信用法治相关法律规定

法律名称	条文	内容
《民法通则》	第4条	原则性规定
《合同法》	第6条	原则性规定
《反不正当竞争法》	第2条	原则性规定
《公司法》	第5条	原则性规定
《商业银行法》	第29条、第30条	数据保密性规定
《档案法》	第22条	数据保密性规定

随着金融市场的发展,各国和地区对信用权利的保护逐渐完善。以美国为例,个人基于保护个人隐私的考量,对于揭露自己信用资料通常会存在疑惑,甚至担心银行会因为得知个人信用资

① 参考李正华:《“泛法律主义”思潮中的道德失缺》,载《当代法学》2002年第4期。

料而对其借款额度、申办信用卡等产生不利影响。然而,以金融业为立场,个人于信用资信机构中存在资信若付之阙如,仍不认为其具有良好债信。以我国台湾地区为例,个人信用若完全不揭露,将会将其列为中度信用。但于信用资信发达国家和地区中,个人信用若完全空白,则信用程度为零,且被认为有隐藏重大不良债务的可能。[①] 以美国为代表的英美法系国家,关于信用法治立法体系已完善,包括《公平信用和贷记卡公开法》《公平债务催收作业法》《公平信用报告法》等16项信用法治立法(见表2)。

表2　美国信用法治立法的有关规定

国别	名称	主要内容
美国	《公平信用报告法》	规范消费者报告机构和消费者信用报告的使用者的行为
	《公平债务催收作业法》	规范的是受托从事追账活动的追账机构,向自然人类型的债务人进行追账的情况
	《公平信用和贷记卡公开法》	要求发卡机构必须将有关卡的性质公开,向受信人表达清楚
	《平等信用机会法》	该法并不要求授信机构不顾事实地放贷,而是在对信用申请人进行调查和数据分析的基础上作出合理的授信

二、我国信用法治"道德洁癖"化的实务检视

我国并无系统性的信用法治立法体系,因此在实践中存在漏洞,但是在相关法律中均能体现信用法治的建设。如原国家工商

① 市场交易主体的信用意识较强的,往往会促进信用体系的发展,以美国为例,信用交易十分普遍,缺乏信用记录或信用记录历史很差的企业很难在业界生存和发展,而信用记录差的个人在信用消费、求职等诸多方面都会受到很大限制。

行政管理总局下发《关于建立全国工商行政管理系统黑牌企业数据库的通知》、最高人民法院《关于审理证券市场因虚假陈述引发的民事赔偿案件的若干规定》《个人信用基础数据库管理暂行办法》等，既包括了个人信用，也包括了社会信用。而随着金融行业的发展，信用中介逐渐建立，如中国人民银行上海分行和上海市信息办颁布《上海市个人信用联合征信试点办法》（已被《上海市个人信用征信管理试行办法》替代）。信用中介的立法，为我国金融行业的发展提供了重要作用。然而，上述信用制度的建立，在一定程度上要求普通大众毫无法律瑕疵，要求“道德”完美，否则将其信用公布于众。

（一）侵犯个人信用案件：“矫枉过正”的不良信用记录

案例一：原告曾有意向被告购买一套由被告公司开发的商品房，后因资金不足放弃，但在2007年却被起诉并在银行个人征信系统留下不良记录，导致原告个人信用受到严重负面影响，原告要求被告立即恢复其良好的个人信用记录并赔偿损失。[①] 但对公民的信用权，我国立法未作相应规定，在司法实务中一般比照名誉权的立法规定进行保护。公民在中国人民银行的征信系统上的不良信用记录系因公民自身原因造成的，银行并未侵犯其信用权，对此也不应承担侵权责任。法院依据我国《民法通则》第106条之规定进行判决。

案例二：原告向某汽车公司买车，该汽车公司称其有两家合作银行：农业银行和建设银行，可以由该汽车公司代为办理贷款相关手续，并自愿为原告的贷款提供担保。但因该汽车公司的原

---

① 参见陕西省西安市灞桥区人民法院（2008）灞民初字第272号民事判决书；陕西省西安市中级人民法院（2008）西民二终字第1747号民事判决书。

因导致两家银行同时向原告提供了贷款。2012 年原告因办理信用卡等业务被拒绝,遂到中国人民银行征信中心查阅个人信用报告,发现信用报告上载有其于 2004 年 6 月 18 日向农业银行贷款 34.8 万元逾期未还变成呆账的不良信用记录。[①] 对于非因自己过错产生的错误的个人信用记录如何救济是当前司法实践中遇到的新问题。本案中,二审法院认为原告无须履行汽车消费借款合同约定的还款义务,故银行对于因怠于履行还款义务产生的个人不良信用记录应当予以删除。法院依据我国《民法通则》第 120 条之规定进行判决。

如表 3 所示,目前,在我国司法实务中关于侵犯个人信用案件主要的裁判依据是我国《民法通则》的相关规定,公民、法人的合法的民事权益受法律保护,任何组织和个人不得侵犯;公民、法人违反合同或者不履行其他义务的,应当承担民事责任;公民、法人由于过错侵害国家的、集体的财产,侵害他人财产、人身的,应当承担民事责任。我国法律规定的公民的合法的民事权益包括名誉权,但是还没有将信用权作为单独的民事权利列举出来,在司法实务中对信用权的保护也是采用以保护名誉权的方法,即间接保护信用利益。不良信用记录是银行客户因逾期还款留下的信用“污点”。但是,因公民自身原因,在中国人民银行的征信系统上留下了不良信用记录,银行只是作了客观记录,并不存在过错,也未侵犯其所谓的信用权,因此不能要求银行承担侵权责任。然而侵犯个人信用是否属于民事权益保护的客体;且个人信用是属于独立的侵害行为抑或是隶属于侵犯名誉权?因立法并未明

---

① 参见北京市东城区人民法院(2012)东民初字第 13252 号民事判决书;北京市第二中级人民法院(2013)二中民初字第 02337 号民事判决书。

确,所以在司法裁判中均将侵犯个人信用类同于侵犯名誉权进行处理。

表 3　银行不良信用记录案件列举

案号	案由	裁判要旨
(2008)灞民初字第272号;(2008)西民二终字第1747号	原告曾有意向购买由被告公司开发的商品房,后因资金不足而放弃,但2007年7月却得知其因购买该房而被银行起诉,并在银行个人征信系统留下不良记录,该银行的行为导致原告个人信用受到严重负面影响	公民合法的人格权利应受到法律的保护。原告承认在两份合同中的签字为其本人所签。原告虽未实际使用该笔贷款,但其在该两份合同上签署其姓名,就应知道其所要承担的相应法律后果及责任。认定原告对该笔借款未按期归还在主观上存在过错,应承担相应民事责任,因而人民银行征信系统在被告的信用记录上留有不良记录并无不妥
(2012)东民初字第13252号、(2013)二中民初字第02337号	原告因办理信用卡等业务被拒绝,遂到中国人民银行征信中心查阅个人信用报告,发现信用报告上载有其于2004年6月18日向农业银行贷款34.8万元逾期未还变成呆账的不良信用记录	对于非因自己过错产生的有误的个人信用记录如何救济。本案中,二审法院认为原告无须履行汽车消费借款合同约定的还款义务,故银行对于因怠于履行还款义务产生的原告个人不良信用记录应当予以删除,并未支持赔偿损失

(二)信用信息披露案件:披露范围是基于道德抑或是基于法律?

案例一:原、被告于2014年12月10日签订一份房地产买卖合同。后经原告了解,系争房屋曾发生租客非正常死亡事件,被告未能尽到完全真实的告知义务，属隐瞒合同标的重大瑕疵，导致原告购房结婚的目的落空。故要求返还购房款并支付利息。[①]然基于我国《合同法》第42条关于缔约过失的规定，该条并未正面说明合同一方具有信息披露义务或告知义务，法院认为从该条文可以看出缔约欺诈分为两种情况：第一种是沉默性欺诈，第二种是误导性欺诈。构成沉默性欺诈的逻辑前提是与订立合同有关的重要事实不能隐瞒，应予披露。但何为与订立合同有关的重要事实，即信息披露的范围，合同法并未作进一步规定。但法院认为该房屋系通常所称的“凶宅”，对于“凶宅”的信息是否属于在合同订立过程中卖方应告知买方的重要事实，法律没有作进一步规定，但是被确定或冠以“凶宅”的房屋通常都难以出售，或出现价值贬损。作为追求利益最大化的卖方，当然不愿意在订立合同过程中主动告知或披露可能影响合同签订或买卖价格的不利信息，但该项信息却会对房屋价值产生重大影响，甚至影响买受人的购买决策，故法院支持了原告的诉求。

案例二：原告因对被告公司信息披露的信赖，购买了该公司的股票。然而，被告披露的财务信息不真实，2011年和2012年的财务报告均发生了严重的舞弊行为，并直接导致了原告的损失。原告购买股票的时间在被告虚假陈述实施日之后，至揭露日之前，符合法定损失的因果关系，诉请被告赔偿原告经济损失。[②]证券市场虚假陈述是指信息披露义务人违反证券法律规定，在证券发行或者交易过程中，对重大事件作出违背事实真相的虚假记载、误导性陈述，或者在披露信息时发生重大遗漏、不正当披露信

① 参见上海市(2015)浦民一(民)初字第3599号民事判决书。

② 参见(2015)鄂武汉中民商初字第00729号民事判决书。

息的行为。根据最高人民法院《关于审理证券市场因虚假陈述引发的民事赔偿案件的若干规定》第 18 条的规定，投资人在虚假陈述实施日及以后，至揭露日或者更正日之前买入该证券，在虚假陈述揭露日或者更正日及以后，因卖出该证券发生亏损，或者因持续持有该证券而产生亏损，其损害结果与虚假陈述之间存在因果关系，虚假陈述人应当承担赔偿责任。被告公司辩称的系统性风险，是指对证券市场产生普遍影响的风险因素，其特征在于系统风险因共同因素所引发，对证券市场所有的股票价格均产生影响，这种影响为个别企业或行为所不能控制，投资人亦无法通过分散投资加以消除。鉴于证券市场实践表明，上海证券交易所综合指数能够在相当程度上反映出系统风险，虽然个别股票（个股）在短时间内不受大盘指数波动的影响是有可能的，但在相当长的一段时间内，个股不可能不受大盘指数波动的影响，即在整个大盘持续走低或巨幅下跌的背景下，个股不受影响的情况是极为罕见的，鉴于该股票在上海证券交易所上市交易，故法院选择上海证券交易所综合指数为依据，确定本案原告的投资损失是否具有系统性风险因素。

表 4　我国侵害信用权案件列举

案号	案由	判决结果
(2018)豫 0402 民初 193 号	名誉权纠纷	中国农业银行股份有限公司平顶山分行于本判决生效后 10 日内删除郭某某个人的违约及逾期信息
(2016)粤 04 民初 85 号	虚假陈述责任纠纷	原告主张的投资损失与被告的虚假陈述行为不存在因果关系，股价下跌是证券市场系统风险所造成的

续表

案号	案由	判决结果
(2015)鄂武汉中民商初字第00729号	被告披露的财务信息不真实，2011年和2012年的财务报告均发生了严重的舞弊行为，并直接导致了原告的损失	根据最高人民法院《关于审理证券市场因虚假陈述引发的民事赔偿案件的若干规定》第18条的规定，投资人的损害结果与虚假陈述之间存在因果关系，虚假陈述人应当承担赔偿责任
(2015)天行初字第00052号	不服工商局作出的将其列入工商系统信用黑名单及工商行政管理局的复议行政行为案	撤销被告长沙市工商行政管理局天心分局将原告黄某某列入工商系统信用黑名单记录的行为

如表4所示，关于信用法治立法中，信息披露义务的主要争议在于何种信息应当属于披露的范围。从立法现状和司法实践来看，信息披露可通过适用我国《合同法》和《证券法》来规范，但是如“凶宅”是否属于应当披露内容，在司法实践中如何认定披露具体范围，都是司法实践亟须解决的问题。

（三）“黑名单”案例：隐私权与信用信息公开的冲突

笔者通过网络搜索，查询被执行人失信名单公布信息，如表5所示，各法院公布信息并不相同。如公布自然人姓名、照片、住址等，不仅在公布信息的范围上不同，并在公布的具体内容含义上也不同，如对公民身份号码是否公布就有不同的处理方法。最高人民法院《关于公布失信被执行人名单信息的若干规定》第4条规定了公布的失信被执行人名单信息内容，但是关于身份号码是否需要隐匿并没有具体规定，并且各法院在实行该规定时也有差异，从而导致了目前法院公布失信人员名单的不同。现有最高人民法院关于法院上网文书公开的要求，笔者通过搜索相关法院官网,发现官网上公布的裁判文书,如若涉及自然人、企业均会隐名,企业商誉信用对其发展至关重要,如若不隐名,将会对企业融资等业务有不良影响。

表 5 不同法院公布失信被执行人名单信息内容统计

岳阳市华容县人民法院	大同市中级人民法院	中国执行信息公开网
姓名	姓名	姓名
性别	类型	隐匿中间四位公民身份证号码
隐匿中间四位公民身份证号码	完整公民身份号码	—
住址	执行案号	—
执行案号	失信行为	—
执行标的	—	—
照片	—	—

三、信用法治“道德洁癖”化的原因

(一)信用权利与名誉权的混淆

信用权系以经济活动上的可靠性及支付能力为内容的权利,又称经济上信誉权,但除支付能力、履约意愿外,仍应包括商品及服务内容。其与名誉权的区别在于前者系经济上的评价,后者为社会上的评价。二者有时难以明确区分,侵害他人信用的,得构成对名誉的侵害。[①] 信用权与名誉权的保护范畴不同，信用的侵害，不必同时为名誉的侵害，如传播某公司在东南亚国家的工厂遭内战焚毁，不能继续生产。[②] 但有学者主张，信用权以人在社会上所受到的经济上的评价为其保护法益，故主张信用权包含名誉权。金融机构在正常营业中，遭受不当放款的谣言，致使挤兑的困境，其名誉固然已经受损，但经济上的信用损害更大。故若侵害内容仅是经济上评价而不及于人格上评价，则属于信用权的侵害而非损害名誉权。例如，石油涨价引起世界性不景气；散播某公司周转不灵的谣言，于该公司名誉未必有关，但经济上信用则大受损害。由此可见，信用权有独立存在的价值(见图1)。[③]

图1　信用权与名誉权的关系

---

① 参见我国台湾地区"高等法院"台中分院2003年度上字第233号判决：罗伟名百货公司在太歪才厚喷水设备的主要供应商为伊公司与仂元公司，二公司有竞争关系，被上诉人系故意以此方式打击伊公司，且经过这一事件，市场上更充斥仿冒专利的留言，影响伊公司权益巨大，被上诉人利用伊公司的重要客户参访采购时，违反有关规定提出刑事告诉及搜索、扣押，侵害伊公司的名誉(商誉)、信用，已构成侵权行为，应负损害赔偿责任……实务上见解同样认为侵害名誉权，常伴随着侵害信用权，二者难以区分。

② 参见王泽鉴：《侵权行为法第一册：基于理论·一般侵权行为》，自刊，1998年9月。

③ 参见孙森焱：《民法债编总论》，台北，三民书局股份有限公司2000年版，第206页。

(二)信用信息收集、处理的不公开化

在信息社会,人们提供个人信息给公务机关予以储存,是对公务机关就个人信息处理的信赖,公务机关亦有义务保护个人信息隐私权不受侵害,而隐私权的意义就应当包括信息自主权,即非局限于不让他人取得个人信息,更应扩张到当事人自己控制革新信息的使用与流向,即在没有通知当事人并获得其书面同意之前,资料持有者不可以将原先当事人提供自己资料的特定目的转而利用在另一目的中。[①] 信息隐私权的内容,不仅从消极面保障了公众人物之外的一般人的个人信息,更包括从积极面赋予个人得以自我决定如何以及在何范围内与他人分享自身的信息。因此,信用信息的收集、处理应当遵守特定目的明确原则。所谓特定目的,按照 1995 年欧盟制定的《个人资料保护及资料自由流通指令》第 6 条第 1 项第 b 款中所提道“在特定且明确的合法的目的下收集资料,其不应为不符目的的进一步处理”。[②] 简而言之,处理与利用个人信用资料,必须与当初收集时告知并经当事人同意所预设的特定目的相符。

收集、处理、利用他人的个人资料,将会有侵害当事人信息隐私权的嫌疑,尤其是信用资料,该信用对当事人的社会评价有重大影响,如贷款、买房、出行等。因此,个人信用信息有必要加以特别保护,有必要限制个人信用信息的收集与运用,须有明确特定目的,且局限在必要范围内,且从收集到处理与利用阶段的目

① 参见王郁琦:《网路上的隐私权问题》,载《资讯法务透析》1996 年第 10 期。

② Directive 95/46/EC of the European Parliament and of the Council of October 1995 on the protection of individuals with regard to the processing of personal data and on the fre movement of such data. Article 6.

的皆一致,此即为特定目的的明确原则,其用意在于避免个人资料遭受滥用,而违反当事人的信息自主与隐私权。特定目的明确的另一要求就是目的特定原则,具体而言,信用信息当事人可以理解,并可预见所提供的个人资料将在何时、何事、为何人收集、处理与利用,并可在评估可得的利益与所受的风险后,自主决定选择提供或不提供其个人资料,以保护个人资料自主与隐私权。

(三)信用信息公开随意化

对于个人资料的保护,现今世界各国(地区)都已针对个人资料予以立法保护。然而,我国对特别是如银行等企业在收集公民信用信息等时,收集目的、内容的不明确,导致个人信用信息公开的随意化。2007 年颁布的我国《政府信息公开条例》对于政府公开信息的内容、程序等进行了法律规定。但是在被执行人不依法履行裁判文书内容时,法院等司法机关将其纳入失信人名单,并在网络上公布其身份等信息,然而如前所述,公民身份证号码是应当全部公开还是隐名公开,最高人民法院《关于公布失信被执行人名单信息的若干规定》并无具体规定,从而因法律法规的漏洞,导致了被执行人信息公开的随意化。被执行人符合哪种标准才应纳入失信名单?法律无规定。笔者对其供职法院部分失信被执行人统计分析,如表 6 所示,大部分为民间借贷案件,但是其执行标的从 2 万元至 97 万元不等。2 万元标的与 97 万元标的相差甚远,因此是否对被执行人信用标准要求过高,值得深究。

表 6　部分失信被执行人执行标的统计

失信人	案号	案件类型	执行标的
宋某某	(2018)湘0623执恢28号	民间借贷	16.3万元
张　某	(2017)湘0623执1197号	民间借贷	2万元
许某某	(2017)湘0623执1377号	民间借贷	97万元
严某某	(2017)湘0623执1385号	民间借贷	2万元
唐某某	(2017)湘0623执004号	民间借贷	10万元
刘某某	(2018)湘0623执109号	合同纠纷	13.28万元

佛山市顺德区人民法院发布《致被列为失信被执行人或限制消费人员的家长们的一封信》，建议相关学校在招生时，应对学生家长的失信情况进行审查，凡是被人民法院列为失信被执行人的，其子女一律不得录取，对已录取的学生，有上述情形者，一经发现，应责令退学或转到公办学校。随之越来越多的学校落地实行，然而“老赖”欠钱是否应当连坐家人？在实务中颇具争议。不仅对当事人信用要求高，还对其亲属朋友有同样的要求，执法目的的随意性导致了我国信用法治建设的“道德洁癖”化现象。

四、个人信用信息保护理论基础

民法中权利区分为财产权和非财产权，后者又区分为人格权和身份权，其中人格权如生命权、身体权、健康权、名誉权、自由权、姓名权等。然信用权应当如何定义，应如何保护，在我国法治环境下还无统一定义。

(一)个人信用信息之侵权法保护的正当性

侵害信用权,一般属主张或散播不真实的事实,致使他人在经济活动上的可靠性或支付能力受到负面评价。侵害行为除故意外,尚包括过失,如轻信他人之言,未经查证而广为散布不实言论。他人包括自然人与法人、社团甚至合伙,①必须针对特定被害人且系直接被害人,间接被害人则不包括在内。散布的需为不真实的事实,且所主张或传播事实的不真实,应由被害人举证。侵害他人信用是指因其行为致他人在经济活动上的可信赖性、支付能力,或商品、服务受到负面的评价。而各国(地区)对侵害信用权利均有规定,如表7所示。因此对于侵害信用权利的案件,应完善我国的相应立法,以保障当事人权益。

表7 各国(地区)当事人资料保护主要权利②

主要权利	欧盟	美国	日本	中国台湾地区
查询、阅览、复制请求权	若当事人以具体方式提出请求,资料管理者须以同样形式或当事人要求的形式回复	应提供当事人易于使用的方式查询并致力于使资料标准化,且鼓励企业让当事人能够在网络上取得个人资料	原则应给予公示,特殊规定当对当事人、生命、健康、生活及财产有侵害的危险时,例外不予公示。驳回时限为30日,必要时可延长30日	机关需提供当事人查阅及阅览,并得请当事人给付请求所产生的必要费用,而驳回的决定须在15日内作成,必要时可延长15日

① 参见王泽鉴:《人格权保护的课题与展望(三)——人格权的具体化及保护范围(5)——信用权》,载《台湾本土法学杂志》总91期。

② 参见李祉錡:《个人资料保护法资料当事人权利之研究》,台湾逢甲大学2014年硕士学位论文,第97页。

续表

主要权利	欧盟	美国	日本	中国台湾地区
补充或更正请求权	个人资料可随时补充或更正,但仅限于事实部分	对于不正确的资料应提供修改、删除及限制利用,且该请求权利应与言论自由、出版自由受到同等保护	订正包含新增或删除,但仅得在利用目的的范围内	资料错误时,资料当事人得就事实部分予以补充或更正
删除请求权	特定目的的消失、当事人撤销其个人资料同意利用的意思、已保存年限或不符合法律规定,须予以删除;若资料已对第三人公开,则须删除资料所有链接及复制版本			特定目的的消失、期限届满,得请求删除、准予驳回决定时限定为30日
停止收集、处理或利用请求权	当事人对资料提出异议,须立即停止资料的使用,且当事人得在任何时间提出异议	无相关规定	当资料为非法取得、超过特定目的的处理或未经当事人同意,违法向第三人提供个人资料时,应停止利用、消去、停止提供	个人资料正确性有争议、特定目的的消失、期限届满或违法收集或处理时,得请求停止收集、处理或利用,因查证当事人请求是否合理所需时间较长,准驳决定时限定为30日
损害赔偿请求权	加予资料收集机关最多责任,但赔偿的情形仍然按照个人予以认定	不以实际发生损害为必要,潜在的风险可作为损害赔偿的基础	为行政处分的性质,适用国家赔偿法的规定	对公务机关采过失责任;非公务机关采抽象轻过失责任

续表

主要权利	欧盟	美国	日本	中国台湾地区
拒绝自动分析请求权	特殊规范：当事人得拒绝个人资料被自动化评量或分析，尤其当评量分析结果会产生法律效果时	无相关规定	无相关规定	无相关规定

我国台湾地区实务界肯定了侵害他人信用权案例。认为名誉为个人在社会上享有一般人对其品德、声望或信誉等所加的评价，属于个人在社会上所受的价值判断。查封不动产的强制执行行为，既具有共识性，客观上即足使被查封人被指债信不良，其原所建立的声望必然有所减损，信誉势必因此低落。若系以故意或过失而造成该信用（信誉）的损害，属于我国台湾地区"民法"第195条规定的名誉遭受损害。[①] 而我国台湾地区"电脑处理个人资料保护法"乃保护他人人格权的规定，银行有维护其电脑个人资料正确的义务，致损害他人的名誉及信用者，应负有财产上损害赔偿的责任。对于银行疏于注意，致发生冒名开户的情形：甲持乙遗失的身份证到丙银行开户，丙银行职员未尽到审核义务，而核准其开立支票，其后发生退票，导致乙成为银行拒绝来户，且其申请信用卡亦因信用分数不佳而未被准许，并遭到民事、刑事

① 参见我国台湾地区"高等法院"1999年度上易字第262号民事判决书、2003年度上易字第1313号民事判决书、2003年度上字第1196号民事判决书。

诉讼,亦认为成立丙银行对甲的名誉权、信用权的侵害。[①]

(二)个人信用损害因果关系判断

所谓因果关系,系指加害行为与损害之间有前因后果的牵连关系。从民法角度来说,因果关系虽未明文规定,但其是民事侵权行为及损害赔偿的核心要素,且侵权行为以损害的发生为成立要件,侵权行为以弥补损害为目的,若无损害,则行为虽违法,但不产生损害赔偿的问题。英美法所谓名义上的损害赔偿制度,对于侵害权利而无损害发生的情形,承认权利确属存在,并认定确有侵害的事实,因而立法中会象征性赔偿。就因果关系与损害学说与实务有不同见解。

1. 实务中——相当因果关系标准说

我国台湾地区“最高法院”在 1993 年度台上字第 2161 号民事判决指出,所谓相当因果关系,需以行为人的行为造成客观存在事实为基础,并以普通人的知识评价此客观存在的事实,若有发生损害结果的可能性,该行为人与损害之间,即有因果关系,学说亦采取相同见解。之所以提倡相当因果关系,德国学者杜勒科提认为:第一,此行为是该结果发生不可或缺的条件,且在通常情形中,可提高同类结果发生的可能性,是该结果发生的条件(原因);第二,前述结果发生的可能性,需要以一般人的经验型知识为基础;第三,系于行为人本身所认识其他的事实,亦应采为判断

① 参见我国台湾地区“高等法院”2000 年度上易字第 499 号民事判决书:……经查,上诉人未依支票存款户处理办法对申请开户的个人、负责人、公司代码确实查核,即核准不知名的第三人冒用被上诉人名义开立个人及为动公司甲存账户,并交付 150 张支票任由使用,乃至退票,金额高达数千万元,致被上诉人成为银行拒绝往来户,并不断受到莫名认识催讨,提起刑事欺诈告诉及民事诉讼等情形,且被上诉人向信托商业银行股份有限公司身板信用卡,亦因评分不足未准予核发,组建被上诉人的名誉及经济信用亦因此受到贬损。

的前提。

2.学说上——相当因果关系的解释

另有学者认为，相当因果关系是由条件关系、相当性所构成，故在使用上应区别两个阶段：第一阶段是观察其条件上因果关系，如为肯定；第二个阶段是认定其条件的相当性，我国台湾地区判例学说多赞同此点，但并未详细区分。英美侵权行为法亦采取此二阶段区分方法，分别称为事实上因果关系（若无、则不）作为判断标准及法律上原因（直接、接近、预见）作为判断标准。就条件关系而言，是指甲的行为与乙的权利受到侵害之间具有条件关系，而条件关系是采取“若无、则不”的检验方式。关于相当性，其重要功能在避免因果循环。故需确定其界限，虽有采取条件说、称等说、直接效果说或预见说等学说。我国通说系采取相当因果关系说，其以条件的相当性来合理界定侵权责任的范围。判断基准为，若无此行为，则不会产生此损害；有此行为，通常即足以产生此损害，则以通常足以产生损害为判断。

（三）侵害信用权的故意

侵害他人的名誉或信用，需出于故意，依一般原则应由被害人举证。但是此项主观要件应在肯定加害人的侵害信用行为具有违法性（无阻却违法事由）基础上再认定。此处的故意，是指行为人对于构成侵权行为的事实，明知并有意使其发生，或者预见其发生的可能性，并希望其发生。①

侵害信用权的过失认定，是指加害人并无妨害被害人信用的

① 参见我国台湾地区“高等法院”2003年度台上字第535号民事判决书：按因侵权行为所发生的损害赔偿请求权，以有故意或过失不法侵害他人的权利，或故意以背于善良风俗的方法，加损害于他人为成立要件。

意思，但依其情节，应尽到注意义务而未尽到致使损害结果的发生，或虽预见可能发生此结果，但过于自信不会发生。我国台湾地区“最高法院”2005 年度台上字第 1891 号侵权行为赔偿民事判决：名誉有无受损害，应以社会上对个人评价是否受损害为判断依据，若其行为足以使他人在社会上的评价受到损害，无论其为故意或过失，均可构成侵权行为，其行为亦不以广泛散播为必要。若轻信不实之事，转述于第三人，也可能构成过失侵害他人名誉。[①] 故对于侵害信用的行为，亦可参考此案例。

（四）侵害信用权的损害

如前所述，名誉权所保护的内容乃个人社会上评价。信用权所保护的是经济上的评价。信用权系以经济活动上的可靠性及支付能力为内容的权利，又称经济上信誉权，但除支付能力、履约意愿外，仍应包括商品及服务内容。但名誉或信用皆非具体有形物。个人的社会评价或经济上评价减损，是否必须具体证明其确已发生；或者只需证明其于一般状况足已发生？因为若依一般侵权行为，似需证明该损害确已发生。单纯从人格权的损害又颇难证明。故有学者认为，只需证明有此侵害行为，无须证明实际损害的发生，即可请求排除该损害。[②]

五、结论

我国信用法治正处于建设阶段，目前，世界各国（地区）对于信用法治的建设均已有诸多探索。然我国信用法治建设在理论上与实务中，偏向于“道德洁癖”，实务中信用信息侵权问题层出

---

① 参见我国台湾地区“最高法院”2004 年度台上字第 777 号民事判决书、2001 年度台上字第 2283 号民事判决书。

② 参见杨敦和：《论妨害名誉之民事责任》，载《辅仁大学法学》1984 年第 3 期。

不穷,且法院执行“黑名单”问题也凸显了信用信息的重要性。故笔者从信用信息保护的正当性和信用信息公开的原则性出发,阐述目前我国信用信息保护的问题,并分析其原因,以完善我国信用信息建设,推进信用法治的立法。

简政放权背景下黑名单制度的文本分析与实践考察

——以全国各省 51 份有关失信管理文件为研究对象

石　珍*　张　琴**

内容摘要　在法制建设过程中，黑名单制度明显呈现出从公告宣示性质向信用惩戒性质的转变，从单一性制裁向信用分级制裁转变的倾向。通过对 51 份规范性文件进行分析，当前黑名单制度仍然存在评价标准各自为政、异议申诉程序安排不足、信用修复制度缺失严重、联合惩戒落地效应滞后等制度困境，"一处失信，处处难行"的协同联合惩戒局面基本上

* 深圳市市场和质量监督管理委员会五级执法员。

** 重庆市大渡口区人民法院研究室主任。

尚未形成。在未来完善黑名单立法制度之时，一是要提升法律规范层级与强化文本统一，通过更高层级的法律创设新的惩戒手段、统一规范黑名单制度内容、推动联合惩戒强制落地。二是要明确黑名单评定标准与强化规范管理，更多地聚焦于严重失信行为，并尽量通过采取列举式的方式规范黑名单纳管范围。如需通过兜底式条款概括式规定黑名单纳管范围，则需经过法定的评定程序类型化，并由各省市的信用主管部门统一审定并适时更新发布。三是要完善异议申诉程序与强化信用修复，在事前异议程序、异议停止执行程序、信用修复程序等各方面实现程序正义。四是要细化联合惩戒举措与强化智慧引领，通过清单式联合惩戒目录，强化信用联合惩戒举措的强制力；通过智能信息化的支撑，最广泛、最及时、最快速地共享各地各部门认定的黑名单信息，并将对应的黑名单信息自动嵌入审批监管、申报评定、奖励服务等工作流程中，智能提示并强制政府机关、事业单位、行业协会、金融机构等实施联合奖惩，确保强制奖惩事项即时有效落实到位。

关键词 信用监管；黑名单；联合惩戒；信用修复；严重失信

近年来，以商事登记制度改革为起点开启了简政放权的大幕。在此过程中，先照后证、注册资本认缴、放宽许可准入条件、简化审批流程等一系列改革，大幅降低了经济主体进入商事领域的门槛，全社会的创业热情被有效激发，经济活力持续增进。但应该看到，在前一轮“宽进”的改革进程中，在减少对经济活动事前限制的背景下，政府监管职能的后移和服务仍未及时有效跟进。市场秩序的维护不仅需要市场主体的自律，而且不能缺少严厉的外在约束。因此，整合各种与信用相关的社会力量和制度，对社会各类商事主体的信用情况进行有效的事中、事后监督，已经成为改革"后半场"需要的核心点与着力点。其中,构建黑名单制度,对于加强事中、事后监管,确保社会经济秩序的良好运行尤为重要。黑名单制度的震慑效应一旦形成,会对那些企图违法违规的商事主体产生无形的压力,从而保障其能够在法治预设的轨道上行进,最终保障商事登记改革的成果得到最大化的保护与展现。

然而,虽然黑名单制度具有一定的法理基础,体现了信用监管的作用,但在具体实施中,政府部门对黑名单制度的认识还不一致,政府部门之间尚未完全建立起联动响应机制,缺乏对企业的刚性约束,黑名单制度本应有的警示惩戒作用大打折扣。失信惩罚机制的实质是社会联防、是社会综合治理,这个机制可以由市场自发形成。但是对于现代社会信用体系初创的我国,新的市场规则往往会带来一些新问题,这就要求政府出面对失信企业进行社会联防的组织和协调。[①] 其中,从制度层面入手规范,无疑是放大黑名单制度震慑效应最直接、最基础的途径。而在构建黑名单制度的过程中,全国各地均在探索过程中先后试行了一系列规范。虽然其成效尚未彰显,但通过对该类规范文本进行细致梳理与比较分析,仍然能够总结黑名单制度的合理经验,最终为国家层面正式出台黑名单制度提供智识上的参考。

一、制度样态:黑名单制度的文本梳理

(一)实证分析的文本来源

从黑名单制度的发轫时间来看,自2000年开始,就有文件陆陆续续提及要构建黑名单制度,比如,国质检执〔2003〕427号文便提及"完善黑名单制度"。但这些文件更多的是一种观念上的

---

① 参见刘瑛:《企业信用法律规制研究》,中国政法大学出版社2011年版,第208页。

引导或者说制度上的指导，从实际效果来说，这些文件并未引起多方的注意，相关制度规范并未及时有效予以回应，故类似的文本不在选择范围之内。

为了保证选取的文本具有实证研究的价值，能够在文本中体系化地窥见制发机关对于黑名单制度的系统安排，笔者主要以“黑名单”“失信”“联合惩戒”作为文本标题的关键词，在北大法宝“法律法规”库以及全国各省发改系统建设的信用网站的“政策法规”栏目，进行了细致检索。但由于相关规范性文本数据较多，几乎各省各市各县都在探索构建黑名单制度；且此类文件大部分都存在雷同重复的状态，如人力资源社会保障部印发了《拖欠农民工工资“黑名单”管理暂行办法》之后，各下级人社部门纷纷印发了相关实施细则，但各实施细则基本没有对人力资源社会保障部印发的文本有所增进。因此，笔者尽量选择省级以上部门制作的文件作为评析对象，且尽可能地在各领域检索黑名单制度的代表性文件。若国家部委已经出台相关黑名单制度，原则上少选或不选相应的省级文件；若省级部门尚未制定相关文件的，则选取该省有代表性的城市制定的文本作为研究对象，最终选取了51份规范性文本加以研究。

值得注意的是，部分省级政府在信用方面制定了若干份文件，文件彼此配合、相互协调，但笔者只选取了与黑名单制度最相关的文本进行全文分析，比如，《江苏省社会法人失信惩戒办法（试行）》中关于黑名单制度的社会公示管理，以便需要结合《江苏省严重失信黑名单社会公示管理办法（试行）》来研究，但不将后者计入51份规范性文本之列。① 同时，为了避免文字上的赘

① 检索日期：2018年9月23日。

述,相关文件在后文中一般采用简称予以描述,具体文本来源名称与简称如表1所示。

表1 黑名单制度文本来源清单

综合领域文件名称	文件简称	单一部门或行业领域文件名称	文件简称
《北京市公共信用信息管理办法》(2018年)	北京市文件	国家食品药品监督管理局《关于印发药品安全"黑名单"管理规定(试行)的通知》(2012年)	国家食药局文件
《上海市社会信用条例》(协同文件:《上海市公共信用信息归集和使用管理办法》)(2017年)	上海市文件	体育总局《关于印发〈体育市场黑名单管理办法〉的通知》(2017年)	体育总局文件
《天津市市场主体信用风险分类办法》(协同文件:《天津市市场主体信用信息管理办法、天津市行政机关联合惩戒暂行办法》)(2017年)	天津市文件	文化部办公厅《关于印发〈文化市场黑名单管理办法(试行)〉的通知》(2016年)	文化部文件
《浙江省公共信用信息管理条例》(2017年)	浙江省文件	人力资源社会保障部《关于印发〈拖欠农民工工资"黑名单"管理暂行办法〉的通知》(2017年)	人社部文件
《江苏省社会法人失信惩戒办法(试行)》(协同文件:《江苏省严重失信黑名单社会公示管理办法(试行)》)(2013年)	江苏社会法人文件	《严重违法失信企业名单管理暂行办法》(2016年)	国家工商总局文件
《湖北省社会信用信息管理条例》(2015年)	湖北省文件	《北京市药品安全"黑名单"管理规定实施细则(试行)》(2013年)	北京食药局文件

续表

综合领域文件名称	文件简称	单一部门或行业领域文件名称	文件简称
《福建省公共信用信息管理暂行办法》(2015年)	福建省文件	《北京市〈拖欠农民工工资“黑名单”管理暂行办法〉实施细则》(2018年)	北京人社局文件
《山东省公共信用信息管理办法》(2018年)	山东省文件	《天津市安全监管局生产经营单位安全生产不良记录“黑名单”管理暂行规定》(2017年)	天津安监局文件
《河北省社会信用信息条例》(2017年)	河北省文件	《广东省食品药品监督管理局关于食品药品违法违规企业“黑名单”的管理规定(试行)》(2014年)	广东食药局文件
《吉林省企业信用联合奖惩实施办法》(协同文件:《吉林省公共信用信息管理暂行办法、吉林省企业信用信息管理办法》)(2015年)	吉林省企业信用文件	《浙江省农业投入品生产经营主体失信“黑名单”管理办法(试行)》(2017年)	浙江农业厅文件
《江西省公共信用信息归集和使用暂行办法》(2016年)	江西省文件	《浙江省商务领域守信“红名单”和失信“黑名单”管理办法(试行)》(2017年)	浙江商务厅文件
《陕西省公共信用信息条例》(2011年)	陕西省文件	《宁夏食品药品安全“黑名单”信息共享和联合惩戒办法》(2018年)	宁夏食药局文件
《陕西省企业信用监督管理办法》(2017年)	陕西企业信用文件	《成都市食品安全黑名单管理办法》(2016年)	成都食药局文件

续表

综合领域文件名称	文件简称	单一部门或行业领域文件名称	文件简称
《贵州省企业信用信息征集和使用管理办法》(2012年)	贵州企业信用文件	《山东省建筑市场信用管理暂行办法》(2017年)	山东住建厅文件
《江苏省自然人失信惩戒办法(试行)》(2013年)	江苏自然人文件	《山东省住建系统安全生产“黑名单”管理办法》(2017年)	山东住建系统文件
《湖北省企业失信行为联合惩戒办法(试行)》(2015年)	湖北企业失信文件	《湖南省环境保护黑名单管理暂行办法》(2018年)	湖南环境局文件
《湖南省企业失信行为联合惩戒暂行办法》(协同文件:《湖南省企业失信联合惩戒数据资源目录》)(2015年)	湖南企业失信文件	《山东省质监局“黑名单”制度管理办法(试行)》(2018年)	山东质监局文件
《安徽省社会法人失信行为联合惩戒暂行办法》(2015年)	安徽社会法人文件	《甘肃省食品安全黑名单管理办法(试行)》(2011年)	甘肃食药局文件
《辽宁省失信黑名单企业惩戒联动实施办法(试行)》(2012年)	辽宁失信黑名单文件	《青海省农资和农产品质量安全领域严重失信联合惩戒对象名单管理暂行办法》(2018年)	青海农业厅文件
《辽宁省失信企业联合惩戒实施办法(试行)》(2016年)	辽宁失信企业文件	《河南省交通建设不良行为和黑名单管理办法(试行)》(2017年)	河南交通厅文件
《江西省企业信用行为联合激励与惩戒暂行办法》(2016年)	江西企业信用文件	《江西省食品药品安全“黑名单”管理办法》(2018年)	江西食药局文件

续表

综合领域文件名称	文件简称	单一部门或行业领域文件名称	文件简称
《海南省企业失信行为联合惩戒暂行办法》(协同文件:《海南省公共信息资源管理办法》)(2014年)	海南企业失信文件	《广西壮族自治区建筑市场主体“黑名单”管理办法(试行)》(2018年)	广西住建厅文件
《陕西省违法失信“黑名单”信息共享和联合惩戒办法》(2016年)	陕西违法失信文件	《重庆市企业环境信用评价办法》(2017年)	重庆环保局文件
《贵州省企业失信行为联合惩戒实施办法(试行)》(2014年)	贵州企业失信文件	—	—
《内蒙古自治区社会法人失信惩戒办法(试行)》(2014年)	内蒙古社会法人文件	—	—
《三亚市信用“红黑名单”发布和联合奖惩制度实施办法》(2017年)	三亚市文件	—	—
《云南省丽江市信用红黑名单管理制度(试行)》(2018年)	丽江市文件	—	—
《福州市信用红黑名单管理暂行办法》(2017年)	福州市文件	—	—

从文本内容来看,有36份文件对黑名单制度加以了规定,其中24份文件标题便明示了其“黑名单制度”的属性,有12份文件标题以“失信惩戒”“信用管理”等关键词为核心,在其正文中均对黑名单作出了制度安排;有15份文件并未提及黑名单制度,多

以失信信息、警示信息等为研究对象,但由于其与信用惩戒联系紧密,对黑名单制度的构建大有裨益,故仍纳入本文研究范围。从文本所属性质来看,属于地方性法规的文本有 5 份,占比 10%;属于规章的文本有 6 份,占比 12%;属于部门规范性文件的文本有 4 份,占比 8%;属于地方规范性文件的文本有 36 份,占比 70%。从时间分布来看,大部分文件制定于 2011 年之后,其中,制定于 2011 年以前的文本有 1 份,制定于 2011 年的文本有 2 份,制定于 2012 年的文本有 3 份,制定于 2013 年的文本有 3 份,制定于 2014 年的文本有 4 份,制定于 2015 年的文本有 5 份,制定于 2016 年的文本有 6 份,制定于 2017 年的文本有 15 份,制定于 2012 年的文本有 18 份。从文本适用领域来看,有 28 份是省市级政府制定或同意印发的该地政府所属行政机关均需遵照执行的综合性文本,有 23 份是政府部门制定的主要在该部门监管领域内实施的单一领域文本。其中,单一领域的制度文本涵盖了食品药品、安全生产、环境保护、体育、文化、拖欠农民工工资、农业投入品、商务、建筑市场、质量监管、交通建设等多个方面的内容(见图 1、图 2)。

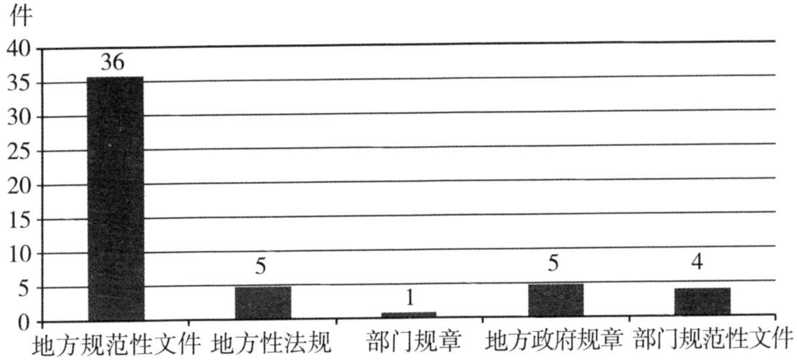

图 1　制度文本属性所属类别

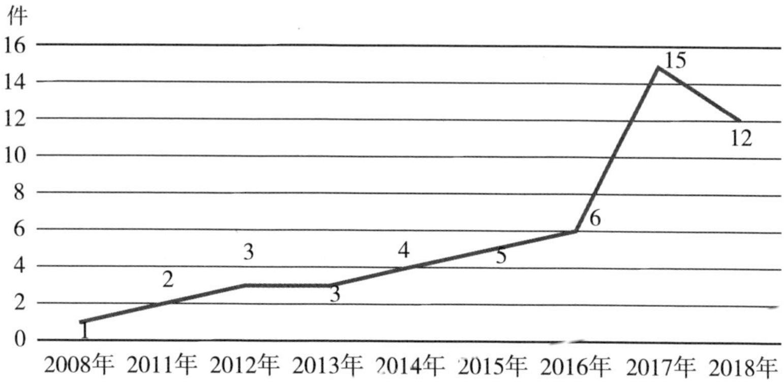

图2 制度文本年份分布

(二)制度视野下黑名单制度的文本特点

1.从公告宣示性质向信用惩戒性质转变

对于黑名单的定性,在理论界有不少争议,主要集中于行政处罚、行政指导、行政强制几种定性之上。其中,行政指导与行政强制的定性,主要与黑名单制度的公告宣示性质息息相关,即黑名单制度主要是将违法主体的行为通过各种渠道公之于众,通过非强制性的社会性约束来达到了惩戒的目的,一方面指导社会主体在风险已经被预警的前提下合理选择服务产品,另一方面通过引导社会主体“用脚投票”来给违法主体施加精神压力和现实阻力以迫使违法主体纠正违法行为。前者不具备强制性,是否继续选择违法主体的服务与产品,取决于社会主体本身的意志,故是一种行政指导;后者则属于一种间接的行政强制执行。而行政处罚的定性主要与黑名单制度的信用惩戒性质息息相关,即黑名单制度将通过强制性的行政性约束、市场性约束(主要是限制乘坐交通工具、限制高额消费等)、行业性约束来惩戒失信的违法行为人。

而从文本分析来看,黑名单制度明显呈现出从公告宣示性质向信用惩戒性质转变的倾向。在黑名单制度发轫之初,制度文本更多的是将之作为一种警示手段加以规定,主要是依靠发挥社会性约束来实现促使商事主体守法经营的目的。比如,在51份文件中,最早以黑名单命名的《甘肃省食品安全黑名单管理办法(试行)》,该办法第2条便直接将黑名单制度定义为"……将其列入'黑名单',通过新闻媒体或者网络向社会予以公布,并实施重点监督检查的管理制度"。之后,国家食药局文件(2012年)、北京食药局文件(2013年)、广东食药局文件(2014年)、成都食药局文件(2016年)、陕西违法失信文件(2016年)都是突出了黑名单制度的"公告宣示性质"。这一点可以通过行政实务予以佐证。比如,在实务中最早进入社会视野的"黑名单",是质检总局于2003年开始公布的生产"地条钢"企业和窝点"黑名单"。而在质检总局公告2003年第80号、2004年第124号中,均明确提到了"将……向社会公布,将涉及到的法人、业主向有关部门通报,请全社会共同监督",但均未采取其他行政性的惩戒措施。

直到2016年发布了《文化市场黑名单管理办法(试行)》,该办法第2条才开始明确将"黑名单管理"定义为"将……列入文化市场黑名单,并向社会公布,实施信用约束、联合惩戒等措施的统称"。随后,浙江农业厅文件(2017年)、浙江商务厅文件(2017年)、体育总局文件(2017年)、山东质监局文件(2018年)、湖南环境局文件(2018年)、青海农业厅文件(2018年)、广西住建厅文件(2018年)、宁夏食药局文件(2018年)均直接采取了"公示+信用约束+联合惩戒"的方式。即便江西企业信用文件(2016年)、人社部文件(2017年)、天津安监局文件(2017年)、天津市文件(2017年)、福州市文件(2017年)、山东住建系统文件（2017 年）、河南交通厅文件（2017 年）、三亚市文件（2017 年）、陕西企业信用文件（2017 年）、北京人社局文件（2018 年）、山东住建厅文件（2018 年）、丽江市文件（2018 年）未对黑名单作出定义，但结合其后续的责任条款，也均实际采取“公示 + 信用约束 + 联合惩戒”的方式安排黑名单制度，如江西企业信用文件第 17 条规定了“严重失信行为惩戒措施”。且 2017 年以后再无文件采取“公布 + 重点监督检查”的方式定义黑名单制度。由此可见，当前的黑名单制度已经从初期的“公示预警”发展到了后期的“信用惩戒”（见图 3）。

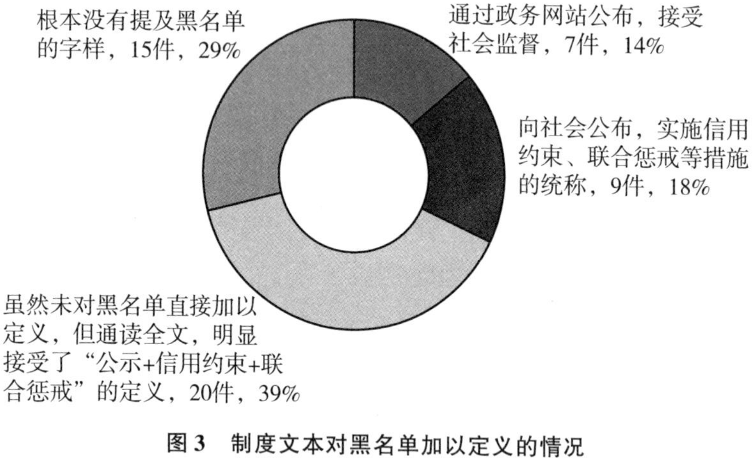

图 3　制度文本对黑名单加以定义的情况

2. 从单一性制裁向信用分级制裁转变

黑名单制度的效应关键在于发挥其引导与示范作用：一是非黑名单行为获得激励能够形成良好的示范作用，二是黑名单行为遭受严厉的惩处能够形成显著的惩戒作用。行之有效的黑名单制度是“看得见的手”和“看不见的手”共同作用形成的。其中，“看得见的手”是指政府管理部门针对黑名单行为进行的有形惩处,其威慑力和约束力取决于立法所规定的惩罚与执法程度。若细致分析36份对黑名单制度加以规定了的文件可以发现,“看得见的手”在不断地扩张其惩戒范围,已经从单一性地制裁转化为信用分级制裁。

在36份文件中,没有对失信行为进行分类,而是在严重违法违规、食安部门认为有必要等不确定概念上判断黑名单范围的有17份文件,但这17份文件均是某个政府部门制定的主要在其自身监管领域适用的文件。而在将失信行为进行等级划分的基础上确定于黑名单范围的文件有17份,其中有15份文件是省市政府制定或同意印发的、在其辖区范围内所有行政机关均需遵照执行的综合文件。比如,江苏社会法人文件、江苏自然人文件、江西企业信用文件、海南企业失信文件、贵州企业失信文件、内蒙古社会法人文件6份文件先将失信分为一般失信、较重失信和严重失信,然后将黑名单范围明定为严重失信等级;湖南企业失信文件、辽宁失信黑名单文件、丽江市文件、福州市文件先将失信信用信息分为提示信用信息和警示信用信息,然后在警示信息和提示信息基础上定义黑名单范围。三亚市文件更是明确规定了行政性约束、市场性约束、行业性约束、社会性约束、实施联合惩戒措施落实到人等具体惩戒措施。也就是说,作为适用范围更广的综合领域的规范性文件,更多地采取了信用分类分级的做法,只将失信程度更为恶劣严重的行为纳入黑名单管理,并匹配与之对应的惩戒更加严厉的制裁措施(见图4)。

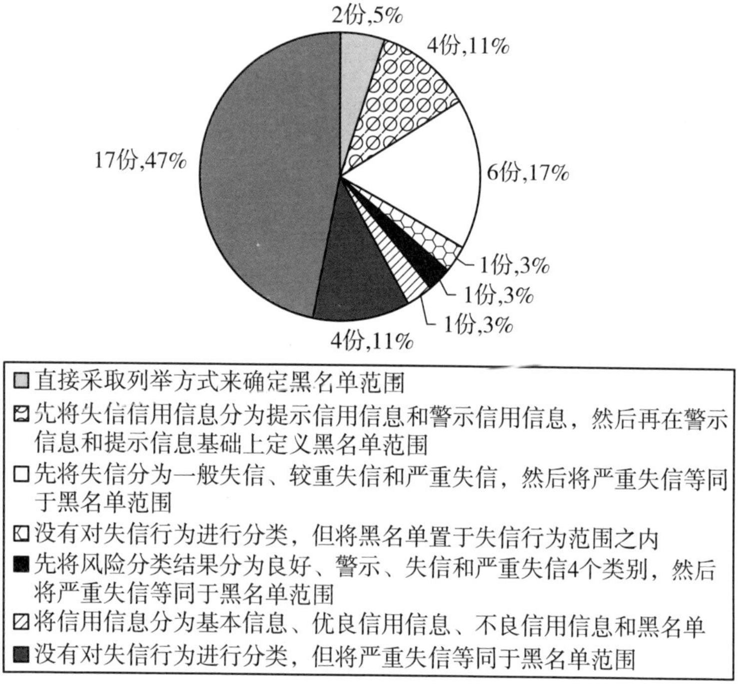

图4　制度文本关于黑名单行为认定标准的情况

二、制度困境：黑名单制度的现状检视

（一）黑名单制度评价标准各自为政

黑名单制度的惩戒力度大、覆盖面宽，但由于部门分置而缺乏联系，若相关政策彼此之间存在不一致性，就会导致在实操层面产生抵牾，甚至会反向削减制度效能。尤其是当企业的某项业务涉及多个监管部门，企业需要面对多个彼此独立的监管者时，这种政策冲突的困扰更加突出，造成企业的理解偏差或无从下手。① 作为黑名单制度的基石，如何确定应纳入黑名单管理的行

① 沈开艳、周奇等：《自贸试验区建设与中国经济创新转型发展》，上海社会科学院出版社2016年版，第58页。

为,是首当其冲的问题。但从文本来看,各地各单位对黑名单行为的评价标准各自为政,不同领域的理解不一致,不同省域的要求不一样。

例如,成都市、甘肃省、宁夏回族自治区在评定应列入黑名单管理的行为时,用兜底式的条款将认定权交给了食安部门的主观判断,宁夏食药局文件第 5 条便规定了“存在其他食品药品监管部门依法认定需要列入黑名单的严重违法行为的”;只有人社部文件、天津市文件、广东食药局文件、山东住建厅文件直接采取列举方式来明定黑名单的客观范围,压缩了评价部门的主管任意性。其他诸如将黑名单范围限定于“严重失信”“严重违法违规”“严重违法失信”“严重违法违规 + 情节严重”“违法违规 + 情节严重且造成恶劣影响行为”“违法 + 引发群体性事件、极端事件造成严重不良社会影响”“违法 + 严重威胁安全生产”“严重违反国家环境保护法律法规”等更是琳琅满目。

甚至,仔细研究 6 份先区分一般失信、较重失信和严重失信,再将黑名单范围明定为严重失信等级的文件,在具体的严重失信的判断标准上也十分不一致,例如,以“拖欠税款、员工工资或者社会保险费”事项为例,江苏社会法人文件第 21 条用“时间长短”来衡量严重与否,“6 个月以上的”认定为严重失信;但江西企业信用文件第 13 条则采取了“时间 + 金额”的方式衡量严重与否,“数额巨大,拖欠时间超过 6 个月”的才认定为严重失信;而内蒙古社会法人文件第 14 条则采取了“金额大小”的标准衡量严重与否,“数额较大”的就能认定为严重失信。同时,由于黑名单认定标准不一致,导致在设定黑名单期限上也是差异性极大,6 个月到 7 年各个以年为单位的时间几乎都有所体现(见图 5)。这种杂乱无序性,导致了实践的混乱与不公正。一旦查询公共信用记录,江西企业拖欠税费的行为可能因标准的严苛未纳入黑名单,而江苏、内蒙古企业拖欠税费的行为可能因标准的降低纳入黑名单,同样的行为在参与国内竞争时会获致不同的待遇。

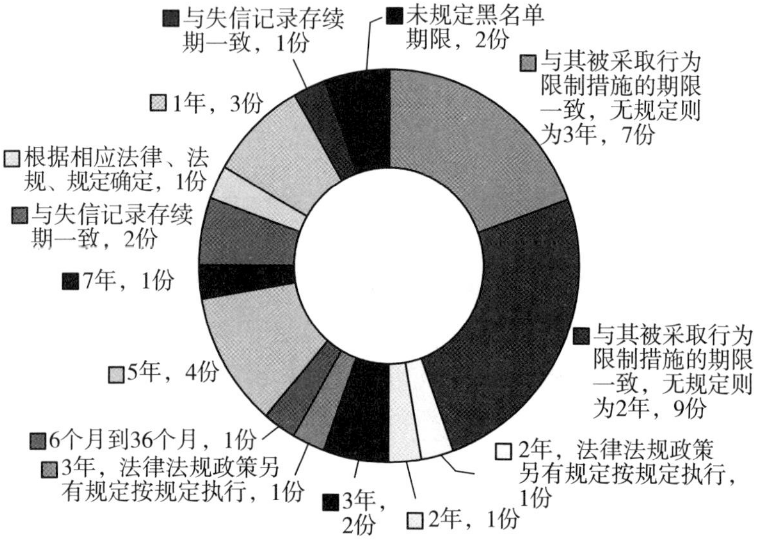

图5　制度文本对黑名单期限作出规范的情况

（二）异议申诉程序安排不足

权利限制与保护要保持一种动态的平衡,这一点直接体现为程序正当的要求。[①] 不合理的程序安排会导致当事人频频诉诸事后救济程序,使后者因负荷过重而不能妥适发挥其制度功能。对于黑名单制度来说,若其真正发挥理想之信用惩戒功能,对被纳入黑名单制裁的经济主体来说,其遭遇的不利影响肯定是巨大而无法想象的,用“寸步难行”来形容可能真的恰如其分。但面对

① 参见周占生:《权利的限制与抗辩》,科学技术文献出版社2015年版,第190页。

如此巨大的可能性的不利后果时，当前的制度文本并未对应然的程序正义加以重视，不仅在事前、事后阶段没有搭建良性的异议程序，而且也未在制度上对中止难以逆转的信用惩戒加以规范。

1. 事前异议程序。在51份规范文件中，未规定在纳入黑名单制度管理或失信管理之前需告知当事人、听取当事人异议的文本高达33份，占比64.7%，超过了一半。在其他18份文件中，也只有8份文件明确规定了事前书面告知当事人的程序，包括文化部文件、人社部文件、北京人社局文件、浙江商务厅文件、山东住建系统文件、山东住建厅文件、湖南环境局文件、宁夏食药局文件；重庆环保局文件、福州市文件规定的事前告知方式为公告；天津安监局文件、浙江省文件、丽江市文件、甘肃食药局文件、青海农业厅文件、三亚市文件、陕西违法失信文件、广西住建厅文件等只提及了需告知当事人，但未明确告知方式与程序（见图6）。

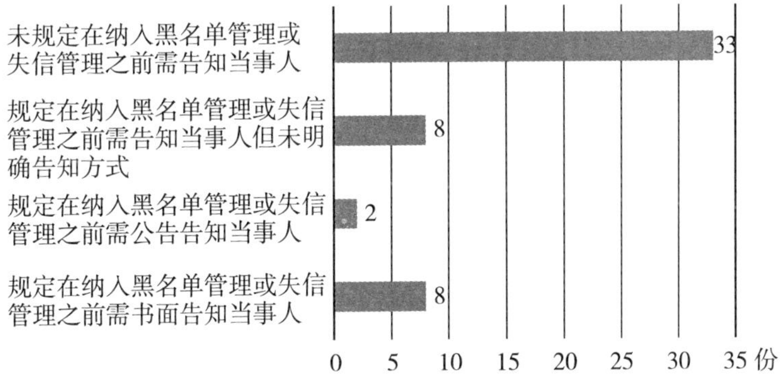

图6 制度文本对事前异议程序作出规定的情况

2. 事后异议程序。在51份规范文件中，有26份文件未规定事后异议程序，占比50.9%，超过了一半；其中，既未规定事前异议程序，又未规定事后异议程序的文本多达10份，占比19.6%，接近1/5，包括国家食药局文件、北京食药局文件、广东食药局文件、浙江农业厅文件、成都食药局文件、山东质监局文件、安徽社会法人文件、辽宁失信企业文件、江西食药局文件、内蒙古社会法人文件。规定在纳入黑名单管理或失信管理之后可提出议程的文本有25份，占比49.1%，不到一半。

3. 异议中止效力。在51份规范文件中，明确规定异议期间不影响黑名单或失信信息的公布和管理有9份，包含体育总局文件、广东食药局文件、江苏社会法人文件、江苏自然人文件、山东质监局文件、辽宁失信黑名单文件、江西企业信用文件、江西食药局文件、海南企业失信文件；但明确规定异议期间中止公布黑名单或失信信息的文本只有5份，占比仅9.8%，包括北京食药局文件、福建省文件、江西省文件、陕西省文件、宁夏食药局文件；有37份文件未提及异议期间是否影响黑名单或失信信息的公布与管理，占比高达72.5%（见图7）。

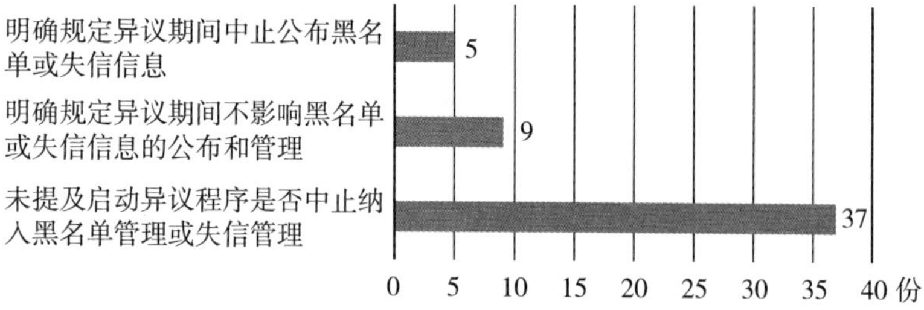

图7　制度文本对异议程序之法律效果作出规定的情况

（三）信用修复制度缺失严重

从目的论的角度来看，黑名单制度的最终目的并非公示黑名单、惩戒失信行为，而是借助信用惩戒恢复被破坏的信任关系，恢复被损害的经济社会秩序。黑名单制度的体系构建是一个在制度保障下长期积累与反复博弈的过程,而“公示黑名单”“惩戒违法失信”“恢复信用”更是一个不可分割的有机体系。缺乏了信用恢复这一过程,黑名单制度可能将偏离其预设轨道,甚至无法达到惩恶扬善的目的。但从文本分析来看,当前的黑名单制度更多地停留在公示预警、联合惩戒阶段,大部分的文本设计聚焦于黑名单的认定标准、公示途径、惩戒手段等方面,而忽视了信用恢复制度的构建。

1. 是否有信用修复条款。在 51 份规范文件中,未对信用修复作制度安排的文件有 13 份,超过了 1/4;没有对主动修改不良信用作出了制度安排、只对被动修复不良信用作出了规定的文件有 14 份,超过了 1/4;对主动修改不良信用作出了制度安排的文件有 24 份,但只有 4 份文件对不得予以信用修复的情况进行了细致规定,包括浙江省文件、浙江农业厅文件、江苏社会法人文件、江苏自然人文件(见图 8)。

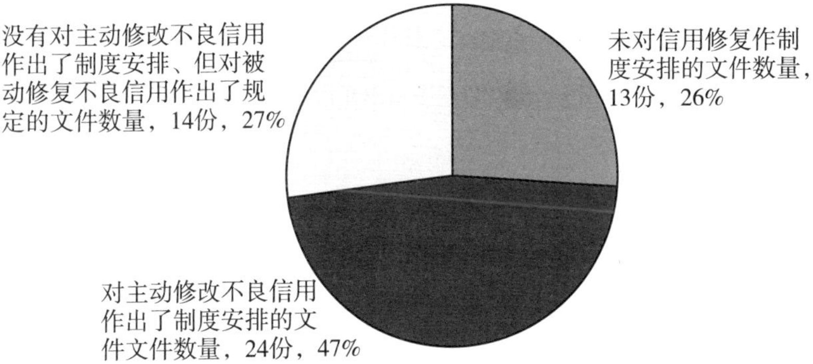

图 8　制度文本对信用修复进行制度安排的情况

2. 信用修复对应的法律效果。在 24 份涉及主动修复不良信用的文件中,未提及主动修复不良信用的法律效果的文本有 9 份,占比高达 37.5%;明确规定信用修复后不再作为或者等同于不再作为联合惩戒对象的文本有 9 份，占比 37.5%；明确规定信用修复后减轻或解除相关惩戒的文本有 3 份，占比 12.5%；将信用修复情况予以标注的文件有 2 份，约占比 8%；明确规定信用修复后下降信用风险类别的有天津市文件，约占比 4%（见图 9）。

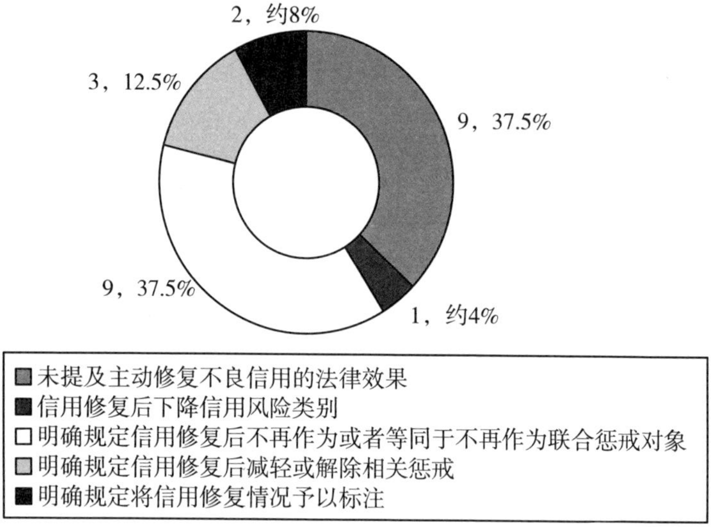

图 9　主动修复不良信用的法律效果

（四）联合惩戒落地效应滞后

从黑名单制度的设计初衷来看，其关键之处在于用规制性惩戒机制对市场交易中失信行为进行有效抑制。它通过赋予政府机关相关裁决和惩罚权力，对失信行为及失信行为责任人进行有力的惩罚，从而对失信者形成可置信威胁，进而使失信行为人基于法律威慑而放弃违约失信行为。也就是说，黑名单制度能否有效运行，核心要点在于惩戒能否按照预期及时落地。但当前的制度文本在构建强有力的联合惩戒手段方面仍然稍显不足，很多联合惩戒仍然停留在抽象的字面上，离联合惩戒举措的具象化仍然有极大的距离。

一方面,受制于立法权限问题,大部分政府部门制定的有关黑名单制度的文件,都难以有效对其他单位采取何种联合惩戒措施作出强制性的规定。因此,即便是体育总局制定的《体育市场黑名单管理办法》,也只能提及“将列入体育市场黑名单的经营主体或从业人员通报有关部门,实施联合惩戒”①,其他单一领域或行业的文件也都存在类似的问题。这就导致了其他部门在采取联合惩戒时的任意性和随意性,影响了黑名单制度的实效性与规范性。

另一方面,虽然省市级政府制定或同意印发的综合性文本能够对全体行政机关实施联合惩戒作出规定,但出于审慎性原则,大部分综合性文件都只是笼统地规定惩戒措施的种类,如安徽社会法人文件第10条就只规定了“对具有失信行为的社会法人,行政管理机构根据具体情形可以依法采取以下惩戒措施”,但对于更具体的规定却留待配套实施办法予以规定。这种有意的留白,在配套制度缺失的情况下,也影响了黑名单制度应有功效的实现,“一处失信,处处难行”的协同联合惩戒局面基本上尚未形成。

三、体系构建:黑名单制度的理想出路

(一)提升法律规范层级与强化文本统一

第一,黑名单制度下的部分惩戒手段需要更高层级的法律加以创设。建立黑名单制度体系需要从建立并完善法律制度入手。信用失范是一种不计自身信誉的短期行为,其原因就在于对长期利益的预期并不确定。而构建黑名单制度,其目的就在于对严重

---

① 《体育市场黑名单管理办法》第12条。

的信用失范行为苛以更全面、更长期的惩戒。这种惩戒不随单次的行政处罚而消失,反而在法定期限内长期随附于商事主体而存续,其震慑效果不仅不低于传统的处罚手段,甚至更严厉。因此,对于惩罚性的黑名单,需要进行法律控制,坚持形式合法性,应当列为我国《行政处罚法》中的“其他行政处罚”。[①] 这意味着地方立法没有创设惩罚性黑名单惩戒手段的权限,而需要以法律或者行政法规作为依据创设新的惩戒手段。

第二,通过黑名单制度惩戒失信行为需要更高层级的法律统一标准。规范企业与个人的信用行为需要依赖法律制度的强制力,而不能仅仅依赖道德与社会公正的力量。高层级的政策对低层级的政策起到指导作用,其制定和发布主体的级别越高、权威越大,“政策力度”也越大,从而确保了政策目标的下达和低层级主体的配合程度,即对整个体系的政策协同情况有正向影响作用。[②] 在黑名单制度开始建立的时期,通过更高层级的立法将市场主体信用行为约束在统一的规则之下,避免各地、各部门因为地方利益、部门利益各自为政,减损黑名单制度的信誉与权威,避免商事主体在各行其是的规范性文件面前无所适从,尤为重要。

第三,黑名单制度所规定的制裁后果需要更高层级的法律强制落地。当前的黑名单法律制度尚不完善,即便是地方性法规、行政规章、地方政府规章对失信行为加以了规范,但由于缺乏具有现实可操作性的配套制度,很多黑名单行为并未有效受到联合惩戒。比如,《严重违法失信企业名单管理暂行办法》第 5 条规

---

① 刘平:《行政执法原理与技巧》,上海人民出版社 2015 年版,第 479 页。

② 沈开艳、周奇等:《自贸试验区建设与中国经济创新转型发展》,上海社会科学院出版社 2016 年版,第 58 页。

定了“被列入经营异常名录届满 3 年仍未履行相关义务的”应“列入严重违法失信企业名单管理”，但在实践中，大部分行政部门对异常名录的理解和把握都不如工商部门深刻具体，也尚未完全建立起联动响应机制，缺乏对企业的刚性约束，异常名录制度本应有的警示、惩戒作用大打折扣。[①] 因此，为了减少地方部门的自由裁量权，减少制裁过程中的权力寻租，提升信用惩戒的刚性约束，也有必要通过更高层级的法律予以规范。

（二）明确黑名单评定标准与强化规范管理

黑名单制度建设有利于弥补监管缺位、防范交易风险，是有效实施政府监管的必要手段。构建黑名单制度最基础的事项便是厘定黑名单行为范围与约束期限。在失信的惩戒后果不明确、守信的激励作用不明显的制度环境下，经济主体不能对自己的守信利益或失信损失进行合理预期，那么人们追逐短期利益的自利倾向就会逐渐嬗变成为机会主义倾向。而且若不能对黑名单的认定标准加以明确与统一，则不同地区不同商事主体同样的违法失信行为经常会获致差异性极大的信用评价，同一商事主体的同一个违法失信行为也可能会在不同的地方和部门获致差异性极大的信用评价，这显然与公平正义的朴素观念相背离，更会在推进过程中遭遇商事主体的抵触与误解。

从已有的制度经验出发，可以在区分失信行为信用等级的基础上，来界定黑名单的行为范围。毕竟，从字面意义上来理解，黑名单制度应该是失信惩戒制度中最严厉的法律制度。如果将一般的失信行为也纳入黑名单的制裁范围，可能会减损黑名单制度

---

① 参见肖林主编：《高标准开放与制度创新——中国自由贸易试验区智库报告 2015/2016》，上海人民出版社 2016 年版，第 140 页。

本身的震慑作用,也可能会产生“大炮打蚊子”的不良影响。也就是说,对于一般的、较重的、严重的失信行为,黑名单制度应当与信息主体违法、违约行为的性质、情节和社会危害程度相适应,主要关注严重的失信行为,这也符合比例原则的基本遵循。同时,正由于黑名单制度的惩戒对象是严重失信行为,其制裁后果特别严厉,因此在确定严重失信行为的范围时,应该更多地采取列举式的方式加以规范。即便出于“法律不能穷尽所有”的局限性,需要通过兜底式条款加以概括式规定,也应该明确要从违法违规程度严重、主观恶性强烈、危害后果极大、较重失信行为数量较多等方面来认定新的严重失信行为,且应该经过法定的评定程序予以类型化,并由各省市的信用主管部门统一审定、适时更新发布。最后,黑名单的纳管过程难免也会出现违法错误,而这种违法错误同样会造成损失,因此,就需要相应地规定因信用记录错误对企业造成损失或负担的法律责任,如江西企业文件就明确了“……应当依据……更正后的信用记录,确定是否实施失信惩戒或重新调整失信行为等级”。

(三)完善异议申诉程序与强化信用修复

古今中外的一切实践向我们展示了这样的一个状态:任何案件的结果是否正义是难以判定的,不同时代、不同阶级立场的人们对正义的认识可能都有偏差,特别是在一个纷繁复杂、多元化的社会中,任何一种绝对统一的价值标准都是难以存在的。[①] 因此,能否对程序实施一定程度的控制,是人们判断自己经历的程序是否公正的一个关键因素。人们越是相信自己的意见得到了法律当局的采纳,或者越是相信法律当局在尽力保持公正,人们

① 参见朱丹:《程序正义与人的存在》,经济管理出版社2014年版,第19页。

就更有可能会觉得自己实现了过程控制和决策控制。[①] 对于被科以黑名单之信用惩戒的商事主体来说,获得程序上的保证,获得相关的参与机会、异议表达机会、错误纠正机会同样至关重要。

第一,必须完善事前异议程序。与传统行政处罚相比,黑名单制度下的惩戒手段制裁面更严厉、时间更持续、范围更广泛,其本身就是对商事主体违法失信行为的一种再制裁、再惩戒。因此,在将商事主体及其行为纳入黑名单制度管理之前,也需要遵循《行政处罚法》的程序要求,借助适当的渠道告知纳入黑名单制度管理的事实、理由与依据,听取当事人的陈述和申辩。而且在告知程序方面,不宜径直诉诸公告途径,而应优先采用书面的直接送达告知,遵循诉讼送达的基本规则。如有可能,可以在制度设计上与行政处罚程序无缝衔接,避免程序上的重置与浪费,即可以在处罚告知阶段,一并告知纳入黑名单的相关事宜,同时可以在处罚决定书上加上纳入黑名单制度管理的具体内容。

第二,必须完善异议停止执行程序。与传统行政处罚相比,黑名单制度下的社会性惩戒效能是无法衡量的,黑名单惩戒手段所造成的损害更加不可逆转,因此在决定纳管之后应该更审慎地保障当事人的异议权利,尽最大可能地减少错误黑名单公布之后对当事人的权利损害。也就是说,在制度设计时,为了避免在异议期间内因错误实施的黑名单纳管行为给当事人造成难以弥补的损害后果,异议期间内应以暂停发布黑名单、暂停实施联合惩戒为原则,为继续发布黑名单、继续实施联合惩戒为例外。当然,也可以通过标注的方式,注明黑名单异议内容,并将相关经过公

① [美]汤姆·R.泰勒:《人们为什么遵守法律》,黄永译,中国法制出版社 2015 年版,第 228 页。

之于众。

第三,必须完善信用修复程序。从教育规范的目的出发,信用修复程序是帮助企业改正错误、修正污点、重新发展的重要程序,是信用惩戒"治病救人"政策的程序具象化。因此,必须建立相应的信用修复程序,就信用修复的申请程序、考核程序、异议申诉程序等作出明确具体的规定,使失信主体能够通过更加主动的自我完善来修复被破坏的法治环境,大力促进失信主体通过纠错步入诚信守约的轨道,持续推动信用体系的有效建立。在实践中,《江苏省社会法人信用基础数据库信用修复办法(试行)》《天津市信用信息异议处理与信用修复办法(征求意见稿)》就是很好的探索,值得借鉴与推广。

(四)细化联合惩戒举措与强化智慧引领

黑名单制度是由政府部门主导建立的,辅以信用监管,对商事主体严重失信行为进行惩戒并对守信行为给予奖励的机制,其规制机理是建立以信用信息数据库为纽带的社会联防机制,降低市场交易中的信息不对称程度,从而达到防范失信、惩戒失信和激励守信的目的。落实黑名单制度的规范要求,不仅需要进一步具体化联合惩戒的举措,还需要通过信息化手段,引导强制行政机关在行政决策时适时使用黑名单。

第一,必须强化信用联合惩戒举措的强制力。联合惩戒能否真正到位,关乎黑名单制度设计的成败。对于行政机关来说,落实黑名单制度中的惩戒要求,既是行政权力之体现,更是行政职责之所在。在行政决策的过程中,哪些失信主体和失信行为需要实施联合惩戒,失信主体和失信行为需要实施何种联合惩戒决策,都应该是明确的、具体的。因此,必须通过立法的形式梳理并建立联合惩戒清单,明确惩戒对象、惩戒行为、惩戒时限、惩戒方式、惩戒程序等具体内容，将行政机关的权力关进法治的“笼子”。

第二，必须突出信用联合惩戒的信息化支撑。长期以来，我国一直盛行一种静态的信用观。例如，将公司的信用凝固为公司注册资本的多少，习惯于用过去的净资产来衡量最近股权转让的价格等。这种静态的监管模式，未能客观、全面地反映企业信用状况。[①] 实施联合惩戒的关键之一，就是要将失信主体的失信信息进行动态反映与适时公示，实施联合惩戒的基础就在于信用信息的实时共享与无缝流转。这就需要打破当前的信息壁垒，全方位、全领域、全业务、全链条、全过程地归集黑名单信息。可以依托发改系统或市场监管系统已经在全国统一建设的信用信息化系统，按照统一的信用信息归集标准，最广泛、最及时、最快速地共享各地各部门认定的黑名单信息，为有效实施信用联合惩戒打下良好的基础。

第三，必须创新信用联合惩戒的流程再造。在简政放权的背景之下，行政决策事项越来越多地借助于电子化渠道办理，人工审核的范围大幅降低，这也就意味着黑名单制度中的联合也需要与电子化的趋势相适应。例如，注册登记营业执照几乎已经实现了网上全流程操作，那么对于禁止担任法定代表人的惩戒措施来说，就需要网上办事流程能够智能比对注册登记的法定代表人与黑名单数据库，第一时间作出准确判断。因此，必须通过信息化、智能化手段对相关行政决策程序的进行流程再造，将对应的黑名单信息自动嵌入审批监管、申报评定、奖励服务等工作流程中，智

① 参见洪银兴：《市场秩序和规范》，格致出版社、上海三联书店、上海人民出版社2015年版，第362页。

能提示并强制政府机关、事业单位、行业协会、金融机构等实施联合奖惩,确保强制奖惩事项及时有效落实到位;同时,这也是减少自由裁量、实现公平正义的发展方向。

论个人信用信息公开的私法规制

王鹏鹏*

内容摘要　个人信用信息的公开的实质问题就是个人隐私权保护之间的矛盾。个人信用信息的不当公开,将对个人隐私权造成侵害。个人信用信息的公开的内在动因是克服交易主体之间的信息不对称。信息的使用者和提供者由于利益需求的不同而存在博弈。私法利益的考量成为博弈的重要考量因素,私法利益理论认为人格利益高于财产利益。尽管个人信用信息的公开与隐私权的保护存在冲突,但并不是不可协调的。个人信用信息的公开可以抽象为评级符号,并且可以通过经济因素、声誉风险以及社会监督等多种路径予以

* 上海对外经贸大学法学院讲师。

规制。同时,特定目的原则、比例原则以及明确授权等具体规制,可以有效地解决二者之间的矛盾。

关键词 个人信用信息;隐私权;私法规制;利益衡量

一、问题的提出

个人信用信息能够反映特定主体的信用状况,不仅具有强烈的人格属性,而且还有财产价值。个人信用信息突破了个人隐私权保护的私法范畴,政府机构、商业主体利用个人信用信息所开展的特定服务就是商业化利用的具体应用,这给个人信用信息的私法保护带来了巨大的挑战。个人信用信息公开的实质问题就是与个人隐私信息之间的矛盾。在解决个人信用信息公开与个人隐私信息冲突上需要进行私法利益的衡量,以决定个人信用信息公开的范围。

“高铁占座男”“贾跃亭失信”“韩春雨基因编辑造假”等失信事件,进一步凸显出个人信用信息与个人隐私权之间的冲突。失信事件发生后,社会大众往往会运用科学技术对事件主人公的信息进行大规模搜索曝光。理性地说,“人肉搜索”的网络暴力行为已经脱离了个人信用信息公开价值取向,而是对特定主体的个人隐私权造成极大的侵害。在实践中由于个人信用信息的公开不当,造成的侵权纠纷不断增多,并且对于特定主体的经济和精神都可能造成影响。[①] 司法机关对于个人信用信息与隐私权之间的私法利益衡量的漠视和消极对待,助长了以个人信用信息公开为名的对个人隐私权的侵害。

---

① 参见张继红:《个人信用权益保护的司法困境及其解决之道》,载《法学论坛》2018年第3期。

我国现有的法律体系中，缺乏对隐私权的信息的具体界定，使个人信用信息公开的范围不清、界限不明。法律对个人信用信息公开缺乏明确的立场和私法利益衡量的理论不足，难以判断何种个人信息可以作为个人信用信息进行公开。隐私权所包括的隐私利益的范围主要是个人的生活秘密和私生活安宁。随着社会的进步和发展，个人隐私权的保障从最初的个人生活安宁逐步发展到个人尊严和个人自主性的层次。概言之，因对个人信用信息不合理的公开，极易造成对隐私权的侵扰。

二、个人信用信息公开的私法利益博弈

法律规则拟定总是试图平衡不同主体的利益，并且实现不同主体利益的最大化。个人信用信息公开涉及不同利益方，主要包括特定主体与商业机构。特定主体基于对个人信息的保护，总是希望能够尽可能少地披露信息；而商业机构则基于商业利益的考量，希望尽可能多地公开特定主体的信用信息。商业机构与特定主体在对待信用信息这一客体时，呈现出不同私法利益的对抗。而私法利益的衡量就成为个人信用信息是否公开的关键因素，并且作为比较个人信用信息与个人隐私信息的价值工具。

（一）不对称克服：个人信用信息公开的内在动因

个人的信用信息是经济交易中反映特定主体的履约能力和评价偿付能力的依据。在现代经济交易中，特定主体的消费与对价支付是允许存在时间差的。信用经济时代展现的分期付款、信用卡消费以及账单赊销等商业模式，在一定程度上促进了经济的发展。从微观的角度上来看，其迅速地撮合了交易的达成；从宏观角度上来看，信用交易的发生为商业模式创新提供可能。然而，对于消费与支付之间存在的时间差，金融机构就需要对消费主体的履约能力作出风险评估，以保障交易的安全。无论是依据

何种模型进行的信用评价体系构建，都离不开对特定主体信息的搜集，过去的信息将是未来信用判断的良好预期。[①] 因此，商业机构对特定主体获取足够多的信用信息，是对消费主体进行准确评价的关键要素。

商业主体与特定主体之间存在严重的信息不对称。作为交易主体的双方，商业主体并无法掌握特定主体的信用状况。为解决商业机构对交易主体的信息不对称问题，商业机构往往需要进行尽职调查。然而，尽职调查需要耗费大量的人力、物力，显然并不符合小额合同交易的目的。信用信息的公开就是为了克服商业机构与特定主体之间的信息不对称。特定主体对自身的履约能力存在先天的优势，由于大量私人信息的存在，商业机构与特定主体之间存在信息不对称。信息公开的直接目的在于使商业机构能够准确地掌握特定主体的履约情况，以减少因个人信用信息隐匿而造成的商业判断失误，最后引起不必要的交易风险。概言之，个人信用信息的直接逻辑是为了给商业机构提供足够多的决策信息。

信息不对称的长期存在将诱发道德风险和逆向选择。信用市场中不同主体的信用情况存在巨大的区别，信用状况良好的到期履约能力则较强，出现坏账的风险则较低。反之，则会因为无法履约而造成坏账风险。然而，在现有的市场条件下并不存在信息完全的市场，交易主体之间存在天然的信息不对称。在信息不完全的市场，商业机构的市场利率是以平均风险为基准制定的。信用风险高的主体就享受了较低的利率价格而获得贷款，并将挤

① 参见张维迎：《信息、信用与法律》，生活·读书·新知三联书店2003年版，第255页。

出风险较小的主体。若高风险的主体能够长期获得金融支持,就会就产生“劣币驱逐良币”的逆向选择,挤占风险较低主体的利益。此外,个人信用信息的不公开则会诱发信用记录不良的人员从不同的机构获得贷款的道德风险。从经济学的角度来看,道德风险的发生主要是由于特定主体愿意承受相应的违约成本,而拒绝履行合同。道德风险的发生具有惯性,若不通过有效的工具制约,同一主体的道德风险将持续发生。信用信息是商业机构对特定主体信用状况判断的重要依据,个人信用信息的公开将有效弥补商业机构与特定主体之间的信息不对称。概言之,风险控制的内在逻辑也要求个人信用信息的公开。

个人信用信息的高度不对称依靠市场的手段出现调整失灵时,就需要政府行政的手段介入予以调整。从个人信用信息供给的角度来看,无非就是通过个人公开或者第三方机构予以公布。显然,依靠特定主体公开个人信用信息的自我动因显然是不足的,需要通过第三方机构对个人信用的信息予以公开。法律规则的制定为个人信用信息的公开提供了工具的选择,但还是要遵循一定的私法价值的判断。商业机构可以通过对个人信用信息的评估和使用,评判特定主体的偿债能力。无论是市场调节机制还是政府公权力的介入,都是通过公开特定主体的信用信息降低成本,以达到提高市场交易效率和降低交易风险的目的。但是,若不恰当地公布个人信用信息,将会对特定主体的隐私权产生侵害。因此,在个人信用信息公开的规则制定中就需要存在不同主体之间的利益博弈。

(二)利益博弈:个人信用信息公开的私法博弈

规则制定的本身就是利益博弈的结果,法律的制定实质上是民事主体的法律关系的体现和反应。个人信用信息的公开能够反映特定主体的信用状况,为第三方机构的商业判断提供信息支撑。个人信用信息的公开涉及不同的责任主体,使用者作为信息的商业应用主体,当然希望能够获得更多特定主体的信息。而特定的信息提供主体,基于隐私权自我保护的潜在保护机制,当然希望能够尽可能地减少披露个人信息。这就造成信息使用者与特定信息主体的利益博弈,造成彼此利益的紧张。

个人信用信息的公开与隐私权保护的边界此消彼长。利益博弈普遍存在于各种私法关系中,一种利益的满足必然导致另一种利益的克减。[①] 使用者信息的获取与特定信息提供者的内在自我保护的免疫机制之间的博弈,形成了特有的个人信用信息的公开规则。而在不同主体之间的利益博弈中,私法利益衡量则是个人信用信息与个人隐私信息保护的主要考量因素,并且直接决定个人信用信息是否公开。进一步地细化个人信用信息公开的利益有两种:一种是获取特定主体的信息利益,即“知情权”;另一种是对特定主体信用信息的获取而产生的衍生利益。在实践中,商业银行机构向征信机构获取的个人信用信息即是信息的经济利益及衍生利益。对商业机构来说,个人信用信息的公开将带来相应的经济利益;对于特定的主体来说,个人信用信息的公开将产生相关利益克减,并且还可能因为信用信息的公开不当而引起相应的利益损害。

私法利益衡量改变了个人信用信息公开不同主体之间的博弈格局。个人信用信息公开提供了窥探特定主体隐私权的渠道,并且可能因个人信用信息的公开而对特定主体人身利益造成损害。对于隐私权保护的逻辑在于人格利益要高于经济利益。个

① 参见王伟光:《利益论》,中国社会科学出版社2010年版,第80页。

人隐私权涉及特定主体的生活安宁而不受他人侵犯,侵犯隐私权可能对特定个体的人身自由和财产安全造成威胁。个人信用信息的公开不仅可能对财产利益产生损害,而且还可能对所承载的人格利益造成影响。[①] 尽管是否将个人信息权上升到人格权的高度予以保护在学界有不同的看法,但是个人信息所蕴含的人格属性已经是不争的事实,特别是未经技术处理加工过的原始数据更是具有强烈的人格属性,能够反映出特定主体的身份信息和活动轨迹。隐私权是特定主体控制自己信息流转的权利。[②] 此种信息并不禁止他人获取,而是严格控制个人信息的流转和使用。因此,对于个人信用信息公开所带来的利益将让步于对个人隐私信息的保护。

个人信用信息的公开应该止步于个人隐私信息的边界。个人信用信息不合理的公开将引起侵权事件的发生。"高铁占座男"事件所引发的关注就是如此,因该事件主体的失信行为被曝光后,对于其个人隐私信息,如学位信息、教育背景以及家庭出身等被相继曝光。又如"韩春雨基因编辑造假"事件,因论文造假,其个人住址、求学经历以及学生信息也被一并曝光。对于个人信用监督本来并无不妥,但是因个人失信行为而导致个人隐私信息被侵犯就显得极为不当。个人信用信息的公开所引起的对个人隐私信息的侵害,一方面是互联网时代满足公众的猎奇心理,另一方面则是缺乏对个人隐私权的尊重。私法利益衡量通过对不同主体的私法利益的比较以解决个人信用信息与个人隐私信息

---

① 参见周云涛:《信用权之反思与重构》,载《北方法学》2010 年第 6 期。

② 参见徐国栋:《绿色民法典草案》,社会科学文献出版社 2004 年版,第 93 页。

保护的冲突。[①] 个人隐私信息对特定主体的人身安全和财产安全产生影响,显然是要高于个人信用信息所带来的利益。因此,对于个人隐私权保护的法益要高于对个人信用权的公开。

基于上述分析笔者认为,在不同主体的利益博弈中,私法利益衡量成为个人信用信息公开与个人隐私信息保护的重要工具。当个人信用信息对于个人的隐私造成侵害时,就不应该公开其个人信用信息。个人隐私信息的保护应该优先于个人信用信息的公开,从而达到保护特定主体隐私的目的。而对于私法利益的衡量则不能过于抽象,而是应该对私法利益进行类型化的研究,突出其在具体的法律制度构建中的工具价值,从而有助于明确私法利益的边界。

三、个人信用信息公开的私法利益协调

尽管个人信用信息公开与隐私权保护存在利益冲突,但在私法利益的范畴内是可以统一协调的。个人信用信息公开与隐私权保护的利益协调,是通过不同的利益比较做出取舍的。在传统的私法利益中,一般认为人格利益高于财产利益。[②] 隐私权被认为是典型的涉及人格的利益,而个人信用信息的公开则是从财产利益的角度去考量。因此,当个人信用信息的公开侵害个人隐私权时,就应该受到限制。

(一)个人信用信息公开的利益协调

个人信用信息公开提高了市场经济的交易效率,但也受到私法利益的内在制衡。个人信用信息的公开必须在私法利益的必

① 参见[美]爱德华·J. 布鲁斯通:《隐私无价》,常鹏翱译,载梁慧星主编:《民商法论丛》(第21卷),金桥文化出版(香港)有限公司2001年版,第395页。

② 参见王利明:《民法上的利益位阶及其考量》,载《法学家》2014年第1期。

要限度内,无限制地公开将侵犯主体的隐私信息,进而损害特定主体的合法权益。个人信用信息公开的内在动力在于减少信息不对称,个人隐私权保护的法理基础则是保障特定主体的生活安宁。概言之,不同的价值需求凸显了彼此的利益矛盾。

个人信用信息的公开与个人隐私权的保护在价值取向上呈现出不一致。个人信用信息公开的主要目的在于克服商业机构与特定主体之间的交易信息的不对称。从域外的相关立法经验来看,对于个人信用信息的保护主要是保障信息主体的信息控制权、知情权、更正权和异议权,确保更加全面地保护个人信用信息。[①] 而个人隐私权的保护则是更加注重特定主体的隐私和私生活的安宁。隐私权的本质在于保障个人私密关系不受侵害。[②] 法律对于个人隐私权的保护,则是排除第三人对特定主体安宁生活的侵扰。[③] 个人信用信息公开对隐私权造成损害的主要原因则在于侵权人恶意使用信息,而造成的实质损害行为。隐私权是个人生活私密状态的概括,在法律上具有个人性、私密性、流动性的特征。[④] 概言之,个人信用信息的公开与个人隐私权的保护在法律上呈现出不同的价值取向。

个人信用信息公开与个人隐私权保护的矛盾并不是不可协调的。个人信用信息是在交易活动中形成的履行或者不履行义

① 参见李朝晖:《个人征信中信息主体权利的保护——以确保信用信息公正准确性为核心》,载《法学评论》2008 年第 4 期。

② 参见王泽鉴:《债法原理》,中国政法大学出版社 2001 年版,第 131 页。

③ 参见张新宝:《隐私权的法律保护》,群众出版社 2004 年版,第 7 页。

④ 参见马特:《隐私权研究——一体系构建为中心》,中国人民大学出版社 2014 年版,第 22 ~ 24 页。

务的记录和相关数据。[①] 通过对个人信用信息的进一步探究发现,如果仅仅是对特定主体在具体交易活动中履行或者不履行信息的披露,并不会对特定主体的生活安宁产生影响。从逻辑上来看,若是特定的主体良好地履行了相关义务,其所呈现的信息将是非常完美的,不仅不会对特定主体的生活安宁产生影响,反而会便利个人信用信息指向人的生活和交往活动。相反,特定主体在商业交往中劣迹斑斑,不恪守诚实信用原则履约,则将反映出不良的信用信息。不良的信用信息的呈现,当然会对特定主体的名誉造成影响。但这种声誉的耗损是由特定主体失信行为造成的,其应该承担社会负面评价的不利后果。个人信用信息的公开在便利守信者社会生活的同时,也会对失信者形成强大的社会压力,以督促守信者良好地履行合同。

个人信用信息不仅包含能够识别特定主体的身份信息,而且还包括特定主体的财产信息和交易状况。这些信息都是不被他人知悉的私人信息,并且承载着与个人尊严和生活安宁的价值,是隐私权所保护的范畴。社会鼓励个人信用信息流动,特别是商业交易过程中个人信用信息承载的信用中介的功能,但特定主体则是倾向保护个人隐私信息,并且拒绝信息的公开。两种不同的利益博弈发生在特定主体之间,表现出权利的控制与让渡、边界的扩张与限缩。[②] 在个人信用信息公开与隐私权保护的过程中,特定主体必然要让渡部分隐私权信息并作为个人信用信息的载体给信息使用者。

---

① 参见雷继平:《个人征信系统与个人信用信息保护》,载《法律适用》2006 年第 1 期。

② 参见叶世清:《征信的法理与实践研究》,法律出版社 2010 年版,第 68 页。

(二)个人信用信息公开的功能规制

个人信用信息公开的主要功能是为了向商业机构提供足够的决策基础。个人信用信息是交易的媒介,其不仅可以为商业机构评估特定主体的交易信用提供数据支撑,而且还可以有效地控制交易的风险。信用信息的有序公开和流动,将保证市场经济的健康发展。如果个人信用信息不公开将导致信用评估的结果失真,并且也将提高交易成本。当个人信息被赋予工具功能之后,其可以通过符号的外在形式和监督的内在机制予以规制。

个人信用信息公开可以简单评级符号的外在形式予以体现。个人信用信息的公开作为信息披露的有效工具,力图将复杂的个人信用信息精巧披露,以达到有针对性的透明度,方便商业机构对于特定主体的信用进行评价。[①] 从技术上来看,个人信用信息确实包含了特定主体的诸多信息,但是其可以通过简单的评判符号予以披露。个人信用信息涉及多种层面的信息,包括但不仅限于主体信息、交易信息以及诉讼信息等,这些信息的公开都有可能引起对特定主体的损害。但是如果把个人琐碎繁杂的信用信息抽象加工成特殊的评级符号,不仅可以方便信息使用者使用信用信息结果,而且能够有效地避免特定主体的隐私信息的泄露。个人信用信息的公开是将复杂的信息简化为可以用作判断相关主体信用状况的依据。[②] 信用信息的使用者可以通过对评级结果的使用,达到风险判断的目的,以控制交易的风险。

个人信用信息的公开可以通过内部的监督机制予以制衡。

---

① Daniel E. Ho, "Fudging the Nudge: Information Disclosure and Restaurant Grading",122 *Yale L. J.* 574 - 689(2012).

② 参见吴元元:《信息基础、声誉机制与执法优化》,载《中国社会科学》2012 年第 6 期。

在内部监督机制上,可以通过经济因素、声誉风险以及社会监督等多种路径规制。从经济因素上来看,个人信用信息作为评判特定主体的信用工具,其可以通过经济因素引导特定主体的行为。① 如果特定主体不具有良好的信用信息,将很难从银行等商业机构获得资金支持,并且也将有可能失去市场交易的机会。商业机构对于个人信用信息的不认可,将影响交易的正常进行。从声誉风险上来看,负面的个人信用信息的公开会给特定主体带来巨大的心理压力。声誉风险所产生的巨大压力将迫使特定的主体保持自身良好的形象。② 声誉风险的传导机制不仅影响声誉,而且也将对其他的行为产生规制。从社会监督上来观察,由于负面信息公开,将会形成巨大的社会监督力量,进而影响特定主体的社会行为。以"高铁占座男"事件为例,其失信行为的公布不仅将影响其具体的经济行为,而且还将对其社会声誉评价造成巨大的影响,最终形成了强大的社会监督网络。总而言之,个人信用信息的公开将通过经济因素、声誉机制和社会监督的机制影响特定主体的行为,个人信用信息的公开可以通过向特定主体施以声誉风险,以达到规制市场风险的效果。③

信用工具的核心制度在于将多元主体和多元工具结合以发

---

① John S. F. Wright and Brian Head, "Reconsidering Regulation and Governance Theory: A Learning Approach", 31 *Law & Policy* 192, 216 (2009).

② Kevin Davis, Angelina Fishe, Benedict Kingsbury, Sally Engle Merry, *Governance by Indicators: Global Power through Quantification and Rankings*, Oxford University Press, 2015, pp. 6 – 7.

③ Birgitte Egelund Olsen & Karsten Engsig Sørensen, "Strengthening the Enforcement of CSR Guidelines: Finding a New Balance between Hard Law and Soft Law", 41 Legal Issues of Economic Integration 9 – 35 (2014).

挥作用,实现社会公共治理理论契合的工具创新。[1] 个人信用信息可以通过抽象简单的符号来代替具体复杂的信息来达到公开的目的。个人信用信息公开后,亦可以通过内部监督机制的构建达到规制风险的目的。总而言之,个人信用信息的公开的功能管制,以实现个人信用信息的公开与隐私权保护的平衡。

四、个人信用信息公开私法利益考量的具体路径

个人信用信息公开的私法利益考量,需要通过具体的路径进行落实。私法利益考量的路径,明确了个人信用信息公开的范围。尽管个人信用信息的公开可以有不同利益的考量,但是其应该遵循特定目的、比例原则以及明确授权等准则。在这些准则的指引下,解决个人信用信息公开与隐私权保护的冲突。

(一)特定目的:个人信用信息公开的过程限制

从个人信用信息的产生来看,个人信用信息是经过征信机构收集后提供给商业公司使用。个人信用信息在经过收集、处理和利用的流转过程中,需要按照明确的特定目的进行。对于个人信用信息的收集、处理和利用也仅以能够反映特定主体信用这一特定目的为限,而不能超过这一特定目的进行无边界的搜集信息。遵循特定目的对信用信息的收集和使用,被认为是保护个人信用信息隐私权的目的特定原则。[2] 在个人信用信息的收集、处理和利用的过程中,其主要的目的在于收集能够反映个人信用的信息,并且能够提供给特定的商业机构进行使用。

个人信用信息收集、处理和利用的特定目的原则的法理基础

---

① 参见王青斌:《社会诚信危机的治理:行政法视角的分析》,载《中国法学》2012年第5期。

② 参见张晓军:《论征信活动中保护个人信用信息隐私权之目的特定原则》,载《中国人民大学学报》2006年第5期。

在于禁止权利滥用。特定目的原则为征信机构的活动划定了相应界限,超越这一界限将有可能侵害特定主体的私法权利。在特定目的原则的指引下,特定主体允许他人对于自己的信用信息进行搜集、处理和查询,是对个人私法权利的让渡和授权。特定主体的授权是商业机构使用个人信用信息的基础。商业机构应该在特定主体的授权范围内收集、处理和利用特定主体的信用信息,从而制约其滥用授权的可能。从经济学的维度来看,商业机构在特定目的内搜集、处理和利用信息将减少纠纷的产生,降低信息搜集过程中产生的摩擦成本。[①] 概言之,个人信用信息的搜集、处理和利用需要在特定目的的框架内进行。

在比较法的视野内,个人信用信息的搜集、处理和利用也需要遵循特定目的原则。美国《隐私法》要求机构对于信息的收集和利用必须符合特定的目的。[②] 加拿大《隐私法》突出对于个人隐私信息的保护,并且对政府行政行为的目的进行了界定,认为只有在个人信息与政府的社会公共利益直接相关时才能够被搜集和利用。[③] 我国香港特别行政区施行的《个人资料(隐私)条例》也要求任何机构在使用或者处理特定主体的信息时,必须符合相关的特定目的。[④] 上述国家和地区在处理个人信用信息的公开和隐私权信息保护上遵循特定目的的原则,将商业机构搜集、处理或者利用个人信用信息的活动控制在了一定的范围内,平衡

① 参见张乃根:《经济学分析法学》,上海三联书店1995年版,第87页。

② [美]阿丽塔·L. 艾伦等:《美国隐私法:学说、判例与立法》,冯建妹等编译,中国民主法制出版社2004年版,第65页。

③ Eun G. Park; Natasha Zwarich: “Canadian government agencies develop e-mail management policies”, *International Journal of Information Management* 2008, p. 468.

④ 参见张金城、廖永威:《香港个人资料隐私保护之经验——兼论我国个人资料保护法之制定》,载《河北法学》2008年第11期。

了个人信用信息公开与个人隐私权保护的冲突。特定目的原则规范了不同主体的信用服务行为,有效地保护了特定主体的隐私权。

特定目的原则的适用,将个人信用信息的公开限定在特有的框架内,加强了对特定主体隐私权的保护。特定目的原则不仅规范了商业主体收集、处理和使用个人信用信息,而且还保证了个人信用信息的合理使用。特定目的原则也平衡了个人信用信息的公开与隐私权的保护,商业机构收集、处理和使用个人信用信息的过程中,可以尽可能地减少对个人隐私权的侵害。

（二）比例原则：个人信用信息公开的损害限制

比例原则是限制隐私权无限扩张的有效原则,其是在衡量限制目的与手段之间的关系。比例原则在民法中展开的基础在于需要达到更高的利益时所采用的最和缓的方式达到私法目的。[①]比例原则的内容一般包含妥当性、必要性以及均衡性三个方面。具体到个人信用信息公开与个人隐私权保护之间的平衡上,妥当性就是要求个人信用信息有助于实现社会特有的目的。必要性就是要求个人信用信息的公开,是能够达到立法目的的最小的方法。均衡性则是个人信用信息的公开与个人隐私权的保护应该保持合理的目的,不要过多地依赖利益考量的方法进行判断。简而言之,比例原则在个人信用信息公开的利益考量就是不能逾越实现目的而进行的过度干预。

个人信用信息公开的比例原则是特定目的原则的进一步展开。特定目的原则要求个人信用信息的采集、处理以及利用都要

---

① Moshe Cohen-Eliya, Iddo Porat, *Proportionality and Constitutional Culture*, Cambridge University Press, 2013, p. 24

以一定的目的进行,而这个目的就是信息能够反映特定主体的信用即可,而不应该过多地披露隐私信息。尽管特定目的原则贯穿于个人信用信息公开的全过程,但还是事先预设的工具。然而,比例原则是个人信用信息公开事后的评价工具,并且是特定目的原则的延伸。比例原则强调目的与手段的统一,即个人信用信息公开的目的和所采用的手段应该相适应。具体而言,个人信用信息的公开不能侵害特定主体的隐私权;若以侵害个人隐私权的方式将个人信用信息公开,不仅违背了比例原则的目的,也违反了特定原则的规制。此外,比例原则作为事后评判个人信用信息公开是否符合目的与手段相统一的工具,可以再次校正个人信用信息公开是否符合私法利益,并且能够作出进一步的调整。概言之,在个人信用信息公开特定目的的约束下,个人信用信息经过比例原则工具校正可以进一步明确公开的范围。

比例原则的引入可以保护公民最基本的权利。比例原则通过事后的方式评价个人信用信息公开是否得当,已经突破了私法合意的范畴。尽管个人信用信息的公开可以经过事先合意的方式,但若商业主体利用缔约优势地位侵害特定主体的利益,比例原则可以予以矫正。合同合意的结果也不能逾越为实现特定目的的必要限度,否则就不应该认可其效力。[①] 比例原则在个人信用信息公开中的适用,可以将对个人隐私权侵害发生的损失限制在一定范围内,对特定主体的基本权利进行救济。概言之,比例原则引入可以有效地限制对特定主体隐私权的侵害。

综上所述,在个人信用信息公开的私法利益考量的过程中,

---

① 参见郑晓剑:《比例原则在民法上的适用及展开》,载《中国法学》2016年第2期。

应该选择达到个人信用信息禁止公开目的所要求的最小限制的手段，即应该对个人的隐私权保护造成最小的影响。在对于个人信用信息公开的目的性、必要性以及均衡性进行考量后认为，个人信息的公开将获得更多的社会利益，而对个人隐私权的影响是非常有限的，所获得的利益也将远远超过可能受损的利益。

（三）授权原则：个人信用信息公开的自我隐忍

目前，我国构建的个人信用信息库主要收录的是能够直接反映特定主体偿债能力和履约情况的信息，主要包括个人信贷信息、基本身份信息、诉讼案件信息、社保及住房公积金信息、个人学历信息以及职业信息等。根据《个人信用信息基础数据库管理暂行办法》的规定，经过特定主体的书面授权后，商业机构可以在其授权的范围内对特定主体的个人信用信息进行查询。从应然的状态来看，个人信用信息的公开需要得到特定主体的授权，这就前端控制了个人信用信息公开对隐私权造成的影响；然而从实然的状态来看，由于商业主体缺乏有效的内部制约机制，导致特定主体的信用信息被任意查询。

特定主体的同意授权是实现个人信用信息公开与隐私权保护之间冲突的机制。同意授权作为特定主体信息披露的事先工具，可以最小的成本降低隐私权受到侵害的风险。商业机构可以在特定主体的授权范围内对个人信用信息进行查询，并且能够为其商业决策提供支持。个人信用信息的公开是对个人隐私权保护的克减，但在私法利益的衡量中还是存在正当性的。一方面，信息公开有效地降低了商业机构与特定主体的信息不对称，减少了交易的风险；另一方面，个人信用信息的公开有利于构建诚信社会、惩戒失信人员。特定主体的同意授权是私法利益平衡的工具，不仅实现了特定主体对个人信用信息的控制，而且还满足了个人信用信息公开的需求。个人信用信息的授权同意,增强了特定主体对个人信息的控制,防止信用信息被滥用,有效地保护了特定主体的隐私。[①] 概言之,特定主体对于个人信用信息公开的同意授权实现了个人信用信息公开和隐私权保护的良性互动。

特定主体的同意授权是对个人隐私权保护的自我克减。个人信用信息的公开并不利于个人隐私权的保护,特定主体的同意授权则体现了在其控制内实现信息流动。当个人信用信息的公开与隐私权发生冲突时,在特定主体自我明确同意授权时,隐私权是可以自我克减的。特定主体的同意授权可以视为特定主体对自我隐私权的克减。特定主体为了实现更大的私法利益,其可以暂时地压缩隐私权保护的范围。为此,个人信用信息公开的同意授权要以特定主体明确授权为原则,必须以积极的行为作出意思表示。[②] 明确的意思表示则要求特定主体需要以书面的形式对商业机构查询或收集个人信用信息进行授权。特定主体隐私权保护的自我克减的内在驱动力在于,其可以通过对个人信用信息的合理让渡实现更大的经济利益。概言之,明确授权是特定主体隐私权保护的自我克减。

综上所述,特定目的、比例原则以及明确授权共同为个人信用信息的公开指明了3条不同的具体路径。首先,特定目的原则要求个人信用信息的收集、处理以及使用都需要在事先设定的目的中进行,任何超越事先设定目的的信用信息的公开都会对个人隐私权的保护产生侵扰。其次,比例原则强调目的与结果的协

---

① 参见姚朝斌:《个人征信法律规制比较研究——以信息主体同意权为视角》,载《湖北社会科学》2013年第9期。

② [德]克里斯托弗·库纳:《欧洲数据保护法:公司遵守与管制》,旷野等译,法律出版社2008年版,第89页。

调,并且其是特定目的原则的逻辑延伸,并且其对隐私权的侵扰的损失限定在一定的范围内。最后,特定主体的授权明确了个人信用信息的目的以及实现该目的所采用的手段。因此,特定目的、比例原则以及明确授权作为3条具体的路径,实现了个人信用信息的有序公开。

五、结语

在个人信用信息与个人隐私权保护的博弈中,个人隐私权需要向个人信用信息的公开让渡部分权利。隐私权是现代社会重要的权利,是现代文明的“奢侈品”。隐私权是自然人控制自己信息流转的权利,[①]其保障的是特定主体的生活自由,是健康的多元化社会的根基。隐私权的底蕴是自由,消灭自由的最有效方式就是对权利的剥夺和限制。[②] 隐私权不仅彰显了多元化社会中个体的自由,而且还建构了对行动、言论和思想自由的坚强保障。对于个人信用监督的最有效办法就是将其信用信息公开,事先的信息公开是最有效的信息不对称的矫正工具,当特定的个体被社会凝视时,其行为就会被抑制。在国家和社会公众的监督之下,特定主体不诚信的行为也将有所收敛,并且被良好的内心行为准则所指引。

没有任何一项权利是不受到限制的。[③] 私法上诚实信用原则、权利不得滥用等都是对隐私权外延的压缩。私法利益考量作为有效的工具,可以通过对个人信用信息公开与个人隐私权保护

---

① 参见徐国栋:《绿色民法典草案》,社会科学文献出版社2004年版,第93页。

② 参见[美]阿丽塔·L.艾伦等:《美国隐私法:学说、判例与立法》,冯建姝等编译,中国民主法制出版社2004年版,第53页。

③ [德]卡尔·拉伦茨:《德国民法通论》,王晓晔译,法律出版社2003年版,第304页。

之间的考量达到解决权利冲突的目的。私法利益考量的结果也是限制一方的权利,扩张另一方的权利范围,从而达到平衡双方利益的目的。隐私权的保护是对抗个人信用信息公开的“防火墙”,但对隐私权限缩则是对市场交易安全的保护。

错误不良信用记录引发的侵权责任的司法认定

——基于200份司法裁判文书的分析

邓　安[*]　刘　弦[**]　刘青青[***]

内容摘要　征信对个人的金融信贷举足轻重，征信信息提供者具有保证信息真实和准确的义务，因错误提供不良信用记录无疑会影响信用主体的金融信贷权利。信息提供者是否需要对错误不良信用记录导致的侵权承担责任，法院裁判各异：有的认为构成侵权，有的认为不构成侵权；侵权损害赔偿的多少和范围也各不相同。本文从司法裁判文书入手，分析、总结裁判文书背后的法理逻辑，指出当前

* 长沙市中级人民法院代理审判员。
** 华东政法大学图书馆馆员。
*** 宁乡市人民法院代理审判员。

错误提供不良信用记录引发的侵权责任存在过错与责任相分离、侵犯的法益与责任形式不相称、损害事实认定标准混乱等问题，据此提出完善对策。

关键词 信息提供者;侵权;司法认定;责任承担

随着个人征信系统的建立,个人征信报告在金融机构信贷业务的各个环节得到广泛运用,尤其不良信用记录对于减少金融机构的放贷风险发挥了举足轻重的作用。与此同时,因错误不良信用记录导致的纠纷日益增多,受害人通过司法途径维护其权益的纠纷也相应增多,其中以侵权纠纷起诉金融机构占到了所有纠纷中的89.5%。鉴于我国对个人信息,尤其是征信信息保护立法的滞后,且信用权未作为独立的权利种类以法定形式确立,故在我国司法实践中对于错误信息提供者的责任缺乏统一的认定标准,裁判结果亦门类繁多。错误不良信息提供者是否构成侵权,侵犯了何种权利,要不要承担责任,承担什么样的责任?针对上述疑问,我国法学界多从理论探讨的角度对征信信息准确度的规制和错误信息的异议制度等方面进行了细致研究,但很少有人从具体的司法案件着手开展实证研究。笔者认为,推动信用权以及征信体系的立法固然可以从源头上规范法律适用,然而在立法进程缓慢的同时如何规范和统一司法裁判规则迫在眉睫。鉴于此,本文拟从判决书出发,对司法实践中错误不良征信信息提供者侵权责任的案件进行梳理,分析侵权责任认定的裁判难题,力求建立和完善错误不良征信信息提供者侵权责任的认定标准,为此类侵权行为的立法完善与司法适用提供借鉴。

一、信息提供者侵权责任司法裁判现状分析

(一)研究数据来源和研究方法

样本化的定量分析是当代社会科学研究中的重要趋势之一,裁判文书的分析也有利于总结司法实践、促进理论的进步。笔者通过在中国裁判文书网以“不良信用记录”为关键词、以人格权为案由进行搜索,选取因信息提供者的过错,导致当事人存在不良信用记录侵权赔偿的判决。本文研究限定在信息提供者(案例中为银行等金融机构)的侵权责任,因此在剔除相关不符合的案例后,加上网上新闻报道的有关案例或最高人民法院公报的相关案例,共选取了其中200个裁判文书进行了样本分析。裁判文书跨越年度为2009~2018年,文书形式包括一审的判决书、二审的判决书、调解书,文书发布法院覆盖山东、河南、辽宁、吉林、山西、湖南等20多个省份,以此最大限度保证案件基本特征研究和实务审理研究的覆盖面以及周延性。本文研究的核心方法,就是从大量案例中提炼错误不良信用记录导致的侵权责任的过错原则、责任形式、损害赔偿额,通过揭示裁判样本的共性和差异性,发现样本数据中体现出来的人们尚未意识到的法院判决规律及不足,以期为司法适用提供一套可供参考的裁判适用规则。

(二)司法判决之现状

1. 侵权情况认定

信息提供者对错误不良信用记录是否承担侵权责任,承担怎样的侵权责任,案例样本没有统一的答案。法院判定信息提供者侵权的比例为62%,判定不侵权的比例为32%。判定侵权或不侵权的理由主要有两类:一是虽然金融机构存在过错,但是已经删除错误不良信用记录;二是中国人民银行的征信系统是一个封闭系统,没有降低当事人的社会信用,当事人没有损失或者没有

证据证明其有损失。侵权的情况认定和代表案例如表1所示。

表1

	侵犯名誉权	侵犯姓名权	侵犯一般人格权	不侵权
比例	44%	13%	5%	32%
代表案例	“杨某某与中国工商银行股份有限公司孟州支行名誉权纠纷案”	“李某某诉中国农业银行嵊州市支行姓名权案”	“石某某与上海银行股份有限公司一般人格权纠纷案”	“周某某诉中国银行股份有限公司上海市分行名誉权纠纷案”
代表案例案情	信用卡未使用被一直扣费，逾期未还产生不良信用记录	原告身份信息被盗用，贷款并逾期未还，导致原告产生不良信用记录	被误录错误信息产生不良信用记录	原告未知情被开信用卡，欠款逾期未还产生不良还款记录
代表案例判决结果	侵权，赔礼道歉赔偿1000元精神抚慰金	赔偿经济损失4000元，精神抚慰金2000元	赔偿精神损害4000元，单位范围里书面道歉	报送的信息为持卡人名下信用卡的真实欠款记录，并非捏造，不存在虚构事实或侮辱的行为，征信系统相对封闭，不会造成名义持卡人的社会评价降低，故不构成侵害名誉权的行为

2. 侵权责任承担形式

侵权责任承担形式除赔偿损失外，主要还有停止侵害、消除影响、赔礼道歉。

在所有由于信息提供者提供错误不良信用记录导致的侵权案例中，无论是法院最后判决构成侵权还是不构成侵权，除在起诉前被告已经删除了错误不良信用记录外,法院都要求信息提供者撤销或者中国人民银行征信中心直接删除错误不良信用记录,因此消除影响的请求得到100%的支持。

通说认为,赔礼道歉责任适用于侵害各种人格权益的情形,而不适用于侵害财产权益的情形。① 因此在错误不良信用记录导致的侵权行为中,赔礼道歉应该是最常见的责任承担方式。但裁判样本显示,法院判决侵权的比例将近60%,但是判决赔礼道歉的比例仅为25%,明确不支持赔礼道歉的比例为26%。

对于支持赔礼道歉的方式也多样:有的不支持在报刊赔礼道歉,改为向当事人书面道歉或者在单位范围内道歉;有的为在中国人民银行征信中心网站赔礼道歉。不支持赔礼道歉的理由主要为:错误不良信用记录没有降低当事人的社会评价或错误不良信用记录已经删除不再对当事人产生影响,而在冒名贷款案件中,则由冒用人赔礼道歉。具体情况如表2所示。

表2

	消除影响	赔礼道歉	赔偿损失
比例	100%	25%	61%

3. 归责原则

依照一般法理,除被证明为特殊侵权责任外,侵权以过错或者过错推定为归责原则,即无过错不侵权。

被告构成侵犯名誉权或者姓名权的案例时过错原则的适用比例为73%,被告虽存在过错但不构成侵犯名誉权的比例为

① 参见王利明:《侵权责任法研究》(上卷),中国人民大学出版社2011年版,第648页。

12%。但是案例样本显示，法院在判决中要求所有信息提供者承担停止侵害(删除不良信用记录)的责任，但是认定不侵权的比例高达32%，即法院在此方面适用了无过错但侵权的归责原则，法院并没有阐释错误不良信用记录侵权为特殊侵权，这明显不符合侵权的归责原则。

4. 损失赔偿的认定

(1)精神损害赔偿

在案例样本中，支持精神损害赔偿或者其他经济补偿的比例为45%，其中精神损害赔偿的数额从1000元到50,000元不等，大多数低于5000元，不支持精神赔偿或者补偿的比例为35%。支持精神损害赔偿的理由为当事人的名誉受到了一定程度的损害，导致其社会信用降低。法院不支持精神损害赔偿的理由主要是中国人民银行征信系统是个封闭的系统，只在一定的范围内被人知晓，侵权行为并未造成严重后果，原告也未提供证据证明其损失。其他情形为不适用精神、经济赔偿或者当事人没有提出该项诉讼请求。具体情况如表3所示。

表3

	支持精神损害赔偿	不支持精神损害赔偿	其他情况
比例	52%	35%	13%

(2)经济损失

侵权引发的经济损失通常分成两种：直接损失和间接损失。法院在判决过程赔偿间接损失的比例非常低，笔者将交通费也列入了间接损失，实际上交通费是当事人为纠正错误不良信用记录必要的开支，严格来说并不是间接损失。在构成侵权的案例中，法院判决赔偿的间接损失有交通费、消除不良记录前后的房价差、购房等待过程中的租金、贷款损失等。值得一提的是，“丁某某、周某某与中国农业银行股份有限公司罗山县支行、罗山县周党镇东峰村民委员会名誉权损害赔偿纠纷案”，①被告明知发放的以原告名义的贷款以及由原告担保贷的款均不是原告本人的真实意思表示，在原告不存在恶意欠款不还的情况下，仍将原告列入银行征信系统中的不良记录内，在原告要求被告删除不良信用记录时仍未及时删除，原告起诉至法院才将其不良记录予以删除。由于被告的侵权行为导致原告无法获得房屋按揭贷款，在被告删除不良记录后购买房屋的价格比删除记录前的价格每平方米上涨了251元，该损失为原告的实际损失，法院予以支持，但是对于原告要求被告承担购房多付的贷款利息不予支持。具有代表性的间接损失赔偿案例如表4所示。

表4

案号	间接损失	损失额	备注
(2010)罗民初字第484号	被冒名贷款导致不良信用记录，消除不良信用记录前后买房的差价	两次购房所产生的实际损失为30,628.22元	多付贷款利息损失不支持
(2011)豫法民二终字第44号	不良信用记录导致无法获得政府贴息贷款	赔偿漯河装饰材料公司所主张的贴息损失4,387,500元的一半，即2,193,750元	一审判决赔偿土地闲置罚款324,207元和被郾城区土地局收缴管理费51,255元及损失贴息4,387,500元，共计4,762,962元
(2009)罗民初字第895号	被冒用姓名导致不能办理房屋贷款	赔偿租金1500元、交通费2100元及精神损失3000元	按揭贷款的违约金如实际发生可另案起诉

① (2010)罗民初字第484号。

二、司法认定规则的法理检视

从200件裁判样本的梳理、总结分析可以发现，司法机构在审理错误不良信用记录侵权案件的过程中适用了不同的认定标准，导致相似的案情，但判决结果相去甚远，在一定程度上造成了“同案不同判”。首先，信息提供者是否侵权具有不确定性；其次，即使认定信息提供者应承担侵权责任的案例，在案由、裁判理由、责任主体、归责原则、责任形式等具体方面也存在较大差异。

司法实践对此类案件所立案由不一致以及个人征信法律的不完善是导致司法认定标准不一致的主要因素，但这不是本文的关注点。在信息主体没有过错或仅有部分过错的情况下，信息提供者对错误不良信用记录给信息主体造成的损失承担相应的侵权责任，这符合公平原则。[①] 虽然我国并不是判例法国家，但是最高人民法院于2010年11月26日正式发布了《关于案例指导工作的规定》，该规定的发布标志着案例指导制度在全国范围内得以初步确立。法律具有稳定性，司法也应具有一定可预期性，并遵守相关法律规则和法理原则。

（一）过错与责任的分离

按照现有案例的3种判法（名誉权、姓名权、人格权），根据规定应适用过错归责原则。若没有过错或者不构成特殊侵权，则不应承担责任。然而司法裁判似乎形成了默契，无论是否构成侵权，消除影响（消除不良信用记录）的责任都是要承担的。既然没有过错，不构成侵权，那么消除影响的法理基础和法律依据是什么？如果构成侵权，那么就应该承担相应的侵权责任。根据我

---

① 参见张钱：《个人征信侵权责任认定中存在的问题分析》，载《法律适用》2014年第3期。

国《侵权责任法》第 6 条第 1 款的规定,“行为人因过错侵害他人民事权益,应当承担侵权责任”。过错是承担侵权责任的基础,但从 200 例判决样本分析可以看到,法院在审理错误不良信息导致侵权的案件中,并没有遵循过错与责任一致的原则,导致判决结果具有较大的不确定性和不统一性。

有侵权就有侵害,有侵害必有救济。但从 200 例判决样本的分析发现,在基本相同的案情下,同样都构成了侵犯名誉权,有的支持精神损害赔偿,有的不支持,有的支持得多、有的支持得少,从精神损害赔偿金从 1000 元到 50,000 元不等可略见一斑。这再一次背离了过错与责任相适应的原则。

赔礼道歉同样如此。一般认为,赔礼道歉方式主要有:被告应向原告口头道歉;被告向原告在特定的人士面前或者在特定场合下口头道歉;被告向原告书面道歉;被告在特定的媒体上刊登对原告的道歉声明。① 但是在裁判样本中,赔礼道歉的比例仅为 26%,也衍生出更多的赔礼道歉方式。首先是构成侵权,不一定判决赔礼道歉;其次是有的支持登报赔礼道歉,有的不支持,改为向当事人书面道歉或者在单位范围内道歉,还有的是在中国人民银行征信中心网站赔礼道歉。

(二)侵犯的法益与责任形式的不相称

在错误不良信用记录导致侵权责任的案件中,案由有一般人格权纠纷、姓名权纠纷、名誉权纠纷三类,但是判决样本中,是侵犯姓名权还是侵犯名誉权,法院并没有一个统一的裁量标准,相同的案情却得出了完全不一样的结论。在案情相似的情况下,可

---

① 参见葛云松:《民法上的赔礼道歉责任及其强制执行》,载《法学研究》2011 年第 2 期。

以构成侵权也可以不构成侵权；可以构成侵犯姓名权，也可以构成侵犯名誉权，还可能构成共同侵犯姓名权和名誉权。

如在“凌某与中国工商银行股份有限公司常德人民路支行（以下简称工行人民路支行）名誉权纠纷案”（以下简称“凌某案”）中，[①]由于工行人民路支行未严格依照相关规定办理贷款业务，使他人利用凌某的身份资料办理了个人贷款，导致凌某个人信用报告产生不良记录，成为严重违约客户。法院最后判决工行人民路支行的行为已构成名誉侵权。但是在“赵某与重庆市阜泰房地产开发有限责任公司（以下简称阜泰公司）、中国建设银行股份有限公司江津支行（以下简称江津支行）姓名权纠纷案”（以下简称“赵某案”）中，[②]阜泰公司在赵某未知情也未授权的情况下，冒用赵某的名义与江津支行签订借款合同及抵押借款合同等，法院判决江津支行在与借款人签订借款合同和抵押贷款合同等合同时，未认真审查核实借款人的真实身份情况，未尽审查义务，导致阜泰公司冒名贷款的发生，阜泰公司的故意行为与江津支行的过失行为相结合，侵犯了赵某的姓名权。

两案都是原告的姓名被盗用并用来贷款，银行因没有尽到认真审核义务起诉至法庭，结果却截然不同。“凌某案”被判定构成侵犯名誉权，需赔礼道歉，但是精神损害赔偿未得到支持。“赵某案”却被判定构成侵犯姓名权，需赔礼道歉，同时应支付精神损害赔偿。从法理上来说，侵犯名誉权肯定对名誉造成了一定损害，支持精神损害赔偿更具合理性，但法院的判决却让人无所适从，无法形成对未来案件的预期，也容易让民众产生混淆。

---

① （2012）常民四终字第120号。

② （2009）津法民初字第3788号。

在“中国工商银行股份有限公司新疆维吾尔自治区分行营业部(以下简称工行区分行营业部)与刘某某等姓名权纠纷上诉案”(以下简称“刘某某案”)中,[①]因刘某某的身份信息被盗用贷款导致逾期记录,产生不良信用记录,法院判决金石期货有限公司与工行区分行营业部对刘某某姓名权及名誉权构成共同侵权。共同侵权行为是指加害人为两人或两人以上共同侵害他人合法民事权益造成损害,加害人应当承担连带责任的侵权行为。共同侵权需侵权人具有意思联络,而该案中工行区分行营业部与金石期货有限公司公司的意思联络从何而来不得而知。

1. 侵犯姓名权的法益分析

错误不良信用记录导致的侵犯姓名权案件的基本案情表现为:侵权人 A 利用非法获得的权利人的资料,伪造权利人的签名获得银行的审批贷款或者贷款担保,贷款逾期未还,导致权利人的姓名进入银行的信用黑名单,银行上报中国人民银行征信中心导致权利人产生不良信用记录,权利人遂请求适用姓名权保护的相关条款保护其姓名权,请求银行消除不良信用记录,赔偿经济损失和精神抚慰金等。当事人的法律依据一般是我国《民法通则》第 99 条第 1 款的规定,而“公民享有姓名权,有权决定、使用和依照规定改变自己的姓名,禁止他人干涉、盗用、假冒”。

法院据姓名权判决的也有最高人民法院公告案例的支持,最高人民法院在“王某某诉张开峰、江苏省南京工程高等职业学校、招商银行股份有限公司南京分行等侵权纠纷案”的裁判要旨明确规定:“未经他人同意,盗用他人身份证、以他人名义申办信用卡的行为,即盗用、冒用他人姓名,侵犯他人姓名权的民事侵权行

① (2010)乌中民一终字第677号。

为。以上述方式办理信用卡后透支消费,导致他人姓名被银行列入不良信用记录,给他人造成名誉损失,属于侵犯他人姓名权行为造成的不良后果,不属于侵犯他人名誉权的行为。”

将当事人被冒用贷款给他人造成名誉损失的案件定义为侵犯姓名权,没有分清姓名权和名誉权的内涵和外延。姓名权保护的客体是权利人的姓名,除知识产权方面的权利外,姓名并不产生价值,姓名上附加的利益不是源于姓名,而是源于其他权利(名誉权或者信用权)。在“刘某某案”中,刘某某的个人信用信息是标示在他的名字下,名字是其个人信用信息的标签,不良信用记录只有借助其姓名才能识别,银行没有使用其姓名,不构成侵犯其姓名权。无论银行是采用积极作为或消极不作为的方式,故意或过失致使权利人以姓名作为数据标识的信用信息发生记录错误,均属于对信用信息正确记录的干涉行为,其只是在构成要件上与姓名侵权行为基本一致,其行为并不适宜被评价为侵害姓名权。①

因此,判定错误不良信用记录侵权案件侵犯当事人的姓名权与姓名权的法益和责任形式并不符合。

2. 侵犯名誉权的法益分析

错误不良信用记录导致的侵犯姓名权案件的基本案情表现为:权利人在银行办理了信用卡,自己未有逾期或者其他违约行为,因为银行的疏忽将他人或错误的不良信用记录登记在了权利人名下,导致权利人留下不良信用记录,由此不能贷款或者为其他经济活动,要求银行消除不良信用记录,赔礼道歉、赔偿经济损

① 参见任江:《“骗贷逾期未还”纠纷案中的姓名权私法功能与启示——对新型人格权“信用权”的一点质疑》,载《苏州大学学报》(哲学社会科学版)2015年第6期。

失和精神抚慰金等。法律依据是我国《民法通则》第101条的规定,即“公民、法人享有名誉权,公民的人格尊严受法律保护,禁止用侮辱、诽谤等方式损害公民、法人的名誉”。

名誉权是自然人和法人就其自身属性和价值所获得的社会评价,享有的保有和维护的具体人格权。[①] 而“有名誉之毁损与否,非依被害人之主观,应客观地决定之”。[②] 法院认为征信系统是一个封闭的系统,只对金融机构等开放查询,不会降低当事人的社会评价。这一事实很难成立,征信对当事人个人权利产生重大影响,影响其贷款等经济利益。在市场经济时代,该利益可以说是当事人的重要经济利益,无法获得贷款等无疑影响了当事人的社会评价,降低了其社会信用,给其造成了损失或潜在损失。

由于名誉是一种社会评价,属于意识领域的问题,名誉权受损理应直接表现为在意识领域产生的后果。[③] 意识领域的衡量以量化,是否对当事人造成损害不能以纯客观为标准。名誉利益受到损害导致一个必然的结果是对受害人精神上的损害,即对受害人情绪、状态、心理造成的影响,这种影响并不一定表现得非常明显,但这也是在名誉权保护立法中比较注重精神损害赔偿的一项重要依据。财产利益的损失只是名誉受损导致的另一个可能后果。法院在判决过程中,以当事人没有损失或者未提供证据证明其损失认定信息提供者不承担侵权责任,与名誉权的法益不相符。

---

① 参见杨立新:《人格权法》,法律出版社2011年版,第507页。

② 史尚宽:《债法总论》,台北,荣泰印书馆1972年版,第145页。

③ 参见杨坦辉,黄云:《名誉权纠纷的法理解析与审理要点》,载《人民司法》2016年第7期。

（三）损害事实认定标准混乱

侵权责任构成中的因果关系是指违法行为作为原因，损害事实作为结果，在它们之间存在前者引起后者、后者被前者所引起的客观联系。[①]

法院在判决中常常把客观联系扩大，直接损害、间接损失和实际损失混淆，导致侵权行为与损害事实的因果关系认定经不起推敲和实证。

在“段某某与邵阳县农村信用合作联社、段某某名誉权纠纷案”（以下简称“段某某案”）中，[②]原告被冒用名义贷款，法院判决侵犯名誉权，但是就原告要求被告赔偿名誉损失及其他损失费10,000元的请求，认为该侵权行为并未造成严重后果，且原告也未提供证据证明其损失情况，故对原告要求赔偿损失的请求不予支持。

从该案的判决逻辑可以看出，法院承认侵权，也就是银行的行为符合侵权责任的四要件，即受害人确有名誉被损害的事实、行为人行为违法、违法行为与损害后果之间有因果关系、行为人主观上有过错，但在最后又推导侵权行为并未造成严重后果，原告未提供证据证明其损失，故而不支持赔偿损失，因果关系明显过于牵强，对于损害事实的认定过于粗糙。

在“上诉人湖南省湘潭市天易农村商业银行股份有限公司与被上诉人谭某某名誉权纠纷案”中，[③]对于原告请求赔偿20,000元损失的诉讼请求，法院认为因原告未提供充分证据证明其损失

---

① 参见杨立新：《侵权法论》，人民法院出版社2004年版，第168页。

② （2012）阳民初字第397号。

③ （2017）湘03民终1653号。

情况，根据侵权人的过错程度、侵害的情节以及本地的平均生活水平，酌情确定原告的精神损害抚慰金等损失为15,000元。该案和“段某某案”的因果推理截然相反，可以看出法院在损害事实的认定方面较随意。同一个理由，既可以是支持诉讼请求的原因，也可以是不支持诉讼请求的理由。

而在“丁某某、周某某与中国农业银行股份有限公司罗山县支行名誉权损害赔偿纠纷案”中，[①]因被告错误导致原告产生不良信用记录，进而无法贷款购买商品房。法院判决被告赔偿原告两次按揭贷款前后的房价差额。事实上，房价上涨是一种市场行为，不是当事人可预期的损失，要求被告承担该责任明显违背了因果关系，混淆了直接损失和间接损失的区别。

综上所述，损害事实的认定基本体现的是法官的价值判断，而不是根据案件的实际情况，损失事实的认定既不能对信息提供者起到惩戒作用，也无法弥补信息主体被侵害的法益。

三、错误不良信用侵权的司法路径选择

（一）侵权责任的司法认定

侵权行为是指民事主体违反民事义务，侵害他人合法权益，依法应当承担民事责任的行为。因此，行为人的行为构成侵权行为是行为人承担侵权责任存在的前提。侵权行为尽管千差万别，但其共同的特点是其行为的不法性。无论征信体系采用何种模式，都对信息提供者提供准确数据和信息提供者违反义务给予了足够多的法律规制。如征信业发达的美国虽然在其《公平信用报告法》制定之初不允许对信息提供者提起诉讼，但是在2003年、2010年修订该法时强化和细化了信息提供者的提供准确信息和

---

① (2010)罗民初字第484号。

重新调查的义务。中国人民银行《征信业管理条例》第23条第1款规定：“征信机构应当采取合理措施，保障其提供信息的准确性。”依据康德的“责任自负”理论，责任以义务为主要内容，它是自由行为的必要性；人在行使意志时有选择的自由（既可服从道德律令，也可不服从），是自身行为结果的制造者，因此必须对自己的行为后果负责。传统的侵权理论也认为，行为人主观上的故意或过失是该行为人承担民事责任的主观构成要件。对于信息提供者，其负有保证信息准确性的义务，应对提供的信息尽到相应的注意义务。[①] 因此，其收集了错误的个人信用信息并提供给征信机构错误信息的行为构成了对法定义务的违反，主观上存在过错或过失，应认定构成侵权行为。

事实上，信息提供者提供错误信息导致形成的不良信用记录给信用主体造成了损害。信用主体在金融领域的评价被降低是最常见的。只要在征信系统中存在不良信用记录，信用主体的经济能力与信用度毫无疑问地被金融机构所怀疑，直接造成其信用评价的降低与贬损。而且，即使征信系统是一个相对封闭的系统，只有本人、金融机构或其他相关部分因法定事由可以查询征信记录，征信记录在一般情况下不会在不特定主体之间传播。但不容忽视的是，随着对社会诚信要求的提高，个人征信记录被适用的机会大大提高。错误的不良征信记录也可能会给信用主体带来其他领域的损害。在“谭某某与湖南湘潭天易农村商业银行股份有限公司名誉权纠纷案”中，原告就主张因有不良信贷记录被取消了镇人大代表候选人资格，致使原告名誉降低，造成了名

---

① ［德］康德：《法的形而上学原理》，沈叔平译，商务印书馆1991年版，第24～26页。

誉损失。

此外,信息主体遭受的经济方面的损失也不容忽视。在大多数时候,因错误不良征信遭受的经济损失不同于财产权受损时遭受的财产损失,前者通常不是以显而易见的方式出现的,而是不确定、无形的。它可能是信用主体获得贷款额度的降低,也可能是信用主体获得贷款机会的丧失,如"在漯河装饰材料有限公司与中国农业银行股份有限公司漯河分行名誉权纠纷案"中,原告就因为存在不良信用记录丧失了取得林业治沙项目贴息贷款的机会。还可能是信用主体在经营活动中所具有的经营资格、经营优势、经营信誉等经济能力的降低。

因此,信息提供者提供错误信息的行为符合侵权责任的构成要件,即侵害行为、归责原则、违法性、因果关系,应该承担侵权责任。[①] 从前面分析的司法实践来看,这在司法界也基本形成了统一的意见。

(二)归责原则

通说认为,侵权责任的归责原则包括过错责任原则和无过错责任原则。我国《侵权责任法》亦规定了过错责任原则、无过错责任原则和公平责任原则,过错推定原则被认为是过错责任原则的一种形式。在司法实践中虽未明确信息提供者究竟适用何种归责原则,但通过对判决书的分析,基本上都是采用过错责任原则。由于在实践中通常认定信息提供者违反了提供准确信息的法定义务,故一般推定信息提供者具有过错,而不需要信息主体对信息提供者存在过错或过失再行举证证明。笔者赞同这种做

---

① 参见张会嶂:《不同侵权责任承担方式的构成要件》,载《河北法学》2009 年第 5 期。

法，理由在于：第一，信息提供者确实负有保证信息准确性的义务，这也是保障征信体系良好运转的前提。因此，在司法实践中应认定和强化信息提供者的这一项义务，从而保障信息主体的权利。第二，信息提供者也具有核实信息准确性的能力。由于不良信用信息的比例较低，而我国又尚未推行将正面信用信息上传征信中心的做法，故对于每个金融机构来说，其通过审核贷款、核准逾期还贷等方式核实不良信用信息是可行的。第三，信用主体对于金融机构存在过错的举证能力较弱。金融机构的业务流程复杂，其系统也是封闭的，信用主体很难证明金融机构在其业务过程中存在过错。相反，由金融机构对其自身已尽相当程度的注意义务进行举证是可行的。因此，根据公平原则和诚实信用原则，综合当事人的举证能力，应实行举证责任倒置，实行过错推定原则。故而在司法裁判中，只要信息主体能证明其不良信用记录是金融机构提供错误信息所导致的，应推定金融机构存在过错并承担相应的责任。如果金融机构证明信息主体对错误信息也存在过错的，那么应当适当减轻信息提供者的责任。在“甘某某与中国工商银行股份有限公司濮阳分行、中国人民银行征信中心名誉权纠纷案”中，当事人有真实的不良信用记录，但是该记录存在时间已经超过5年了，由于该记录导致无法贷款，原告要求被告承担侵权责任。法院认为超期的不良信用记录应该及时予以删除，被告存在疏忽，但原告自身对不良信用记录的形成负有过错，被告将贷款逾期记录予以记载的行为符合相关法律规定，并且该个人征信报告未对不特定社会群体予以公示，对名誉权影响较小，故原告要求被告赔偿精神抚慰金的诉讼请求，法院不予支持。

（三）损害赔偿范围（含精神损害赔偿）

赔偿损失是我国《侵权责任法》规定的8种责任方式之一。

绝大多数错误不良征信信息纠纷中,信息主体都提出了赔偿损失的诉讼请求。如何认定损失的范围以及是否支持精神损害赔偿,是司法裁判中的争点和难点。笔者认为,错误不良征信信息的损害赔偿不同于以往存在的其他损害赔偿。错误不良征信信息的损害赔偿不仅牵涉信息提供者和信息主体,而且关系征信行业的整体发展。美国《公平信息报告法》就明确规定了,信息主体因信息提供者向征信机构提供了不实信息而遭受的商业性损害不予赔偿。[①] 英国《数据保护法》明确要求持有个人数据的机构在数据处理中要保护数据主体的利益,防止数据主体的利益受到侵害。无有独偶,我国《征信业管理条例》虽规定了信息主体提起诉讼的权利,但未明确信息提供者提供错误不良信息应承担的法律责任。对于错误不良征信信息引起的直接损失,如为消除错误不良征信信息付出的交通费、诉讼费以及其他必要费用,若费用已实际发生且是必要的和合理的,应予以支持。在"徐某诉某银行开封分行侵权责任纠纷案"中,[②]银行错误地认为客户逾期还款,将该逾期信息上报中国人民银行征信系统,由此导致客户再贷款受限及维权费用的相应损失应当予以赔偿。但是,考虑到我国征信业处于起步阶段,为了促进信息提供者提供征信信息的积极性,提高提供征信信息的效率,保障征信体系的高速运转,对于超过上述合理必要费用范围以外的经济损失,商业利益应毫不犹豫地剔除。对于其他经济损失,则需司法机关视具体情形而定。如对于因不良征信记录导致贷款未获批造成的经济损失,因我国

---

① Scott J. Hyman, "Recovery of Commercial Losses Under the Fair Credit Reporting Act", 20 *J. Consumer & Com. L.* 2, 2016.

② (2016)豫02民终916号。

目前贷款制度实行审批制，亦缺乏公平信贷方面的法律规制，贷款批准与否处于极大的不确定状态，故一般而言应不予支持该类经济损失。但考虑到房贷的特殊性，符合贷款条件获审批的可能性很大，而信息提供者明知信息错误仍拒不采取补救措施的，则可考虑支持该部分损失。如在“丁某某、周某某与中国农业银行股份有限公司罗山县支行、罗山县周党镇东峰村民委员会名誉权损害赔偿纠纷案”中，法院对于消除错误不良信用记录前后的房价差予以补偿。

此外，精神损害赔偿支持与否在司法实践中同样存在争议。笔者认为，暂且不论错误不良征信记录是否真的侵犯了信息主体的人格权（含名誉权在内），即使如司法实践中常见的判决，认定此类行为侵犯信息主体的名誉权，一律支持精神损害赔偿也是值得商榷的。首先，精神损害赔偿是因侵犯人格权致使公民受到精神上的痛苦所应承担的民事责任。我国《侵权责任法》第22条规定：“侵害他人人身权益，造成他人严重精神损害的，被侵权人可以请求精神损害赔偿。”即侵害人身权益只有达到了严重精神损害致使公民遭受精神上的痛苦的程度，才可以适用精神损害赔偿。在大多数情形下，错误不良征信信息确实处于封闭的征信系统中，仅仅给信息主体造成信用评价的降低，这种评价的降低很难称得上是一种精神上的严重痛苦，因为在此类情形下的精神痛苦显然要比死亡、残疾、名誉受损等情形要轻，实质上更多的是财产性和经济机会的损失。其次，如前所述，减轻信息提供者的责任是保障征信业快速发展的重要方式。因此笔者认为，在一般情形下，对于精神损害赔偿不予支持。在特定的情形下，综合考虑侵权人的过错程度、侵权行为方式、损害后果以及影响程度等，可以考虑适用精神损害赔偿，但金额不宜过高。

（四）赔礼道歉的适用

赔礼道歉虽然也是我国《侵权责任法》规定的责任形式之一，但其一直存在合理的争议。笔者认为，赔礼道歉对于信息提供者应不予适用。首先，目前纠纷中的信息提供者基本上为金融机构，这类机构类信息提供者在主观意图上不存在提供错误信息的恶意，其提供错误信息的行为系由于疏忽或过失造成的。消除错误不良信用记录和赔偿损失足以弥补信息提供者的过错行为。其次，如前所述，绝大多数信息主体遭受精神痛苦处于模糊不确定的状态，而且从法律政策上来说，这种痛苦的程度因人而异并且难以衡量，适用赔礼道歉缺乏充分的法理基础，将引起法律的高度不确定性。最后，从本质上来说，赔礼道歉应当是一种自发式、自愿式、自向性的行为，并不关注相对人的反应。[①] 赔礼道歉的心理基础是良心，具体而言是自向性的负罪感和他向性的悔恨情感。法院裁断被告赔礼道歉时，赔礼道歉的道德和社会根据已经荡然无存了。[②] 综上所述，责令信息提供者向信息主体赔礼道歉是没有必要的。

四、结语

立法空白、争议难平，错误信息提供者的侵权责任承担是一项复杂的研究课题。虽然200份案例样本的实证分析揭示出我国司法机关在错误信息提供者侵权纠纷中已经大致形成了裁判“默契”，但是案例样本所反映出裁判的差异性表明该领域司法裁判的统一性仍有待提高。征信领域缺乏足够的法律规制，个人

---

① 参见吴小兵：《赔礼道歉的合理性研究》，载《清华法学》2010年第4期。

② 参见冀宗儒：《论赔礼道歉作为民事救济的局限性》，载《人民司法》2005年第9期。

征信保护的法律保护上尚存诸多问题有待解决。若能以立法或司法解释的方式明确侵权责任的承担，对于提升我国司法的公正性、统一性、权威性，无疑具有极大的推动作用，例如，通过立法设置信用权，明确信用权的权利内容和权利属性；通过司法解释扩大名誉权的内涵，将信用评价包含在其权利内容中。最后，本文的认定标准也需要接受理论界和司法界的不断检验和完善，才能成为更具典范效果与指导意义的司法标准。

信用预防性行政诉讼研究

——以信用执法中相对人重大合法权益之事前预防为视角

张远照*

内容摘要　为信用执法相对人提供事前、事中、事后相衔接的全方位、多层次、有效性保护体系是信用法治应有之义。我国现行行政救济体系所显示出的事后性弊端于信用执法相对人重大权益的事前保护显然十分不利。信用预防性行政诉讼之构建不仅可以起到弥补前述法律漏洞与确保信用执法理性的效果，其制度本身还契合法治理念，满足合宪性与合法性要求，符合法律全球化理论。该诉讼构建依然面临行政法理论、制度与实践三方面的困

* 中共重庆市委党校(重庆行政学院)硕士研究生。

境考验。据此，及时更新行政法理论，理性应对行政诉讼制度困境，努力提升司法实践经验无疑成为信用预防性行政诉讼构建的必然选择。

关键词 信用预防性行政诉讼；信用执法；权益预防；信用法治

近年来，食品、药品、税收、旅游、电商、交通、科研等领域中实行的“行政黑名单”“信用信息公开”等“处罚”“限权”行为逐渐进入了法治视野。毋庸置疑，这些信用执法行为是风险规制和创新社会治理方式的缩影，其在市场准入、公共管理、消费者权益保护、诚信社会建设、促进市场交易、节约交易成本等方面发挥了重要作用。在信用执法过程中，执法主体违反合法行政、合理行政、正当程序、权责一致、诚实信用、高效便民等原则进而给相对人重大权益造成事后不可弥补性损害的乱象比比皆是。我国现行行政救济体系的事后性弊端再次证实，其在信用相对人重大权益事前预防方面确实无能为力。据此，为实现给信用执法相对人提供事前、事中、事后相衔接的全方位、多层次和有效性保护体系之目的，建立健全信用预防性行政诉讼自然成为解决前述问题的最佳选择。

一、信用预防性行政诉讼的概念及特征

信用预防性行政诉讼，是指当信用执法相对人认为信用执法主体即将作出的行政行为或事实行为符合重大损害性、行为关联性、高度盖然性、争议成熟性条件时，其便可以向人民法院提起诉讼，请求法院确认该行政法律关系、行政行为无效、事实行为违法，或者判令禁止、停止、变更该行政行为或事实行为实施，且该诉讼期间信用执法主体不得作出该行政行为的一种事前诉讼制度。其基本特征如下所示。

预防性。预防性是该诉讼最本质的特征，是指为避免即将作出的信用执法行为（准成熟性信用执法行为）给相对人重大合法权益造成不可逆转的实际损害或威胁，信用执法相对人于该行为未作出之前向人民法院提起该诉讼，以防重大合法权益受损的特性。法谚云：迟来的正义非正义。允许司法权提前介入信用执法过程无疑有助于实现信用执法相对人重大合法权益之事前防御目的，同时亦可弥补传统行政诉讼的弊端。

准成熟性。准成熟性又称审查对象准成熟性，是指与普通行政诉讼审查对象相异，该诉讼的审查对象原则上仅局限于准信用执法行为即信用执法主体即将作出的行政行为。诸如即将公布相对人信用信息或即将公布行政"黑名单"等行为。(1)"准"是指一种与信用执法行为完成形态相对的执法状态。众所周知，一个行政决定之最终作出是信用执法机关之前一系列相关联行政程序或步骤经过后的结果，"准"是指现有证据已足以证明某种信用执法行为必然或已经对相对人产生实际威胁的状态，可形象表述为"信用执法行为已经着手但尚未完成"的状态。(2)"准"更加强调某一信用执法行为或惩戒行为已经满足概念界定中的适用条件。换言之，此时由司法机关介入信用执法过程已合时宜，不存在司法权干涉信用执法主体行政首次判断权之嫌。(3)"准"强调被审查行为之作出具有高度盖然性或必然性特征。[①]

当然，这里的准成熟性信用执法行为并不等同于准行政行为，两者存在以下区别：(1)概念不同。前者是指司法机关在信用预防性行政诉讼过程中所实际审查的且已经满足该诉讼适用

---

① 参见张远照：《预防性行政诉讼构建研究》，中共重庆市委党校（重庆行政学院）2018年硕士学位论文，第10～11页。

条件的行为,后者则是指信用执法主体以观念方式作出并产生间接行政法律效果的行为。(2)特征不同。前者具有重大损害性、行为关联性、争议成熟性和高度盖然性等特征,后者则具有预备性、中间性和阶段性等特征。(3)可诉性差异。一般而言,前者因已经对信用执法相对人的重大权益产生实际影响或威胁,其无疑具有可诉性;后者只存在某种行为外观,其并未对相对人的行政法权利义务产生影响,当然也就不存在可诉性问题。(4)表现形式差异。前者因行政决定内容差异而呈现出多样化特征,后者则表现为受理、登记、证明、确认、鉴定、通知、答复、咨询等形式。①

暂时阻却性。暂时阻却性是指信用预防性行政诉讼程序一旦启动,传统行政诉讼程序中的“诉讼(不)停止执行原理”将豁免适用于该诉讼程序的特性。换言之,在信用预防性行政诉讼程序开启至法院最终作出判决期间,信用执法主体便不得对相对人采取诸如行政黑名单、“负面信用信息公开”等信用惩戒措施。

二、信用预防性行政诉讼之逻辑价值证成

(一)契合法治理念

1. 契合“控权保民”理念

法治是世界各国的共同美好追求,其核心和目标是控权保民。就信用执法而言,控权保民是指通过事前、事中和事后机制控制信用执法主体滥用权力,进而全面有效保障信用执法相对人的重大合法权益。换言之,“控权保民”不应局限于形式上的狭义理解,而应作实质意义上的伦理解释。总体来说,信用执法过程中的“控权”更加强调执法主体权力来源法定性,权力运行程

---

① 参见张远照:《预防性行政诉讼构建研究》,中共重庆市委党校(重庆行政学院)2018年硕士学位论文,第8~9页。

序性，权力存在从属性，权力行使有限性，权力行使动机合目的性，权力内容之合理性与合比例性，信用信息保存之全面性、真实性与准确性以及信息公开合法性等。“保民”则强调，在信用执法关系中相对人应有权参与信用执法过程、知晓信用执法内容、对不利执法决定作出申诉、控辩或要求听证以及向法院提起诉讼。

2. 契合“有权力必有监督”理念

在信用执法过程中，假若以“无法治则无行政”为大前提，以“无行政则无法治”为小前提，那么信用预防性行政诉讼之构建便与“有权力必有监督”的控权结论相一致。“无行政则无法治”的法治实践证实，在福利行政、给付行政、风险行政的背景下，要想实现人民日益增长的物质文化美好需求，行政权的扩大化与集中化行使是必然选择。“无法治则无行政”的法治实践表明，不受控制的行政权力非权力，相对人对此当然具有反抗的权利。在法治国家，“无法治则无行政”是一个蕴含真理性的大前提，“无行政则无法治”大前提背景下存在的小前提，当前述二者相冲突时，前者理应优于后者。以信用执法中的行政黑名单制度为例。众所周知，该制度确实促进了信用法治目标之实现，节省了市场主体间的交易成本，促进了市场交易效率，其还具有完善资源合理配置、保证交易安全、提高信用执法效率、防范失信泛滥以及规避市场交易风险等功效。但在缺乏法律依据及不受法治原理约束背景下，过度依赖行政黑名单、“信用负面信息公开”等信用惩戒手段以期轻易实现诚信社会建设的美好愿望，势必以牺牲信用执法相对人的合法权益为代价，如此一来，信用执法相对人的合法权益将显得一文不值，更遑论信用法治之建设。

3. 契合“有权利必有全面有效救济”理念

在信用执法过程中，如何正确处理信用执法权力与相对人合法权益之关系始终是贯穿信用立法、信用执法、信用司法、信用守法和信用法制监督过程中的核心问题。一个显而易见的经验是，信用执法权力运行应以职责为逻辑起点，以相对人合法权益范围为其行使边界。相应地，信用相对人在信用执法过程中的参与权、信用信息权、知情权、抗辩权等权利不仅要实现，而且要以“看得见摸得着”的方式实现。基于此，为确保前述权益免遭损害，法律不仅应当赋予信用相对人实体权利，更应为其建立实现前述权利的防御制度。另外，权利不仅要实现，要以看得见方式实现，而且要以全面有效的方式实现，倘若国家只为相对人提供事后救济方式而未给其提供事中、事前预防机制，这样的权利难以实现其应有的效果。

（二）满足合宪性与合法性要求

1. 满足合宪性要求

（1）满足我国《宪法》中“人权保障”条款的要求。2004 年我国第四次宪法修正案明确将“尊重与保障人权”条款写进了《宪法》。正因如此，有“动态宪法”之称的子法（行政法）有义务去实现该职责。也正因如此，信用预防性行政诉讼之构建无疑是“人权保障”条款和“宪法是人民权利的保障书”这一庄重承诺的具体落实。①

（2）满足我国《宪法》中人身权、财产权和监督权条款要求。我国《宪法》第 13 条、第 37 条至第 51 条以及第 41 条分别就公民财产权、人身权、经济社会权、获取物质资料保障权以及公民的批评、建议、申诉和控告等基本权利作了明确规定。我国是成文宪

---

① 参见张远照：《预防性行政诉讼构建研究》，中共重庆市委党校（重庆行政学院）2018 年硕士学位论文，第 15 ~ 16 页。

法国家,《宪法》在国家法律体系中处于最高地位,宪法规范中之所以明确规定这些基本权利无疑表明其对于公民来说的不可或缺性、不可转让性以及不可替代性。然而,要想将前述权利转化为信用执法相对人实际掌握的"活"的防御性权利,仅凭现有行政救济体系中的行政复议、行政诉讼以及行政赔偿等事后救济体系显然难以完成如此大任。据此,建立健全信用预防性行政诉讼自然成为信用执法相对人重大权益事前预防的最佳制度选择。

2. 满足合法性要求

(1)符合我国《行政诉讼法》第 2 条第 1 款和第 12 条第 1 款第 12 项的规定。该法第 2 条第 1 款规定:"公民、法人或者其他组织认为行政机关和行政机关工作人员的行政行为侵犯其合法权益,有权依照本法向人民法院提起诉讼。"该法第 12 条第 1 款第 12 项明确规定:"人民法院受理公民、法人或者其他组织提起的下列诉讼:(一)……(十二)认为行政机关侵犯其他人身权、财产权等合法权益的。"由前述规定可知,在信用执法过程中,信用执法相对人的重大合法权益一旦遭到信用执法主体的信用惩戒措施的侵害或威胁,其无疑可以向人民法院提起信用预防性行政诉讼。当然,也许不少学者会以前述两个条款仅针对现行行政诉讼模式适用为由,进而否定信用预防性行政诉讼制度构建的必要性和正当性。

但这种质疑实为片面。首先,前述两个条款中均规定了"认为"字眼,这意味着信用相对人的起诉与受理均采当事人"主观权利"标准,这意味着信用执法行为是否真正违法并非法院起诉与受理的前提条件。换言之,当相对人认为其重大合法权益确已受损或受到威胁且不具有事后弥补性时,其提起信用预防性行政诉讼实属法之所许、理之所需。其次,从前述条款规定和行政诉讼的“控权保民”目的可知,无论信用执法行为或决定是否已经实际作出,只要该行为产生的状态已给相对人造成实际威胁或损害,允许相对人提起信用预防性行政诉讼便实属必要。

(2)符合2019年《政府信息公开条例》(以下简称《条例》)第15条及最高人民法院《关于审理政府信息公开行政案件若干问题的规定》(以下简称《规定》)第11条的规定。实际上,即便预防性行政诉讼的构建在我国仍处于初级阶段,各种相关理论也处于“百花齐放、百家争鸣”状态,但在具体司法实践中,《规定》中的“不得公开”及“禁止公开”制度早已为信用预防性行政诉讼的建立提供了制度雏形和实践经验。《条例》第15条规定:“涉及商业秘密、个人隐私等,公开会对第三方合法权益造成损害的政府信息,行政机关不得公开。但是,第三方同意公开或者行政机关认为不公开可能对公共利益造成重大影响的,予以公开。”《规定》第11条第1款规定:“被告公开政府信息涉及原告商业秘密、个人隐私且不存在公共利益等法定事由的,人民法院应当判决确认公开政府信息的行为违法,并可以责令被告采取相应的补救措施;造成损害的,根据原告请求依法判决被告承担赔偿责任。政府信息尚未公开的,应当判决行政机关不得公开。”

由《条例》第15条的规定可知,行政法规赋予了包括信用执法相对人在内的第三方商业秘密、个人隐私方面的信息保护权,且该权利明显具有防御性质。但紧接着,该条又授予了信用执法主体信息公开裁量权,这意味着倘若信用执法主体恣意行使信用执法裁量权,相对人的商业秘密、个人隐私、商誉等重大权益将遭受事后难以弥补的重大损害。为弥补因《条例》第15条中行政执法权力过大而可能给相对人重大合法权益造成威胁或实际损害的不利局面,《规定》第11条中“……政府信息尚未公开的,应当判决行政机关不得公开”的规定显然已经明确承认了反信息公开诉讼即信息预防性行政诉讼制度。这无疑为信用预防性行政诉讼之构建提供了司法解释的依据。

(三)确保信用执法理性

1. 确保合法行政

在实践中,信用执法部门违反合法行政原则行事的现象比比皆是。这不仅侵蚀了政府公信力的根基,而且使信用执法行为的合法性受到怀疑,还给相对人诸多重大合法权益造成了不可弥补的影响。据此,该诉讼之构建则既可部分减少信用立法主体多元化、立法层级地方化、立法空缺化、立法缺乏实用性或可操作性以及立法缺乏科学性与民主性等问题,亦可减少信用执法过程中的行政立法层级冲突、地方性法规或规章名称缺乏规范化、相关立法违反法律保留事项等乱象,还可确保行政合法性原则得以真正落实,是防止信用执法中“有法不依、无法仍为”等乱象的“紧箍咒”。

2. 确保合理行政

通过允许司法介入信用执法过程以督促执法主体公平公正执法,进而担保信用执法具有理性与可接受性。通过该诉讼赋予司法机关对准信用执法行为适法性审查权,有助于防止信用执法中的“选择性执法”“钓鱼执法”等不公平乱象,是防止信用执法行为忽视执法目的、忽视相对人权益、固守地方保护主义等违反法律授权目的现象的关键,是防止信用执法一味追求“效率优先”及“惩罚本位主义”等乱象的制度“良药”。该诉讼之构建可起到促使信用执法主体认真尊重信用执法相对人知情权、参与权、申诉权、陈述权、抗辩权、隐私权、荣誉权、名誉权、商业秘密权、人身自由等重大合法权益的制度效果。

3.确保程序正当

信用预防性行政诉讼之构建旨在赋予司法机关对处于未完成形态的信用执法行为进行事前监督,进而可以起到敦促执法主体严格遵循行政程序,确保信用联合惩戒过程中相对人的参与权、知情权、抗辩权等权利得以最终实现的效果。另外,其还是确保信用立法主体与执法主体相分离以及防止“运动员兼裁判员”等信用执法乱象出现的重要举措。

4.确保权责一致

该诉讼之构建是确保信用执法主体严格按照法律授权依法行政、民主行政的关键之举,是防止“权大于责”或“责大于权”等乱象出现以及确保“权责一致”原则得以落实的有效措施,是预防信用执法权力越位、错位、缺位进而损害相对人权益的制度“笼子”,是担保信用执法主体权责清晰、信用执法权力备受监督的制度“良药”。

5.确保诚实守信和高效便民

诚实信用原则不仅适用于民事领域,亦适用于行政领域,不仅适用于行政相对人,亦适用于信用执法主体。预防性行政诉讼之构建不仅可以促进信用执法机关诚信执法,亦可提升政府公信力;不仅可以提高行政效能,亦可方便人民群众;不仅可以确保信用执法信息内容以全面、真实、准确方式公开,亦可促进诚信政府建设。另外,其还是实现法治的政治效果、法律效果、社会效果相统一的重要举措。

(四)弥补法律漏洞

1.弥补行政救济体系漏洞

我国现行行政救济体系具有事后性弊端的事实,使企图利用该体系实现信用执法相对人重大合法权益事前预防的愿望无异于“巧妇难为无米之炊”。据此，信用预防性行政诉讼之构建不仅可以弥补前述漏洞，防止“迟到的正义非正义”或“亡羊补牢”的尴尬局面反复出现，也可减少因行政复议而造成的偏私乱象再现。

2. 弥补行政行为无效制度漏洞

依照行政法理，行政行为除因重大瑕疵而无效外，其一旦作出，便被推定为具有公定力、确定力、拘束力和执行力。反之，行政行为一旦被确定为无效，其便自始、确定、当然无效，信用执法相对人既无须遵守，也无须向法院请求确认，该行为当然无效。但在实践中并非如此，因为信用执法行为是否最终判定为无效的决定权不归信用执法相对人所掌握，这就意味着即便信用执法行为果真无效，其依然对相对人发生实际效力。因此，在无效信用执法行为作出之前赋予相对人提起信用预防性行政诉讼的权利无疑可以弥补这种制度缺陷。①

3. 弥补行政法体系漏洞

一般而言，一国行政法体系主要由行政组织法、行政行为法、行政程序法和行政救济法构成，这四者对法治政府、责任政府、有限政府建设的作用不可或缺。但就我国目前的行政法体系而言，行政组织法和行政程序法的事前、事中“控权保民”价值尚未发挥出来，这使“控权保民”的行政法价值始终难以兑现。“信用惩戒”制度或行政黑名单制度便是最佳范例。在信用执法实践中，全国性、专门性、统一性立法之阙如，正当行政程序之碎片化现象，信用执法部门权责模糊等客观事实实际上已给相对人权益造

① 参见张远照：《预防性行政诉讼构建研究》，中共重庆市委党校（重庆行政学院）2018年硕士学位论文，第17～18页。

成了影响。鉴于此,建立健全信用预防性行政诉讼制度并允许司法权适时介入信用执法过程则不仅可以防止相对人信用权益免遭侵害,也可起到促使信用执法主体严格遵循行政程序和促进行政组织法适时更新的法律效果。

4. 弥补传统司法理念缺陷

传统司法理念认为,“司法是正义的最后一道防线”。基于此,传统司法始终遵循“被动司法”理念并时常扮演法律“自动售货机”的角色。但随着风险行政、福利行政以及数字行政时代的到来,为平衡行政权与司法权需要,司法机关在合法性、合理性、专业性和技术性判断方面被委以重任。尤其在大数据时代背景下,那种固守“司法是正义最后一道防线”的消极司法理念难免显示出其滞后性。究其原因:(1)司法是正义的“最后”一道防线并不意味着司法是“最正义”的一道防线;(2)司法是正义的最后一道“防线”意味着司法仅仅是防线而已,是否真正阻止了不正义局面的出现则是另外一回事;(3)“正义”一词本身便是一个具有历史性和概括性特征的抽象法律概念,其因时代不同也应被赋予不同的含义;(4)司法最终性原理表明,一旦当事人因权益受损向司法机关提起诉讼,即便一国现行正式法渊源存在边际或空缺现象,司法机关也应依据法治原理、现有政策等非正式法渊源作出裁判。

(五)符合法律全球化理论

1. 符合法律全球化趋势

法律全球化,是指世界各国正逐步形成共同法律规则并依据这种规则进行治理的状态,主要表现为世界各国共享同样的法律文本和各国法律内容趋同两大形式。法律全球化主要有公法全球化和私法全球化两种类型,而公法全球化则以人权保障全球化为其最突出的特征。在法律全球化背景下,为公民提供事前、事中、事后相结合的全方位、多层次、有效性权利保护体系则成为各国法治应有之义。在我国,由于行政相对人的权利保护长期打上"事后救济"烙印,相应的事前保护的空间则始终被压缩。信用执法领域中的此趋势更加明显。诸如信用执法主体为严厉打击失信者不惜以牺牲失信者的隐私、商业秘密、参与权、知情权等为代价,这在某种程度上固然达到了"一处失信,处处受制"的信用执法目标,但这种"惩罚本位主义"下的信用治理方式与人权保障全球化的理念相违背。据此,信用预防性行政诉讼之构建具有重大的理论与实践意义。

2. 加速国际接轨

我国政府于 1997 年 10 月 27 日和 1998 年 10 月 5 日分别签署了《经济、社会及文化权利国际公约》和《公民权利和政治权利国际公约》(以下简称两公约)。两公约的签署意味着我国政府认可了公约中的人权保障条款。但多年法律实践经验证实,在我国信用执法实践中的人权保障与两公约中所提及的内容相差甚远。相反,信用预防性行政诉讼之建立反而可以加速落实两公约中人权保障条款并加快国际接轨进程。

三、信用预防性行政诉讼面临的困境

(一)行政法理论困境

1. 审查对象存疑

作为部门法之一,行政法的调整对象应是行政行为,以行政法为根基建立起来的信用预防性行政诉讼亦然。这就自然意味着信用预防性行政诉讼所审查的对象亦应当是一种实实在在而非假象的行为。据此,学者们可能会认为,因该诉讼所审查的对象是"准"行政行为(信用执法主体即将作出的行为),既然该决定尚未最终作出，司法审查对象便不存在了。

2. 行政行为公定力困境

行政行为公定力困境。在理论上有学者认为，行政行为公定力理论是构建预防性行政诉讼的障碍。① 传统行政效力理论认为，基于行政权给整个社会所带来的秩序、安全、福利等公共利益的优先考虑，行政行为当然被推定为具有公定力。普遍认为，该理论源于德国，发展于日本，并由日本学者美浓部达吉最先提出。日本学者南博方认为，所谓公定力即有效性推定，是指“除无效行政行为外，该行为一旦作出便具有对世效力，在被有权机关撤销之前，该行为即便违法，行政主体之外的人仍有义务服从该行为”。② 由此可见，行政行为公定力理论在一定程度上对信用预防性行政诉讼的制度构建提出了挑战。

3. 行政首次判断权困境

传统行政法理论认为，在国家权力体系中，立法权、行政权、司法权之间应当保持明确的分工，禁止三者之间过度僭越。尤其是在福利行政、民主行政、给付行政、风险行政的时代背景下，社会对行政权急切的呼声更是高涨。据此，在瞬息万变的风险社会，为确保行政在实现国家职能方面保持应有的连续性、稳定性、专业性优势，禁止司法权介入信用执法机关的政策性与裁量性判断过程。否则，其将阻碍行政首次判断权功能之发挥。

① 参见温珍芳：《预防性行政诉讼研究》，南京航空航天大学 2012 年硕士学位论文，第 14 ~ 15 页。

② 参见[日]南博方：《行政法》（第 6 版），杨建顺译，中国人民大学出版社 2009 年版，第 50 ~ 53 页。

4. 行政成熟性原则困境

严格而言,我国并无行政成熟性理论一说。但在学术界和实践中却多少渗透着该理论的影子。如有学者认为,预防性行政诉讼的审查对象应局限于行政行为作出后的行政决定,如果允许相对人在行政行为作出之前提起预防性行政诉讼,这无疑与行政成熟性理论相违背。依循此理,该学者进而将预防性行政诉讼定义为"为避免即将实行的不法行政行为将给相对人重大权益造成不可弥补之损害,法律允许相对人于行政决定作出后,行政决定实行前,向法院请求判定行政行为正当与否、合法与否及暂停该行政行为继续实施的诉讼制度"。[①] 另外,我国的行政诉讼实践也表明,某一行政行为要达到可诉性的要求,其必须以该行政行为是否实际作出及其是否具有外部性、处分性、单方性等为主要判断标准。由此观之,行政成熟性原理在某种程度上对预防性行政诉讼之构建提出了挑战。

(二)行政诉讼制度困境

1. 诉讼(不)停止执行原则困境

"诉讼(不)停止执行"是指行政行为效力不因相对人起诉或行政诉讼程序进行而受到牵制。现行我国《行政诉讼法》第56条对此亦作了明确规定:"诉讼期间,不停止行政行为的执行。但有下列情形之一的,裁定停止执行:(一)被告认为需要停止执行的;(二)原告或者利害关系人申请停止执行,人民法院认为该行政行为的执行会造成难以弥补的损失,并且停止执行不损害国家利益、社会公共利益的;(三)人民法院认为该行政行为的执行会

① 参见张伟:《防卫性诉讼论略——对被拆迁人救济无力而引发的思考》,载《法学论坛》2005年第3期。

给国家利益、社会公共利益造成重大损害的;(四)法律、法规规定停止执行的。当事人对停止执行或者不停止执行裁定不服的,可以申请复议一次。”由该条可知,行政诉讼审理坚持“不停止为原则,停止为例外”是行政诉讼原则。然而,在实践中的“诉讼(不)停止执行”原则并非如此。行政强制执行制度便是最好例证。众所周知,我国的行政强制执行权主要由行政机关和法院共同行使,且后者的强制执行权范围远超于前者。如此一来,法院有时为了避免造成对某项行政行为执行完毕后,又经过审判判决该具体行政行为违法并将其撤销的尴尬境地,“停止执行为原则,不停止为例外”反而成了常态。鉴于此,学者们可能会认为,将前述情况上升至立法层面即可,信用预防性行政诉讼制度之构建有浪费司法资源之虞。

2. 行政诉讼类型化困境

我国台湾地区学者陈清秀认为,行政诉讼类型是指“行政相对人可以请求行政诉讼救济的诉讼形态,其是公民获得公法保护的必要手段。其制度本身具有统一规范诉讼程序、淘汰无关诉讼形态以及为民众提供全面有效救济之功效”。[①] 实际上,综观世界各国及我国台湾地区,行政诉讼类型化制度早已建立并发挥了重要作用。我国台湾地区主要有撤销诉讼、一般给付诉讼(预防性行政诉讼属于该类型)、课以义务诉讼、确认诉讼、维护公益诉讼、选举诉讼及机关诉讼等诉讼类型。日本行政诉讼类型主要有抗告诉讼、当事人诉讼、民众诉讼、机关诉讼、课以义务诉讼和阻止诉讼。

---

① 参见陈清秀:《行政诉讼法》,法律出版社2016年版,第153~155页。

德国也有自己的行政诉讼类型化制度。[①] 与上述国家和地区不同，我国大陆的行政诉讼类型化尚处于学理层面，将来真正建立起信用预防性行政诉讼制度，其究竟属于何种诉讼类型便成一大疑问。

3. 民事诉讼保全制度困境

2017 年我国《行政诉讼法》第 101 条规定，“人民法院审理行政案件，关于期间、送达、财产保全、开庭审理、调解、中止诉讼、终结诉讼、简易程序、执行等，以及人民检察院对行政案件受理、审理、裁判、执行的监督，本法没有规定的，适用《中华人民共和国民事诉讼法》的相关规定”。基于此，不少人会认为，既然民事诉讼中的诉前保全制度已经具有预防性效果，参照使用即可，“另起炉灶”已无必要。

（三）司法实践困境

1. 司法专业化困境

（1）信用执法行为是由一系列因素和程序共同作用的结果，这势必使信用执法主体在执法过程中必须作一些专业性、技术性、裁量性判断。行政黑名单制度即是范例。作为维护市场交易秩序，确保诚信社会建设的管理手段，行政黑名单信息的公开需以对相对人信用信息的归集、加工、整合、公布、修复等程序为前提，而这些程序性或多或少又带有专业性、技术性等特征，这无疑给司法机关的专业技术性判断增加了难度。（2）我国信用司法实践经验相对薄弱，权威高效的司法理念还有很大提升空间。可以借鉴一些国外做法如为解决行政专业性、技术性判断难题而专门设立的英国行政裁判所制度、法国的行政法院制度、美国的独

① 参见[日]盐野宏：《行政救济法》，杨建顺译，北京大学出版社 2008 年版，第 156 ~ 180 页。

立规制机构等可供参考。(3)我国目前司法体制中的专业化司法人力、物力资源贫乏及专业精英型法官数量屈指可数的局面从根本上制约了该诉讼机制的构建和功能发挥。

2. 比例原则困境

观察信用执法的背后,便会发现,信用预防性行政诉讼的构建之所以会遭受诸多质疑,所谓的理论与制度障碍是假,利益衡量困境是真。因信用执法行为背后无不涉及社会公共利益与个人利益的冲突与平衡,那么处理二者关系就尤为重要。在实践中,行政权与司法权二者的差异表明,二者处理公共利益与个人利益的态度有时截然相反。以信用惩戒为例,执法主体为达到重塑社会信用之目的,可能会以牺牲相对人的合法权益为代价,但司法机关适法性审查的焦点则要考虑信用执法行为是否有助于社会信用建设、执法措施是否适当、信用执法措施是否符合比例原则、执法目的是否正当等。这无不涉及利益衡量。尤其是在“公共利益优位”以及司法欠缺独立的情况下,这种利益衡量困境更加明显。

3. 适用条件困境

信用预防性行政诉讼之构建多少会面临适用条件的挑战。(1)若适用条件过于严格,原本符合该诉讼受案范围的行政行为将被排除,相对人的重大合法权益将遭受损害,司法资源亦将得不到充分运用;(2)若该诉讼程序启动条件宽松,滥诉现象便会增加,如此一来,被实际实施的可能性便遭到质疑。

四、信用预防性行政诉讼构建的建议

(一)及时更新行政法理论

1. 及时更新审查对象理论

法律确实以行为作为调整对象,但仅以该诉讼的审查对象是准行政行为便否定其制度存在价值的观点值得怀疑。(1)该诉讼以准信用执法行为为审查对象是真,但这不代表信用执法主体的其他关联行为尚未触及法律或给信用相对人的合法权益造成威胁或损害。正当行政程序理论表明,某一完整行政决定之作出是一系列事实依据和相关行政程序性行为发展的结果,即便某一信用执法决定尚未最终作出,只要该决定作出程序存在重大违法性瑕疵且相关事实已经证实准信用执法决定具备必然性和高度盖然性特征,允许相对人提起该诉讼应无异议。(2)该诉讼中并非不存在行政行为,只是最终的信用执法决定尚未作出,这表明尽管最终的信用执法决定仍处于未完成形态,但相关联的程序性行为或事实行为所折射出的状态已经影响了相对人的行为选择或给相对人权益造成实际威胁。(3)一般而言,行政诉讼所审查的行为都是处于完成形态且发生效力的行为,然而这并不等于未达到完成形态但具有重大违法性瑕疵的行为不受适法性审查。总而言之,对于信用预防性行政诉讼审查对象之质疑已无道理。

2. 及时更新公定力理论

(1)由该理论的发展背景可知,其起初便是特权理论的产物,且其更加强调行政行为的单方性和处分性,而忽视了行政的从属性特征,这与民主行政、福利行政、给付行政背景下的法治政府、有限政府、责任政府建设目标相违背。(2)公定力理论具有相对性。正如日本学者南博方所表述的那样,“公定力即有效性推定是指除行政行为无效外,行政行为一经作出便具有对世效力,该行为在被撤销之前,于相对人发生实际效力。加之,公定力概念本身并未产生对行政行为承认适法性推定效力”。[①] 由此观之,公定力仅是一种有效性推定效力,其始终无法证明行政行为的合法性。否则,法院的适法性审查亦无存在必要。(3)最关键的是,公定力理论适用的对象是已经作出的行政行为而非准行政行为,其适用范围并不涉及信用执法机关作出之前的行为,该理论与信用预防性行政诉讼之间并不存在冲突。(4)与信用执法过程中的“一处失信,处处受限”及“惩罚优先主义”理念相一致,公定力理论具有“重实体、轻程序”的致命性缺陷。总而言之,该诉讼之构建与公定力理论非但不冲突,反而正是对公定力理论缺陷之补救。[②]

3. 及时更新行政首次判断权理论

(1)作为行政权的核心权能,行政首次判断权至关重要,但行政首次判断权并非一块“铁板”,其本质上仍然是一种行政职权,其行使必然要以职责为逻辑前提,以信用相对人的合法权益为界限,以行政程序为依托。质言之,不受监督的行政首次判断权亦是不存在的。(2)行政首次判断权更加强调信用执法机关在专业判断、技术判断、事实认定等方面具有的先天优势和优先性,然而适法性审查更加关注信用执法行为是否存在重大瑕疵以及是否严重违反行政程序。据此,以行政首次判断权理论否认信用预防性行政诉讼制度价值的理念值得商榷。

4. 及时更新行政成熟性理论

该困境看似困境,实则是对该理论的误读。传统行政理论也

---

① 参见[日]南博方:《行政法》(第6版),杨建顺译,中国人民大学出版社2009年版,第50~53页。

② 参见张远照:《预防性行政诉讼构建研究》,中共重庆市委党校(重庆行政学院)2018年硕士学位论文,第34~35页。

许会认为,唯有行政行为已经作出并产生公定力、确定力、执行力和拘束力,相对人的合法权益方受影响。实际上,这种观点带有严重的滞后性。(1)行政行为成立与生效更多的是一个过程,行政行为有效则是法律判断的结果。(2)随着风险行政的盛行,行政权已提前介入相对人的私人领域,这使行政诉讼程序之进行不仅应考虑信用执法行为是否成立与生效,而应更加关注某种行政行为作出的整个过程是否给相对人权益产生了实际影响。据此,以行政行为之实际做出为行政诉讼程序启动标准的观念已不合时宜,取而代之的无疑是实际影响标准即信用相对人权益是否受到影响而非该行为是否已实际作出。

(二)理性破解行政诉讼制度困境

1. 理性看待诉讼(不)停止执行制度

从表面来看,诉讼(不)停止执行原则与信用预防性行政诉讼制度之构建存在冲突。实际上,这二者之间不存在实质性关联。首先,执行制度毕竟适用范围有限,且其程序启动权并不由信用执法相对人决定,而是取决于法院和信用执法主体的自由裁量。其次,在程序启动方面,现行《行政诉讼法》第56条中所规定的诉讼停止执行情形均以“公共利益”“社会利益”等不确定法律概念为前提,这难免会导致以公共利益之名行违法行为之实局面的出现。再次,一个奇特的现象是,但凡涉及房屋拆迁、食品安全执法、环境保护执法、信用执法等对于相对人重大合法权益产生不利影响的领域,法院往往采取“不停止执行为原则”的立场;相反,法院则采取“停止执行为原则”的立场,这无疑使信用相对人的重大合法权益难以得到保障。最后,信用预防性行政诉讼的适用对象是具有先定力效力或具有未完成形态特征的准信用执法行为,而不停止执行制度仅适用于已经产生行为效力且具有完成形态特征的行政行为。进言之,前者以信用执法主体最终作出之前的准行政行为为审查对象,后者则以信用执法主体作出之后执行之前的行政行为为审查对象。总而言之,这二者之间不存在实质冲突。

2. 理性看待行政诉讼类型化制度

信用预防性行政诉讼制度究竟归属于确认诉讼、给付诉讼、形成诉讼类抑或是撤销诉讼或不作为诉讼,在理论上一直处于争论状态,但这并不构成该诉讼制度建立的障碍。(1)不可否认,行政诉讼类型化确实具有自身独立价值,但我国行政诉讼实践起步较慢,建立行政诉讼类型化制度不能一蹴而就,盲目追求行政诉讼类型化建设的做法亦并不可取;相反,以判决实践方式为基础逐渐建立行政诉讼类型化制度未必是一件坏事。(2)该制度的建立应与我国司法体制及司法资源相适应,贸然建立诉讼类型化制度的做法可能会适得其反。实际上,信用预防性行政诉讼制度的构建是一回事,行政诉讼类型化制度是另一回事,二者并不冲突。

3. 理性看待民事诉讼保全制度

行政诉讼审理可以参照部分民事诉讼保全程序进行,但民事诉讼保全制度的这种补充功能并不足以否定信用预防性行政诉讼制度的建立。(1)前者是一种旨在确保民事诉讼程序顺利进行的非独立诉讼制度,后者则是一种旨在防止信用执法相对人之重大合法权益免遭不可逆转侵害的独立诉讼种类。(2)前者适用于平等主体之间的民事争议,而后者则以不平等主体之间的行政争议为适用对象。

(三)努力提升司法实践经验

1. 努力提升司法专业化水平

(1)加大行政法专业领域司法人力、物力资源投入,逐步提升司法审判人员的专业性、技术性、裁量性素质，努力建立专业性极强的司法队伍是关键。(2)积极发挥司法在信用执法领域的适法性审查功能，逐步探索预防性行政诉讼构建的实践经验，进而重塑权威、高效、便民的司法机制。(3)理性处理信用执法机关专业判断与司法机关适法性审查的关系极为关键。一方面，为确保信用执法主体发挥其弥补信用立法漏洞、确保信用规范灵活性、适时促进信用规范更新、政策判断等效能，司法机关在该诉讼过程中应尽量尊重信用执法主体的政策性、专业性、技术性和裁量性判断优势。另一方面，如果信用执法主体的行为确已存在脱离法治轨道、恣意滥用自由裁量权或有违法律授权目的的情形，司法机关应发挥其适法性审查权能以确保相对人的信用合法权益不受侵害，进而确保判决内容具备理性、合宪性、合法性、合目的性及可预测性要素。[①]

2. 认真对待比例原则

针对前述困境，司法机关应综合考虑多重因素，争取达到比例原则与正当程序原则适用方面的平衡。(1)即便最终认定信用执法利益具有优先性，但相关决定之作出也应以不侵犯当事人权益和最低程序保障为基础。(2)利益衡量过程应严格遵循职权分离主义原则。具体而言，信用执法措施采取是否符合公共利益的初步判断权由信用执法主体掌握，但最终判断权则应专属于法院。(3)破除前述困境的关键是勇于打破公共利益绝对优先的滞后观念。[②]

---

① 参见张远照：《预防性行政诉讼构建研究》，中共重庆市委党校（重庆行政学院）2018年硕士学位论文，第41～42页。

② 同上书，第37～38页。

3.合理界定适用条件

(1)重大损害性要件。该要件是指若信用执法行为已然给相对人重大合法权益造成实际损害或威胁,且这种损害或威胁给相对人造成的后果具有不可弥补性,相对人便可提起该诉讼。在实践中,如果该权益属于宪法规定的基本权利谱系或法律保留的事项,其应认定为重大损害。另外,若该权益遭损害后根本无法恢复或需要很长时间才能恢复,其应认定为重大损害。当然,该损害还意味着该权益一旦损害,根本难以用金钱衡量。

(2)高度盖然性要件。该要件是指若信用执法主体所表现出的意思表示或其他与之相关联的行为或法律事实足以证实信用执法决定内容几乎已确定或该行为之作出带有必然性特征,则提起该诉讼便无异议。

(3)行为关联性要件。该要件是指若该诉讼的审查对象与三段论推理中的大前提(如法律、法规、规章或规范性文件)、小前提(法律事实)之间存在某种主从、因果或证明与被证明的关系,则当事人便可提起该诉讼。在实践中,行为关联性具有证明审查对象是否符合重大损害性和高度盖然性的作用,是解决该诉讼举证“难”的关键。

(4)争议成熟性要件。该要件是指即便信用执法行为尚未最终作出,但相关联的行为或事实已经对相对人权益产生了实际影响,相对人便可提起诉讼。其判断标准是,无论执法决定最终作出与否,一旦相关联行为已经产生实际损害,该行为便具备了成熟性特征。当然,若信用执法主体先前传达的意思表示已确定并给相对人心理造成了恐惧或因此不得已作出了相关不利选择,该行为无疑具备了成熟性特征。

(5)胜诉可能性要件。该要件是该诉讼程序启动之关键,具有防止相对人滥用诉权和监督行政权的功能。一般而言,如果审查对象已满足违宪性或严重违法性条件,其诉讼胜诉可能性便得到认可,法院也易于受理此诉讼。

五、结语

信用法治建设是一项浩瀚庞杂的综合性系统工程,信用体系的建立健全离不开法治的保障。信用预防性行政诉讼具有自身逻辑价值,为信用执法相对人重大权益的全面有效保障提供了制度"堤坝"。信用预防性行政诉讼之构建不能一蹴而就,必然要经历理论、制度及实践三方面的考验。作为信用法治实践的产物,信用预防性行政诉讼制度具有充实法治"血肉"的功效。诚然,信用预防性行政诉讼并非法治信用建设的"万能药",信用法治的整体建设还需与行政复议、暂时性权利保护制度、诉讼预审机制、宪法监督机制等相关制度相衔接方能发挥最佳的制度效果。

债务催收的刑民界分

——以“套路贷”与民间借贷二分为视角

蒋华玉[*]　许　斌[**]

内容摘要　催收行业的催收乱象频发，亟须规范化法治化。针对当下刑民司法实践中对涉“套路贷”债务催收的定性存在分歧，以实证方式对该类案件的定性思路进行研究，发现呈民事化取向。为依法准确惩治债务催收的非法行为。从实质层面分析其与犯罪三要件的契合性，探寻判断债务催收刑民性质的标准。从违法相对论、法益侵害、法律情感等理论视角，洞悉非法催收应予法律规制的理论依据。对非法催收的不同手段进行类型化划分，

---

* 湖南省衡阳市蒸湘区人民法院刑事庭法官助理。

** 湖南省衡阳市蒸湘区人民法院员额法官。

厘清非法催收多元行为样态的认定思路，区分非法催收民间贷款与“套路”贷款不同情形的法律规制思路。

关键词　债务催收；套路贷；非法催收；法律规制

近年来，暴力催收、侵犯隐私等非法催收的负面新闻屡见不鲜，暴露出催收行业的各种乱象，尤以“套路贷”①中的非法催收为甚，其主要采用欺骗、滋扰、纠缠、威胁、非法拘禁、敲诈勒索、虚假诉讼等非法手段催收，有些甚至利用黑恶势力开展或协助开展，所导致的恶性事件影响恶劣。这种社会现象的产生主要归因于我国征信体系的不完善，催生出较高坏账和逾期比例，使催收行业日益火爆，而利益驱使其游走在法律的灰色地带，引发社会各界对催收行业规范问题的探讨。继深圳市出台网贷催收行为的地方性规范文件后，我国银保监会近期印发《关于银行业和保险业做好扫黑除恶专项斗争有关工作的通知》，要求重点打击非法手段催收贷款行为，催收行业的规范化、法治化已是大势所趋。在专门的债务催收法律规范出台前，债务催收过程中侵犯债务人相关权益的行为依照现行法律法规需要承担民事责任，甚至刑事责任。当前司法实践对涉“套路贷”债务催收的法律规制存在分歧，必须就如何依法准确惩治非法催收作进一步探讨。

一、定性困惑：民事纠纷还是刑事犯罪？

（一）类案定性分歧

“套路贷”具有合法民间借贷的外观，即便采用非法手段催

---

① “套路贷”是“无抵押贷”“校园贷”“车贷”“房贷”“裸贷”“网络贷”等的统称，该类犯罪是假借民间借贷之名，以“签订虚假借款协议”“制造银行转账记录”“肆意认定违约”“转单平账”“虚增债务”等方式，采用欺骗、滋扰、纠缠、威胁、非法拘禁、敲诈勒索、虚假诉讼等催收手段，非法占有公私财物的犯罪行为。

收,侵犯债务人或其近亲属的人身权利和财产权利,也往往囿于不法分子蓄意制造的"证据",从而有效利用法律的漏洞,成功规避法律责任。因此,对于基本案情类似、相对方辩称系"套路贷"、存在暴力催收等特征的案件,实务审判对此类案件所涉债务的性质及催收行为的认定,存在不同的理解和处理。笔者以案例1、①案例2② 为例,对涉"套路贷"案及其暴力催收行为的两种典型处理作比较分析,发现存在以下共同特征:一是借、贷双方约定贷款金额,借款人向贷款人出具借条,贷款人通过银行转账,向借款人提供了借条载明的金额;二是借款人实际拿到的借款金额远远低于借条载明的金额;三是贷款人向借款人进行债务催收,以借条载明的借款金额为债权基础;四是借款人辩称贷款人的"放贷"③系"套路贷",且存在暴力催讨行为;五是贷款人提供借条、银行转账记录等证据,使借、贷双方的民间借贷关系具有形式上的合法性。在实务审判中,对这类案件的性质认定主要呈现"民事纠纷"与"刑事犯罪"的分野(见表1)。

表1 涉"套路贷"案及其暴力催收行为的两种典型处理

基本案情	案例1:马某向毛某借款10万元,并出具借条,没有约定利息。当日毛某通过银行转账向马某交付10万元,同日马某通过银行转账3.2万元给毛某,后又通过微信转给毛某2万元。借款到期后,毛某催讨未果,诉至法院	案例2:吴某向田某借款2万元,签下4万元的借条,田某通过银行转账4万元给吴某,扣除中介费、上门费、保证金、利息等费用后,吴某实际得到借款1.14万元。借款到期后,田某向吴某催讨欠款

① 浙江省宁波市江北区人民法院(2018)浙0205民初2834号民事判决书。

② 浙江省杭州经济开发区人民法院(2018)浙0191刑初47号刑事判决书。

③ 放贷,是指资金提供方向借款人发放贷款的行为。根据资金提供方的不同可以分为银行放贷和民间放贷。本文所有的"放贷"均指民间放贷。

续表

被告辩称	本案涉嫌“套路贷”,因马某实际得到借款仅 4.8 万元,且每月支付 2 万元利息给毛某,在无力还贷情形下,毛某存在暴力催讨行为	本案所欠债务系“套路贷”,且实际得到借款仅 1.14 万元,与借条不一致,且田某的暴力催讨行为涉嫌犯罪
定性争议	是民事纠纷还是刑事犯罪?	
裁判结果	本案系民间借贷纠纷,支持毛某诉求	本案系“套路贷”犯罪,构成刑事犯罪
认定理由	根据在案证据,毛某向马某交付了借款,可以证明双方之间的借款合同关系成立,至于马某的辩论意见,因其未能提供相应证据予以佐证,故不予采信	根据在案证据,吴某所欠债务由“套路贷”形成,除吴某实际所得借款外,田某索要的其他债务均不受法律保护,且田某的催收行为构成非法拘禁罪、敲诈勒索罪

(二)定性思路梳理

为理解涉“套路贷”案及其暴力催收行为的性质认定,对案例 1、案例 2 的定性思路梳理如下。

案例 1 根据“谁主张,谁举证”的举证责任分配原则,毛某提供了借条、银行转账凭证等证据,经形式审查,这些证据能够证明毛某与马某之间的借款合同关系,自毛某提供借款时已生效,双方之间的民间借贷事实客观存在。至于马某辩称毛某的放贷系“套路贷”,且存在暴力催收行为。对此,马某应举证予以证明,在其未能提供证据予以佐证的情况下,由其承担举证不能的后果,故认定毛某、马某之间存在民间借贷关系,支持毛某的债权主张。

案例 2 根据证据裁判原则,田某认为其与吴某之间存在民间借贷关系,吴某提出田某的陈述与客观事实不符,且其所欠田某的债务系“套路贷”的答辩意见,法院通过对案件事实进行实质审查,认为在案证据能够相互印证,田某的放贷属“套路贷”犯罪,与民间借贷有本质区别,应从整体上作否定性评价,在判断田某索要的债务中,除借款人吴某实际所得借款金额外,其他债务不受法律保护。同时,通过逻辑分析,田某明知吴某实际得到的借款金额远远低于借条载明的款额,仍以借条载明的金额为基础进行债务催收,故认为吴某是假借民间借贷之名,采用暴力手段对虚高债务进行催收,推定其主观上存在非法占有他人财物的目的,结合其客观上的暴力催讨表现,认为田某的债务催收行为构成非法拘禁罪与敲诈勒索罪。

(三)性质认定取向

案例1的定性思路显示,当事人对自己的主张是否提供证据予以佐证,是裁判的重要考量因素,一个个鲜活的判例诠释了“证明是诉讼的脊梁,直接关系到实体权利在程序中的兑现”。[①] 笔者随机选取中国裁判文书网上输入关键词为“套路贷”“催收”的115份裁判文书为样本,对样本的全国总体、分省(市)情况进行分析统计后发现,在实务审判中,对于被告辩称放贷系“套路贷”,且存在暴力催收的情况,习惯于从形式法治角度,运用举证责任分配原则来评判涉案争议问题,且放贷人提供的证据链条往往形成完美的“闭环”。因此,借款人提出的“套路贷”暴力催收的答辩意见,常常欠缺证据佐证而难以得到支持,导致该类案件的定性呈民事化取向,本应得到刑法规制的“套路贷”放贷人或其催收人却逍遥法外,甚至继续进行此类犯罪。据统计,从全国整体情况来看,未提供证据证明系“套路贷”催收,则定性为民事纠纷的占该类案件所有定性种类的61.26%(见图1),远远多于

---

① 黎四奇:《二维码扫码支付法律问题解构》,载《中国法学》2018年第3期。

定性为刑事犯罪；从该类案件数量居全国前四位的省（市）情况来看，定性为民事纠纷的均远多于其他定性结论（见图2）。

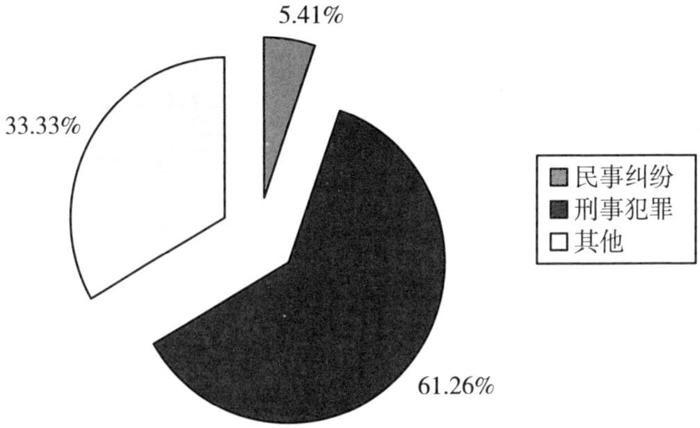

图1　涉“套路贷”催收案的定性之全国总体情况

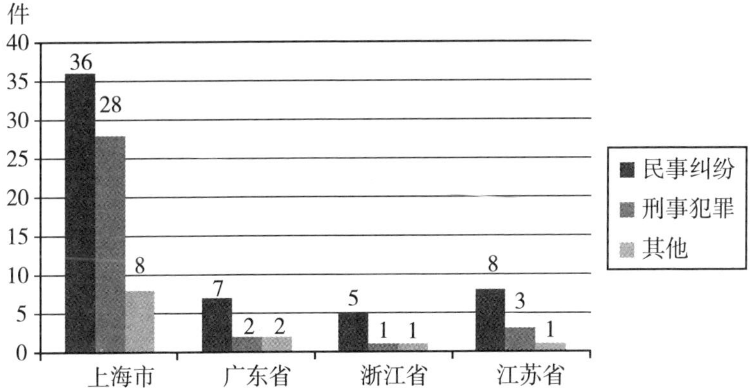

图2　涉“套路贷”催收案数量居全国前4省（市）的定性情况

综上所述，在同为涉“套路贷”案的情况下，对催收贷款行为定性为民事纠纷还是刑事犯罪，直接影响催收行为的法律规制，而债务催收的刑民界分标准是什么；规制非法催收行为的必要性和正当性是什么；如何规制非法催收行为？实现催收行业规范健康发展就必须对上述问题作出回应。

二、判断标准：债务催收的刑民界分

债务催收是民事纠纷还是刑事犯罪，关键是从实质层面判断“催收”是否构成犯罪，故笔者从探讨“催收”与犯罪的构成要件该当性、违法性、有责性是否契合入手，对债务催收的刑民性质进行实质界分，助益司法实践准确认定债务催收事实或行为。

（一）催收是否符合该当性

对行为是否符合犯罪构成要件该当性的判断，主要在于判断债务催收行为是否符合犯罪的客观构成要件。[①] 催收实际是贷款人向借款人行使索债权的行为，判断催收行为是否符合犯罪的客观构成要件，需要考虑催收的债权基础和手段两个维度。其中，判断债权基础是否正当是首要的，因为债权基础的客观合法与否，关涉催收权利的有无以及催收手段相当性的判断，还关涉是否具有非法占有目的的判断。[②] 首先，对于债权基础的正当性应当考虑债权是否真实、合法存在，若债权基础是行为人刻意制造出来的假象，则行使索债权必会侵犯法律所保护的他人法益或社会秩序，应当受到刑法惩罚；其次，催收手段合法与否应当考虑是否符合“社会相当性”、[③]公序良俗、法律秩序的精神与目的，这需要通过对社会的现实、国民的传统、经验和感受的审查来判断；最后，根据债权基础正当性与催收手段合法性的客观表现情况，推断出区分民事纠纷与涉嫌犯罪的基本结论（见表2）。

---

① 参见张明楷：《三阶层理论的司法适用》，载《清华法学》2017年第5期。

② 参见杨绪峰：《权利行使在财产犯罪中的类型化解读》，载《政治与法律》2014年第11期。

③ 所谓“社会相当性”是指行为处于社会上运作正常的可接受范围内，没有越过通常社会秩序规范的范畴。

表 2　催收是否符合犯罪构成要件该当性的判断

债权基础	催收手段	判断结果
正当(真实合法)	合法手段(如正常的言语催讨、民事诉讼等)+取财	不符合,系民事纠纷
正当(真实合法)	非法手段(如诈骗、威胁、强迫、恐吓、非法拘禁等)+取财	具体情况具体分析,判断依据主要是行使权利与受侵害权利的大小、非法手段是否具有犯罪的该当性
不正当(虚增)	合法手段(如正常的言语催讨、民事诉讼等)+取财	符合,涉嫌犯虚假诉讼罪
不正当(虚增)	非法手段(如诈骗、威胁、强迫、恐吓、非法拘禁等)+取财	符合,涉嫌犯诈骗罪、敲诈勒索罪、抢夺罪、抢劫罪等

从表 2 可知,行为人明知不存在或不可能存在正当借贷关系,以虚增债务为债权基础进行催收的,因虚增的债务欠缺真实性、合法性,应评价为没有债权,在这种情况下的催收一般涉嫌刑事犯罪。关于催收手段,若以能为社会公众普遍接受、不侵犯他人人身权利、不破坏社会秩序等相对平和的手段催讨,则该类手段不具有该当性;反之,则可能涉嫌犯罪,如"裸贷"案,行为人以公布裸照或视频相威胁进行催收,这种手段违法社会公序良俗,超出了法律允许的相当性的范围,若符合敲诈勒索罪的特征,应当予以定罪处罚。

(二)催收是否具有违法性

根据犯罪三阶层理论,行为具有犯罪违法性,不仅是该行为系实质上法律所不允许,还要求该行为不具有违法阻却事由。[①] 因此,一方面,判断催收是否系实质上法律所不允许的行为,可以

① 参见张明楷:《违法阻却事由犯罪构成体系》,载《法学家》2010 年第 1 期。

结合放贷不同阶段的行为内容，依据常理进行推断，主要是将放贷人债权损害事实与常规民间借贷违约情形进行比较，对于欠缺合法债权基础、欠缺债权损害事实且具有非法占有目的的行为，可以推断该催收是法律所不允许的（见表3）。另一方面，考虑催收是否具有违法阻却事由，可以结合借款人与催收人的主、客观表现予以综合考虑，从主观层面来看，有些借款人对非正规机构的借贷存在“套路”或“潜规则”是明知的，对这种借贷的违约所需承担的风险是预知的，故借款人对可能发生的违约风险接受限度，可以作为法律上判断是否容许风险的参考标准，但借款人对风险接受限度即主观认知，应限于法律给予被害人的处分权限；①从客观层面来看，在满足下列3个条件的情况下，可以排除催收行为的违法性：一是索债权处于正当权利基础范围之内；二是催收行为行使必要性；三是催收手段具备“社会相当性”。②

表3　催收具有犯罪违法性的推定

行为阶段	行为内容	推定结论
事前	发布无抵押贷款信息、明知借款人资不抵债仍同意提供借款、骗取借款人签订空白合同、虚高借款合同、阴阳借款合同或房产抵押合同等	欠缺合法债权基础
事中	借款合同金额与实际金额之间的差额大、借款人实际控制资金的时间短、资金走向异常、违约情形不符合常理等	欠缺债权损害事实
事后	要求借款人偿还的借款金额远大于其实际所得借款金额	具有非法占有目的

据表3可知，当贷款人或其委托的催收人行使索债权的债权

① 参见张明楷：《刑法学中危险接受的法理》，载《法学研究》2012年第5期。

② 参见罗翔：《法益理论的检讨下反思——以敲诈勒索罪中的权利行使为切入》，载《中国刑事法杂志》2018年第2期。

基础欠缺客观真实性、合法性,且在推定其主观上具有非法占有目的之故意的情形下,此类催收系实质上法律所不允许的行为;反之,则可以成为违法阻却事由。

(三)催收是否具有有责性

放贷人或其委托的催收行为人是否具有"以非法占有为目的"的犯意,是刑事犯罪与民事纠纷的本质区别,是判断催收是否具有犯罪的有责性之关键。然而,非法占有之目的属于行为人的内心活动,判断行为人主观上是否具有非法占有目的,通常采用推定的方法,而对作为推定前提的基础事实需要提供证据加以证明。[①] 在司法实务中,若行为人实施了我国《刑法》第224条中列明的欺骗手段,原则上可以直接推定为存在非法占有目的,对于现行法律没有明确的,一般是通过综合全案事实与证据来推定的。[②] 具体而言,通过审查催收是否具有正当的债权基础,并区分比较索债金额与借款人实际所得借款金额的大小,推断贷款人或催收行为人是否具有非法占有目的(见表4)。

表4 催收是否具有非法占有目的的推定

债权基础	催收贷款金额与借款人实际所得借款金额的比较	推定结论
合法	要求偿还的贷款金额小于或等于借款人实际所得借款金额	不具有非法占有目的
合法	要求偿还的贷款金额远大于借款人实际所得借款金额	具有非法占有目的
非法	要求偿还的贷款金额小于或等于借款人实际所得借款金额	具有非法占有目的
非法	要求偿还的贷款金额远大于借款人实际所得借款金额	具有非法占有目的

① 参见陈瑞华:《论刑事法中的推定(上)》,载《法学》2015年第5期。

② 参见张明楷:《论财产罪的非法占有目的》,载《法商研究》2005年第5期。

表4显示,若行为人所催收的债务合法,且要求偿还的贷款金额与借款人实际所得借款金额相当,则可以否定非法占有目的的存在;若行为人催收的债务不合法,且要求偿还的借款金额远大于实际所得借款金额,则对超出部分可以认定存在非法占有目的。

三、理论依据:非法催收应予法律规制

简单地依照形式法治要求,对未提供证据证明系“套路贷”催收行为的,则认定为民事纠纷,是符合民事裁判规则的,但内心朴素的正义却让人无法忽视以民间借贷之名进行侵财犯罪的罪恶本质。[①] 从刑民交叉理论、刑法理论、法律情感认知等理论视角来看,非法催收并不止于民事纠纷,应予以刑民法律规制。

(一)违法相对论:欠缺民事违法性可以入罪处罚

一般而言,催收是行为人接受贷款人委托的代理行为,具有合法的民事外观。然而,债务催收过程中侵犯债务人相关权益的行为需要承担法律责任,如果需要承担刑事责任,那么形式合法的民事代理行为认定为犯罪的理论依据是什么?对此问之回答,主要存在“违法一元论”与“违法相对论”之争,其中“违法一元论”具有“严格的违法一元论”与“缓和的违法一元论”之分。“严格的违法一元论”认为,在民法上欠缺违法性的行为也就欠缺刑事违法性而不能构成犯罪;“缓和的违法一元论”认为,行为构成刑事违法的前提是必须具有民事违法性;“违法相对论”则认为,行为构成刑事犯罪并非一定具有民事违法性,且行为在民法上的

---

① 参见吴加明:《违法相对论下刑民实体冲突及其调适》,载《政治与法律》2017年第12期。

有效性并不能够成为阻却违法犯罪的理由。[①] 根据“严格的违法一元论”与“缓和的违法一元论”，对“套路贷”的刑法评价必须先考虑其民法上的违法性，而在涉非法催收案件中，行为人提供的证据证明其接受贷款人委托进行催收贷款，是一种代理行为，并不具有民事违法性，但从其实施的催收手段来看，对借款人或其近亲属的财产或人身的危害往往达到了可罚的刑事违法性，从而构成相应的侵(损)害财产或人身权益的犯罪。由此可见，“严格的违法一元论”与“缓和的违法一元论”均有失偏颇，“违法相对论”更适合我国刑事司法的理论与实践。因此，即使有证据证明非法催收在形式上具有民事的合法性，也可以直接予以刑事处罚。

(二)法益侵害说：非法催收“套路贷”具有刑事违法性

法益侵害说认为，法益是指由法所保护的、客观上可能受到侵害或威胁的人的生活利益。[②] 威胁或侵害法益是行为具有刑事违法性的实质内容。[③] 申言之，非法催收构罪与否的判断标准，在于其是否具有犯罪的本质特征即刑事违法性。从形式层面来看，惩治犯罪行为的依据是我国刑法分则，而刑法分则所规定的各种犯罪类型，均蕴含着特定的法益，[④]所以说法益对涉罪行为的处理形成指引，不仅为具体犯罪的认定提供依据，更为不同犯罪类型的区分提供界标。从实质层面来看，“套路贷”债务催收至少严重侵害了两个层面的“法益”：一是对他人合法财产来说，

---

① 参见简爱：《权利行使行为的刑法评价——以违法相对论为立场的分析》，载《政治与法律》2017 年第 6 期。

② 参见张明楷：《刑法学》，法律出版社 2011 年版，第 67 页。

③ 参见丁后盾：《刑法法益原理》，中国方正出版社 2000 年版，第 25 页。

④ 参见林山田：《刑法特论》(上)，台北，三民书局 1978 年版，第 6 页。

以远高于借款人实际所得的虚高借款金额作为索债基础，使本就资金困难的借款人面临承担高额债务的风险，通常都需要用车抵债、卖房抵债等，导致借款人或其近亲属的合法财产遭受侵害；二是对社会秩序来说，“套路贷”的催收行为很可能引发借款人或其近亲属生活混乱、精神失常、自残自杀等严重后果，带来一系列社会问题。正如德国刑法学家罗克辛所言：“刑法应当保护预先规定的法益，对于单纯的违反秩序行为，仅仅使用非刑事惩罚的手段加以制裁。”①“套路贷”的债务催收行为受到刑事处罚，也正因其侵犯了具体的法益。

（三）法律情感认知：非法催收并不止于民事纠纷

法律情感是人们对法律制度、法律现象、与法律相关的社会问题等信息的心理价值体验和主观态度，是人类社会认知的一种重要形式。这种情感认知不仅体现在由信息所激发的显明判断上，还体现在对信息最直接、最朴素的加工上。一般而言，法律情感比一般的情感更趋理性，把法律情感认知运用到法律现象的价值判断上有其合理性，因而可以充当法律推理的辅助。例如，当人们看到或听到他人因欠贷款被催收而家破人亡时，第一反应是悲痛，认为将贷款人或其委托的催收人绳之以法才能抚慰人心。分析产生这种悲剧的原因可知，家破人亡的危害结果正是在催收人针对借款人的人身或财产制造了法所不容许的危险下产生，而危险制造与危害实现是刑事犯罪的客观存在。所以说，前述情绪既表达了对非法催收的不赞成，也与我国《刑法》打击严重侵（损）害他人人身或财产权益行为的目的相一致。但同样的结

① ［德］克劳斯·罗克辛：《德国刑法学总论》（第1卷），王世洲译，法律出版社2005年版，第13页。

论,若想通过法律程序来认定,需要花费较长的时间来权衡考虑:通过民事途径加以解决能否达到平衡当事人双方利益的法治效果;作为社会治理的最后手段即刑事惩罚应否启动?[①] 若想通过立法形式予以明确,可能需要经过漫长的过程;若从法律情感的认知理论上寻求帮助,将朴素的法律情感充当法律推理的辅助,对非法催收行为属于罪与非罪进行朴素的价值判断,可以快速地作出最初的预判。

四、法律规制:非法催收类型化行为的认定进路

随着催收行业的发展,逐渐形成催收手段多样、作案手法复杂、侵害的法益各异等特征,致使行为定性以及罪名认定上容易出现分歧,或因同时涉及多个罪名而难以厘清。为依法打击非法手段催收,需采取系统性思维,准确把握行为所侵害的权益,对非法催收的不同手段作类型化划分,明确非法催收类型化行为的认定思路。

(一)非法催收的类型

正常的催收主要通过电话、短信、信函、外访等方式提醒债务人及时还款,但在实际操作中,部分催收人为提高催收成功率而借助“软暴力”或“硬暴力”手段,逼迫债务人偿还欠款,严重影响了债务人或其亲友的正常工作和生活,侵害了他人合法权益。

第一类:“软暴力”手段催收。债权人或催收公司雇用社会闲杂人员或黑恶势力团伙,通过短信或电话“轰炸”、公开债务人信息或隐私、捏造事实向法院提起民事诉讼,行使滋扰、纠缠、跟踪、哄闹、辱骂、诽谤、扣押贵重物品、非法限制人身自由、擅自上

① 参见刘宪权、李舒俊:《“偷租”行为之性质认定》,载《华东政法大学学报》2016年第5期。

门、聚众造势、恐吓、威胁、要挟等手段,迫使债务人或其亲友产生心理恐惧或心理强制的方式进行催收。

第二类:“硬暴力”手段催收。债权人或催收公司雇用社会闲杂人员或黑恶势力团伙,向债务人或其亲友使用故意伤害、聚众殴打、绑架等暴力手段催收。

(二)非法催收行为的法律适用

1.“民间借贷+非法催收”的认定

民间借贷活动情况复杂,民间借贷的高风险集中于放款人和借款人,这两类人博弈的结果使一些非常规手段出现在借贷纠纷的处置中,当借款人缺乏信用时或在客观上无法偿还的情形下,便出现了非常规的催收手段,对非常规的催收手段,现行法律如我国《民法总则》《侵权责任法》《治安管理处罚法》《刑法》针对部分不当催收行为如侮辱、胁迫、欺诈、暴力等非法催收行为作了粗略的法律规制,为非法催收的认定提供了法律依据。

民事侵权责任成立的四要件中,客观上的违法行为与损害事实这一可量化的因素能够与刑事犯罪构成要件的客观要件进行衔接,主观要件中过错责任也是决定犯罪成立与否的重要因素,在以主观或客观其中一个要件为参照系的前提下,只要达到刑法规定的犯罪构成要件标准,便构成刑事犯罪,如果没有达到刑事犯罪的严重程度则不构成犯罪而仅局限于民事侵权责任或者行政违法的范围。具体而言,行为人出于故意或过失的主观心理给受害人造成侵害,这就要求从两个不同方向考察客观危害行为或损害结果因素,向严重的一方考察,如果符合刑法规定的具体犯罪构成要件,超过民事侵权责任的客观严重性,便进入刑事管辖范围并承担刑事责任;向轻微的一方考察,如果客观损害程度较轻微,且造成了较轻的损害结果,则承担民事侵权责任。

民间借贷下的非法催收行为存在民事侵权、行政违法、刑事犯罪的可能性，因此，对于非法催收行为应作如下刑与民适用的界分：一是在催收行为中，对被催收人或者亲属进行骚扰、辱骂、威胁等，给他人生活或者工作造成一定的影响，可依据我国《民法总则》《侵权责任法》要求行为人承担一定的民事责任。二是使用轻微暴力、威胁、聚众闹事等非法催收手段，扰乱公共秩序，妨害公共安全，侵犯人身权利、财产权利，妨害社会管理，尚不够刑事处罚的，由公安机关依照《治安管理处罚法》给予治安管理处罚。三是在催收行为中使用暴力、非法拘禁等非法手段严重危害他人权益时，构成犯罪的，分别以故意伤害罪、非法拘禁罪等予以定罪处罚；冒充国家机关工作人员，伪造逮捕证等法律文书进行非法催收的，构成犯罪的，以伪造国家机关公文、证件、印章罪定罪处罚。

2.“‘套路’放贷+非法催收”的认定

“套路”放贷人在实施“套路”的过程中往往会伴随多种催收手段，当“套路”行为和催收手段都涉嫌犯罪时，是数罪并罚还是从一重罪处断？从“套路贷”行为方式因果联系层面来看，诈骗是因、取财是果，诈骗与取财是两个先后关联性的行为，但所侵犯的主要法益并不相同。具体认定原则如下：第一，行为人先在借款阶段采取虚构事实隐瞒真相的方式进行哄骗，后有采取胁迫、恐吓等方式实行取财行为，先行为与后行为侵犯的主要法益均为债务人的财产所有权，且前后行为具有牵连关系的一般性和依附性，因此，应该在诈骗罪与敲诈勒索罪中择一重罪处罚。[①] 第二，

---

① 参见闵达：《“套路贷”案认定分歧的审查判断》，载《中国检察官》2017年第11期。

若采取虚假诉讼的方式取财，则先、后行为侵犯了被害人的财产所有权和司法权威性双重法益，应按照诈骗罪与虚假诉讼罪并罚，但我国《刑法》对虚假诉讼罪有特殊规定，对于有虚假诉讼行为，非法占有他人财产，又构成其他犯罪的，依照处罚较重的规定处罚，明确是犯数罪的，则依照该规定，以诈骗罪定罪处罚。第三，若为取财而使用暴力，涉嫌犯非法拘禁罪、绑架罪、故意伤害罪等犯罪的，考虑此类行为侵犯的法益涉及公民的人身权，区别于“套路贷”侵犯的他人财产权，应当实行数罪并罚。

3. 协助或帮助实施非法催收行为的认定

协助或帮助实施非法催收行为，应依协助人或帮助人主观上是“明知”或“不明知”催收的债务系“套路贷”而加以区分认定。所谓“明知”催收的债务系“套路贷”，包括明知肯定或可能是“套路贷”，这个“明知”包括事前明知与事中明知。[①] 根据我国《刑法》第14条第1款的规定，“明知”是故意犯罪的认识因素，而两人以上的共同故意犯罪，则属于我国《刑法》第25条规定的共同犯罪。对于实施“套路贷”而协助或帮助制造银行走账记录、介绍或安排“转单平账”、向借款人或其近亲属索债、以虚假事实提起民事诉讼；帮助非法获取、出售、提供借款人或其近亲属个人信息；帮助转移犯罪所得及其产生收益、套现、取现等情形，判断行为人究竟是否“明知”而予以帮助或协助，可以综合考虑行为人的认知能力、既往经历与案件的具体情况，如约定借款与实际借款额差距、银行转账记录、贷款交付情况、帮助人与放贷人之间的关系、索债手段、索债金额等主客观因素，推定行为人主观是否

① 参见张明楷：《如何理解和认定窝赃、销赃罪中的“明知”》，载《法学评论》1997年第2期。

“明知”。综上所述，在证实协助或帮助催收的债务系“套路贷”，且主观上明知并具有故意（或概括性故意）追求（或放任）侵犯他人财产的结果发生情况下，可以共同犯罪论处。

然而，“套路贷”语境下的“不明知”是指行为人主观上对于“套路”放贷情况并不知情，区别于主观“明知”情形下提供的帮助，这种主观上“不明知”的帮助行为人与“套路贷”行为人在主观上没有共同犯罪故意，不构成共同犯罪。若结合言词证据（如被告人的供述、被害人的陈述、证人证言等）与客观行为表现，证明行为人确实并非明确知道所提供帮助催收的债务系“套路贷”，且确无证据证实其明知是“套路贷”而帮助的，则根据主客观相统一原则，对并不知情而帮助实施“套路贷”，并有故意伤害、非法拘禁或者滋扰被害人及其近亲属正常生活的催收行为，或是帮助捏造事实提起民事诉讼，符合故意伤害罪、非法拘禁罪、寻衅滋事罪、非法侵入他人住宅罪、虚假诉讼罪等犯罪构成要件的，对该部分行为人以相关罪名追究刑事责任。[①]

（三）小结

对债务系“套路贷”或民间借贷催收行为的定性，应依催收的债务性质不同来进行系统性评价，对非法手段催收的不同类型行为加以区分认定。首先，对“套路贷”催收参与人罪名的认定以整体评价为原则，不能对其不同类型行为进行区分后予以单独评价，应以是否具有“非法占有目的”为核心，结合不同类型行为及各阶段所侵害的法益进行综合考量；其次，对共同犯罪的认定应坚持直接故意为前提的主客观相一致的判断标准，准确区分共同犯罪中的主犯、从犯，确保罪责刑相适应；最后，合理界定犯罪

① 参见陶建平：《高利贷行为刑事规制层次论析》，载《法学》2018年第5期。

预备、既遂、未遂等犯罪形态，实行非法催收而成立非正规催收公司、向不特定对象散发广告行为是为了犯罪准备工具、制造条件的犯罪预备，对催收非法债务行为的着手实施应该是针对特定的对象，且应以与债权人签订委托催收合同、介绍或安排社会闲散人员或黑恶势力等进行实质催收为节点。另外，非法催收涉及犯罪既遂的判断应根据侵害的法益采取相应的标准，如侵犯财产权利构成犯罪既遂，宜采取财产“失控说”，即以被害人失去对财产的实际控制为临界点，因“套路贷”犯罪的取财手段和形式各异，对于行为人来说，有时未必直接获得财产，但实质上已取得了财产的对价或期待价值。

五、结语

“套路贷”犯罪所涉非法催收行为造成恶劣的社会影响，给实务审判工作带来了新挑战。对债务催收的刑民性质加以区分，需要结合债务性质进行判断，谨防犯罪分子利用民事诉讼程序将非法行为合法化，甄别非法催收行为并予以准确规制，需进一步加强对催收行业进行法律供给与法律规制的规范化、系统化思考。

信用的本质及其法治路径

王　锐*

内容摘要　信用古而有之，随着社会的发展，被广泛地应用于社会生活的各个领域。它是从"信"中衍化出的概念，由于缺乏对信用本质性的挖掘，其社会应用已远离其本质意义，并丧失了与"信"的连续性。"信"是主体的确定性评价，"信用"是"信"的社会效用，因此"信用"的本质是源于主体的确定性评价所引发的社会效用。本文通过对信用的本质法哲学层面的思考，还原其自然的、社会的生成机理，通过分析信用的历史类型探究其在构建社会秩序中的法治路径。

关键词　信用；本质；确定性；法治意义

---

* 湘潭大学信用风险管理学院博士研究生。

信用的历史源远流长,它始终伴随人类文明与社会发展,并与人们的日常生活、社会活动息息相关。个人信用、社会信用、国家信用所构建的复杂体系已然成为人类社会秩序的基本保障。孔子说,"人而无信,不知其可也"。《贞观政要》记载,"法者,国家所以布大信于天下",在传统的"熟人社会"中,信用就是群体的黏合剂。而在各种社会资源高速流转的现代"陌生人社会",信用的功能在全领域运用。以我国为例,在经济领域内,党的十六届三中全会决定明确指出:"形成以道德为支撑、产权为基础、法律为保障的社会信用制度,是建设现代市场体系的必要条件,也是规范市场经济秩序的治本之策。"在社会治理领域,党中央、国务院进行一系列部署,全力打造"诚实信用"的社会环境,推进"全民素质工程"。在公民个人道德领域,"诚信"已经被列入社会主义核心价值观。信用被赋予全面提高人民群众思想道德素质,如期实现全面建设小康社会总体目标的重要职能。

随着我国社会信用体系建设的深入推进,关于信用的理论研究也在不断推进,"信用"已经成为学界研究的热词。经中国知网学术期刊检索,以"信用"为主题词的论文数,自 2003 年以来,呈现出逐年上升的态势。通观国内外学界对信用研究的切入点,大概有 4 类:一是从道德伦理的角度探讨信用的内在起源;二是从社会学的角度探讨基于合作关系中的个体与群体的互动;三是从经济学、法学的角度探讨信用的功能与权属;四是在前三者基础上作相关应用领域的拓展。鲜有就信用基本属性展开哲学层面探究或围绕信用与秩序的关系而进行法哲学层面的思考。哲学是"关于意识的意识",对信用进行哲学、法哲学分析既有益于更深层次的本质属性描述、以便清晰地把握其核心价值、意义,又有利于将信用进行本源性的锚定，以便对信用概念拓展使用时的前后一致性。作为学术研究，不仅需要将研究成果作应用性的发散，更需要强有力的理论支撑和严谨的逻辑推导。如果信用的本质与其社会应用在逻辑上没有保持自洽性，将会极大地削弱了信用应用的理论证成。基于此，本文立足于对信用本质属性的挖掘，通过探讨因信用而产生的确定性、稳定性与秩序的关系，阐述信用可能和科学的法治路径，以丰富信用的研究成果。

一、澄清信用之本质的必要性

开展法学研究要使用的一些基本概念，如正义、公平、权利、义务等，研究信用法治必然是在“信用”概念上展开思考。研究者通常将其所使用的概念或者其研究工作中的预设当作是理所当然的，这些基本概念在日常生活的语境下，意思单一而清晰，但当我们要将它们运用到更广阔的环境中，特别是作为预设的基本构造物时，就需要揭示它们更深层次的意义。大部分研究者不会去审查一下这些概念和预设，因为一方面，这些基本观念很多是前人已经论证过的；另一方面，如果要等到把基本观念都搞清楚了才开始最让他感兴趣的工作，那么他想要解决的问题可能会变得遥遥无期。但是如果根本不审查这些基本的观念也是荒唐的，这个基础工作必须有人去做，尤其是时代发生了剧烈的变化或者原有的概念在新时代被赋予了更新、更丰富的内涵时，对基本概念本质性的审查会变得更加重要和更有意义。显而易见，“诚信”与“信用”在当今中国，在构建社会信用体系的当下，在将“信用管理”与“失信监管”作为提升社会管理能力的重要工具，并且将信用建设覆盖至全社会公私全域的新阶段，信用对于人类社会所具有的根本属性和基本意义必须得到准确的描述和清晰的界定。否则关于信用的研究将是各说各理、莫衷一是，无法达成共识。

不仅如此,理念最终是用来指导行动的。如果我们弄不清信用的基本属性,那么在使用和发挥信用的功能时,我们必定也是盲目的或者模糊的。信用源于实践生活,如果让它按照自身在人类社会生活中的自发性规律去生长,它或许不需要我们去解决其伦理学和形而上学中更多深刻的问题,它在实践生活中的应用亦不会偏离、迷失其本质。但当我们发掘信用对人类生活的功用,并将其带到自觉层面并在更大范围、更高层面去使用它时,必然会超出日常语言的层面上我们对它词语意义的使用,只有通过提炼和修正,才能消除混乱,才能得到真正经得起考验的意义。“守信”“失信”“政务诚信”“商务诚信”“社会诚信”“司法公信”等众多基于信用所衍生的概念以及人们对它们的认知和使用,才会明晰而准确。

这个定义词语的工作在传统中是交给哲学或法哲学去探究的。苏格拉底的《理想国》整整 10 卷,他不断地追逐正义的定义,虽然到了书的结尾处也没能捕捉到它,但他的努力是有价值的,他澄清了关于正义的种种误解,界定了正义与各种相关概念之间的关系。研究者们不能中断研究,直到他们弄清楚信用的概念和本质为止,也不能因为大家尚未对其达成一致看法就闭口不言,这些人必须继续他们的工作。然而,信用的概念与本质毕竟是根本性的,在思考与信用有关的问题时,几乎每时每刻都必须要用到它们。如果研究者们每天都会用到预设的命题有错误,那么他的整体研究就会陷入困境。

“信用”是在“信”的基础上拓展出来的概念,在“信用”的基础上又可以延伸出“授信”“征信”“信托”等新概念。随着信用涉及的领域不断扩张,基础性概念的内涵也经由不断地拓展与延伸变得越来越丰富。然而,研究者总是将某个领域看作是自己的研究对象,并试图将它保持在自己的研究界限内,这当然会带来更多的准确性,但研究领域的细分也导致了概念定义的缩小化限定,概念在单个细分领域的运用会离原初的界定越来越远,在使用上也变得越来越孤立。仅在法学领域,“信用”在《布莱克法律辞典》被定义为“一方在良心和道义上对另一方的意愿所负的义务”;[①]在《民法·侵权行为法》一书中却被解释为“在社会上与其经济能力相应的评价”;[②]在《人身权法》一书中被定义为“交易主体所具有的经济能力在社会上获得的信赖与评价”。[③] 还有学者认为,信用是“经济要求权”,“信用的本质是基于产权、交易或其他经济活动所派生的经济要求权的实现”。[④] 布兰德·布兰沙德在其《做哲学》一书中指出:“自然是没有边界的,电子的运动、《哈姆莱特》的写作,与列宁革命的发展在某种意义上都是连续一体的。”如何保持“信”与“信用”,以及“授信”“征信”“信托”的连续性;谁能够去思考如何贯通伦理学、社会学与法学之间的“信”的概念群?当然也只能把这项任务交给哲学与法哲学。

不仅如此,由于我们没有挖掘到信用的本质,仅仅依靠日常生活中传习所给出的模糊甚至混乱的“信用”概念支配我们的社会交往,往往会导致我们在真正使用它时无法准确地把握要义而错误百出。例如,非常多的逾期债务问题发生在曾经关系和睦的熟人之间,其原因就是人们错把相互间情感交往的评价当作经济

---

① 《布莱克法律辞典》(英文),1979 年第 5 版,第 563 页。

② 参见王利民主编:《民法·侵权行为法》,中国人民大学出版社 1989 年版,第 225 页。

③ 参见杨立新:《人身权法》,中国检察出版社 1996 年版,第 638 页。

④ 参见李晓安:《社会信用法律制度体系研究》,社会科学文献出版社 2013 年版,第 28 页。

能力的评价。又如,人们习以为常地接受某种信用物,但却很少思考该物是以何种信用作为支撑的,以至于当支撑物失去信用时,却感知不到信用物的失效,其结果必然要承受由此带来的损失,通货膨胀时的国家信用、次贷危机时的银行信用都是这种情形。所以,在围绕信用进行思考的过程中,审查作为出发点的"信用"这一主要概念和有关预设,保持信用概念与其他类概念的连续性就变得非常必要了。

二、群体合作产生了对信用的需求

信用源于"信任""信赖",最初的基础是人格之信,这种个体的德性,构成了信用最初的源。基于"信任"产生的"用"是什么?必然是对主体有益的"效用"。就"信用"这个词描述事物或者事物的状态而言,很难想象其对于单个的个体有何意义。它不同于"健康""病态""复杂""简单"等词可以用于孤立的自然人,信用所描述的状态一定要投放到某种社会关系之中,放在人与人、人与群体、人与社会的关系中才能显现意义。所以,信用的功用只限于社会关系之中。也就是说,无论我们对信用作了何种形而上的归纳与提升,当再次把它演绎和回归到实践中使用时,社会关系是它的边界,离开了社会关系,它就是无源之水、无本之木。那么"信用"的"效用"必然是一种社会效用。

生物学与社会学的区别在于其缺少了人类所能提供的意识、规范与文化的研究范本。如果人类的行为可以在相当程度上用生物学的法则予以还原并决定,就不会显得那么独特了。① 人类的生物性特征支配着其所塑造的社会关系和社会形态,我们放眼

---

① [美]爱德华·威尔逊:《人类的本性》,甘华鸣译,福建人民出版社1988年版,第13页。

自然界,比照其他动物的生存方式,可以作出这样的推测:如果人类的个体在其生活的自然环境(食物链)中足够强大,其必然不会选择以群体和社会的方式生存繁衍。正是因为单个个体竞争力薄弱,于是在与自然界交互的选择与被选择的过程中,其选择了用“合作”的方式与其他物种竞争,就目前而言,人类是成功的,在地球上繁衍出几十亿的族群。当然,历史上人类的各个群体之间也不断地争斗,但幸运的是,“合作”始终是主流,“合作”使种群得以续存。

在生物进化的过程中,如果用“复杂”与否作为衡量“高级”“低级”的标准,“合作”显然是一种“高级”的生存方式。群体中个体间的协助并非易事,因为每个个体都具有独立的意识(更高级的是独立的自我意识),整合不同趋向的利益体非常复杂。自利是生物的天性,如果群体要形成合作必然有个体要牺牲自己的利益,互惠利他行为就成为群体合作的最重要的因素。围绕利他行为,生物学家提供了3种理论:第一种解释是“亲族选择”(Kin selectian),在《自私的基因》一书中,道金斯将“亲族选择”置于基因的层面进行研究,他认为,基因永远是自私的,其目的就是繁衍自身,个体只是基因的“奴仆”,发生在亲族之间的利他行为虽然会减少个体自身生存和繁衍的机会,却大大增强了兄弟姐妹等亲族的繁衍,从而提高了基因的繁衍机会。蚂蚁、蜜蜂的社会是亲缘利他的例证。[①] 第二种解释是“互惠的利他行为”,特里弗斯(R. Trivers)是一位极富创造性的生物学家,其在1971年提出了“互惠性利他”概念,他在研究中发现,在一群动物或两种动物的

---

① [英]里查德·道金斯:《自私的基因》,卢允中等译,吉林人民出版社1998年版,第220~224页。

长期交往过程中,可以建立具有相互回报的合作。例如,动物间相互舔毛清洁皮肤以避免疾病,犀牛鸟帮助犀牛清除皮肤的寄生虫同时获得食物来源,吸血蝙蝠之间的献血行为,维持互惠性的利他也能够形成合作。如果说"亲族选择"导致的消除不同个体之间的利益计算的利他行为是基因在背后支配,那么不同种类动物之间的"互惠性利他"又是如何维持互惠双方的融洽与稳定的?特里弗斯给出的解释是,识别对方的能力和稳定的"老朋友"关系是免于一次性或单向性利他、维持互惠性利他的保障。第三种解释是温·爱德华兹(Wynne-Edwards)提出的"群体选择"(group selectian)理论,他认为,群体可以作为利他性的进化选择单位(具有利他性的群体),因为内部的合作比利己的种群获得更大的生物学上的利益,并因此更有可能在物种的竞争中生存繁衍。"群体选择"无论在结构的复杂程度上还是群体的覆盖广度上均远远超过了"亲族选择"和"互惠性利他",因为它借助了生物学以外的另一支力量——文化。

文化在人类群居的社会生活中以禁忌和信仰的形式出现,以后逐步演进为规范(行为准则),最后成为习俗与律令。"其目的与功能在于打击极端利己,建立规范,使一个非血缘群体不沿着生物学的轨道回归自私。"①没有文化力量的介入,群体中的利己主义者必然在竞争中获得更好的生存繁衍机会,从而逐代递增,最终导致利他者的灭绝和群体选择的失败;没有文化力量的介入,群体必然要保持封闭,哪怕是具有亲族血缘的新成员的加入,如果不能认同并吸收群体的利他理念,依然会发展成为利己者并从中获利,最终造成群体利他的流产。

---

① 郑也夫:《信任论》,中信出版社2015年版,第24页。

道德是文化中的重要部分。“道德是为扩大人类有限的理性和有限的同情心,进一步说是要严格限制人类自然气质中固有的破坏倾向。”[①]道德的介入,使群体规模得以扩大,将基于本能的亲族利他的近亲性群体间的合作扩展到群体选择的开放性群体。当然,开放性群体得以进行群体选择式利他的前提是群体成员对群体道德观念的认同。动物的生存是其生命的全部意义。人首先是动物,生物性是本性,“归根到底是自私的行为倾向在我们的行为心态的遗传组成中占绝对优势,在人类以前的时代,自私行为是被自然选择极力选中的”。[②] 但是,群体性的合作生存方式决定了利己性必须被限制在一定范围内,利他性必须被张扬,于是在人类历史中,文化携带着禁忌、信仰、道德、习俗与律令等一系列有利于张扬利他性的产物纷至沓来。其实,这一切也是人类适应自然,选择了合作性的社会生活方式的“自然选择”。

三、信用通过主体的确定性认知或评价发挥其作用

探讨信用的问题还必须从“信”开始,因为信用只是“信”衍生出来的众多概念中的一个,且其辅之以“用”。概念是人类用语言或文字的形式描述事物或者状态的工具。“信”所描述的事物是“书信”“信物”“信息”等人与人之间交流的载体,其用途简单直观,本文不展开论述。而“信”所描述的状态却更加丰富,包括“信心”“信念”“信仰”“诚信”“守信”“失信”“信任”“相信”“信用”“授信”“信托”,对于这些同质性的概念,如果按照主体与客体的关系进行分类,可以看到非常有趣的现象:“信心”“信念”

---

① 参见[美]彼彻姆:《哲学的伦理学》,雷克勤等译,中国社会科学出版社 1990 年版,第 37 页。

② 参见[美]迈尔:《生物学哲学》,涂长晟等译,辽宁教育出版社 1992 年版,第 86 页。

“信仰”这类概念完全在主体的自我意识之中；“诚信”“守信”“失信”这类概念是主体对外部行为的评价；“信任”“相信”这类概念描述的是不同主体之间相互评价；“信用”“授信”“信托”这类概念已经使“信”进入社会公共治理领域。“信”以及衍生的类概念群在人类生活实践中发挥重要的作用。关系自我信念的认同，他人、群体的评价，个体间的互动和经济生活中的行为资格与权利。无论与“信”相关描述状态的概念有多么丰富、复杂，都是与主观评价和形成判断有关，这一点至关重要，其区别源于所针对的对象的不同，即是自我观念抑或是外部物与行为。那么在本文中我们需要思考的是“信”以及衍生的类概念，包括信用是如何在人类的社会生活中发挥作用的？

所有生物在生存的过程中会通过自然选择形成一定的固定模式，固定的生存模式使其生存状态变得相对稳定和便捷。固定的生存模式在动物特别是有自我意识的人类身上表现得相当复杂，我们通常把这种固定的生存模式称为“习惯”，“习惯”可以发展为“习俗”。“习惯可以兼用于个人与社会，习俗则完全是社会性的；习性指客观存在的习俗在个人主观意识中的内化；道德乃是习俗中与是非密切关联的部分，因而是习俗中更为强制的部分。[①]”“习惯”“习俗”之所以能够续存，同样使其在人类生活中发挥了让生存状态变得相对稳定和便捷的效果。一方面，固定的生存模式是经过长期的自然选择验证有效的，确实能解决生存中面临的各种问题；另一方面，它提供了“本体安全感”，只要按照“习惯”行事，行为所带来的后果是可以预期的，并可以有效地抵御和反抗焦虑的威胁，提供了马斯洛需求层次中提到的仅次于生

① 郑也夫：《信任论》，中信出版社2015年版，第69页。

存需求的第二种需求——“安全需求”。

《民俗论》的作者萨姆纳认为:“人开始于行为而不是思想,这些行为与理性没有或很少有关系,它开始于无计划,它们的历史在被制度化前没有留下理性的痕迹,但它具有无形的力量。”固定的生存方式起源于人类为了满足需求所作的努力,是人类调适生活的手段和方式,最初是无意识的,但自发的它在经历自然的选择后被证明是有用的,所以“无须理性”而又“具有无形的力量”。“由于人类具有以推理和行为实现有目的的结果的能力,理性因而被归之于人类”。[①] 当人类开始运用自己的意识去思考问题的时候,或者说但当人类追求使用“理性”的时候,其又是如何对待“习惯”的?此时,“信”这种主观的评价必须参与进来。阿马泰亚·森(Amartya Sen)对“理性行为”的定义是:在确定性情况下,理性行为有两种主要的探讨方式:第一种方式强调内在的一致性,第二种方式以对追求自身利益的推断来表示。[②] 人类根据“习惯”对自身利益产生的结果作出了评价与判断,并认同“习惯”能为生存带来有益的“确定性”,而这种评价与判断正是本文的主题——“信”。中文中本来就有“确信”一词,我们的祖先早就把“信”与“确定”紧密地联系在一起;而英语中没有单独的词表达,只能用“be sure”来接后续的名词。

正是因为对“习惯”带来的确定性给予了主观的肯定性评价——“信”,“习惯”才能成为社会化的人类生活固定的生活方式和手段。随着“习惯”的不断进化,它中间的一支演变成了“科

---

① [英]米勒、[英]波格丹诺编,邓正来主编:《布莱克维尔政治学百科全书》,中国问题研究所等译,中国政法大学出版社 1992 年版,第 630 页。

② 参见[英]伊特韦尔等编:《新帕尔格雷夫经济学大辞典》(第 4 卷),陈岱孙主编译,经济科学出版社 1996 年版,第 73 页。

学"。布兰德·布兰沙德如此评价科学是如何带给我们确定性,并帮助人类生存的:"我们可以通过感知来了解有关物理秩序的事实;我们的逻辑律对于这种物理秩序而言是有效的;存在一个每个人都可以接触到的公共的时空,事情会在这个时空里发生;每个事件都有一个原因;在某种条件下,同类的事件曾经总是发生,将来也总是会发生;我们应该根据证据的强度来调整对命题的认可程度。"科学同样来自我们感知的经验世界,人类运用逻辑规律对经验世界的各种材料进行思考组合,并经过在一定时空的验证,确信其理性,并将它链接到人类的"习惯"中,引用于自然改造和社会生活。科学所提供的确定性和稳定性在很大程度上消除了人类的焦虑情绪,提供了本体安全感;同时,它使人类为生存所作的努力不需要每次都"重新起航",始终踩在一定的"阶梯"上与自然交互即可,从而构建了我们今天引以为豪的"科学体系"。

"习惯"进化中的另一支演变成了"日常惯例"。"日常惯例"能够被主体认可并接受、内化,经历主体了的判别与评价后,主体为其标签出"确定性",并肯定其对于主体生存的价值,最终成为人类社会生活的固定方式。"日常惯例"同样为人类提供了本体安全感和信任,"社会成员间对相互习惯的依赖及对相互保持习惯的信任形成了社会关系和公共秩序的预期性。日常惯例造就了生活的稳定和预期性,并造就了人们心理上的安定和信心,这种心理感受帮助人们掩盖和克服本体中的不可预期性"。[①] 人类社会生活的固定方式构成了"社会秩序",社会秩序在博登海默那里代表的是社会进程中存在的某种程度的一致性、连续性和确定性。"信任""习俗""法律"三者通过确定性完成了有效的连接。

---

① 郑也夫:《信任论》,中信出版社2015年版,第72页。

四、信用与秩序关系

一致性、连续性和确定性普遍存在于自然进程之中，被人类已经认知的那部分我们将其叫作“秩序”，而未知部分则冠以“无序”。一旦世界中的一致性、连续性和确定性被我们掌握，我们就可以为了人类目的而进行预测与运用。社会进程是自然进程的组成部分，因此也必然包括了一致性、连续性和确定性。“如同自然界中一样，秩序在人类生活中也起着极为重要的作用。大多数人在安排各自的生活时都遵循某些习惯，并按照一定的方式组织他们的活动和空闲时间。”①事实上，社会进程中的秩序在很大程度上是以“习惯”作为其表现形式的。

一旦人们感觉到自己是置身于“秩序”之中的，他们所作出的应对就是“安排”“计划”“组织”，因为一致性、连续性和确定性使人们可以为准确地预测未来提供支撑。当然，尽管人类追求秩序，但常常“天不遂人愿”，不一致性、非连续性、不确定性的人类未认知和把握的偶然情形时常会阻碍这种追求，有时甚至导致混乱与失控。对于自然界中的无序，人类努力地通过科学技术的发展去应对，并将其设定为“灾害”“风险”，以保持谦抑的敬畏；对于社会生活中的无序，则通过“规范”“法律”尽力地规制，力求形成统一的社会标准，使每个社会个体遵守、服从，以保持其一致性、连续性和确定性。“甚至在人们偶然组成的聚集群体中，人们为使该群体免于溃散也会强烈倾向于建立法律控制制度。”②，不仅如此，秩序关系社会生活的每一部分，甚至每个社会主体的每

---

① ［美］E. 博登海默：《法理学：法律哲学和法律方法》，中国政法大学出版社2004年版，第233页。

② 同上书，第234页。

个行为,人们都倾向使用法律完成秩序的控制。对社会事务中秩序的寻求,已被当成个人努力或社会努力的必要目标。

关于人类对秩序的“情有独钟”,学者们有多种解释。博登海默认为,它是一种欲望或冲动,“似乎深深地根植于人的精神之中,人具有重复在过去被认为是令人满意的经验或安排的先见取向”。西格蒙德·弗洛伊德认为,生命有机体具有“重复早期经验”的本性,不仅牢牢扎根于婴儿的生性资质之中,而且在人生发展的后期阶段始终存在。马斯洛指出,社会中的大多数成年人,一般都倾向安全的、有序的、可预见的、合法的和有组织的世界;以为这种世界是人能够依赖的,出乎意料的、混乱的危险事情是可以被控制的。其实,秩序不仅可以消除人的不安全感,也是人类以便捷方式谋求生存的一种自然选择,“令人满意的经验或安排”难道不是最容易实现需求满足的途径?

在对秩序的追求之中,“信”再次发挥了它的巨大效能:如果主体针对可预测的未来作出了“安排”“计划”“组织”,由于他“确信”事态的确定性,定然会坚决地执行事先拟定的“安排”“计划”“组织”。作为社会统一标准的法律规范,其制定源于统治阶级或者社会管理决策层对社会秩序的追求,社会个体如果是基于与法律制定者同样的确定性认同、评价,法律当然能够得到遵守与执行,反之则不然。伯尔曼说,“法律必须被信仰,否则将形同虚设”。法律若不被“信”,必然不会得到自觉地执行,如此,尽管有国家的强制力作为保障,我们依然很容易理解为什么法律被违背与被遵守一样,已然是一种常态。

如果我们了解了“信”在“秩序”“习惯”“法律”中的发生运行机制,我们还有可能会消除很多误解。比如,法律是调整利益关系的,如法律是“良法”,保护的是社会的整体利益,自然会得到认同者的遵守。社会整体利益是社会合作的基础,尽管有部分个体利益与之相冲突,但就利益而言,本身就是主观的,张维迎教授认为:“支配人的行为的利益并不是客观利益,而是主观利益,或者说,是人们感受到的利益(perceived interests)。理念则帮助人们去构造他们对利益的理解。对于‘什么是你的利益,什么不是你的利益,什么有利于你,什么不利于你’,人们是通过理念来理解的。”法的制定与遵守其重点不在于运用其去纠正与惩罚,而首先在于全社会对法律所调整的主观利益进行认知与评价的统一。又如,“法律在本质是对专断权利之行使的一种限制。”法律虽然以权利、义务为表现形式,但其本质上是形成某种秩序,指向社会合作的有序、有效。如果法律规定不能实现社会合作的目的,那么只能说明其权利、义务配置的非正义,而“专断”的权力如果实现了社会合作的目的,人们却“依据法律的本质”去限制它,岂不违背立法的初衷。

“信”首先是一种主观的评价与判断,因此关于信任的理性问题与“真实性”保持若即若离的距离,它还依赖作出评价的主体。重要的是我们如何形成统一的“信”。所以齐美尔说,信任处在全知与无知之间,信任处在理性与非理性之间。因此,“信”所体现的本质——确定性亦是如此,确定性是主体对未来的状况的确知。杜威在《确定性的寻求》一书中阐述了寻求确定性这一行为是如何沟通理论与实践两者的联系。确定性首先是一种主观判断,这种主观判断源于主体的知识和经验,并将支配主体的实践活动。归根结底,我们是用结果来评价观念而不是用观念评价观念,而用以评价信用观念的“结果”恰恰就是人类这一物种赖以生存繁衍的根本——社会合作。

五、信用的法治路径

“信”的社会效用很早就被用于法律之中：凡有符合法律要件的意思表示不能得到意思表示人的履行谓之“失信”，民事法律中将“诚实信用原则”作为民法的基本原则，通过债权制度、破产制度对当事人的信用能力予以规定，古代法律对信用丧失的普通公民采取限制或剥夺自由、平等的法律地位的措施予以制裁，现代法律则以权利资格作为制裁对象。货币、票据在流通领域广泛使用后，有关信用物的法律更多的是以单行法的形式出现，1807 年拿破仑主持编撰的《商法典》将票据法作为重要组成部分。1882 年英国正式通过了《票据法》，1896 年美国也出台《统一票据法》。股份制度的出现将商业信用推向一个新的阶段，与公司有关的公司法，与银行有关的银行法大量出现，同时催生了国际间的统一标准，如有关商业银行监管的《巴塞尔协议》。不仅如此，流通的扩展创造了更多的信用工具与信用交易方式，创新了信用流通工具和转账结算制度，也促使各国出台相关法律法规和国际协定。进入 21 世纪，互联网和大数据技术带动为信用技术的革命，有关信息、数据的使用和保护成为信用领域立法的重点。

越来越多的信用相关法律的出现有一个共同的特点，都是应时代的发展和现实的需要针对特定的问题制定的，以美国为例，在 20 世纪 60 年代末至 20 世纪 80 年代制定与信用有关的法律就有 17 部，一部分是公平法系列，将此系列作为信用相关法律的核心，集中规范征信机构操作和金融机构行为；另一部分是“边缘法”，其中的规定多涉及信用管理行业的业务操作方式。美国尚且只形成了“较完整的框架”，到目前为止，世界上没有任何国家将信用法律作整体性的设计。当然，这与人们对信用的认识规律的渐进性和阶段性有关，但目前信用法律的零散化显然已经跟不上信用技术、信用服务、信用管理的需要。尤其是像我国这样有志于建设涵盖政务诚信、商务诚信、社会诚信、司法公信的全面的社会信用体系的国家,如果不对信用立法作整体性设计,就不可能通过后发优势建立高质量、体系化、全覆盖的信用法律体系。我们不仅需要借鉴发达市场经济国家在信用技术、信用服务和信用管理实践中总结提炼出的丰富的信用法治资源,从信用的本质出发,通过分析信用的历史类型,规划出符合中国社会发展实际的信用法治途径也是当务之急。

张康之教授认为:“在对信任问题的研究中,我们根据农业社会、工业社会和后工业社会的基本历史形态以及熟人社会和陌生人社会的交往和人际历史形态,把信任区分为习俗型信任、契约型信任和合作型信任。”农业社会是分散的、相对封闭的、局部性的熟人社会。人际关系在人口密度较小的条件下、在血缘和地缘的框架下是一种自由、简单、明朗的人际关系。熟识是交往的前提,人们之间的信任基本上属于一种习俗型的信任,正如费孝通先生所说:“乡土社会里从熟悉得到信任……乡土社会的信用并不是对契约的重视,而是发生于对一种行为的规矩熟悉到不假思索时的可靠性。”[①]信任主要从属于习俗的规范和满足于习俗需要,并在很大程度上是不具有直接的功利目的的。因此,对于信用入法的要求并不高,诚实守信法律原则的倡导和对当事人法律地位、自由的设定粗线条的规制措施足以支撑“习俗”在信任中的社会功效。

在工业社会社会化生产和社会政治化的过程中,人们因为特定的利益而结成短暂的群体。人们之间的交往关系主要是以物

① 费孝通:《乡土中国》,北京大学出版社1999年版,第10页。

质的或成文的规则为中介而建立起来的。人们由无数有形的和无形的契约而联系起来,并发展出了一种契约型信任。处于任何一种社会群体之中而建立起来的人际关系都需要通过成文的规则来加以确定。契约型信任还具有工具性的特征,是可计算的(这是它与习俗型信任最根本的区别,习俗型信任的感性特征决定了它是不可计算的,属于一种不可计算性的信任)由于契约型信任是从属于利益谋划和发生在陌生人社会中的,所以更多的是被作为一种工具而加以利用。在契约型信任的工业社会和商品经济社会中,信用入法的途径也在发生变化,它适应“契约无处不在”的要求,在交易最频繁的地方展现自我,票据法、公司法等各种有关信用流通工具和转账结算制度的法律规范如雨后春笋般破土而出。

后工业社会虽然也是一个陌生人社会,但已从间断式陌生人社会发展成网络式的陌生人社会,人际间直接的多向度交往越来越频繁,陌生人之间告别了交往主体间的单向联系,代之以主体间的多向联系。网络结构突破时空界限和隔离发挥出使人连接起来的作用。在人际关系方面,网络式陌生人社会在人际关系上的表现是“自由的稠密人际关系”。在后工业社会中,法律、制度的安排就是要保障交往主体获取交往活动必要信息的成本大大下降,从而使交往风险最小化,并在出现了交往风险时也能够及时预警、补救。“因为,网络结构是一种立体的结构,它在每一个层面上都会表现出网络关系的特征,或者说,网络关系是由多种关系构成的网络整体,是一种复合性的关系模式。”①对于这种网

① 张康之:《在历史的坐标中看信任——论信任的三种历史类型》,载《社会科学研究》2005年第1期。

络关系来说,“关系网络中的他人能够在另一种关系中发挥直接作用。如果信任构成网络联系的基础,那么成员就会发挥作用维持他们的和其他成员的关系。当事人会选择去惩罚那些不值得信任的行为”。[①] 而后工业社会人与人之间的信任更多的是依靠网络信息,交往关系中必然有信息的共享,在以往的一切历史阶段中,信息都是有边界的,而后工业社会的网络结构打破了信息的边界,使交往行为系统中的信息边界变得无限大。根据信息作出评价后取得的,包括对失信主体的惩戒,网络信息也是必须借助的重要工具。后工业社会极大地改变了人类的社会生活状态和人际关系的性质,网络式陌生人社会以知识与认同为中介,提升了人们在交往活动中的行为选择机会和选择能力,通过信用可以实现社会生活的“万人联通”。然而,在工业社会契约型信用形态下使用的成文的规则体系和形式化的制度结构会逐渐显现出不适应和乏力。“在后工业社会,需要基于信息技术等新的科学技术条件,设计出保证行为公开化的社会运行机制。通过这种机制而对人的信誉进行评估,甚至进行定量分析,形成一系列关于每一行为主体的信誉数据和信息资料,以方便于进入合作关系中的‘陌生人’能够作为合作行为选择依据的参数。”[②]后工业社会的信用入法途径必然是将信息作为最主要的资源,配置以权利、义务进行规制。人们依据网络信息建立信任关系,并在此基础上给予评价、判断,寻找社会交往的确定性,最终实现社会合作的目的。围绕信息的利用,法律会形成一个新的体系,用它来重

---

① ［美］罗德里克·M. 克雷默、汤姆·R. 泰勒:《组织中的信任》,中国城市出版社2003年版,第195页。

② 张康之:《在历史的坐标中看信任——论信任的三种历史类型》,载《社会科学研究》2005年第1期。

塑我们赖以生存的社会秩序。随着互联网技术渗透进人们生活的每个部分，社会的管理与控制系统会将现实中的人在虚拟空间安排对应物，如身份证号码、统一社会信用代码，人们不得不在两个世界——现实的和虚拟的时空内奔走，而法律在两个空间都设定的权利、义务的规制，它们同时影响人的地位与自由。在未来，如果成文的规则体系不能适应社会交往的要求，不能在社会合作中有效地发挥作用，那么它或许会被其他形式的规则所取代，或者法律会以新的形式出现。

最后，有一种疑虑必须要表达。源于对一致性、连续性和确定性的迷恋，现代人类陶醉在由货币和专家等联姻的新的信任机制之中，表面上这种信任机制似乎更有能力完成更加广泛、深度、牢固的社会合作，但它伴有严重的“抽离化机制”，“时空合一，即一个群体在一定的空间里共度漫长的时光，是人类有史以来的生存状态”。[①] 新的信用机制将社会关系从地方性关系中抽离，又在无限的时空中重组，但人类离生存的基础也越来越遥远。人类的忧患还不止于此，自从形成社会合作以来，人类用于开发工具上的精力远比用在开发自己的机能上的多得多，我们不断通过工具的改进提高适应自然、满足需求的能力。当工具发展到人工智能阶段，当工具成为拥有自我逻辑的实体，在它强大的能力面前，我们是否还有机会拥有自己的生存空间。信用也是服务于人类生活的一种工具，它通过确定性黏合社会合作，无论如何，我们必须牢记这一点，如果它异化了，同样会对我们造成巨大的伤害。

① 郑也夫：《信任论》，中信出版社2015年版，第72页。

我国信用奖惩机制完善的法律路径探析

缪若冰*

内容摘要 我国已经初步形成了信用奖惩机制,但这一机制还存在许多问题,尚有许多可以在法律上进行完善的空间。具体表现在,一方面,我国信用奖惩机制的对象——信用与失信,在法律上并未形成明确的定义及可操作的内涵,这使信用奖惩机制的建设成为无源之水;另一方面,现有的信用奖惩机制在奖励层面存在有损市场公平竞争之嫌,在惩罚措施方面又需加强标准化与规范化。更关键的是,我国应加强有关信用惩罚机制的立法工作,从法律层面推动其前端信用信息的收集,

* 重庆大学法学院讲师。

同时在其后端以个人破产法等法律保障其有效实施。

关键词　信用;失信;信用奖惩机制;立法

多年来,我国信用奖惩机制获得了多方面的发展,不仅征信报告从无到有,企业信用报告逐步得到完善,相关的法律规定与法律制度建设也取得了跨越式的发展。但是,时至今日,我国在法律上对什么是法律层面的“信用”,以及对应的“失信”的具体含义,都未进行明确。这使信用奖惩机制的对象成为一个不确定的法律概念,信用奖惩机制也很难说建立在一个确定的、坚实的基础之上。除信用奖惩机制对象的法律内涵外,我国在具体的信用奖励上还存在许多待解决的问题。例如,是否真的有必要从法律层面对履约良好的市场主体给予行政审批或者公共服务的优先权;这样的奖励措施是否会产生寻租行为,损害市场准入的平等性,并影响正常的市场运行秩序?这些无疑都是构建信用奖惩机制必须回答的关键性问题。

我国信用奖惩机制的法制化建设还在“初级阶段”,至今未有一部专门性的法律,更多的是国务院、各部委及各地方政府出台的行政法规、部门规章与规范性文件。这一缺陷使我国信用奖惩机制的法律依据,存在“碎片化”的状况,也使信用奖惩机制的主要依据——信用报告的信息收集不完整,信用信息的隐私保护不全面,信用惩罚的措施不成体系。未来,我国无疑亟须加强有关信用奖惩机制的立法工作,以建立一个丰富、全面、系统的信用奖惩法律机制,从而为我国构建信用社会奠定良好基础。

一、信用奖惩对象的法律定义探讨

信用奖惩机制运作的前提是确定什么是“信用”,什么是“失信”。由于“失信”与“信用”至今未被明确界定引发了许多问题,例如,在法律层面,信用的具体对象是什么,失信的标准是什么,失信是否有程度之分,信用奖惩机制下的信用与失信标准应如何确定?毫无疑问,如果前述问题未在法律层面得到解决,那么信用奖惩机制的建立就存在很大的不确定性。

(一)“信用”与“失信”在法律层面的探讨

信用有诸多层次、诸多场合的运用。通常在俗语中,当一个人能按照约定办事,我们便形容此人“言而有信”,或称其是“有信用的人”。[①] 守信之人,人们愿意与之打交道,也将其视为日常生活中可以信任的对象。中国自古以来对诚信颇有道德上的推崇,司马迁笔下的《史记·季布栾布列传》中就记录了“得黄金百斤,不如得季布一诺”的故事。

在法律层面,我国《民法总则》规定,“民事主体从事民事活动,应当遵循诚信原则,秉持诚实,恪守承诺”。[②] 此规定中的诚信原则即为诚实守信,不违反法律的规定及双方的约定。与我国《民法总则》相伴随的是,我国《合同法》规定了“当事人行使权利、履行义务应当遵循诚实信用原则”。[③] 从上述法律规定来看,我国《民法总则》与《合同法》都未单独定义“信用”的含义,只是将其放入了兜底的诚实信用原则之中,以便在法律条文不能具体适用的情况下,保护当事人的合法权利。

---

① 对信用的道德推崇,也可见于诸多的经典文献中。例如,语出《论语》的“人而无信,不知其可也”,以及《管子·枢言》的“先王贵诚信。诚信者,天下之结也”等。

② 我国《民法总则》第7条规定,民事主体从事民事活动,应当遵循诚信原则,秉持诚实,恪守承诺。

③ 我国《合同法》第6条规定,当事人行使权利、履行义务应当遵循诚实信用原则。

从法律与道德中的“信用”内涵来看，两者并不能画等号，[①]这也意味着法律层面对“信用”的定义，必定不同于道德层面的“信用”。以一案例进行说明：甲和乙签订某合同，约定甲支付1万元购买乙的A产品，双方在约定的期限内完成交易。最终双方都按照合同约定履行了自己的义务。那么这一法律过程中，可以说甲、乙遵守了法律层面的诚实信用原则。但是，在该合同之外，乙可能并不是一个守信用的人，其有可能在道德上背负了许多逾期的“债务”，许多承诺的事情未了，也无意解决，在知晓的人眼里是“失信”的人。由此，从这一简单的案例中可以看到，法律并不判断信用所反映的人品，法律只判断其具体行为，并且只判断产生了法律后果的行为。

与信用在法律层面略有提及相比，“失信”在法律层面更难定义。[②] 更复杂的是，当“失信”定义不明时，将很难有效构建信用奖惩机制。试举一例进行说明：某自然人甲选择了某移动公司的套餐。甲承诺按月缴纳58元的套餐费，持续时间1年。但当甲使用该套餐达到6个月时，因工作变动从A市调动到了B市，甲决定弃用该套餐。由于手续烦琐，甲并未办理退订套餐费的手续，某移动公司将其列入黑名单，暂停其A市移动号码的使用权。从法律上来看，甲的行为明显违约，其违背了当初签订合同的约定，没有按照约定使用套餐1年，违反了诚实信用原则。那么，这样一种行为是否可以从合同违约上升为法律所欲规制的

---

① 实际上，法律与道德在现代法学研究中，视为两个层面的内容。例如，实证主义法学家哈特，“一再强调不要把对法律的道德批评混同于对法律概念的界定，也就是要把对法律的效力评价与道德评价区隔开”。参见刘杨：《道德、法律、守法义务之间的系统性理论——自然法学说与法律实证主义关系透视》，载《法学研究》2010年第2期。

② 这里的“失信”指代了违背约定、失去信用等诸多含义。

“失信”行为；如果不是，“失信”在法律上又该如何界定？

(二)令出多门的“失信”与参差不齐的法律标准

截至目前，我国有关失信处罚的相关规定，散见于不同的行政规章与部门规章中，但各文件彼此之间并没有统一的标准或术语，来定义这一概念的具体含义。这就使对“失信”的具体规定令出多门，且有并不一致的法律标准。

例如，在国务院颁布的《关于建立完善守信联合激励和失信联合惩戒制度加快推进社会诚信建设的指导意见》(以下简称《失信指导意见》)中，提到“对重点领域和严重失信行为实施联合惩戒”，具体的列举了以下行为，包括“严重危害人民群众身体健康和生命安全的行为”，“严重破坏市场公平竞争秩序和社会正常秩序的行为”，“拒不履行法定义务，严重影响司法机关、行政机关公信力的行为”，以及“拒不履行国防义务，拒绝、逃避兵役，拒绝、拖延民用资源征用或者阻碍对被征用的民用资源进行改造，危害国防利益，破坏国防设施等行为”。[①] 从上述规定来看，《失信指导意见》并没有对什么是“失信”进行定义，而是以列举的方式进行了说明。并且这一文件定义的失信行为，在法律内涵上非常丰富，包括了危害他人身体健康，涉及了法律上侵犯他人的健康权；包括了破坏市场和社会秩序，涉及了对市场监管法律与监管秩序的有效性的破坏；还包括了拒不履行本人应尽的义务。可以说，大部分的违法犯罪行为，都可以划入《失信指导意见》中的“失信行为”。

与《失信指导意见》下“失信”内涵的包罗万象相比，部分地

① 参见国务院《关于建立完善守信联合激励和失信联合惩戒制度加快推进社会诚信建设的指导意见》第3条有关健全约束和惩戒失信行为机制的相关规定。

方政府法规则用了概括的方式来描述“信用”的内涵,并以此反推出“失信”的具体指向。在《河北省社会信用信息条例》中用了“社会信用”的概念,具体而言,社会信用信息是指“可用以识别、分析、判断具有完全民事行为能力的自然人、法人和非法人组织(以下简称信用主体)遵守法律、法规和规章,履行法定义务或者约定义务状况的客观数据和资料,包括公共信用信息和市场信用信息”。在社会信用下,划分为公共信用与市场信用。其中,公共信用信息是指“国家机关以及法律、法规授权的具有管理公共事务和服务职能的组织等公共信用信息提供单位(以下简称信息提供单位),在其依法履行职责过程中产生或者获取的,可用于识别信用主体信用状况的数据和资料”。市场信用信息是指“信用服务机构及其他类型企业事业单位等市场信用信息提供单位,在生产经营和社会服务活动中产生的反映信用主体信用状况的数据和资料”。从中可以看出,《河北省社会信用信息条例》将信用定义为信用主体遵守法律、法规和规章,履行法定义务和约定义务的状况。

与上述规定不同,最高人民法院在其颁布的《关于公布失信被执行人名单信息的若干规定》中,将失信人的以下行为视为需要使用信用惩戒,分别是:(1)有履行能力而拒不履行生效法律文书确定义务的;(2)以伪造证据、暴力、威胁等方法妨碍、抗拒执行的;(3)以虚假诉讼、虚假仲裁或者以隐匿、转移财产等方法规避执行的;(4)违反财产报告制度的;(5)违反限制消费令的;(6)无正当理由拒不履行执行和解协议的。从最高人民法院的上述规定来看,司法部门主要关注的是法院判决执行中存在的违反、干扰执行的失信行为。

在金融商事领域,中国人民银行征信中心的信用信息征集主要是“以银行信贷信息为核心，包括社保、公积金、环保、欠税、民事裁决与执行等公共信息”。[①] 从这一规定可以看出，中国人民银行认定的信用内涵以银行信贷为基础，扩展到了包括社保、公积金在内的内容，其主要目的是为金融机构或其他机构提供信用信息。

总而言之，从《失信指导意见》、《河北省社会信用信息条例》、最高人民法院与中国人民银行征信中心的相关规定可以看出，在中国现有的监管文件或法律规定中，并没有统一关于“信用”或“失信”的定义。

（三）可能改进的法律定义

建立信用奖惩机制的关键是明确法律层面的信用，并将法律层面信用的反面，明确为法律层面的“失信”。从域外规定来看，美国《诚实借贷法》规定，“信用是债权人承认的债务人延期偿还债务或承担延期偿还债务的权利”。[②] 但是，由于我国对信用的判断，有时并不以债权债务关系的存在为标准，而美国的这一定义更多的适用于金融信贷，所以很难适用于中国的情况。

在相关的研究中，罗培新认为，社会信用[③]是指“具有完全行为能力的自然人、法人和其他组织，在社会活动中履行法定或者约定义务的状况”，[④]这一定义的要件规定了社会信用的主体是自然人、法人和其他组织，并以其行为作为判断对象。罗培新对

① 中国人民银行征信中心概况，载中国人民银行征信中心网：http://www.pbccrc.org.cn/zxzx/zxgk/gywm.shtml，最后访问日期：2018年9月2日。

② 陈锋、于茜虹：《信用消费体系建设中的法律思考——中美比较研究》，载《比较法研究》2013年第3期。

③ 也可称信用，罗文并没有对此进行区分。

④ 罗培新：《善治须用良法：社会信用立法论略》，载《法学》2016年第12期。

信用的概括与《河北省社会信用信息条例》中对社会信用的定义有相同的价值判断,即都是以行为人履行法定义务的状况作为法律层面信用的具体判断标准。但罗培新在具体的适用标准上将信用行为限定为履行法定或者约定义务的状况,并未包括层级较低的部门规章。此外,罗培新将违反约定义务的状况也包含其中。

笔者认为,罗培新与《河北省社会信用信息条例》将违法行为纳入法律层面信用判断对象的方向值得肯定,但笔者同时认为,不应将违约纳入信用判断的对象。理由如下。

违约行为具有程度的差异,违约行为的发生可能最终转化为事后履约,也可能并不出现严重的法律后果。试举一例以说明:若A与B签署合同,约定B在合同签署日向A支付100万元,A则应在当年的10月1日前将商品交付B。B如约将资金交付于A,但在该年的10月1日,A因生产进度的问题,并不能如约将产品交付B。B屡次催促A将商品按时交付,A表示认可,但迟迟未履行合同义务。在B欲提起诉讼前,A最终将产品顺利交付于B,B对产品质量表示满意,且对A的迟延交付表示了理解,最终决定不予起诉。在该案例中,虽然A存在违约行为,但最终A向B交付了产品,且这一交付行为使双方的合同目的不致落空。换言之,A虽违约,但这一违约行为较轻微,也未造成负的外部性,B也最终认可了A的滞后履约。

从该案例可以看出,倘若将违约行为都一概视为失信行为,那么很有可能大部分的自然人与组织都会被列入失信名单。实际上,若仔细考察可以发现,违法行为已将违约导致严重后果的状况纳入其中,将轻微违约或违约后的事后履约排除在外。如在前述案例中,若A始终不履约,B可以起诉,当B胜诉后,A的行为将被视为违反合同法而纳入A的企业信用记录之中。因此,笔者认为，法律层面的信用可以定义为“具有完全行为能力的自然人、法人和其他组织，在社会活动中履行法定义务的状况”，以更准确地反映法律层面的“信用”与“失信”。

二、信用奖惩机制的奖与罚

当我们将信用奖惩机制的评价对象限定在法律层面，并将信用界定为“具有完全行为能力的自然人、法人和其他组织，在社会活动中履行法定义务的状况”。那么，由此将引申出许多需要进一步研究和回答的问题，例如，对于守信行为是否应给予奖励，对失信行为应如何惩罚，奖惩之间的标准应如何界定？下文将对上述问题进行进一步的分析。

（一）政策奖励 vs. 市场公平

在现有的法律法规中，国务院的《失信指导意见》对市场主体的优良信用行为设立了奖励与处罚措施。以奖励措施为例，《失信指导意见》列举了许多针对信用优良主体政策上的优惠，具体包括多渠道选择诚信典型、探索建立行政审批“绿色通道”、优先提供公共服务便利、优化诚信企业行政监管安排、降低市场交易成本、大力推介诚信市场主体等。[①]

从《失信指导意见》的奖励措施来看，其目的是通过褒扬和激励诚信行为，进而引导市场主体的行为，减少失信行为。笔者认为，上述政策的初衷值得表扬，但其引起的法律后果却导致了市场准入的不平等。如前所述，信用界定为“具有完全行为能力的自然人、法人和其他组织，在社会活动中履行法定义务的状况”。如果一个市场主体按约履行，那么它在信用状况上就没有瑕疵，可以视为“信用状况良好的行政相对人”。但是，所有按要

---

① 参见《失信指导意见》第 3 ~ 8 条的规定。

求履约的市场主体,不可能都认定为信用状况良好。因此,"信用状况良好的行政相对人"必然涉及评比申请的问题。当评判"信用状况良好的行政相对人"的标准过高的时候,对一般性的企业来说并无多大的激励作用,但当标准过低的时候,则面临满足条件的企业较多,《失信指导意见》所提到的优惠措施则没有了激励意义。

另外,特别需要注意的是,信用状况良好的市场主体,其信用状况本身会在市场中得到奖励。例如,在贷款申请上,相对于失信的市场主体,信用状况良好的市场主体可以更快获得贷款的审批,在利率上也会得到更优惠的条件。在贷款审判的过程中,金融机构也会更多地依赖自己的贷款审核条件,而不是依赖一个简单的"称号"。换言之,对于市场主体最重要的优惠措施——贷款审批来说,信用主体将在市场上获得对应奖励,并不需要一个官方上的认定。

此外,政策上优先提供公共服务便利、行政审批的绿色通道有违反市场竞争公平之嫌。我国《反不正当竞争法》第3条特别规定,"各级人民政府应当采取措施,制止不正当竞争行为,为公平竞争创造良好的环境和条件"。若在市场准入与公共服务提供的机制上,政府进行差别对待,无疑在无形中制造了不平等的竞争状况,并不利于营造公平竞争的市场环境。

笔者认为,不应从法律层面推动信用奖励措施,特别在行政审批、公共服务方面,法律或政策不应干预市场本身能够反馈的领域,影响市场的公平竞争。实际上,大部分企业只要奉公守法,即可达到信用良好,并获得市场自发的奖励。如果法律或政策强行进入这一领域,不仅会造成潜在的寻租行为,也会扭曲市场的正常秩序。因此,笔者认为,政府不应对信用状况良好的主体提供有悖于市场竞争与平等的奖励措施,这一奖励应由市场自发完成的。

(二)信用奖惩机制的处罚问题

国务院《失信指导意见》以及最高人民法院《关于公布失信被执行人名单信息的若干规定》已经对失信主体规定了许多处罚手段,主要分为行政性、市场性与行业性约束和惩戒。行政性的手段,具体包括从严审核行政许可审批项目、限制从事某些行为,以及限制市场准入等。[①] 市场性约束和惩罚,具体包括公开披露相关信息、限制高消费、提高市场贷款利率等措施。[②] 行业性约束和惩罚,具体包括不良信息记入会员档案、行业内通报批评、公开谴责、不予接纳等。[③] 这些措施参考了许多域外的惩罚措施,也有许多本土化的创新,基本形成了一个覆盖面较广、措施较齐全的处罚规则体系。

但是,在实践中的信用奖惩机制存在对失信主体的惩罚措施的规范化与标准化尚待提高的问题。例如,2018 年 7 月河北省衡水市桃城区人民法院对本县区内的衡水第一中学等 7 所私立学校下发司法建议,建议对私立学校内涉及失信人的子女一律不得录取,对已经录取的,建议"责令退学或转校到公办学校"。[④] 桃城区人民法院的上述惩罚措施的依据为最高人民法院颁布的《关于公布失信被执行人名单信息的若干规定》第 3 条的规定,

---

① 详见《失信指导意见》第 10 条的规定。

② 详见《失信指导意见》第 11 条的规定。

③ 详见《失信指导意见》第 12 条的规定。

④ 崔志平、温学斌:《河北衡水限制"老赖"子女就读私立学校,23 人主动还款 140 余万》,载观察者网:https://www.guancha.cn/society/2018_07_16_464353.shtml,最后访问日期:2018 年 12 月 25 日。

“被执行人为自然人的，被采取限制消费措施后，不得有以下高消费及非生活和工作必需的消费行为……（七）子女就读高收费私立学校”。

最高人民法院这一规定，在法律位阶上属于司法解释。但这一执行行为却存在潜在的违法嫌疑。我国《宪法》第46条规定：“中华人民共和国公民有受教育的权利和义务。”当地法院的这一行为，是否存在剥夺受教育权的影响是可以商榷的：首先，司法机关很难证明失信人供养子女上高收费私立学校的费用来自失信人；其次，强制已就读失信人子女转学，是否会影响其本人的学习状态，是否能保证一定转学成功，存在很多的不确定性；最后，我国在法律上早已废除了“连坐”制度，也在我国《宪法》上明确了公民的受教育权，这一受教育权虽因转学的安排可能不受影响，但由父母影响子女实在有“连坐”之嫌疑，在某种程度上有悖于《宪法》的规定，也对法治建设有不利影响。

归结起来，对失信主体的惩罚存在执法有效性与合法性之间如何协调的问题。社会当中当然存在部分抗拒执行的“老赖”。这些“老赖”企图通过躲避、拖延执行，逃避与隐瞒资产的方式，使当事人或法院放弃对其违法行为的追究。一个有效的判决不能及时得到执行，这对我国的司法权威性、对我国持续稳定的推动依法治国，无疑带来了许多负面的影响。

鉴于此，笔者认为在信用奖惩机制的处罚方面，可以增添以下方法：首先，对严重失信主体的公示，除网络公示外，在其居住地可以张贴公示或者广播、新闻宣传的方式进行公开报道，以增加对其失信行为的惩罚力度。我国已有部分地区采用报纸曝光、新闻曝光的方式，但是由于宣传范围有限，对严重失信主体起不到震慑作用。如有可能，可在其居住地进行曝光，让其更直接地感受到违法行为的严重性。其次,对失信主体实行联合执法,从税收、金融、行政审批、消费等方面进行限制。未来我国在失信主体的惩罚上,可以更多地依赖联合执法,将严重失信主体纳入受限的社会网络中,促使其尽快恢复信用。最后,我国应加强立法,对因个人原因不能偿债的主体实行强制破产,以推动法律上的信用定性。

三、信用奖惩机制有效实施的相关立法

信用奖惩机制的有效实施必须在法治的道路上,才能保障程序正确、措施得当与惩罚有效。在信用奖惩机制的构建中,涉及多方面的问题,也涉及诸多的立法。从整个运作过程来看,信用奖惩机制涉及前端、中端和后端 3 个阶段。其中,前端主要是信用奖惩的信息收集,中端为信用的奖励与惩罚,后端为信用奖惩机制的保障措施。下文聚焦于信用奖惩机制的前端与后端的立法工作。

(一)信用奖惩机制的前端:有关信用信息收集与保护的立法

我国在信用收集方面,尚缺乏正式的法律层面的立法。当信息不全时,很难判定某一个体或企业的信用情况,这使对该主体的奖惩难以做到全面、客观以及成体系,也导致信用奖惩机制的有效运作成为无源之水。

2005 年中国人民银行曾下发《个人信用信息基础数据库管理暂行办法》,但这一信用收集的对象主要是个人在商业银行的信贷状况的信息。[①] 在企业信用方面,则存在多个部门的不同行

---

① 《个人信用信息基础数据库管理暂行办法》第 4 条规定,个人基本信息是指自然人身份识别信息、职业和居住地址等信息;个人信贷交易信息是指商业银行提供的自然人在个人贷款、贷记卡、准贷记卡、担保等信用活动中形成的交易记录;反映个人信用状况的其他信息是指除信贷交易信息之外的反映个人信用状况的相关信息。

政规章,如《海关企业信用管理办法》《企业信息公示暂行条例》等。并未有专门的法律规定信用收集的程序与内容。

当信用信息收集的法律缺失时,其后果是诸多有关自然人或企业的相关信息,分布在不同部门中,难以形成有关个人的完整的信用报告。例如,中国人民银行征信中心出具的个人征信报告分为以下几个部分:第一部分是个人基本信息,主要涉及姓名、出生日期、性别与教育状况等;第二部分为信息概要,主要涉及贷款的笔数,授信及负债信息概要;第三部分为信贷交易明细,涉及个人商业贷款的具体情况,包括是否逾期等涉及个人征信的关键信息;第四部分为公共信息,涉及社保缴纳的情况;第五部分主要涉及查询信息,即最近1个月及最近2年内,有哪些金融机构查询过信用信息。① 从中国人民银行征信中心的征信报告来看,有关征信对象的信用信息无疑是不完整的,现阶段的征信报告并未涵盖征信对象是否有违法犯罪记录,也未反映征信对象现在是否涉及司法诉讼,还未涉及征信对象是否有偷税漏税的相关处罚记录。实际上,征信报告的信息来源主要是商业银行的贷款记录,在贷款记录外涉及了社保信息,除此之外的信息,信用报告并没有涉及。由此可见,当缺乏关键性的有关信用信息收集的法律时,个人或企业的信用报告很难做到全面、系统以及能够充分反映征信对象的信用情况。在这种情况下,只有当立法完备时,才能推动不同的部门在权限清晰的情况下,共同汇总征信有关的信息,并体现在征信报告之中。

除在信用收集上需要弥补立法的缺失外,信用信息收集过程中的隐私保护也很重要。在美国,在收集信息的专业法律《信息

---

① 参见中国人民银行征信中心:《个人信用报告(明细)》。

自由法》之外,还有《隐私权法》,该法主要保护征信对象的隐私权和知情权。[①] 由于互联网的普及,个人的许多信用信息在征集过程中都可能遭到泄露,为确保个人信用信息征集的持续性健康发展,必须保障信息的安全以及个人的隐私。因此,我国在信用收集的相关立法外,应尽快制定有关信息保护的相关法律,[②]以确保公民信用信息的安全。

(二)信用奖惩机制的后端:个人破产法的立法[③]

有研究认为,当我国社会信用体制尚未建立时,仓促进行个人破产的立法,将会鼓励不法分子利用该法逃避债务。[④] 也有研究持相反观点,认为未来中国的破产法立法应纳入个人破产,并"要担负起建构个人信用,进而建立企业信用然后扩展为全社会信用的新制度责任,这也是新破产法的宗旨和目的之一",并且个人破产法并不是为了豁免个人债务,个人破产后,其"信用记录和财产都处在监控之中"。[⑤] 实际上,以《德国破产法》为例,个人破产的申请必须满足两个条件:一是债权人或债务人提出申请;二

---

① 参见陈锋、于茜虹:《信用消费体系建设中的法律思考——中美比较研究》,载《比较法研究》2013 年第 3 期。

② 在信息保护方面,全国人大常委会曾下发《关于加强网络信息保护的决定》,工信部曾下发《电信和互联网用户个人信息保护规定》等,但都没有专门的法律保护公民信用信息的隐私安全。

③ 我国已就企业组织颁布了《企业破产法》。因此,当企业不能偿付债务时,债权人可以申请企业破产,以实现债权的全部或部分清偿。但是,我国尚未建立自然人破产的程序,因此本章主要就自然人的情况进行进一步的讨论。

④ 参见杨显滨、陈风润:《个人破产制度的中国式建构》,载《南京社会科学》2017 年第 4 期。

⑤ 李曙光:《关于新〈破产法〉起草中的几个重要问题》,载《政法论坛》2002 年第 3 期。

是债务人已经确定不能负担债务。[①] 因此,当个人破产程序启动时,法院一定会调查债务人的财务情况,以确定其是否满足个人破产的条件。当债务人尚有余力,或者有其他财产的情况下,法院并不会允许其个人破产。并且在德国的法律制度下,当个人申请破产的情况下,债权人可以与债务人进行庭前和解,而在美国,债务人还可以向专门的财务机构进行理财方面的咨询。[②] 上述法律措施实际上是有助于解决债权债务问题的。

另外,当个人破产申请成功后,诸多方面的权利将受到限制,许多财产也将会被变卖清算。以英国为例,当个人破产申请成功后,将影响债务人的信用记录,并且会发生以下法律后果:(1)个人有价值的财产将会出售,以清偿债务。(2)破产记录将会公开,并计入个人信用报告。(3)在房屋租赁的情况下,房东可以合法驱逐;在私人所有房屋的情况下,需要出售;并且如果有商铺租约的情况下,将视为违约。(4)工作机会将受到限制,如不能继续担任公司董事等。[③]

在国外,从个人破产法的申请条件以及法律后果可以看到,个人破产法起到了在最极端情况下对个人信用进行处罚的作用。在债务人有财产但声称没有任何财产的情况下,债权人依据个人破产法可以向法院申请债务人的破产,促使债务人如实将个人财产进行处置;在债务人有财产但成功隐匿的情况下,通过债权人申请个人破产,可以对债务人形成多方面的威慑,限制其权利,并

① 杨显滨、陈风润:《个人破产制度的中国式建构》,载《南京社会科学》2017 年第 4 期。

② 许德风:《论个人破产免责制度》,载《中外法学》2011 年第 4 期。

③ 《申请个人破产之后,会有什么影响?》,载搜狐网:http://www.sohu.com/a/130421868_648102,最后访问日期:2018 年 8 月 30 日。

将其个人破产记录记入信用报告，以促使其提前结束个人破产的状况；在债务人确无财产的情况下，个人破产法起到了一定的保护机制作用，督促债权人合法行使催债权利的同时，在法律上明确债务人的财务状况，为债权债务的处理提供法律确定性。

由此可见，个人破产法能够促进信用奖惩机制的实施，能够起到与信用奖惩机制的联动作用。通过推动个人破产法的立法，既能在社会信用方面对无力还债的债务人进行法律上的定性，也可以通过个人破产法的程序，确保债权人能够最大化地保障其债权的回收。随着我国自然人负债情况的增多，个人破产法应尽快逐步落实，并完善相关立法，以推动信用奖惩机制的构建。

四、结语：从法律层面推动信用奖惩机制的基础设施建设

构建我国的信用奖惩机制，必须首先明确信用奖惩机制的对象是什么，笔者认为，法律层面的信用是指“具有完全行为能力的自然人、法人和其他组织，在社会活动中履行法定义务的状况”，这一定义有别于道德层面的信用。当这一定义形成后，则可以推动信用奖惩机制信息的收集，排除不必要的干扰信息，聚焦对这一机制来说最重要的信息内容。

信用奖惩机制涉及对市场主体信用状况的奖励与惩罚。在奖励层面，国务院出台了《失信指导意见》，并提到为良好信用的市场主体提供行政审批与公共服务的优先权。笔者认为，这一政策可能会导致寻租行为，并最终影响市场竞争的公平性。实际上，拥有良好信用的市场主体，本身将在市场中得到回报，如在贷款利率上及商事交易中都可以获得更有利的条件，市场也会主动发现和识别良好的信用主体。但是，当政府介入不必要的信用评价后，可能会带来潜在的腐败与竞争的不公平，因此，笔者不建议在法律或者政策层面为良好信用的市场主体提供审批与公共服务的优先权。

此外,我国已经构建了较全面的信用惩罚体系,目前的主要问题在于执法必须规范化和标准化,同时从立法和联合执法等方面加强信用惩罚的执行力度。

在实践中,我国在信用信息的收集、保护、奖励与惩罚方面,存在多部门分头负责,信用信息难以共享,部门利益难以协调的局面。这一实践中的难题,有赖于法律层面形成专门的规定与机制,以指导、协调及统一行政机关在信用方面的工作。

在立法方面,为推动信用奖惩机制的法律建设,我国有必要对其运作的前端与后端分别立法。目前,在信用奖惩机制的前端,主要涉及信用信息的采集与保护,这方面我国尚未有专门的立法,未来应分别制定信用信息收集的法律以及隐私保护的法律,以促进及保障信用奖惩机制信用信息的收集。在信用奖惩机制的后端,主要涉及当债务人无法偿还债务时或声称无法偿债时,如何处理的法律问题。无疑,个人破产法如能有效实施,这一问题涉及的债务清偿、信用惩罚与债权债务终结都可以在法律层面得到解决。

行业协会对社会信用的影响及其法律促进

王新红*

内容摘要 作为个体利益组织化、权力社会化的产物，行业协会具有制衡政府权力、促使政府守信，继而使政府变得可信的能力。行业协会作为联系政府与行业内成员企业的桥梁和纽带，一方面代表行业内成员企业反映行业的诉求，另一方面也组织行业内企业自觉遵守法律和政策，并取代政府承担对行业内企业的公共服务，这些都有利于政府信用的维护。行业协会通过自律规则实现行业内成员企业的自律，防止个别成员企业的败德行为影响整个行业的发展，诚实守信是行业自律的重要内

* 福建师范大学法学院教授。

容和必然结果。但在实践中，行业协会的制衡与自律功能并未充分发挥，相反，“寻租”与“潜规则”盛行，未能起到维护政府信用和企业信用的效果。充分发挥行业协会维护政府信用和企业信用的作用，必须依法保障行业协会的独立性，使其有足够的力量对政府权力予以制衡；依法规制行业协会的行为，促使其加强行业自律。

关键词　行业协会；社会信用；权利组织化；权力社会化

从既往关于社会信用法律保障体系的论著来看，注重对人们行为的法律约束，这当然是正确的、重要的。所谓信用缺失，是指行为人的行为失范。马克思曾精辟地指出：“对于法律来说，除了我的行为之外，我是根本不存在的。”[①]法律正是规范人们的行为的。但是，仅仅从行为角度进行信用法治建设是不够的。在制度经济学的研究文献中，笔者发现，制度（包括法律制度）既指行为规范，也指“行业协会、技术协会、大学、法庭、政府机构、司法等组织机构”。[②] 尽管在法律人的思维定式中，组织机构是主体而不是法律本身，而法律只是规制其行为。但是，任何进入法律视野的组织机构，不仅其行为要受到法律的规制，而且其无不是依法产生或者依法被认可的。从这个意义上来讲，将组织机构视为法律的一部分也无不可。尽管笔者无意将制度经济学对制度的这一理解强加给法律学人，但还是认为我们可以从组织机构的角度探讨信用法治建设。

---

① 《马克思恩格斯全集》（第1卷），人民出版社1995年版，第121页。

② Nelson, R. (1994), “The Co-evolution of Technology, Industrial Structure, and Supporting Institutions”, *Industrial and corporate Change* 3:57.

从组织机构的角度探讨信用法治建设,本文聚焦行业协会这一可以对政府信用、企业信用施加重大影响的组织机构。本文由五大部分组成:第一部分,阐述行业协会的产生与发展、使命及其实现方式,为后文探讨其影响政府信用、企业信用的机制和原理做铺垫;第二部分,阐述行业协会促进政府信用、企业信用的机制和原理;第三部分,阐述行业协会对政府信用、企业信用的消极影响问题;第四部分,探讨我国行业协会未能有效促进政府信用和企业信用的原因;第五部分,基于法治角度的对策。

一、个体利益组织化、权力社会化:行业协会的源流与使命

(一)行业协会是个体利益组织化的产物

个体利益组织化是指具有相同或相似诉求的利益个体,为了以集体力量和团体形式维护和实现其利益而自觉或者自发组织起来的过程。人们生活在社会中,必须与他人进行交换和发生其他关系,才能得以生存和发展。竞争与合作是人类社会永恒的主题。在长期的竞争中,人们发现个体的能力是有限的,只有组织起来并形成合力,才能在竞争中占据主动和优势。也就是说,利益组织化是人们对利益不懈追求所导致的。行业协会最初是由处于弱势地位的手工业和工商业的生产经营者为了对抗封建统治者而自发联合起来的作为所属行业经营者集体利益的代表者而产生的,是利益组织化的产物和典型代表。当然,利益组织化的普遍出现是社会化以后的事情。在社会化的背景下,“政府职能增多,干预面扩大,就要涉及人们的切身利益,而有共同利益的人们,就要组织起来进行‘自卫’,从而他们也会发现自己已成为某项立法或政策的牺牲品或者受惠者。个人力量是不足以使政府低头的。于是社会上便出现了各种具有共同利益的人群集团,而各集团的竞争又促进了各集团的发展,因而压力集团便如雨后

春笋般地兴盛起来了。从历史的角度看,政府政策最先涉足的领域,也是压力集团出现最早的领域;从现实看,政府干涉得越多的地方,也是压力集团活动越活跃的地方。压力集团的产生和发展,都与政府职能扩大有关,越是国家权力涉及的地方,就越有可能出现压力集团”。[①] 利益组织化的结果便是各种形式的利益集团(压力集团)的出现,行业协会是其中的典型形式。

(二)权力社会化是行业协会得以发展的重要原因

近代以来,随着生产的社会化,政府权力扩张和政府权力向社会回归两种现象同时出现了。一方面,由社会化所带来的公共事务增多,人们要求政府做更多的事情,从而授予政府越来越大的权力。但是,政府权力越大,对人们的自由限制也就越多。“他们(人们)不能以自己的名义来保护自己的阶级利益……一定要别人来代表他们。他们的代表一定要同时是他们的主宰,是高高站在他们上面的权威,是不受限制的政府权力。”[②]政府权力的肆虐,必然蕴含政府权力向社会回归的力量。另一方面,权力的状况在改变,权力向社会回归。19 世纪末 20 世纪初,“随着市场经济的发展,国家与社会一体化的局面逐渐被打破,与国家相对分离的民间社会和社会多元化格局逐渐形成,政府的权力与能力已难以及时地、全面地满足人民日益增长的经济与文化多样化的需要和参与政治、监控国家权力的日益增长的权利要求,政府负担过重,迫使它不得不通过委托或授权,将一部分国家权力‘下放’给相关的民间社会组织行使。这样就开始了国家权力向社会逐

---

① 龚祥瑞:《比较宪法与行政法》,法律出版社 1985 年版,第 294 ~ 295 页。

② 《马克思恩格斯选集》(第 1 卷),人民出版社 1995 年版,第 677 页。

步转移或权力社会化的渐进过程”。[①] 所谓政府权力社会化就是政府权力逐步退出社会，政府收缩管理范围将一部分职能交由社会承担的过程……政府权力社会化作为行政改革的一个基本趋向，在中国及发达国家间有普遍的共识，只不过发达国家进行得较早，较深入。[②] 作为政府权力社会化的一种结果，就是出现了大量的非政府组织，由它们来承接从政府分出来的职权。行业协会作为非政府组织的一种，承接了部分政府对企业的公共服务职能。对于政府来说，行业协会等非政府组织的广泛产生和参与，使政府能将一些管理职能转移和“下放”，由此给政府带来很多因节约交易成本而产生的收益，因而，能够有效降低政府与企业的交易成本。这也是行业协会的生存和发展得到政府允许和支持的根本原因。

（三）行业协会的使命及其实现方式

作为利益组织化的载体，行业协会从本质上来说是行业内成员企业基于共同利益形成的利益集团的组织形式，其代表行业集体的共同利益。这种共同利益是单个成员利益的集合，但并不是单个成员利益的简单相加，而是本行业共通性的利益。这种共同利益相对于成员个体利益来说具有公共性，如行业协会提供某些产品鉴定报告和原产地证明等公共物品或具备社会公信力的服务；但这种共同利益也不同于一般的社会公共利益，它只是行业利益，不会超过其产业领域和特定的业务范围。在实践中，大多数行业协会都会在其章程中宣示其宗旨在于促进本行业协会成

---

① 郭道晖：《权力的多元化与社会化》，载《法学研究》2001年第1期。

② 参见孙开红：《中国政府权力社会化的障碍分析》，载《枣庄师范专科学校学报》2002年第4期。

员的共同利益。但也有区别,早期的行业协会章程仅仅强调维护行业共同利益;晚近的行业协会章程则强调在其社会活动中为了保障本团体的利益,从而主动对社会公共利益予以关注并形成影响。行业协会实现其使命主要有以下几种方式。

1. 表达诉求,谋求有利于本行业的法律和公共政策

作为利益组织化的结果,便是分散的个体结成有共同利益的同盟,形成了不容忽视的社会力量。政府在制定、执行法律和公共政策时,可以无视单个主体的诉求但却不能无视组织化的力量。"经验的观察表明,那些组织化的、集中的利益主体(或简称利益)往往能够有效地对政策制定过程施加影响,从而使政策的制定反映出对这些特定利益的偏爱。相反,各种分散的、没有得到组织化的利益在参与过程中对决定和政策的影响往往是失望的。在非正式程序的协商、谈判、征求意见等过程中,分散的、未经组织的利益主体甚至根本就无法获得参与的机会,从而失去话语权和关键的参与机会。"①行业协会作为行业内成员企业组织化利益的代表,利用组织化所形成的力量对政府施加影响,谋求有利于本行业的法律和公共政策,是其维护行业共同利益最主要的方式。

2. 行业自律,维护行业健康发展

所谓行业自律,是指行业协会为了行业共同利益,通过行业自律规则来达成行业内成员企业的自我决策、自我规范、自我约束、自我控制、自我管理、自我发展和自我实现。具体而言,行业自律可以起到以下几个方面的作用:第一,规范行业内成员企业

① 王锡锌:《参与失衡与管制俘获的解决:分散利益组织化》,载《广东行政学院学报》2008年第6期。

的行为,防止个别企业的败德行为影响整个行业的健康发展;第二,制订行业经营标准,为行业内成员企业规范经营提供指引;第三,倡导行业企业履行社会责任,为行业树立良好的社会形象,创造有利于行业发展的社会环境等。行业自律管理还能够培养行业内成员企业的理性自律精神,避免非理性的集体行动,促进利益和权利诉求的理性化和程序化,同时在行业内部形成一种哈耶克式的“自生自发”的秩序,成为国家制定法所建立秩序的一种重要补充。行业自律是通过行业自律规则来实现的。行业自律规则是行业协会为了行业共同利益而制定的对行业内成员企业的经营行为进行约束的规范。行业协会是行业内成员企业在自愿的基础上共同组建的,行业协会有制订行业自律规则的权利,该权利不是公权力,它来自行业内成员企业的授权,可以约束也只能约束行业内成员企业的行为,对行业内成员企业有效。根据哈耶克对规则的划分,规则分为内部规则和外部规则,行业自律规则是典型的内部规则。这种内部规则不是外部给定的,是通过理性的谈判和协商自发产生的,是多元的重复博弈的均衡结果。行业协会制定行业自律规则,是由成员大会来完成的,行业自律规则的制订过程是对行业内各个成员企业的权利和利益进行协调、平衡的过程。因而,它是行业内成员企业达成的一种共识。

3. 担当政府与行业内成员企业联系和沟通的桥梁和纽带

作为政府与行业内成员企业联系和沟通的桥梁和纽带,行业协会一方面代表行业向政府表达行业的诉求,从而使政府制订的有关本行业的公共政策更加契合行业的实际;另一方面向行业内成员企业传达政府的公共政策,敦促行业内成员企业执行,进而有利于公共政策在行业内贯彻,融洽行业与政府的关系。

4. 为行业内成员企业提供公共服务

在权力社会化的过程中,政府将其承担的社会服务职能逐渐归还社会,这些社会职能由各式各样的非政府组织承接,行业协会也承接与行业相关的部分公共服务。

5. 直接保护行业内成员企业的合法权益

当行业内成员企业利益受到政府或者其他人的侵害时,行业协会可以利用组织化的力量予以声援、帮助。

二、制衡、协调与自律:行业协会对社会信用的积极影响

(一)行业协会对政府信用的维护

“在社会信用体系中,政府公信力处于核心地位,对企业信用和个人信用建设具有规范、指导和激励的作用,对整个社会信用具有导向作用。”①行业协会在维护政府公信力方面,能发挥重要作用,具体体现在以下两个方面。

1. 制衡政府权力

行业协会是由行业内成员企业共同组成的,是一种典型的利益集团。行业协会“作为行业成员的代表,监督和制约政府的行政活动”②是其主要职能。单个企业相较政府是弱者,但是整个行业企业的联合却在某些方面具有足以与政府抗衡的力量,正是这种力量可以敦促政府守信,从而使政府变得可信。这一结论的得出归功于美国斯坦福大学的阿夫纳·格雷夫(Avner Greif)的开创性研究。他将博弈论与历史经验归纳性分析相结合,建立了关于欧洲中世纪商人行会与政府信用的模型,该模型深刻地揭示

---

① 庄金勇:《政府公信力问题研究——基于政策权威性、合法性、强制性的视角》,载《中共山西省直机关党校学报》2012 年第 4 期。

② 黎军:《行业组织的行政法问题研究》,北京大学出版社 2002 年版,第 84 页。

了行业协会对政府的制衡作用和由此导致的政府守信。欧洲中世纪的商人是一个新兴的阶层,他们往来于各个城邦之间从事贸易,他们的利益得不到世俗法律的保护,很容易遭受城邦统治者的侵犯。在此过程中,来自同一国家的商人逐渐组成自己的行会,一旦有会员受到某城邦侵犯,行会所有成员对该城邦实施禁运,从而使城邦遭受损失。为了避免商人行会对城邦的抵制,城邦统治者不得不对商人讲信誉,保护商人的利益。[①]格雷夫的商人行会与政府信用模型是具有现代意义的,发挥行业协会的对政府的制衡作用,一方面,可以促使政府守信,避免政府失信;另一方面,使守信成为政府的占优策略,政府因此变得可信,从而为政府赢得人们的信任。

2. 协调政府与行业内企业的关系

行业协会与政府的关系,除制衡外,更多的是担当政府与行业内成员企业联系和沟通的桥梁和纽带。行业协会的这种桥梁和纽带作用,避免了国家直接干预企业,消除了职能错位等不协调的治理方式,有利于缓解政府与企业的紧张关系,有利于公共政策的执行,可以降低政策不执行的风险,因而有利于政府守信。在权力社会化的背景下,行业协会还取代政府履行部分社会服务职能,直接消除了政府在履行这些社会服务职能时失信的可能。

(二)行业协会对行业内成员企业信用的维护

行业协会对企业信用的维护是通过行业自律来达成的。行业自律是对行业内成员企业强有力的约束,相较任何来自行业

---

① See Avner Greif, Milgrom Paul and Weingast Barry. R, 1994. "Coordination, Commitment, and Enforcement: The Case of the Merchant Gild", *Journal of Political Economy*, Vol. 102, No. 4, pp. 745 – 776.

外部的约束都更能有效地促使行业内成员企业守信。通过行业协会来防治企业失信，是治理企业失信的有效路径。理由如下所示。

1. 行业协会拥有信息优势

信息是信用的核心因素，以商事欺诈这一典型的企业失信行为为例，无论是采用虚构事实的方式，还是采用隐瞒真相的方式，其实质都是企业利用其相较交易相对人的信息优势来实施的。由于专业分工所导致的知识壁垒，即使最具智慧的人也难以通晓其本人所从事的专业以外事情。行业协会因其特殊的身份，掌握行业信息，能够及时发现行业内成员企业的悖德行为。

2. 行业协会有约束行业内成员企业的内在动力

正如林肯所说，“你可以在某些时候欺瞒所有的人，也可以在所有的时候欺瞒某些人，但你不能在所有的时候欺瞒所有的人”。行业内成员企业的失信行为迟早会败露，但在败露之前，失信的企业可能早已赚得盆满钵满，甚至溜之大吉，但败露之后，可能是整个行业的劫难。行业协会以维护行业共同利益为依归，自然是不能容忍这种行为的，行业协会有约束行业内成员企业依法合规经营的内在动力。

3. 行业协会有能力约束行业内成员企业的行为

行业协会虽然是非政府组织，没有公共权力，但是却拥有对行业内成员企业相当大的权力。这可以从欧洲中世纪城邦商人行会建立的商人法庭窥得一斑。商人法庭不是国家司法机构，没有国家强制力作为后盾，但其裁决却能够不折不扣地得到执行。究其原因，不是因为欧洲中世纪的城邦商人特别讲诚信，而是因为如果不履行商人法庭的裁决，可能招致被开除商人行会的后果，而离开了商人行会，就不会再有人与其进行交易，意味着其商人职业生涯的终结。[①] 当然，时代不同了，商人作为特殊阶层以及商人法庭都已成为历史。但是，今天的行业协会仍然可以有足够的力量制裁行业内不讲诚信的企业。

三、"寻租"与"潜规则"：行业协会对社会信用的消极影响

行业协会是行业内成员企业的个体利益组织化的产物，是行业利益的忠实代表，以维护行业利益为基本出发点和依归。它过去不是、现在不是、将来也不会是社会公益的守护者。如果促使政府守信有利于行业发展，行业协会就会不遗余力地促使政府守信；如果行业自律有利于行业发展，行业协会就会自觉加强行业自律。行业协会对社会信用的影响，除积极影响外，还有消极影响。

（一）行业协会对政府信用的消极影响

行业协会对政府信用的消极影响，主要表现为"寻租"行为。法律和公共政策的形成是一个利益博弈的过程，法律和公共政策的执行同样是一个利益博弈的过程。在这个过程中，为各种利益集团提供了表达其诉求的空间，也为其谋求不正当利益提供了"寻租"的空间。行业协会作为行业内成员企业组成的利益集团的代表，会致力于促成政府不执行不利于本行业的法律和公共政策，成为阻碍政府在法律和政策执行中守信的因素。

我国转型时期以经济建设为中心，发展经济摆在一切问题的首位，其他利益在发展经济面前都要让步。因此，劳工利益、消费者利益、环境利益等都没有得到足够的重视和保障。在这种大背景下，行业协会由于掌握发展经济的重要资源，很容易得到政府

---

① 参见[美]伯尔曼：《法律与革命——西方法律传统的形成》，贺卫方等译，中国大百科全书出版社 1993 年版，第 421～424 页。

的支持，他们的利益和意志很容易转化为政府的政策。例如，为发展经济污染环境、侵害劳动者权益，一些地方保护假冒伪劣产品，损害消费者利益，地方政府与开发商共同推动房价上涨等。

（二）行业协会对行业内成员企业信用的消极影响

行业协会对行业内成员企业信用的消极影响主要是组织、引导行业内成员企业实施不良行为，其具体表现形式多种多样，但归纳起来，主要是以下两类行为。

1. 组织和引导行业内成员企业实施垄断行为

行业协会作为行业内成员企业组织化利益的代表，有组织实施垄断的能力和便利条件，垄断可以为行业内成员企业带来的垄断利润，也符合行业协会的目标追求。例如，我国在《反垄断法》实施前，行业协会组织行业内成员企业达成各种垄断协议是较常见的事，如20世纪90年代盛行的所谓的“行业自律价”，就是典型的行业协会组织实施的价格垄断协议。我国《反垄断法》实施后，从反垄断执法部门公布的案例来看，仍然有行业协会组织实施垄断行为。除组织实施垄断行为外，引导行业内经营者实施垄断行为也是行业协会惯用的手法。由于行业协会在行业的地位使然，其引导行为往往会导致垄断结果的出现。例如，2002年《中国旅游饭店行业规范》第29条规定：“饭店可以谢绝客人自带酒水和食品进入餐厅、酒吧、舞厅等场所享用，但应当将谢绝的告示设置于有关场所的显著位置。”从此，“谢绝自带酒水”渐渐成为全国餐饮业的行规。对于自带酒水的消费者，收取“开瓶费”也就成为衍生出来的惯例。虽然限制自带酒水属于经营者行使经营自主权的行为，但行业自律规则宣示的这种权利带有明显的引导色彩，起到了类似于组织行业内企业实施联合抵制自带酒水的垄断行为的效果。

2. 组织、引领或者纵容、包庇行业内成员企业实施垄断以外的不良行为

近年来，一些行业出现了行业式、产业链式的不良行为，如2018年央视“3·15”晚会曝光了饮用水管使用添加了再生材料的非国标波纹管。这种不良行为导致了“劣币驱逐良币”的现象。由于实施不良行为的企业生产成本低，可以低质量产品来获得低成本的竞争优势，由于缺乏识别的机制，符合国家标准的安全的、环保的、高质量的产品得不到交易相对人的信任，在竞争中反而处于不利地位。在这种情况下，企业为了生存，原本诚实守信的企业也不得不加入不良企业的行列。这种行业式、产业链式的不良行为一般是在行业协会的组织、引领下或者在行业协会的庇护下实施的。其危害程度相较单一企业的不良行为要严重很多。

四、不独立、不自律：我国行业协会对社会信用的影响情况检视

（一）我国行业协会对社会信用的影响情况

1. 行业协会对信用既有积极影响也有消极影响

我国改革开放以来，行业协会迅速发展起来，其在维护政府信用和企业信用方面，均发挥了一定的积极作用，但总体看来，作用表现得极其有限。尽管有行业协会发挥作用增进政府信用和行业内成员企业信用的零散案例，但并没有任何经验数据表明行业协会的发展有效地促进了政府信用或者企业信用。

我国的社会信用问题在市场经济体制下出现并酿成危机，与我国行业协会的快速发展在同一时期。虽然两者各有自身的发生和发展的逻辑，但没有充分证据表明行业协会的发展恶化了社会信用，而且以下两点是客观存在的：(1) 在实践中一些行业协

会本身存在比较严重的信用缺失问题。有学者指出:“少数社会组织缺乏对法律的信仰与敬畏之心,存在违法失信甚至屡罚屡犯的不良现象,贬损了社会组织的公信力,滋生了劣币驱逐良币的负面效果。”[①](2)有案例显示,某些行业协会确实成为政府失信和企业失信的“推手”乃至始作俑者。

2. 我国行业协会对社会信用的影响未受到关注

无论是学界还是业界,均没有关注行业协会对信用体系建设的作用,更不用说通过行业协会的建设来改善社会信用状况了,似乎两者并不存在内在联系。这也进一步证实了行业协会对社会信用影响之微。通过中国知网进行检索发现,在海量的关于行业协会、关于信用的文献中,论及两者关系者极少,且相较行业协会在维护社会信用方面的作用,行业协会本身的信用问题、行业协会对社会信用的负面影响问题,受到的关注更多一些。

(二)我国行业协会对社会信用影响程度低的原因分析

1. 行业协会的独立性差

行业协会对社会信用的影响,主要依靠其对政府的制衡和行业自律。但无论是对政府的制衡,还是行业自律,行业协会的独立性都是基本的前提。

从产生来看,我国多数行业协会的产生并不符合行业协会的生成逻辑,并不是个体权利组织化的产物。20 世纪 80 年代以后,在国有经济改革过程中,中国的行业协会首先以一种独特的形式出现:通过分解和剥离行业主管部门,自上而下的培育。[②]

---

① 刘俊海:《夯实社会组织走向治理现代化的法律基石》,载《中国民政》2018 年第 9 期。

② 参见蔡皞琦:《协会、制衡与政府信誉》,载《经济评论》2004 年第 1 期。

即行业协会是随着政府机构改革和专业部门撤销，借助于政府的力量自上而下建立起来的，或者本身是由政府机关演变而来，有的行业协会在成立之初甚至与政府部门、事业单位是“两块牌子、一套人马”。

从运行来看，长期以来，我国多数行业协会习惯于背靠政府开展工作，政府也习惯用直属单位模式管理和指挥行业协会的工作，行业协会对政府的依附性很强，没有形成自己独立的品格，依附于行政权力而生存。有学者调查发现，在中国，行业协会是目前行政体系下地方政府用来实现其功能的工具而非新的国家—社会关系，行业协会更多的是协助政府管理行业而不是维护行业利益。① 这样的行业协会没有对政府权力形成制约的能力，更是缺少维护行业共同利益的内在动机，不可能为维护行业利益而制衡政府。如前所述，向政府表达行业诉求，谋求有利于本行业的公共政策是行业协会的基本使命，但我国这种缺乏独立性的行业协会却基本上不会去主动向政府表达行业的利益诉求，只是被动地接受政府部门因制定相关政策的需要对其的咨询。② 因此，行业协会通过制衡政府而使政府守信、可信这一功能，因为行业协会本身独立性的缺乏而难以发挥作用。有学者指出，行业协会在交易过程中的非主体独立性地位是政府失信的重要原因。③

如前所述，行业协会除可以通过制衡政府使政府守信、变得

---

① Foster K. W., “Embedded Within State Agencies: Business Associations in Yantai”, *The China Journal*, 2002(47).

② 参见卢向东：《“控制—功能”关系视角下行业协会商会脱钩改革》，载《国家行政学院学报》2017 年第 5 期。

③ 参见马春庆、熊花：《行业协会：搭建政府信用体系建设的有效制度途径》，载《山东大学学报》(哲学社会科学版)2006 年第 6 期。

可信外,行业协会作为联系政府与行业内企业的桥梁和纽带也有利于维护政府信用。但在我国,由于行业协会并不独立于政府存在,行业协会的行为直接被视为政府的行为,行业协会作为桥梁和纽带的功能无法体现,不仅不能起到缓解政府与企业的紧张关系等方面的作用,而且行业协会在提供公共服务方面的失信行为也被归咎于政府。

当然,这种状况正在改变,针对以行业协会为代表的社会组织存在的体制机制问题,党的十八大报告提出"加快形成政社分开、权责明确、依法自治的现代社会组织体制"。为了落实党的十八大精神,2015 年 7 月 15 日中共中央办公厅、国务院办公厅印发了《行业协会商会与行政机关脱钩总体方案》(以下简称《脱钩方案》),提出了"五脱钩、五规范"的要求:一是机构脱钩,规范行政管理和服务关系;二是职能脱钩,规范政府与行业协会商会之间的职责分工关系;三是资产财务脱钩,规范和明晰财产关系;四是人员管理脱钩,规范用人关系;五是党建、外事等事项脱钩,规范相关管理关系。目前,脱钩工作仍然在进行中。毫无疑问,与行政机关脱钩,使行业协会朝着独立性的方向迈出了关键的、坚实的一步,但要保持行业协会的独立性,尚有一段路要走,有关阐述将在下一部分展开。

2. 我国的行业协会缺乏行业自律的能力和动机

行业协会对企业信用的维护是通过行业自律来实现的。如果行业协会不能实现行业自律,则维护企业信用也就无从谈起。本来行业自律是行业协会的固有属性,但由于我国的行业协会主要不是个体利益组织化的结果,更多的是政府体制改革的产物。与前文所述行业协会缺乏制衡政府的能力和动机相同,行业协会也缺乏约束行业内成员企业的能力和动机。

就能力而言,行业协会约束行业内成员企业的权力源于成员企业的授权,当行业协会不是由成员企业自愿加入而组成时,这种授权就无从谈起。另外,行业协会施加各违规企业的处罚是一种"非法律惩罚",其有效性有赖于社会认同,而社会的认同度又主要取决于行业协会本身的社会声誉,但行业协会的声誉并不足以支撑社会对其的信任。有研究表明:"目前相当一部分行业协会商会内部治理结构不完善,组织机构不健全,财务管理不透明,自律性和诚信度不高,社会公信力不足。"①

就动机而言,只有以维护行业利益为宗旨的行业协会,才会基于行业共同利益去约束行业内成员企业的行为,避免其败德行为伤害行业共同利益。但我国目前行业协会更多的是政府管理企业的工具,其对行业内成员企业的管理与约束更多的是为了公共行政的需要,这与基于行业共同利益对行业内成员企业行为的约束,是大相径庭的。需要指出的是,行业协会是否以维护行业共同利益为宗旨,不是看其章程怎么写,而是看行业协会在实践中怎么做。仅从章程来看,所有的行业协会章程都无一例外地宣布其宗旨是维护行业共同利益。

另外,行业协会被核心企业控制的情况也比较严重,在这种情况下,行业协会不仅不可能进行行业自律,还可能变为维护个别企业既得利益的工具,即对于个别企业损害其他利益相关者的不良行为进行包庇,其后果是导致群体性的、产业链式不良行为的出现。

---

① 卢向东:《"控制—功能"关系视角下行业协会商会脱钩改革》,载《国家行政学院学报》2017 年第 5 期。

五、走向独立与自律：发挥行业协会对信用积极影响的法律促进

党的十九大报告提出：“加强社会治理制度建设，完善党委领导、政府负责、社会协同、公众参与、法治保障的社会治理体制，提高社会治理社会化、法治化、智能化、专业化水平。”行业协会作为我国最主要的社会组织，是社会治理的重要力量，发挥行业协会维护社会信用的积极作用，是改善社会治理的重要内容。从前文的分析可知，要充分发挥行业协会在社会信用体系建设中的积极作用，必须推动和保障行业协会的独立和自律。

（一）保障行业协会的独立性，形成社会权力对政府权力的有效制衡

行业协会是非政府组织（Non-Governmental Organizations，NGO），不是政府部门，只有独立于政府而存在，形成社会权力对政府权力的有效制衡，其维护政府信用的价值和意义才能彰显。无论是行业协会，还是政府，均没有使行业协会独立于政府而存在的强烈愿望。尽管党的十八大提出了“加快形成政社分开、权责明确、依法自治的现代社会组织体制”的改革思路，2015 年 7 月中共中央办公厅、国务院办公厅印发的《脱钩方案》对行业协会与行政机关脱钩作了具体安排，但从法治的角度看，脱钩过程应当是行业协会法治化的过程，从而真正实现并保持行业协会的独立性。

1. 依法明晰行业协会与政府的权力边界，明确并保护行业协会的自治权

行业协会与行政机关脱钩，其核心是职能脱钩。如果职能不脱钩，机构脱钩也不可能实现。但要实行职能脱钩，首先必须在法律上厘清双方的职能。对行业的公共管理属于政府职能，而对

行业的自律管理属于行业协会的职能,两者的界限相对会比较明显,但也并不是毫无争议的。争议最大的是对行业的公共服务,哪些属于政府职能,哪些属于行业协会的职能,哪些又属于政府向行业协会购买服务的方式转移给行业协会的,很难有统一标准。这些问题在理论上可以进一步探讨,但在实践中必须有明确的、稳定的标准和依据。在法治社会中,这种标准和依据只能是法律。

在依法明确区分政府与行业协会职能的基础上,明确并保护行业协会的自治权,防止政府对行业协会的非法干预。行业协会应在法律允许的范围内实行自治,除接受管理部门依法进行的管理外,不承担政府职能,不受政府的非法干涉。特别需要强调的是,政府应当尊重行业协会的自治权,不对其进行非法干涉。当行业协会发展成熟以后,就具有抵御政府非法干涉的能力,倘若行业协会连抵御政府非法干预的能力都没有,又怎么谈得上对政府权力进行制衡?但在转型时期,行业协会尚不具有这种能力,所以需要政府自觉克制。但是,自觉虽然是重要的,但自觉又是靠不住的,建议在法律上明确规定行政机关及其工作人员非法干预属于行业协会自治范围内事务行为的法律责任。

2.依法明确行业协会的经费来源渠道,保障并规范其经费的获取

财产和经费的独立,是实现和保持行业协会独立性的关键。从民法上来看,任何一个组织要成为法人,都必须有独立的财产,只有拥有独立的财产,才能拥有独立的人格、独立的自主意志和独立的责任能力。实行行业协会与行政机构资产财务脱钩容易,但脱钩之后,如何保障行业协会拥有稳定的、维持其正常运转的必要经费,却并非易事。如果这个问题解决不好,行业协会是难

以保持其独立性的。

从理论上来讲，法律只能对行业协会不法获取经费的行为进行规制，在法律允许的范围内，行业协会如何获取经费是自己的事。由于行业协会是行业内成员企业自愿加入而形成的维护他们的共同利益的组织，他们应当并且也当然会承担其经费，因此，成员企业缴纳的会费是行业协会的主要经费来源。此外，行业协会也可以通过提供公共服务获取经费。由于我国行业协会形成的特殊性，其脱钩前的主要经费源于公共财政。如果脱钩使其断了财源，显然是行不通的。但继续由公共财政提供，不仅有碍其独立性的形成，而且也缺少正当性。

比较可行的做法是，法律只规定对行业协会不法获取经费行为的一般禁止，以及诸如行业协会不得从事与其宗旨无关的营利活动等特别规定。但是，要安排过渡期。在过渡期内，给予经费不能自给的行业协会一定的财政补贴。过渡期结束后，不能再给予其任何形式的财政资助，行业协会必须赢得行业内企业的认同，从而获得发展所必需的经费。

3. 强化行业协会维护行业共同利益的宗旨

行业协会的宗旨，是谋求行业内成员企业的共同利益，这应当成为行业协会行为的出发点和最终归属。行业协会对行业内成员企业的约束必须是基于维护行业共同利益的需要，而不是政府管理行业的需要。因此，行业协会才可以凝聚行业内成员企业的力量，形成合力，并以此为凭，行业内企业就有了加入行业协会、自觉缴纳会费、接受行业协会约束的动力。行业协会也因此可以筹得其发展必要的经费。

当然，关于行业协会宗旨的规定属于应当由行业协会章程来规定的内容，法律不能“越俎代庖”。但是，法律对此并不是无所作为的。由于以维护行业共同利益为宗旨乃是行业协会成其为行业协会的本质特征,是行业协会与其他社会组织的根本性区别。因此,凡是要求登记为行业协会的社会组织,都必须提交行业协会的章程。此时,登记机关应当对其章程进行审查,如果发现其成立的宗旨不是维护行业共同利益,或者偏离了行业共同利益,可以要求其补正,在补正之前。不予登记。

(二)加强非政府组织促进的立法,以社会权力制约社会权力

个体利益组织化是一种趋势,但并不是所有的个体利益都能自发地组织化。实践表明,强者更容易走向联合变得更强,而弱者比强者更需要联合,但却往往难以组织起来。因此,个体利益组织化就会畸形发展。这种畸形发展带来的后果是,在法律和公共政策的形成过程中,只有强势利益集团的声音,而弱者的利益诉求得不到表达的机会,使法律和公共政策过于体现强势利益集团的利益,忽视弱者利益和社会公益。为了改变这种状况,必须鼓励、扶持各种维护弱者和社会公益的非政府组织的设立和发展,使各种各样的个体利益都能组织化,从而在利益多元化的现代社会中,在公共政策的形成过程中各种利益能享有平等的参与权、意见表达权。这种平等参与、表达意见的机会不仅对于利益主体本身是重要的。

(三)加强行业协会的行为规制,促使其自律

从理论上来讲,行业自律是自我实现的。行业内成员企业利润的实现,有赖于交易相对人对其产品和服务的购买。只有赢得交易相对人的信任,交易才能低成本、高效益的进行。行业协会如果不在加强行业自律上下功夫,而是组织、引导行业内企业采取各种不诚信的行为,必将伤及整个行业的社会评价,使交易相对人丧失对行业内成员企业的信任,从而加大交易成本、抑制交

易规模,并最终损害行业的共同利益。这是一种行业企业和交易相对人“双输”的局面。企业与交易相对人完全有可能“双赢”,而行业自律是实现这种“双赢”的唯一方式。行业协会利用行业自律规则规范行业内成员企业的行为,从而为整个行业赢得交易相对人的信任,降低交易成本、提高交易效率、扩大交易规模。

但在实践中,一些行业协会不是在自律上下功夫,而是挖空心思,从损害他人利益方面去谋求行业的共同利益。究其原因,一方面,是由于短视,只注重眼前利益,急于“建功立业”;另一方面,也由于法制不健全,行业协会谋求行业不正当利益的空间大、风险低。要实现行业自律,当然首先是要使行业协会认识到,自律才是维护行业健康、可持续发展的不二法宝,但毫无疑问,加强对行业协会的行为规制,也是促使其自律所不可或缺的。

1. 加强对行业协会的行为规制

如果行业协会可以通过组织垄断、帮助行业内成员企业实施商事欺诈等来谋得行业利益,很难期待其去约束行业内成员企业的败德行为。因此,必须加强对行业协会的行为规制,尤其是要严厉制裁其组织引导行业内成员企业实施垄断、商事欺诈的行为。我国《反垄断法》对行业协会组织行业内成员企业达成垄断协议作了禁止性规定后,行业协会组织实施垄断的现象就有了根本性的改变。这说明,法律对于抑制行业协会的不法行为起重要作用。

2. 加强对行业协会自律规则的监管

行业协会以维护行业内成员企业的共同利益为己任,行业自律规则是实现行业共同利益的工具,因此行业自律规则立足于行业企业的利益是必然的。只要是有利于行业共同利益的规则,都可能被行业自律规则所吸纳。这当中不乏一些不合法的、对社会有害的规则。尽管行业自律规则只对行业内成员企业有约束力,但企业遵守行业自律规则的行为具有外部性,必然对社会特别是对企业的交易对象的利益产生影响。不合法的行业自律规则具有负外部性。任何人都不能将自己的利益建立在损害公共利益或他人利益的基础之上。因此,不损害公共利益及他人利益构成行业自律规则的限度。而行业自律规则是否超出了这一限度,需要监管。

从已有的行业自律规则来看,存在比较普遍的问题是对行业内成员企业权利的规定。行业自律规则由其自身的性质和目的所决定,它应当以行业内成员企业在行业内的权利和义务为内容。就权利而言,行业自律规则只可以规定行业内成员企业对内的权利,即作为行业协会的成员所享有的成员权。行业自律规则不得规定企业对外的权利,企业对外享有哪些权利是由法律规定的,行业自律规则无权作出规定。但是,许多的行业自律规则却超越了作为自律规则的边界,规定了行业内成员企业的对外权利。

行业自律规则所规定的行业内成员的对外权利,有两种情况:一是规定法律没有规定的权利;二是重复规定法律明文规定的权利或者虽然法律没有明文规定,但属于企业所固有的权利。前一种情况的违法性是显而易见的,后一种情况只是宣示法律规定的权利,似乎并无不可。这里仍然以 2002 年《中国旅游饭店行业规范》关于饭店可以限制“自带酒水”的规定为例进行分析。毫无疑问,饭店拥有经营自主权,当然有权自主决定是否限制“自带酒水”,但行业规范鼓励、引导经营者采取该行为,在客观上起到了限制竞争的效果,它使经营者之间达成了不在这方面进行竞争的默契,这不符合鼓励竞争的公共政策,损害了消费者的合法权益。因此,即使属于行业内成员企业的法定权利、固有权利,行业自律规则也不宜规定。

论信用规制目标导向下的行政黑名单制度及其法律控制

徐晓明*

内容摘要 信用法治建设深化背景下，运用行政准入监管与后续监管之间的辩证关系原理，通过在政府管制领域引入黑名单制度，释放行政黑名单制度信用约束与惩戒功能，能够为放松与取消政府管制提供条件与可能，有效推进政府规制方式改革。作为信用信息共享制度，黑名单制度集成了信用信息，简化了信用信息流通模式，放大了信用信息效用功能；作为社会信用培育机制，黑名单制度发挥了信用约束与惩戒功能，反向促使被监管对象行为自律，有利于动态揭示被监管对象守法状

* 扬州市政府法制办公室副主任。

态；作为信用责任差异化制度，黑名单制度体现了差异化信用法律责任规制功能，具有鲜明的特别责任规制导向，有利于实现法律责任个别化目标。目前，我国黑名单制度主要存在设定主体泛化、设定程序零散、法律责任设定失衡等问题。信息化时代背景下，以信用规制为核心价值导向，行政黑名单制度法治化路径应当重点从规范设定主体、设定标准、规制领域、运行程序、救济机制和消除信息壁垒等方面展开。

关键词 信用体系；行政监管；黑名单

随着社会信用体系建设的深化推进与行政监管方式的变革转型，特别是在大数据的出现使个体信息的私有价值和公众价值更加直接融合、[①]愈发强调公共信用约束与联合惩戒的社会大背景下，作为政府规制工具中的信用工具，行政黑名单制度承载了信用概念中的道德寓意和法律原则要求，[②]愈发以其对信用体系的塑造培育功能而显示出对于行政监管的促进与协同价值。在新的时代背景下，按照行政法治精神，系统而规范地在行政监管体系中全面引入黑名单制度，将信用从道德维度和法律原则维度落实到制度层面，[③]显得愈加必要而迫切。

本文以信用法治化为目标导向，以彰显行政黑名单制度信用约束与惩戒功能为制度建设着力点，在对当下我国行政黑名单制度法治化所面临的现实背景、制度性质定位、制度缺陷反思等问题进行阐述的基础上，对行政监管体系中如何系统、规范引入行

① 参见林鸿朝：《个人信息在社会风险治理中的利用及其限制》，载《政治与法律》2018 年第 4 期。

② 参见王瑞雪：《政府规制中的信用工具研究》，载《中国法学》2017 年第 4 期。

③ 同上。

政黑名单制度，推进行政黑名单制度法治化提出对策设想。

一、问题的提出：行政黑名单制度法治化所面临的现实背景

（一）认知背景：基础理念的未定型化对行政黑名单制度共识提出现实需求

目前，我国行政黑名单制度建设总体还处于起步阶段，还缺少完备的、系统的理论作为支撑。在基础理念层面，尽管监管机关和社会公众普遍认为行政黑名单制度有信用建设功能，但对何为行政黑名单制度，目前尚未有统一的定义，而对于其性质与内涵也没有达成共识，行政黑名单确认行为在性质上是属于行政措施，还是行政处罚或行政强制行为，其与行政违法事实公布存在什么样的差异性，以及是否会引发“一事二罚”等一系列问题，这些影响制度系统设计的框架性、基础性问题在实践中并没有达成共识。例如，有学者认为，“黑名单制度是指国家通过法律设定的，将一些特定的违法犯罪人，或者对社会有特别危害可能的人，通过一定的法律程序入册登记，在一定的期限内有关部门依法约束其行为和权利的法律制度”。[①] 也有学者认为，“黑名单制度是指特定机构依据相关职权或者授权，对具有危害公共利益或者他人利益的违法、违规行为的企业、个人或者组织，通过向社会进行公示或者设立不良记录等方式，对其进行行为限制或者不良信用揭示的一种管理行为”。[②] 作为推进行政黑名单制度法治化所需要解决的基础与前提问题，行政黑名单制度的性质与内涵直接关系整个制度的系统性构造与关联法律关系的安排，从根本上影响

---

① 胡建淼：《对现实中三种管理事例和法治思考》，载《行政管理改革》2015 年第 12 期。

② 刘平、史莉莉：《行政“黑名单”的相关法律问题研究》，载《行政法制研究》2006 年第 1 期。

其信用体系建设功能的发挥。行政黑名单制度在性质、内涵等理念方面缺少共识的现状,在一定程度上影响到了行政黑名单制度实践的统一性与规范性。

(二)政策背景:信用体系建设深化对行政黑名单制度供给提出现实需求

为深化推进“放管服”改革,近年来国家在统一政策层面上以行政黑名单制度建设为重点,加速推进了社会信用体系建设,旨在通过系统发挥行政黑名单制度信用法治动能为“放管服”改革提供配套政策支撑。国务院《社会信用体系建设规划纲要(2014~2020年)》(国发〔2014〕21号)提出“在现有行政处罚措施的基础上,健全失信惩戒制度,建立各行业黑名单制度和市场退出机制”的总要求。在行政黑名单具体制度建设方面,国务院于2016年5月下发《关于建立完善守信联合激励和失信联合惩戒制度加快推进社会诚信建设的指导意见》(国发〔2016〕33号),在统筹推进失信惩戒机制建设的同时,分别于2017年9月22日、2018年7月28日分别作出了《关于取消一批行政许可事项的决定》(国发〔2017〕46号)和《关于取消一批行政许可等事项的决定》(国发〔2018〕28号),国务院在通过这两个决定取消63项行政许可事项的同时,一并提出了建立完善相关事中、事后监管措施的要求,其中,要求针对工程咨询单位资格认定、物业服务企业一级资质核定、地质勘查资质审批、机动车维修经营许可等共13个行政监管事项建立行政黑名单制度,以推动对被监管对象实行联合惩戒。这是国务院在行政监管领域全面推进行政黑名单制度建设作出的决定,旨在通过充分运用行政许可准入监管与后续监管两者之间所存在的“联通器式”辩证关系原理,发挥行政黑名单制度促进与协同监管价值,着力推进政府管制方式变革,为放松直至取消政府管制提供条件和可能,这是政府管理方式的重大变革。"放管服"改革作为一项系统性、协调性的改革工程,它要求在"放"权的同步提供与之相配套的有效的"管""服"政府监管机制作为保障,也只有管好了、服务好了,权力放得才能更加没有后顾之忧,权力放得才能更加踏实有效,否则必然会产生"放""管"两个环节不能首尾统筹兼顾、两头不扎实的不利政府规制后果。如何按照"宽进严管"的系统性"放管服"改革要求,充分发挥行政黑名单制度对于政府管制改革的支撑保障功能,这完全取决于行政黑名单制度的法治化程度。从国家政策层面进行分析,显然社会信用体系建设的深化背景在促使行政黑名单制度法治化的提速。

(三)实践背景:实践的泛化无序对行政黑名单制度法治化提出现实需求

在推进信用法治建设大背景下,尽管我国目前对于行政黑名单制度尚没有统一的规范要求,但这项制度在实践层面已为行政监管部门与社会公众广泛认知,且在有些行政管理领域已有不同程度的实践。[①] 总体而言,行政黑名单制度实践还远未系统化、定型化,主要呈现出一种碎片化、非系统性实践特征。一是在规范设定主体方面,作为一种对被监管对象权益有不利影响的行政监管措施,目前行政黑名单制度在设定层面上主要表现为一种"人人可设"的设定主体泛化问题,行政黑名单制度的信用约束与惩戒功能被不当放大,承受了不能承受之重,设立主体泛化问题的存在给行政黑名单制度设定的正当性与合法性留下了风险,

---

① 国家食品药品监管局于2012年8月制定发布了《药品安全"黑名单"管理规定(试行)》。在适用范围方面,目前信访程序中也有相关黑名单制度的实践。

极易不当侵害被监管对象的合法权益。在目前实践中,行政黑名单制度"一黑就灵""无所不包""无所不能"的实践泛化趋势非常明显。正如有学者所认为的,目前谁都有权将谁列入黑名单,而谁都有可能随时被列入黑名单,我国目前黑名单制度大有被滥用的可能和趋向。[①] 作为一种行政信用惩戒手段,行政黑名单制度的应用领域尽管非常广泛,但不是所有行政管理领域都适用信用惩戒。[②] 二是在规范表现形式方面,法律、法规、规章和其他规范性文件对行政黑名单制度都有不同程度的涉及,而在其中,规范性文件占绝大多数,因此制度建设位阶总体偏低。三是在实践方式方面,主要表现为一种既有政府各部门线上的指导性规定,又有地方各级政府面上的统一探索。这些规定更多地以行政规范性文件作为表现形式,具有明显的条块分割特点,条块分割问题直接影响了行政黑名单制度整体功效的发挥。正是考虑到制度泛化无序实践可能存在的合法权益侵害风险,在具体规制方面,有学者提出,"需要认识到整合大量黑名单信息可能会增加信息泄露风险,信息安全和公权力滥用查询权限等问题必须加以重视。通过完备的制度,对黑名单信息使用条件、使用程序、管理机构、管理方法等作出明确规定"。[③]

综上所述,如何在广泛、深度推进行政黑名单制度法治化实践中,按照信用法治建设的总要求,依法保护、平衡行政黑名单制

① 参见胡建淼:《对现实中三种管理事例和法治思考》,载《行政管理改革》2015年第12期。

② 参见李富莹:《信用惩戒在地方立法制度设计中的应用研究》,载《北京人大》2012年第6期。

③ 江卉:《做实黑名单制度,让失信者寸步难行》,载《湖北日报(武汉)》2014年3月13日,第2版。

度中的法律关系各方主体之间的权益，这已成为理论与实务界亟待回应的现实课题。

二、制度性质定位：行政黑名单制度法治化之基本认识前提

如何全面准确地把握行政黑名单制度的性质？笔者认为，对行政黑名单制度性质进行定位把握，应当坚持一种整体分析框架思路，从黑名单行为标准确定、个案确认到行政黑名单制度价值等方面进行全面整体系统性地把握。综合分析当下行政黑名单制度在制度设定与操作层面的实践，立足于行政黑名单制度信用约束与惩戒这一核心功能定位，其制度性质可主要从以下三个方面来进行整体考察定位。

（一）行政黑名单制度是信用信息共享制度

1. 作为信用信息集成机制，简化了信用信息流通模式。就行政黑名单制度而言，由于相关行政监管主体通过日常监管手段，并借助于大数据分析，运用收集、整理、分类等信用信息管理措施，能够将日常化、碎片化、零散性的监管信用信息进行系统性的集成化处理，借助于行政黑名单制度搭建的信息平台进行整体性信息表达，达到了信用信息整合的“模块化”与信用信息传递的“精细化”，实现了信用信息流动由“碎片化”向“模块化”传递方式的集成性转变，体现了信用信息传递的“规模化”效应：一方面，在信用信息传递成本方面，基于信息的有效整合，节约了信息受众个体信息收集与判断的成本，使信用信息获取更具“可得性”与“便利化”；另一方面，在信用信息传递速度方面，模块化、集成化的传输方式大大提高了信用信息流通效率，使信用信息获取更具“快捷性”。同时，基于政府信息公开机制，一方面，构筑了被监管对象违法信息公开的聚合性平台；另一方面，信息也被贴上了政府信用的标签，信用信息更加具有权威性与公信力，完

全省却了社会公众与其他监管主体判断、验证信息的环节，加速了信用信息的传播流动，大大减少了信用信息传递扭曲问题的发生，增强信息传递的“共识性”，使信用信息能够迅速及时地为更多的行政机关、社会公众等所知晓。

2. 作为信用信息公开机制，放大了信用信息效用功能。依托行政黑名单制度构建的信息公开平台，信用信息传递密度与速度进一步增强，信用信息进一步走出“深闺”，信用信息效用功能在行政监管主体与社会公众两个层面进一步放大：一方面，在行政监管层面，基于行政黑名单制度的运行，有利于打破监管信息壁垒，促进了信息资源交流共享，各类相关行政监管主体可以基于行政黑名单制度所传递的信用信息，进一步补强信息地位、提升行政监管能力，有利于在法定职权范围内依法及时采取相关行政监管措施，更好地推动构建系统性、综合性无缝行政监管机制，促进了监管协同价值功能的发挥；另一方面，在社会公众参与层面，基于透明公开的信用信息平台，有利于社会公众穿透因行业、专业技术壁垒而形成的信息屏障，克服自身认识障碍，改变自身信息劣势地位，更加深入无障碍、低成本地了解被监管对象守法状况，正确评价被监管对象信用等级，从而更加理性、主动地采取与被监管对象的交往行为策略，同时更富有效率地积极参与行政监管，充分激发社会监督功能。

（二）行政黑名单制度是信用体系培育制度

1. 作为信用约束机制，反向促使被监管对象行为自律。社会信用体系的培育是一个持续、漫长的演进过程，发达国家信用体系建设的经验已经充分说明在社会信用体系培育过程中，仅仅依靠市场自发生成的力量是完全不足以建立起完善的社会信用体系的。因此，社会信用体系建设还必须借助政府主动介入的力量。行政黑名单制度作为一种被监管对象违法信息集中公开处理机制,是一种典型的政府主导构建模式下的社会信用培育制度。作为违法典型公示机制,行政黑名单制度具有威慑预防性功能,其威慑预防性功能主要是通过反面典型事例的公开警示来规范预防;依托行政黑名单制度,相关行政监管主体对重点违法被监管对象及其相关违法事例进行公开,通过惩戒违法被监管对象,树立法制宣传教育的“标本”,从反向角度提高违法被监管对象及其他具有潜在违法行为倾向的被监管对象的守法认知。[①] 正如有学者所认为的,在内容层面上,行政黑名单制度发掘出具有强大外在约束力的“耻感文化”,通过对违法主体不良信息的公布,使其名誉和信用遭受贬损,从而失去“公众的赞助、国家的信任和社会所倡导的友爱”。[②] 由于被监管对象违法信息的及时披露,能够引发社会公众对于被监管对象信用的否定性评价,而这种信用否定性评价又极易为被监管对象与社会公众进行再次交易造成障碍,从而使被监管对象容易失去合作伙伴、丧失交易机会,因此从理性角度考虑,被监管对象只有遵纪守法。因此,从综合功效来分析,行政黑名单制度的有效运行,有利于激发生成被监管对象守法内生动力,推动生成一种反向促使被监管对象自律的自律监管机制,让被监管对象因守法过程而提升自身信用度的同时,也一并享受到了行政黑名单制度所具有的正向守法激励功能。

2. 作为信用公示机制,动态揭示被监管对象守法状态。基于

---

① 参见应飞虎:《信息如何影响法律——对法律基于信息视角的阐释》,载《法学》2002 年第 6 期。

② 范伟:《行政黑名单制度的法律属性及其控制——基于行政过程论视角的分析》,载《政治与法律》2018 年第 9 期。

社会信用体系培育制度的功能定位，行政黑名单制度在彰显强烈的信用评价与信用模型塑造功能的同时，基于其修正、退出等信息更新机制所蕴含的信息动态更新功能，构建了常态化、制度化的信息动态披露机制。监管信息的持续动态披露进一步补强了监管法律关系中的其他主体的信息地位，体现了强烈的缓解监管信息不对称的功能，为进行多元有效监管提供了基础支撑。基于信息公开面的不断扩大，监管信息效用功能进一步放大，社会公众和其他关联行政监管主体可以在进一步降低信息搜寻成本的情况下，通过具有公信力的官方信息公开平台，非常方便、快捷地从权威渠道获取被监管对象动态违法行为信息，有利于穿透被监管对象的“面纱”，及时洞察被监管对象的守法状态，打破被监管对象在事实信息层面上的信息优势地位，精准全面地认知被监管对象的行为状态，最终推动形成“世人皆知”的透明监管环境。因而基于行政黑名单制度这样一种简明的信用工具，可以向行业协会、社会组织、金融机构、第三方征信机构以及公众揭示被监管对象的信用状况，并为扮演重要角色的治理主体推荐相应的行动框架。①

（三）行政黑名单制度是信用责任差异化制度

作为一种监管对象筛选机制，行政黑名单制度是依据一定分类标准对被监管对象进行筛选，将符合一定条件的违法被监管对象纳入黑名单，并采取特定性、有针对性的管理措施，并对其进行重点管理的一项监管制度。因此，其对违法被监管对象进行筛选的过程，在本质上就是对违法被监管对象进行类型化的过程。行政黑名单制度为分类监管机制构建构筑了基础，为实现精准化监

---

① 参见王瑞雪：《政府规制中的信用工具研究》，载《中国法学》2017年第4期。

管提供了制度保障，有利于进行差别化监管。综合而言，在监管责任设置功能上，行政黑名单制度主要从两个方面体现了其所具有的差异化法律责任规制功能，具有鲜明的特别责任规制导向。

1. 作为法律责任机制，体现了责任附加效应。基于行政黑名单制度运行所产生的对被监管对象的连锁性惩戒效应，在客观上体现了对被监管对象所施加的不同于一般被监管对象的“附加型”责任要求。这种“附加型”效应主要体现在两个层面：一方面，在间接责任附加层面，由于违法信息集中公开披露，给被监管对象信用直接带来了贬损的同时，也从成本总和角度间接地增加了被监管对象的违法成本。如学者所言，声誉机制是弱者的“武器”，更是一种边际成本相当高昂的严罚，[①]社会公众除通过对违法被监管对象进行道德上的谴责外，还可采取更积极的“避害”行动。[②] 另一方面，在直接责任附加层面，由于被监管对象被纳入黑名单后，在其他相关监管领域，通常还要受到未来权利受限、资本市场权利受限等额外的附随性的惩戒与处理，因而，行政黑名单制度具有了直接惩罚性功能，体现了针对被监管对象所施加的、不同于一般违法行为的额外的惩罚性法律责任。因此，行政黑名单制度从直接与间接两个层面，起到了增加被监管对象违法成本的功效，体现了重责化规制要求。

2. 作为责任附加机制，体现了责任连锁效应。行政黑名单制度的运行，不仅在客观上直接加大了被监管对象的违法成本，而

① James C. Scott, *Weapons of the Weak: Everyday Forms of peasant Resistance*, Newhaven and London: Yale University Press, 1985. 转引自吴元元：《信息基础、声誉机制与执法优化——食品安全治理的新视野》，载《中国社会科学》2012 年第 6 期。

② 参见金自宁：《作为风险规制工具的信息交流——以环境行政中 TRI 为例》，载《中外法学》2010 年第 3 期。

且在惩戒功效上也体现了“面线结合式”的连锁惩戒效应，客观上实现了“一处惩戒，处处受限”的信用连锁惩戒效果。这种连锁惩戒效应主要体现在两个方面：一方面，在规制领域方面，将惩戒的领域由现有监管领域拓展到了其他相关管理领域，扩大了规制惩戒面，实现了与其他监管领域的关联综合治理，达到了联合惩戒的效果，形成了惩戒的整体协同效应；另一方面，在规制效力方面，行政黑名单制度着力于面向未来风险预防，被监管对象一旦被纳入黑名单，其就经历了行政监管筛选过程，成为一个被重点规制的对象，而其先前受惩戒的效果也具有了附带辐射效应，惩戒效应也将从现在延伸到未来，延长了规制惩戒线，形成了惩戒的后续“紧箍咒”效应，在将来一旦条件成就，后续附加的惩戒效果就会显现，进而从线的角度体现出了连锁性责任要求。

三、制度缺陷反思：行政黑名单制度法治化实践中存在的突出问题

立足于对现有行政黑名单制度信用法治功能的有效发挥程度考察，目前，行政黑名单制度在我国行政监管实践中主要呈现以下三个方面的突出问题。

（一）在设定主体层面呈现泛化性趋势：信用规制范围失之于宽

目前，设定主体泛化趋势问题主要表现为以下两个方面。

1. 设定主体多元，政出多门。综合分析现有制度实践，目前我国行政黑名单制度设定主体除行政机关外，还有行业协会、企业等其他非行政主体类型，设定主体具有多元化特点。例如，在行政机关层面，住房城乡建设部于 2017 年 12 月下发了《关于印发建筑市场信用管理暂行办法的通知》（建市〔2017〕241 号），文化部于 2016 年 1 月下发了《文化市场黑名单管理办法（试行）》

(办市发〔2016〕1号)分别以部门规范性文件的形式,建立了全国建筑市场、文化市场主体黑名单制度;在自治组织层面,中国注册税务师协会曾于2014年9月制定了《注册税务师职业道德规范(试行)》(中税协发〔2014〕44号),通过该规范第19条建立了黑名单制度。[①] 黑名单设定主体多元化状态的存在,一方面说明了行政黑名单制度目前适用领域的广泛性,但同时也从另一个侧面表明,行政黑名单制度运用正呈现出一种泛化趋势,体现了一种"人人可设""一黑就灵"的行政管理惯性思维,在强调行政黑名单制度规制功能的同时,也在一定程度上助长了监管依赖。

2. 设定层次多元,政出多层。目前,就行政机关而言,我国许多县级以上行政机关有设定行政黑名单制度的实践。例如,就安全生产行政许可监管而言,目前从县级行政机关到国家部委办、局各层都有设定行政黑名单制度的实践。在国家层面上,国务院办公厅下发《关于加强安全生产监管执法的通知》(国办发〔2015〕20号),提出"要实行安全生产'黑名单'制度并通过企业信用信息公示系统向社会公示,对列入'黑名单'的企业,在经营、投融资、政府采购、工程招投标、国有土地出让、授予荣誉、进出口、出入境、资质审核等方面依法予以限制或禁止"。在地方政府层面上,很多地方政府在安全生产监管领域也都推行了行政黑名单制度。制度设定主体泛化问题的存在在一定程度上直接影响了行政黑名单制度实践的统一性,并为行政黑名单制度的滥用留下了制度风险。

---

① 《注册税务师职业道德规范(试行)》第19条规定,"建立注册税务师行业诚信档案,施行诚信红黑名单制度,记录税务师事务所和注册税务师执业的诚信情况及奖惩信息,把恪守诚信者列入'红名单',把失信违规者列入'黑名单'"。

(二)在程序设定层面呈现零散性问题:信用规制程序失之于粗

在运行程序方面,目前我国行政黑名单制度相关程序建设还比较概括、粗疏,主要存在以下两个方面的突出问题。

1. 统一性缺乏。尽管行政黑名单制度在不同行政监管领域具有差异性,但其在核心程序方面应当具有统一性,而就目前制度实践而言,体现共性原则的核心程序并不统一,各监管领域规定也不尽相同,而核心程序的不统一从根本上体现为制度设定者对于行政黑名单制度内涵与外延在认识上的不统一。例如,针对安全生产许可监管,《重庆市危险化学品和烟花爆竹生产经营企业安全生产黑名单制度》规定了包括信息采集、信息告知、讨论审定、黑名单的公布、黑名单的撤销在内的5道程序。而在食品药品许可监管方面,《上海市食品药品严重违法企业与相关责任人员重点监管及其名单管理办法(试行)》(已废止)则规定了包括名单提出与审核、听证、确认决定、公布在内的4道程序。行政黑名单制度核心程序不统一问题也在一定程度上降低了行政黑名单制度实践的规范性与权威性。

2. 民主性不够。作为一项对于被监管对象有不利影响的行政监管措施,行政黑名单制度的运用应当具有充分的民主性与科学性,体现包容性与开放性,被监管对象的信用要得到公正评判,就得让所有的信息规制过程被充分公开并接受广泛监督,整个行政黑名单制度规制的过程应当体现一种行政机关与被监管对象理性对话的沟通过程,而不是行政机关自我决定的封闭运行过程,更不是一个简单地向被监管对象强制灌输意志的过程。一个不具有开放性、缺少有效沟通机制作支撑的行政黑名单制度,其合法性与正当性自然是值得商榷的,其结论也最终难以获得被监管对象的广泛认同，在执行环节自然也可能会遇到各种障碍。例如，天津市安监局于2012年9月制定的《天津市安全评价机构“黑名单”管理制度》（津安监管规〔2012〕58号）第6条规定了列入安全生产“黑名单”的基本程序，其中，包括信息采集、讨论审定和信息公布3道程序。就这一立法例所规定的程序来分析，安全评价机构黑名单的整个产生过程完全是处于行政机关内部运行程序之中，作为行政相对人的安全评价机构并不能参与其中，也并不能对结论提出异议并进一步寻求救济。

（三）在法律责任设定层面呈现失衡性问题：信用规制责任失之于乱

在信用约束与惩戒功能发挥方面，目前行政黑名单制度在法律责任设定方面的问题主要表现为以下两个方面。

1. 法律责任设定缺失。目前一些法律条文中虽然有关于行政黑名单制度的规定，但却缺少相应的法律责任的规定，导致这项制度的执行缺少法律责任保障，制度实效性缺少执行支撑，导致行政黑名单制度这一特别监管制度与一般违法事实的公布相混同，影响了行政黑名单制度特质功效的发挥，这也正如学者们所认为的，“记入征信体系、公布黑名单的做法，往往伴随着禁止贷款、入市、乘坐飞机和高铁等诸多惩处性措施，远远超出了公布的事实行为范畴”，“行政黑名单制度并非完全等同于公布违法事实”。[①] 在行政黑名单制度法律责任设定问题上，我国学者任建明教授认为：“一个完整的黑名单制度应该包括两部分：第一，最大范围内地录入黑色信用信息；第二，处罚失信行为。”笔者认

① 范伟：《行政黑名单制度的法律属性及其控制——基于行政过程论视角的分析》，载《政治与法律》2018年第9期。

同任建明教授关于将处罚失信行为作为行政黑名单制度中一项必备内容来加以规定的观点。没有制裁措施作为有效保障,单纯通过违法事实登记与公布来约束违法被监管对象,行政黑名单制度将难以发挥其预期的制度功效。例如,国家食品药品监督管理局于2012年8月制定的《关于印发药品安全"黑名单"管理规定(试行)的通知》(国食药监办〔2012〕219号),其中虽设定了药品安全"黑名单"制度,但由于没有一并规定相关法律责任,因此,这在一定程度上会影响制度执行的功效。

2. 法律责任设定越位。从权利保障与权力监督双重视角来分析,由于行政黑名单制度附带了制裁措施,因此其就成为一种对违法被监管对象权益进行限制与克减的行政监管手段。目前,制裁措施主要表现为行政许可权利、金融信贷权利、行政奖励、任职资格受限等类型。但就目前我国行政黑名单制度可制裁措施设定而言,由于没有统一的设定规则可循,一些制度规定存在违法设定法律责任的嫌疑。制裁措施设定失范问题的存在容易诱发对于被监管对象的不当惩戒问题,从而引发对行政黑名单制度合法性的质疑。例如,重庆市安全生产监督管理局于2010年制定的《重庆市危险化学品和烟花爆竹生产经营企业安全生产黑名单制度》(渝安监发〔2010〕60号)第3条规定,凡被列入黑名单的企业自公布之日起停产整顿3个月。由此可见,一旦被列入黑名单,将会产生停产整顿3个月"附随性"法律责任。就该立法例而言,由于停产整顿在性质上属于行政处罚,而根据我国行政处罚法的规定,只有法规以上的法律性文件才能对停产整顿加以设定。因此,重庆市安全生产监督管理局作为一个没有行政处罚设定权的行政主体,通过本部门规范性文件,对列入黑名单的被监管对象作出停业整顿的行政处罚责任设定,这一设定的合法性是值得商榷的。

四、制度完善设想：以解决制度设定问题为主要突破口

对于如何构建行政黑名单制度，其规制路径如何科学选择？学者们提出，需要认识到整合大量黑名单信息可能会增加信息泄露风险，信息安全和公权力滥用查询权限等问题必须加以重视。通过完备的制度，对黑名单信息的使用条件、使用程序、管理机构、管理方法等进行规范。[①] “不仅应当注重其有效性，而且还应当高度重视其合法性和科学合理性。”[②]笔者认为，以作出明确规定、信用法治动能充分释放为目标导向，按照行政黑名单制度法治化的基本原则要求，行政黑名单制度的规制路径可重点从规范设定主体、规制领域、设定标准、运行程序、权利救济机制、打破信息壁垒等方面来进行把控。

（一）设定主体如何界定：法定性抑或是自主性

如学者所言，“创设失范之矫正，是行政黑名单制度面临的首要难题”。[③] 综合分析我国目前行政黑名单制度的实践，尽管造成行政黑名单制度实践不统一、不规范的原因是多元的，但设定主体泛化问题的存在则是导致这些问题的最根本的基础性、根源性的原因。因此，规范行政黑名单制度实践应当首先从规范行政黑名单制度设定层面入手，在坚持依法设定的前提下，按照法定原则要求，从源头层面推进行政黑名单制度法治化的实践。

1. 确立法规以上规范有权设定原则。行政黑名单制度设定

---

① 参见江卉：《做实黑名单制度，让失信者寸步难行》，载《湖北日报（武汉）》2014年3月13日，第2版。

② 杨建顺：《“黑名单”亟待法律规制》，载《检察日报》2018年9月19日，第7版。

③ 范伟：《行政黑名单制度的法律属性及其控制——基于行政过程论视角的分析》，载《政治与法律》2018年第9期。

主体如何来确定,有学者提出,“建立和实施黑名单制度必须有法律依据,坚持法律保留原则”。[①] 笔者认为,如何设定行政黑名单制度,这主要取决于行政黑名单制度的具体内容。由于行政黑名单制度的运行,不仅在客观上直接加大了被监管对象的违法成本,而且在惩戒功效上也体现了附加连锁效应,正如国务院办公厅《关于加强环境监管执法的通知》(国办发〔2014〕56 号)中提出的“建立环境信用评价制度,将环境违法企业列入‘黑名单’并向社会公开,将其环境违法行为纳入社会信用体系,让失信企业一次违法、处处受限”。因此,行政黑名单制度作为一项失信惩戒制度,其必然要遵循“法无明文不可为”原则。

从行政法治的一般原理出发,当行政黑名单制度存在限制或者克减特定行政相对人权利或对不特定社会公众产生不利影响的时候,根据我国《立法法》的规定,法规以上的法律规范才有设定权,而规章以下的制度规范则没有行政黑名单制度设定权。以此设定标准来审视我国现有行政黑名单制度的设定,应当说有些行政黑名单制度的设定在合法性方面是存在障碍的,有学者曾对食品安全黑名单制度进行评价,认为目前我国关于食品安全黑名单制度多是由规章以下的规范性文件规定的,其合法性存在疑问。[②] 例如,在矿业许可监管领域,2015 年 12 月福建省国土资源厅下发了《关于建立矿产资源管理“黑名单”制度的通知》(闽国土资综〔2015〕424 号),其中规定,“列入黑名单的矿业权人,除按有关法律法规规章等予以处理外,各级国土资源管理部门不予

---

① 胡建淼:《对现实中三种管理事例和法治思考》,载《行政管理改革》2015 年第 12 期。

② 参见曾祥华:《食品安全黑名单制度研究》,载《科学·经济·社会》2015 年第 1 期。

批准其矿业权变更（扩大）、延续、转让等申请，禁止其参与新的矿业权招拍挂出让、协议出让或申请新的矿业权，已参与新的矿业权招拍挂出让、协议出让的，其结果不予确认，不与之签订有关合同”。该立法例通过下发通知的形式来对被确定为黑名单的矿业权企业的行政许可权等进行限制的做法，是否符合行政黑名单制度依法设定原则值得进一步论证。

2. 以差异化为标准确定设定主体。如上所述，从行政监管的角度出发，尽管法规以上的法律规范可以设定行政黑名单制度，但由于不同行政管理领域的行政黑名单制度在价值功能定位、规制法律关系等方面存在差异性，因此，这在一定程度上决定了行政黑名单具体制度安排的差异性，而具体制度安排的差异性也同时决定了行政黑名单制度设定规则的不同。

总体而言，立法机关要根据行政黑名单制度所要追求实现的价值目标与对被监管对象限制或者克减权利的方式来科学界定行政黑名单制度的设定规则。具体而言，凡当行政黑名单制度中制裁措施的设定涉及行政许可、行政处罚、行政强制等行政权力事项的，则要分别遵守行政许可、行政处罚、行政强制等设定主体规则。同时，为体现对不同地区信用管理差异性的考虑，在不涉及对被监管对象权利进行限制与克减的前提下，可以通过法律法规授权的方式，授权省级人民政府或者有关部门在特定情形下通过制定规章或者规范性文件的形式对行政黑名单制度作出进一步细化规定，通过授予行政黑名单制度规定权，以实现行政黑名单制度差异性立法目的。例如，《企业信息公示暂行条例》[①]第18

① 《企业信息公示暂行条例》于2014年7月23日经国务院第57次常务会议通过，自2014年10月1日起施行。

条规定,“县级以上地方人民政府及其有关部门应当建立健全信用约束机制,在政府采购、工程招投标、国有土地出让、授予荣誉称号等工作中,将企业信息作为重要考量因素,对被列入经营异常名录或者严重违法企业名单的企业依法予以限制或者禁入”。在这一立法例中,基于《企业信息公示暂行条例》的授权,县级以上地方人民政府及其有关部门获得了行政黑名单制度规定权,并基于规定权对各种信用约束机制作出细化规定,但基于规范性文件的基本属性,其对各种限制或者禁入措施则没有设定权。

(二)规制领域如何界定:有限性标准抑或是无限性标准

对于在何种监管领域中建立行政黑名单制度更具必要性与正当性,笔者认为,应当在坚持有限性标准的前提下,重点可从以下两个方面的核心要素方面进行考察判断规制领域的选择。

1.公共利益关联度:评判的价值导向视角。所谓公共利益关联度是指被监管对象的行为与涉及不特定多数的社会公众利益的相关度。与社会公共利益相关度越高,社会公众对于被监管对象的行为依赖程度就越高,因此,施加特别行政规制的必要性就越高,这也就导致了在规制措施上存在差异的可能性。从目前我国现有的行政黑名单制度分布领域来分析,这些规定更多的是集中在与社会公众有重大关联的食品药品、安全生产等行政监管领域。例如,国务院于2016年5月30日下发的《关于建立完善守信联合激励和失信联合惩戒制度加快推进社会诚信建设的指导意见》(国发〔2016〕33号)、国家安全监管总局于2017年5月制定下发的《对安全生产领域失信行为开展联合惩戒的实施办法》,对食品药品、安全生产等领域行政黑名单制度作出相关规定。在国家统一立法及政策层面上,之所以会对这些行政管理领域行政黑名单制度作出规定,更多的是体现一种对重大社会公共利益进行特别规制的监管理念。

2.信息不对称度:评判的信息地位视角。从推进行政监管信息均衡、缓和信息不对称状态角度来考量,当某一监管领域具有与社会公众利益高度关联、监管专业化程度高、社会大众信息获取成本高、信息不对称程度高、市场竞争度低等特点时,被监管对象就愈发具有机会主义行为倾向。因此,这样的管理领域就更需要行政监管的介入,而作为信用约束与惩戒机制的行政黑名单制度的引入就具有了必要性与正当性。例如,在互联网金融监管领域,就非常具有引入行政黑名单制度的必要性。行政黑名单制度的建立,从缓和信息不对称状态来考虑,作为一种符号,黑名单浓缩了监管信息,简化了社会大众的识别程序,依托行政黑名单制度社会大众与被监管对象之间的信息不对称地位则可以迅速得以缓和,因而能够方便社会大众更加低成本、迅速、准确地作出决策,对被监管对象进行高质量的监督。

(三)设定标准如何界定:选择性抑或是广涉性

尽管不同监管领域存在的监管差异性决定了行政黑名单制度设定机关不能对被监管对象严重违法行为的具体类型作出统一规定,但这并不代表黑名单设定标准就变得无规律可循。笔者认为,可在坚持以严重违法行为为设定标准前提下,按照选择性标准,根据不同管理领域中的信用规制要求,通过细化严重违法行为的认定标准来进一步细化黑名单的设定标准。严重违法行为的认定标准重点可从违法行为的“量”“质”两个层面分别来进行考量。

1.从“量”的层面考量,体现对行政“累犯”的特别规制。在“量”的层面,主要是考察被监管对象一般违法行为的违法频率,重点是从规制行政“累犯”层面进行考量,对于“累犯”率高的行政违法行为则可考虑将行为主体纳入行政黑名单制度规制范围，通过将行政“累犯”作为规制重点，体现一种以降低违法“复发率”为目标的行政监管价值导向，同时也完全契合了预防性行政监管体系构建的要求。[①] 通过依托行政黑名单制度这种行政“累犯”监管机制，在一定程度上既加大了行政“累犯”再犯成本，也体现了对行政“累犯”不同于行政初犯的特别规制要求。如上所述，凡被纳入行政黑名单制度进行规制的被监管对象将承担不同于一般被监管对象的“附加”法律责任，因此，将行政“累犯”纳入行政黑名单制度进行规制也体现了“过罚相当”原则的要求。以驾驶许可监管为例，《江苏省重点驾驶人“黑名单”管理办法(试行)》第3条将1年内两次以上饮酒后驾驶机动车的驾驶人列入黑名单的规定，就体现了设定机关在设定黑名单时对“量”的要素的考察。

2. 从“质”的层面考量，体现对行政法治底线的坚守。在“质”的要素层面，主要是考察被监管对象单一违法行为对法律秩序的破坏程度，当被监管对象实施特别违法行为，严重破坏行政法律秩序，甚至从根本上触及行政法治底线的情况下，设定机关就可以直接基于单一违法行为将其直接纳入黑名单进行特别规制，而不再考虑其违法的频率因素。之所以如此，是因为从责任惩戒的角度来说，如不对此类特别严重的行政违法行为进行特别规制和防范，则容易从根本上危及整个行政规制的公信力，极不利于树立正确的行政守法导向。例如，在行政许可监管领域，可将因行政许可申请欺诈而导致行政许可被撤销、买卖或者非法

① 参见徐晓明：《行政许可后续监管体系中的违法行为记分制度研究——兼论行政累犯制度之构建》，载《浙江社会科学》2014年第4期。

转让许可证照等而导致吊销行政许可证等严重行政许可违法行为直接纳入黑名单规制范围，而不受违法频率的限制。

（四）运行程序如何界定：行政单向性抑或是开放互动性

如何来设置行政黑名单制度运行程序？从目前实践来看，行政黑名单制度的运行程序更多地体现为一种行政单向性特点，以行政主导为主，而缺少与社会公众的双向参与互动。从强化程序民主与权利保障的角度出发，行政黑名单制度运行程序应当在坚持开放互动性的前提下，着重从以下三个方面来加以规范。

1. 事中申辩程序：保障被监管对象监管参与权。异议申辩程序，是指行政监管主体在拟将被监管对象确定为黑名单之前，将相关事实、理由和依据告知被监管对象，并允许被监管对象在规定时间内通过行使陈述权、申辩权等方式，向行政监管主体提出异议的一种程序。异议申辩程序的设置能够大大增强行政黑名单制度运行程序的开放性，提升行政黑名单制度运行程序的公众参与度，增强程序开放性与民主性。被监管对象通过异议申辩程序提出自己的不同意见、观点，这也必将有利于提高黑名单确定结论的民主化与科学化程度。行政黑名单制度运行程序公正性的彰显最终必然会促使被监管对象与社会公众形成认同黑名单确定结论的心理基础，强化对结论的认同感，自觉接受因被纳入黑名单后所产生的法律责任，有效预防和减少行政监管纠纷。①

---

① 例如，广西壮族自治区住房和城乡建设厅制定的《广西壮族自治区建筑市场主体“黑名单”管理办法（试行）》（桂建发〔2018〕5号）第6条第2项规定，对拟纳入“黑名单”的建筑市场各方主体，各级住房城乡建设主管部门应告知当事人（已被取缔、注销等除外）具有陈述、申辩的权利，并听取其陈述申辩意见。当事人提出的事实、理由和证据成立的，应予采纳。

2. 事中听证程序:搭建黑名单决策之民主化平台。由于行政黑名单制度是对被监管对象权益产生直接影响的一种行政管理手段,因此,行政监管主体应当依法审慎使用黑名单手段。基于正当法律程序和比例原则的要求,当黑名单的确定对被监管对象权益可能产生重大影响时,听证程序应当成为行政黑名单制度运行程序中的一个核心程序,通过听证程序的设置,为被监管对象提供一个法定的听取行政监管主体意见以及进行自我陈述意见和申辩质证的制度化平台。这一制度平台在有效确保行政监管主体和被监管对象同台对话的同时,最终也必然会大大提高黑名单监管手段的科学化和民主化程度。目前,仅有零星规范对黑名单认定中的听证程序作出规定,例如,《上海市食品药品严重违法企业与相关责任人员重点监管及其名单管理办法(试行)》第10条规定,"食品药品监管机关在对企业或相关责任人员纳入重点监管名单并采取相关限制措施前,对该企业或相关责任人员发出《听证告知书》。该企业或相关责任人员有权在收到《听证告知书》之日起三个工作日内申请听证"。

3. 修复退出程序:调动被监管对象守法积极性。从制度逻辑角度分析,有黑名单进入,就必然有黑名单退出,制度建设不能有所偏废,要通过制度设计让黑名单进退成为常态,通过动态化的制度安排,体现出行政黑名单制度所具有的信用权威性与公信力。通过在行政黑名单制度中设定常态化的黑名单修复退出机制,赋予黑名单修复退出机制以激励引导功能,规定被监管对象只要在一定期限内改正违法行为,遵纪守法,行政监管主体就可以附条件地将其从黑名单中撤销,实现黑名单的修复,以此对违法被监管对象未来的守法行为进行激励,达到预防违法被监管对象再次违法、降低违法行为复发率的监管目标。

就目前实践而言，许多行政黑名单制度只有黑名单进入规定，而缺少关于黑名单修复退出程序的细化规定，仅有的规定也是以政府或者部门规范性文件为主，制度位阶较低、缺乏强制力等。由于黑名单修复退出程序缺失所导致的黑名单退出通道不畅问题，使被监管对象不能依法如期退出黑名单。一旦贴上政府制作的黑名单标签，就永远无法摆脱黑名单可能带来的不利影响，这就为被监管对象下一步主动改正、改善自身信誉度设置了障碍，最终反而会挫伤被监管对象的守法积极性，容易形成“破罐子破摔”的心态。针对黑名单修复退出程序设定问题，有学者从完善黑名单自然修复机制，为被监管对象设置被遗忘权的角度提出，[①]“黑名单必须有期限，不得终身制。除法律有特别规定，原则上黑名单必须有期限。坚持期限法定”。[②] 而目前在国家政策要求方面，国务院办公厅《关于加强个人诚信体系建设的指导意见》(国办发〔2016〕98 号)也提出了“加快个人诚信记录建设，完善个人信息安全、隐私保护与信用修复机制”的要求。[③] 具体而言，黑名单修复机制可从主动修复与自然修复两个层面展开。

(五)救济机制如何构建：附属性模式抑或是独立性模式

一旦被行政机关正式确定纳入黑名单后，当事人如何进行有效救济？在黑名单行为救济机制构建方面，通过对现有的制度规

---

① 参见罗培新：《善治须用良法：社会信用立法论略》，载《法学》2016 年第 12 期。

② 胡建淼：《对现实中三种管理事例和法治思考》，载《行政管理改革》2015 年第 12 期。

③ 在国家部门政策方面，住房和城乡建设部于 2017 年 12 月下发了《关于印发建筑市场信用管理暂行办法的通知》(建市〔2017〕241 号)第 16 条规定，建筑市场主体“黑名单”管理期限为自被列入名单之日起 1 年。建筑市场各方主体修复失信行为并且在管理期限内未再次发生符合列入建筑市场主体“黑名单”情形行为的，由原列入部门将其从“黑名单”移出。

定与已形成的少量案件来分析，目前主要采取的是附属性模式，即在对基础行政行为进行救济的同时，一并实现对黑名单确认行为的监督。黑名单确认行为的监督效果附着在基础行政行为监督方面，一旦基础行政行为有什么“风吹草动”，黑名单确认行为就跟着进行相应的变化，体现出了救济的联动效应。[①] 例如，在“周某某诉武汉市江岸区工商行政管理局、武汉市江岸区行政审批局工商行政管理（工商）案”中，周某某因不服工商机关将其个人信息列入工商系统黑名单的行为，提出了撤销被告武汉市江岸区工商行政管理局对第三人某某公司的企业设立登记核准的行政诉讼。[②] 同时，也有少量的独立性救济模式的实践，即直接针对黑名单确认行为提起行政复议或者诉讼。在独立性模式实践方面，从目前实证分析来看，此类案件非常少。例如，在“黄某某诉长沙市工商行政管理局天心分局（以下简称天心分局）将其列入工商系统信用黑名单案”中，[③]黄某某向天心分局提出书面请求消除其在工商系统信用黑名单记录，在没有实现救济目的的情况下，直接针对黑名单确认行为先后提出了行政复议与行政

---

① 《山东省质监局“黑名单”制度管理办法（试行）》（鲁质监稽发〔2018〕1号）第14条规定，当事人提起行政复议或行政诉讼，原处理决定被改变或撤销的，省局应当在收到或知道行政复议决定书、行政诉讼裁判书之日起5个工作日内，对“黑名单”公布的情况进行变更或撤销，并作出说明。再如，《山东省食品药品安全黑名单管理办法（试行）》（鲁食药监发〔2015〕40号）第12条规定，“当事人提起行政复议或者行政诉讼，原处罚决定被改变或者撤销的，作出公布黑名单的食品药品监督管理部门应当在收到或知道行政复议决定书、行政诉讼判决书之日起5个工作日内，对公布的黑名单进行变更或者撤销，并作出说明”。

② 参见湖北省武汉市江岸区人民法院于2018年作出的（2018）鄂0102行初76号行政判决书。

③ 参见湖南省长沙市天心区人民法院于2015年作出的（2015）天行初字第00052号行政判决书。

诉讼,复议机关与人民法院都作出了受理决定,并作出了决定与裁判。

在救济机制方面,当事人是否可以单独针对行政机关确认黑名单的行为提起行政复议与行政诉讼,笔者认为,关键要看这一措施是否对当事人权益产生区别于基础行政行为的独立的影响,是否具有强制执行效力。而如上所述,一旦当事人被纳入黑名单,其权益特别是未来权益在特定情况下必然会受到不利影响,且具有强制执行的效力。因此,从强化权利保障、防止黑名单确认权滥用角度考虑,应当将行政机关确认黑名单行为独立纳入行政复议与诉讼的监督范围,允许当事人单独针对行政机关确认黑名单行为提起行政复议或提出行政诉讼。对此,目前已有个别制度规范作出了规定,值得借鉴。如《江苏省社会法人失信惩戒办法(试行)》(苏政办发〔2013〕99 号)第 26 条第 1 款规定,“社会法人对失信行为认定有异议的,可以向信用管理机构或者认定其失信行为的单位提交异议申请,也可以依法申请行政复议或者提起行政诉讼”。

笔者认为,在对黑名单确认行为进行监督救济机制的选择上,之所以应当采取独立性救济模式,主要是基于以下三个方面的理由。

1. 在行为性质层面,黑名单确认行为具有相对独立性。尽管黑名单确认行为更多的是因为事前的行政处罚、行政强制等基础行政行为而导致,但在行为性质上,这些基础行政行为与黑名单确认行为两者之间仍然存在本质差异。它们是既相互关联又各自独立的存在,基础行政行为是对既往违法行为的惩戒与处理,而黑名单确认行为则是行政机关通过对被监管对象既往违法行为的整体性评估后得出的一个贴上政府信用标签的信用结论报告，规制的重点在于对被监管对象未来行为或者权利的限制或克减。因此，黑名单确认行为是一个具有相对独立性的行政确认行为，它既不是内部行政行为，也不是过程性行政行为。如果只能通过对基础行政行为提起行政复议与诉讼的方式来对黑名单确认行为进行监督，则混淆了基础行政行为与黑名单确认行为之间存在的本质区别。

2. 在因果关系层面，基础行政行为与确认结果并不绝对匹配。并不是所有的基础行政行为都能够直接导致违法当事人被纳入黑名单这一法律后果，有的则是因为“累犯”等多种因素的叠加综合而导致违法当事人被纳入黑名单。例如，《福建省农产品质量安全黑名单制度》（闽农综〔2018〕5 号）第 4 条第 3 项规定，“因生产、经营不符合农产品质量安全标准的产品，1 年内被农业行政主管部门行政处罚 2 次及以上的”违法行为列入“黑名单”。在这种“多因一果”的叠加综合关系情形下，由于基础行政行为与黑名单确认之间并不是绝对的对应关系，因此，就无法按照附属性救济模式来进行监督救济。在行为模式方面，有时也可能是因当事人的不作为行为而导致被纳入黑名单，例如，《大同市电梯安全条例》第 37 条规定，“对未能按期整改或者整改后仍然不合格的，通报发证部门，记入换证评审档案和企业信用档案，并列入黑名单向社会公示”。在这种情形下，根本不存在主动的基础行政行为，只是一种对具有不作为性质的违法状态的确认。因此，按照附属性救济模式来进行救济，势必会导致部分黑名单确认行为因原因与结果的不能一一匹配问题而无法得到全面救济。

3. 在救济规则层面，基础行政行为与黑名单确认行为具有差异性。由于在作出主体、依据、程序等方面，基础行政行为与黑名单确认行为存在差异性，而这些差异性又必然决定了在行政复议与诉讼的具体救济规则方面所存在的差异性，这些差异也决定了两者在救济机制方面的独立性。在监督审查重点方面，针对黑名单确认行为的救济，行政复议机关或者人民法院审查的重点首先是放在行政机关黑名单确认职权、程序、依据等方面，但在审查过程中，从充分保障当事人权益、提高行政救济效率的角度出发，当涉及作为确认依据的基础行政行为时，则可一并对其进行穿透性实质审查，追及、刺破基础行政行为这层“面纱”，触及黑名单确认行为存在的根基，但这绝不意味着当事人只可就基础行政行为提起行政复议或诉讼。

在具体行政救济程序构建方面，为增加行政救济程序适用的“刚性”与统一性，可通过在相关立法中确立行政机关救济权利告知义务，为当事人针对黑名单确认行为寻求救济提供直接的救济引导。在行政复议救济权保障方面，这种引导性规定也符合我国《行政复议法实施条例》第 17 条的相关规定，即“行政机关作出的具体行政行为对公民、法人或者其他组织的权利、义务可能产生不利影响的，应当告知其申请行政复议的权利、行政复议机关和行政复议申请期限”的要求。不仅如此，在国家政策层面，国务院办公厅在《关于加强个人诚信体系建设的指导意见》（国办发〔2016〕98 号）中也提出了“建立个人公共信用信息纠错、修复机制，制定异议处理、行政复议等管理制度及操作细则”的要求。①

（六）信息壁垒如何打破：系统整合性抑或是单兵突进性

1. 单兵突进性制度建设路径不利于统一信用体系的构建。

① 此外，国务院《关于建立完善守信联合激励和失信联合惩戒制度加快推进社会诚信建设的指导意见》（国发〔2016〕33 号）提出了“支持有关主体通过行政复议、行政诉讼等方式维护自身合法权益”的要求。

一个科学健全的社会信用管理体系,需要来自各个层面的完整的信用数据来加以支撑。信用数据是信用体系有效构建的基础,信用数据的完整性直接决定信用体系的有效性。缺乏完整的信用记录,就不可能建立起科学统一的信用体系。[①] 而作为整个社会信用体系的一个分支,行政监管体系中的黑名单制度自然也应当遵循这个规律,如果不能形成一个系统、整体性黑名单信息管理体制,行政黑名单制度整体效能也难以得到有效发挥。这是现代整体治理理念的必然要求,而整体治理理念要求构建多视角、立体化和全方位的信息共享体系,以减少组织间合作的信息不对称。[②] 正如学者所提出的,相关部门要克服"数据小农意识",但不可否认的是,由于长期以来我国政府信息系统的建设主要呈现为单兵突进性特点,不同部门在不同时期建立的政府信息应用、传递系统存在信息壁垒问题,从而影响了政府信息资源的交换和共享以及全社会统一信用体系的构建。[③]

促进监管信息分享是推进行政黑名单制度得以发展的基础,要促进监管信息分享,必须首先消除阻碍政府监管信息分享的认识上与制度上的障碍,坚持系统整合性制度建设路径,让信息无障碍地流动起来,让黑名单信息在充分流动中体现其所具有的信用价值。但如果行政监管机关之间各自为政、互不统属,就很容易导致行政监管机关之间信息闭塞,从而加大监管成本。基于

---

① 参见邱思胜:《诚信建设要抓根本》,载《湖北日报》2002 年 10 月 10 日,第 11 版。

② 参见郑志龙、李婉婷:《政府治理模式演变与我国政府治理模式选择》,载《中国行政管理》2018 年第 3 期。

③ 参见赵海霞、姜雷:《电子文献资源整合的社会动因分析》,载《情报资料工作》2005 年第 1 期。

此,当下要通过构建监管信息通报制度、监管信息互联互通机制等,进一步整合监管信息资源,实现更大范围的监管信息共享,发挥信息资源利用价值。首先,信息共享机制的建立为行政监管机关进行黑名单信息公开畅通了渠道;其次,基于这一信息共享机制平台,行政监管机关可以更加及时、充分、有效地掌握有关被监管对象行为状态;最后,行政监管机关之间也可基于这监管信息共享机制平台,更加快捷便利地收集各类行政决策信息,从而作出更客观公正的监管决策。

2. 信用规制整体效用的发挥需要系统整合性制度建设路径作铺垫。黑名单信息割据导致的制度建设分割问题对制度整体效能的不利影响是显而易见的。以其对行政许可撤销制度功能所产生的不利影响为例,我国《行政许可法》第 79 条规定,"被许可人以欺骗、贿赂等不正当手段取得行政许可的,行政机关应当依法给予行政处罚;取得的行政许可属于直接关系公共安全、人身健康、生命财产安全事项的,申请人在三年内不得再次申请该行政许可;构成犯罪的,依法追究刑事责任"。这是我国《行政许可法》针对以非法手段获得特定类型行政许可的违法被监管对象作出的惩戒规定。在通常情况下,一旦行政许可被撤销,原被监管对象将会进入黑名单,违法被监管对象行政许可再次申请权将在全国范围内受到限制,因此,这一惩戒方式的合理运用能够有效督促申请人依法申请行政许可。但这一惩戒方式的有效运用是需要一个全国统一兼容的黑名单信息公开机制来保障的,唯有借助全国兼容的黑名单信息公开机制,撤销行政许可的信息才能够为全国各地行政许可机关所获悉,这一惩戒方式在全国范围内的适用才有了信息基础条件,适用才具有现实性与可能性。相反,在行政黑名单制度分割所造成的监管信息不兼容的状态下,违法被监管对象就可能会利用监管信息盲区，隐瞒行政许可已被撤销的事实，向不知情的其他行政许可机关再次提出行政许可申请，从而最终“架空”行政许可撤销制度，导致其惩戒功能难以充分发挥。正是考虑到黑名单制度建设分割可能带来的不利影响，我国目前有些监管领域行政黑名单制度对这一问题已经在进行改进。

正是基于对行政黑名单制度系统整合性建设路径的选择，按照构建统一信用信息平台的总体框架性要求，国务院《关于印发“十三五”国家信息化规划的通知》（国发〔2016〕73 号）提出，“完善全国信用信息共享平台，整合金融、工商、税收缴纳、交通违法、安全生产、质量监管等领域信用信息，发挥平台在信用信息共享中的总枢纽作用，逐步实现跨部门、跨地区信用信息共享与应用”。国务院《关于印发“十三五”市场监管规划的通知》（国发〔2017〕6 号）提出，“完善经营异常名录、严重违法失信企业名单制度，在各地区、各部门‘黑名单’管理基础上，形成统一的‘黑名单’管理规范”。[①] 而在具体立法规范方面，如《乳品质量安全监督管理条例》第 50 条规定，“畜牧兽医主管部门、质量监督部门、工商行政管理部门应当建立乳品生产经营者违法行为记录，及时提供给中国人民银行，由中国人民银行纳入企业信用信息基础数据库”。公安部、交通运输部《关于进一步加强客货运驾驶人安全管理工作的意见》（公通字〔2012〕5 号）要求，交通和公安部门要建立营运大中型客货车驾驶人信息管理平台，实现驾驶证、从业情况、交通违法和事故等信息共享。

---

① 此外，国务院办公厅于 2016 年 6 月 8 日作出《关于政府部门涉企信息统一归集公示工作实施方案的复函》（国办函〔2016〕74 号），对涉企黑名单信息统一归集提出要求。

五、结语:让行政黑名单制度法治化进一步释放信用法治动能

如学者所言:"随着信息化的发展,各个信用主体都留下了数据脚印。当我们把这些数据脚印串联起来的时候,就会为每一个信用主体勾画出他们的信用画像。"[①]因此,如何充分利用信息化给行政监管带来的信息支撑功能,推进政府规制手段创新,是新时代背景下,特别是在行政监管面临的形势日益复杂、监管手段供给不足的社会大背景下,行政监管所面临的新课题。行政黑名单制度在我国行政监管领域还未能系统化确立,许多理论与实践问题值得探索与研究。黑名单监管手段的有效性、黑名单制度立法现实需求以及在实践中的泛化无序问题,决定了对行政黑名单制度进行规制的必要性与迫切性。[②] 信用法治化目标的实现,不仅需要技术层面上的要求,还需要来自法律层面上的要求。[③] 当下也只有按照信用法治的目标要求,不断深入挖掘、剖析行政黑名单制度在实践中存在的各种问题并具针对性地提出相关解决方案,"唯有建立健全对黑名单等征信制度的法律规制,坚持真实性、全面性、及时性、隐私保护及合法性等原则,才能确保'黑名单'等征信制度成为科学的行政调查和信息管理制度的有机组成部分",[④]行政黑名单制度运行质量方能得以提升,其所具有的信用法治动能才能最终得以充分激发。

---

① 易昌良:《科技创新助力中国社会信用体系建设》,载《人民论坛》2018年1月下旬。

② 参见刘平、史莉莉:《行政"黑名单"的相关法律问题研究》,载《政府法制研究》2006年第1期。

③ 参见李新天、朱琼娟:《论"个人信用权"——兼谈我国个人信用法制的构建》,载《中国法学》2003年第5期。

④ 参见杨建顺:《"黑名单"亟待法律规制》,载《检察日报》2018年9月19日,第7版。

政府失信被执行人的执行效果与机制改良探析

陈永嘉*

内容摘要 失信被执行人名单公布制度作为我国建设社会信用体系的“先行军”,起到了宣扬守信、惩戒失信的良好导向和宣传作用。而政府作为失信被执行人则是我国实行被执行人制度中的一个难题,政府失信行为反映了政府信用管理机制缺失、监督机制缺位以及行政机构不尊重司法权威等问题。加大社会监督力度、建立健全的政府信用管理制度、完善政府失信被执行人联合惩戒制度,是我国建设社会信用制度的重要问题。

关键词 失信被执行人;政府信用;联合

* 四川大学法学院民商法学硕士研究生。

惩戒;社会监督

一、失信被执行人制度概说

失信被执行人制度是我国近年来针对民事判决执行效果不佳而建立的执行制度,其主要机理在于通过公开失信被执行人名单并配合其他限制措施,实现司法监督、行政监督、社会监督相结合的信用惩戒,从而促使失信人履行生效判决确定的义务。2013年7月1日最高人民法院审判委员会通过了《关于公布失信被执行人名单信息的若干规定》(以下简称《若干规定》),标志着我国失信被执行人制度的建立。此后,失信被执行人制度逐渐完善,司法机构与行政机关、商业银行等联合确立了对失信被执行人的其他限制措施。失信被执行人联合信用惩戒制度作为建立我国社会信用体系的“先行者”,对在我国的司法实践和执行实务中广泛存在的“老赖”现象起到了有效的间接强制作用,也在整个社会起到了“倡导诚信、严惩失信”“共同建设社会信用体系”的良好导向和宣传作用。

而共同建设社会信用体系的过程中,受到制约的不仅是一般的自然人和企业法人,也包括进行民事活动的行政主体,《若干规定》第8条第4款规定:“国家机关、事业单位、国有企业等被纳入失信被执行人名单的,人民法院应当将失信情况通报其上级单位、主管部门或者履行出资人职责的机构。”将行政机关、国有企业也纳入失信被执行人制度的规范之中,意味着政府失信行为也受到法律的平等否定性评价并应当承担相应的惩戒措施。“信用是由政府信用、企业信用以及个人信用组成的一个‘信用体系’,而政府本身所负担的引导、监督、管理社会信用的职责,决定了它是一整套社会信用制度建立和维护的主体。处于这种特殊地位的政府信用,责无旁贷地担负着‘龙头’‘示范’作用。”①政府失信行为如何解决,不仅是失信被执行人制度的重要组成部分,更是构建我国信用法治体系、建立社会信用体制必须要面对的问题。据新闻报道,目前已有400多个地方人民政府被纳入失信被执行人名单,将受到相应的惩戒措施,地方政府作为失信被执行人被公示的现象,确实反映出我国社会信用体系建设的难点,行政机构作为管理者的身份和进行民事活动时的民事主体身份之间如何转换,如何使享有权力的政府在司法执行权面前不再高高在上,不仅是失信被执行人制度对政府有效适用的难点,更是构建社会信用机制的难点和关键点。笔者将从政府作为失信被执行人的特殊性进行分析,并探析在政府作为被执行人情况下相应失信惩戒制度的运行效果,对如何完善政府信用制度进行思考。

二、政府作为失信被执行人的主体特殊性

我国《民法总则》第4条规定:“民事主体在民事活动中的法律地位一律平等。”政府机构作为民商法上的特别法人,理应与其他主体在民事活动中处于平等地位,也应在同等条件下同等适用强制执行措施。但事实上,政府机构作为行政管理机构的身份与作为民事被执行人的身份之间存在角色转换困难,使政府机构作为民事主体时,仍然具有作为行政管理机构角色的惯性思维和做法,而形成对政府机构执行困难的现实局面。② “从信用角度看,

---

① 李新庚:《社会信用体系运行机制研究》,中国社会出版社2017年版,第327页。

② 如“开封市人民政府办公室关于认真解决政府机关为被执行人案件执行难问题的通知”中载明:“截至2006年7月底,全市涉及政府机关及职能部门为被执行人的案件共计211件,标的1993万元。”抚顺市中级人民法院课题组《关于涉政府案件之行特点、成因及对策》中载明“据统计,到2010年,抚顺两级法院受理未执结的政府机关作为被执行人的案件总数为60件,执行标的额总计1515.0747万元。”

政府在市场经济中具有双重身份：一方面，政府是社会的经济管理者，是市场经济规范的制定者，充当裁判者的责任角色，担负着宏观干预并调节经济运行的任务；另一方面，当政府实施采购行为或发放国债时，其与企业、个人一样是市场的一般主体，直接参与经济运行过程，对市场的供给和需求产生重大影响。”[①]政府集管理者与失信被执行人身份于一体，主体身份的重合与矛盾使其难以实现“自己惩戒自己”“自己监督自己”。

这样的矛盾反映在现实中则体现为：一方面，政府积极推动社会信用体制的建设，对失信自然人和失信营业法人采取多种失信惩戒措施；另一方面，自己却被列入失信被执行人名单。如山东省省委办公厅与省政府办公厅于2017年联合发布《关于支持人民法院基本解决执行难问题的通知》，对于各主要机构协助法院执行的工作进行了明确分工，[②]当地各级地方政府也积极落实，明确各单位在协助惩戒失信被执行人中的职责。但经查询失

---

① 秦宝燕、江雄：《信用法概论》，上海财经大学出版社2015年版，第3页。

② 山东省委办公厅、省政府办公厅《关于支持人民法院基本解决执行难问题的通知》中明确，各级党委、政府要把支持人民法院基本解决执行难问题作为当前和今后一个时期的一项重要工作，认真研究和协调解决执行工作中遇到的困难和问题。各级各有关部门要大力支持人民法院开展执行工作，加强与人民法院的沟通联系，努力为执行工作创造良好环境。人民银行济南分行、山东银监局要督促驻鲁银行业金融机构和其他具有存储业务的金融机构，依法协助人民法院全面实现对被执行人存款的网络查询、冻结、扣划功能。省国土资源厅要尽快实现不动产统一登记管理系统与人民法院执行网络查控系统的对接。积极推进人民法院与公安、民政、地税、工商、国税、公积金管理等部门在人口、出入境、婚姻、税务、工商登记、公积金管理等信息的网络对接。要认真落实国家、省有关社会诚信建设的政策要求，建立完善守信联合激励和失信联合惩戒机制，进一步明确责任，分解任务，抓好落实。政法各部门之间要加强协作配合，坚决依法惩治拒不执行生效判决、裁定的行为。对涉嫌拒不执行、妨碍执行犯罪的案件，人民法院应当及时移送公安机关，公安机关应当及时立案侦查，检察机关应当及时批捕和审查起诉。对人民法院决定依法拘留的被执行人，公安机关应当依法履行看管职责。载搜狐网：http://www.sohu.com/a/115005115_355187，最后访问日期：2018年8月28日。

信被执行人名单，截至2018年9月5日，山东省仍有10个地方政府及街道办事处等派出机构名列失信被执行人名单。[①] 这样的现实冲突反映出了政府作为失信被执行人的主体特殊性，对于政府这样的“特殊主体”的强制执行也成为法院“执行难”问题中的一大痼疾。

三、政府失信被执行人制度运行探析

（一）政府失信被执行人适用的失信执行措施

根据中共中央办公厅、国务院办公厅印发《关于加快推进失信被执行人信用监督、警示和惩戒机制建设的意见》（以下简称《意见》）的规定，对于失信被执行人可以采取从事认定行业或项目限制、政府支持或补贴限制、任职资格限制、准入资格限制、荣誉和授信限制、特殊市场交易限制、限制高消费及有关消费等联合惩戒措施。[②] 这些措施对于失信自然人以及失信企业法人起到了较好的威慑及督促作用，而相对于针对自然人和法人的有效信用惩戒措施，《意见》对于政府失信被执行人能够适用的惩戒措施则非常有限（见表1）。

---

① 在失信被执行人名单中“被执行人姓名/名称”一栏输入“人民政府”，省份选择“山东”，得到搜索结果11个，除去1个重复项之外，被列入失信被执行人的地方政府及派出机构分别是：(1)淄博市张店区人民政府四宝山街道办事处迎仙村村民委员会；(2)潍坊市潍城区人民政府南关街道办事处康家居民委员会；(3)沂南县湖头镇人民政府；(4)蒙阴县野店镇人民政府；(5)淄博市临淄区人民政府稷下街道办事处；(6)莱阳市谭格庄镇人民政府；(7)济南市历城区仲宫镇人民政府；(8)烟台市芝罘区人民政府只楚街道办事处；(9)烟台市牟平区人民政府文化街道办事处文化里村民委员会；(10)莱州市冰河镇人民政府。

② 参见中共中央办公厅、国务院办公厅印发《关于加快推进失信被执行人信用监督、警示和惩戒机制建设的意见》“二、加强联合惩戒”。

表1

惩戒措施类别	主要内容	是否适用于政府失信被执行人
从事特定行业或项目限制	设立金融类公司限制、发行债券限制、合格投资者额度限制、股权激励限制、股票发行或挂牌转让限制、设立社会组织限制、参与政府投资项目或主要使用财政性资金项目限制	不适用
政府支持或补贴限制	获取政府补贴限制、获得政策支持限制	不适用
任职资格限制	担任国企高管限制、担任事业单位法定代表人限制、担任金融机构高管限制、担任社会组织负责人限制、招录(聘)为公务人员限制、入党或党员的特别限制、担任党代表和人大代表以及政协委员限制、入伍服役限制	不适用
准入资格限制	海关认证限制,从事药品、食品等行业限制,房地产、建筑企业资质限制	不适用
荣誉和授信限制	授予文明城市、文明村镇、文明单位、文明家庭、道德模范、慈善类奖项限制,律师和律师事务所荣誉限制,授信限制	适用,对失信政府不能授予文明城市文明村镇等荣誉
特殊市场交易限制	从事不动产交易、国有资产交易限制,使用国有林地限制,使用草原限制,其他国有自然资源利用限制	不适用
限制高消费及有关消费	乘坐火车、飞机限制,住宿宾馆饭店限制,高消费旅游限制,子女就读高收费学校限制,购买具有现金价值保险限制,新建、扩建、高档装修房屋等限制	适用,对政府法定代表人可以限制乘坐火车、飞机
协助查询、控制及出境限制	限制失信被执行人出境	不适用

从表1可见，针对自然人的限制措施大部分无法适用于政府法定代表人，如从事特定行业或项目限制、任职资格限制，因为政府主要负责人作为行政机构领导，通常不具备从事设立金融机构、参与企业经营商事活动的身份。而对于法人的限制措施中大部分限制措施的实施主体是政府及其职能部门，如获取政府补贴限制、获取政策支持限制等，这些措施都无法适用于行政机关。众多失信惩戒措施中能够对政府失信被执行人采取的措施只有限制高消费及荣誉和授信限制。这实际上也体现了政府在以公共事务管理机构的思维制定失信惩戒措施时，并没有充分考虑到对其自身作为失信主体时的惩戒及限制，而使众多惩戒措施中只有少数能够对政府适用，这也是我国信用体系建设不平衡的重要表现，“传统中国社会中政府与个人在信任关系中处于不平等地位的传统惯性迟迟不能消除，与市场经济相适应的信任结构迟迟不能建立，一些地方政府的失信行为也就在所难免”。[①]

(二)政府失信被执行人制度效果

上一部分述及对于政府失信被执行人能够适用的失信惩戒措施主要是限制乘坐高档交通工具以及荣誉和授信限制，下文将探析这两种失信惩戒措施对政府失信被执行人的效果。

1. 限制乘坐高档交通工具的优势与局限

优势效果在于政府法定代表人受到行政责任的约束，在受到司法机关的限制之后势必会主动想办法解决问题，甚至会引起上级行政机构的关注，督促其解决问题。将政府失信行为的惩戒后果落实到政府法定代表人头上，虽然执行依据是民事判决确定的

① 张静:《建立政府信用法律机制的思考》，载《河北理工大学学报》(社会科学版)2008年第2期。

义务,但履行该民事义务还是需要依靠行政首长的行政命令和决策来实现。而限制政府法定代表人乘坐高档交通工具会给其带来较大的不便,从而促使政府法定代表人主动履行义务。

而这个措施的局限之处在于,当行政机构面临换届之时,对政府法定代表人的失信惩戒措施应当施加于“旧官”还是“新官”?根据《若干规定》,失信人在履行完毕义务之前,不能够删除其失信信息,那么相应的失信惩戒措施也不能随意撤销,而应继续实行。那么在政府法定代表人离任、调任的情况下,限制乘坐高档交通工具的失信措施势必还将面临失信惩戒措施的承继问题,是继续由原法定代表人承受该失信惩戒措施,还是由现任政府法定代表人承受?若地方政府的法定代表人调任后即将惩戒措施变更到现任政府法定代表人身上,而对其解除限制,则政府领导只要任期到了就可以不再承担责任,仍然会出现现任领导不作为,将责任和问题留给下一届领导班子的情况,而无法解决当地政府的债务履行问题。若原政府领导调任后不解除对其限制乘坐高档交通工具等措施,“旧官”去其他地方担任行政职务,事实上也无法对原地方的事务进行管理,更无法实际解决如何履行法律文书的问题。但其仍要被处以采取失信惩戒措施,一方面会使原政府法定代表人处于不合理的被限制状态,另一方面也无助于政府履行债务。如果规定进入失信被执行人名单的地方政府的领导班子必须解决好未履行的债务后才能调任,那么若该领导能力有限,限制其离任、调任事实上反而会阻碍当地的发展,而导致当地地方政府失信的情况更加积重难返。对于失信地方政府领导换届时政府法定代表人的失信惩戒措施如何承继或变更的问题,目前并没有明确规定及有效的解决措施,使对政府法定代表人限制乘坐高档交通工具等成为一个难以有效适用的失信惩戒措施。

2. 荣誉和授信限制的效果

荣誉和授信限制是惩戒政府失信被执行人的一个较好的方法,其限制了地方政府参评文明城市、文明乡镇等荣誉评选。对于地方政府来说,这样的限制将会使其无法争取荣誉,对于其宣传地方发展成效、进行招商引资等都会受到影响,会导致地方政府难以获得更加长足的发展,从而促使上级政府及本级领导班子积极履行义务、及时偿还债务,是督促地方政府履行生效判决的有效措施。

综上所述,能够适用于政府失信被执行人的失信惩戒措施在较其他自然人和企业法人明显更少的情况下,仅有的两种执行措施也不尽如人意。而对于构建社会信用制度的组织者和管理者失信行为的惩处缺失,将会使社会信用制度本身的说服力和可信度大大降低,对地方政府失信行为惩戒措施的软弱和缺乏成为我国社会信用体系建设中的最大问题。

四、改良设想与思考

从以上分析可以看出,一方面,政府失信行为具有主体上的特殊性,行政管理身份与民事主体身份的双重身份使政府失信行为难以受到有效的强制执行,其本身也具有强势性,使执行机关难以采取具体的执行措施;另一方面,目前的失信惩戒措施能够适用于政府的较少,相较对一般主体失信惩戒措施的范围和力度,对政府失信被执行人采取的强制措施显得十分有限和无力。“政府失信还与外部环境的缺失和监督力量的失控有密切关系,它们助推了地方政府失信的形成,其中信用文化的缺失使行政价值发生偏离,监督机制不足使行政权力泛滥。"①这两方面的特点使政府失信行为成为我国社会信用体系建设的难点,而我们也应该从这两个特点出发,构建对政府失信行为具有针对性的督促及惩戒制度。

(一)加大对政府失信被执行人信息的公示力度,形成有效社会监督

失信被执行人名单公示制度产生作用最基本的因素在于名单传播的广泛性,且政府作为应率先做好表率和示范作用的社会榜样,其失信行为理应受到更大和范围更广的社会否定性评价。而从目前对于政府失信被执行人信息公示的效果来看,相较其他失信被执行人的信息被各种途径和平台曝光,政府失信被执行人的信息只会公布在中国执行信息公开网等网站上,且在公布失信被执行人名单的时候只进行了自然人和法人两个栏目的区分,并未单独列出政府失信被执行人名单一栏,使普通民众难以知晓政府失信情况。司法机关应当加大对政府失信被执行人信息的公示力度,将政府失信被执行人与一般失信被执行人、法人区别开来,公示在中国执行信息公开网以及各地方人民法院网站上,并联系媒体进行信息公布,加强公示力度,以实现对政府失信行为的广泛社会监督,对政府进行其他民事活动以及招商引资活动时产生阻碍和压力,督促其主动履行裁判文书规定的义务。

(二)明确对政府失信行为的监督机制

地方政府拒不履行生效法律文书确定的义务常常会引起利益相对人的上访,而上访之后往往会引起高度重视,得到人大、上

① 范柏乃、龙海波:《我国地方政府失信形成机理与惩罚机制研究》,载《浙江大学学报》(人文社会科学版)2010年第3期。

级人民政府以及党组织的关注,并督促地方政府积极解决问题,将上级人民政府、地方人大以及党组织对失信政府的监督责任纳入失信惩戒制度中,则有利于形成对政府失信行为具有针对性的失信惩戒方式。2016 年国务院发布的《关于加强政务诚信建设的指导意见》提出“探索构建广泛有效的政务诚信监督体系,实施政务诚信考核评价”,其中明确了“上级人民政府要定期对下级人民政府进行政务诚信监督检查,考评结果作为对下级人民政府绩效考核的重要参考”“各级人民政府要依法接受同级人大及其常委会的监督,接受人民政协的民主监督”“建立社会监督和第三方机构评估机制”3 种监督机制,①从政府自我管理的角度明确了政务诚信监督机制的构建。从原理上来说,地方各级人民代表大会是地方国家权力机关,负有审查和批准本行政区域内的财政预算和预算执行情况报告的职责。从目前的政府失信被执行情况来看,民事纠纷多发生在拖欠工程款与政府采购领域,地方政府进行政府采购以及建设工程等活动时虽然与对方签订的是民事合同,但其款项仍然是在财政预算内统一开支,受到我国《政府采购法》《预算法》等法律的规范。政府失信行为集中在拖欠工程款与应付账款上,则可能存在不符合财政预算的开支情况,同级人大对政府工作负有监督职能,理应对政府的失信行为进行监督,并督促其解决。上下级政府之间具有领导或指导关系,目前的政府失信被执行人多集中在乡镇级别,上级政府应该积极介入,主动解决问题。应进一步以立法形式明确国务院《关于加强政务诚信建设的指导意见》(以下简称《指导意见》)中的政府信

---

① 参见《关于加强政务诚信建设的指导意见》第三部分“探索构建广泛有效的政务诚信监督体系”。

用监督机制，以条文明确规定各级权力机构及上级人民政府对地方政府的监督管理职责，将对政府信用的监督范围从对其行政管理的监督扩展到进行民事活动时的监督，确保其失信行为能够及时被发现并解决。

(三)出台政府信用法，明确政府信用管理体系

政府信用不仅包括从事民事行为的信用，而且包括进行行政行为的信用，而政府失信也不应局限于现有的政府失信被执行人制度，还应包括政府在管理社会公共事务过程中作出的与职权有关的失信惩戒。有学者认为，政府失信行为至少集中在四个方面，“一是政府制定的规范性文件缺乏明确性、稳定性和公开性……二是作出行政决策和各种行政承诺时反复无常，违背承诺也不给予当事人合理的赔偿或者补偿……三是在执法过程中滥用行政裁量权，所要实现的行政目的和所采用的手段不成比例……四是在民事活动中，政府拖欠债务、任意违反行政合同、违法提供担保以及招标过程不规范等行为，严重削弱了政府信用。”①关于政府信用的立法我国目前仅有国务院出台的《指导意见》，尚未有一部政府信用法出台。某些地方政府已经进行了政府信用的政策与立法促进工作，如成都市2008年发布的《成都市诚信政府建设若干意见》、湖南省人大常委会2009年颁布的《关于大力推进社会信用建设的决议》等地方立法及政策，均体现了建立地方政府信用管理制度的尝试。为有效推进我国社会信用体制建设，应当对政府信用设立全国性立法规范，就政府信用管理机制、政府失信行为分类管理机制、政府信用监督与考核机制

---

① 于新循：《政府信用理论与法制保障要论》，中国政法大学出版社2013年版，第139页。

以及政府失信惩戒等基本环节设置相应规则，从政府行政管理层面确立管理机制。

五、总结

失信被执行人名单公示制度运行以来，政府作为失信被执行人开始出现在公众视野中，政府失信的情况也成为与社会信用体系建设相冲突的尖锐矛盾，引起社会及国家机关的重视，各地纷纷发布政府文件集中解决政府失信问题。政府失信行为背后存在的是我国行政机关信用管理制度缺失、信用监督与失信惩戒缺位、政府守法意识不强、漠视司法权威等严重问题。建设社会信用体系，首要问题就是政府诚信建设，而政府失信被执行人如何履行义务，更是全社会拭目以待的问题。对于政府失信被执行人，需要在现有规定的基础上，加强联合失信惩戒的力度，加大对政府失信被执行人的公示力度，并通过专门立法来明确对行政机关的失信惩戒措施。以司法裁判及执行文书为依据，依靠社会监督及人大、上级人民政府等机构的监督和管理，建立有效的政府失信监督和管理制度，为我国社会信用体系建设打下夯实的基础。

基于社会信用体系的培育

——破解“执行难”的现实进路

夏先华[*]　郝巧会[**]

内容摘要　民事“执行难”一直是困扰我国司法实践和理论研究的难题。本文从案例“教科书式老赖”出发,将民事“执行难”界定为案件执行的主观不能,并立足于民事“执行难”的具体表现和恶劣社会影响深入分析民事“执行难”的深层次原因,得出社会信用缺失是导致民事“执行难”的根本原因。继而以民事执行与社会信用体系之间存在的“多向助力”和“反向助益”联动关系为突破口,从思想维度、系统建设、信息融通、失信制裁、制度配

* 中南财经政法大学博士研究生。
** 湖北省武汉市江汉区人民检察院检察官助理。

套、权益保障六个方面提出破解“执行难”的现实进路，以期通过完善社会信用体系为破解执行困局提供些许思路。

关键词 社会信用体系；民事执行难；作用机理；破解路径

一、问题的提出：从“教科书式老赖”谈起

近日，备受关注的河北唐山“教科书式老赖案”随着黄某某的刑满释放再次引发热议。2019 年 8 月 22 日受害人赵某提起的“确认黄某某在女儿刘某某名下房产中所占份额案”，在唐山市路南区法院开庭，庭审现场黄某某矢口否认为女儿的房产支付大部分首付和还贷，坚称自己没有钱支付赔偿款，该案未当庭宣判。

“教科书式老赖案”源于一场交通事故。2015 年 10 月赵某某骑车与开车的黄某某发生交通事故，赵某某被送往医院抢救，先后辗转 5 家医院做了 4 次开颅手术才得以保命，但成了“植物人”。根据唐山警方出具的事故认定书，黄某某违反“机动车、非机动车实行右侧通行”规定，承担事故主要责任，赵某某承担次要责任。2017 年 6 月 8 日唐山市丰润区人民法院作出判决：被告黄某某赔偿原告赵某某交通事故各项损失约 93.6 万元。然而，受害人家属多次找黄某某索要赔偿，她都以自己“收入不低，但得还贷款”为由拖延还款，并表示为了不还钱她宁愿坐牢。无奈，受害人赵某某的儿子赵某在自己的微博上以“久等了！请看什么是教科书式的耍赖！”为题，视频曝光黄某某，黄某某被拘留 15 日。2017 年 12 月 1 日受害人赵某某去世。根据尸检鉴定，赵某某系因交通事故致特重型颅脑损伤后长期处于植物生存状态并发多器官功能衰竭死亡。之后黄某某因涉嫌交通肇事罪被刑事拘留并执行逮捕，2018 年 6 月 27 日黄某某被法院以交通肇事罪判处有期徒刑 8 个月。截至目前，黄某某仍有 76 万元赔偿款未支付。

面对被害人家属索要赔偿的要求,黄某某一边以各种理由拖延,一边却以女儿的名义购买了房产,支付了大部分首付款并帮助还贷,丝毫没有主动履行法院判决的意思,并且还摆出一副“死猪不怕开水烫”的架势,直接扬言“判几年就不用还钱了”。在司法实践中像黄某某这样的“老赖”并不少见,他们根本无视社会信用,不以耍赖不履行判决为耻,反以为傲、为荣,也正是这些“老赖”的存在导致了民事“执行难”的困境一直未能破解。这个生动的案例再一次说明只有通过全社会信用意识的提高,不断培育和完善社会信用体系,才能从根源上破解“执行难”困局,这也是本文写作的目的和主题。

二、民事“执行难”的困局与社会信用缺失的归因

(一)缘何:民事“执行难”的现实痼疾及影响

1. 民事执行难的理论厘定

自1987年全国法院工作会议首次提出“执行难”,并就“执行难”进行专门讨论,1988年最高人民法院在全国人民代表大会上再次使用“执行难”的提法之后,“执行难”就成为历年《法院工作报告》、历次全国法院工作会议上讨论的重点难题,长期困扰司法实践部门和债权人,并被学界称为“天下第一难”。[①] 虽然中共中央、中央政法委先后发文明确提出要切实解决民事“执行难”问题,也制定了十几个司法解释以满足司法实践的需求,但民事执行工作仍然形势严峻。

关于什么是“执行难”,不同主体因角度不同各有看法。执行人员认为“执行难”有广义和狭义之分,广义的“执行难”包括

---

① 参见钱弘道:《执行改革的经济分析——兼评浙江省法院执行改革》,载万鄂湘主编:《中国司法评论》2002年秋之卷,第47页。

一切生效法律文书所确认的内容未得到执行的情况，即“司法难”；狭义的“执行难”，是指执行人员在执行个案中，因某种来自内部或外部的非法对抗执行的行为，而使其不能实施执行行为或实施的执行行为不能继续进行的执行过程。[①] 社会各界，尤其是申请执行人眼里的“执行难”即为执行人员所认为的广义的“执行难”，这是由其迫切希望法院确认裁判得到执行以实现自己诉求的立场所决定的。学界对“执行难”的定义莫衷一是，但多数倾向社会各界认为的“执行难”。有学者认为，“执行难”是指由于一些障碍因素的存在使对已经生效的法律文书人民法院无法使之实施或者难以实现的现象。[②]

笔者认为，导致“执行难”有主观不能和客观不能两种因素，客观不能是指被执行人确实无履行能力或者虽有财产但难以变现导致的“执行不能”，这种“执行难”并不是简单地通过健全相应的执行制度或者通过各执行主体的主观努力就能解决的；主观不能则是由于当事人、法院、协助执行机关等方面的主观原因，被执行人有履行能力而拒不履行的情况。对于客观不能，执行机关和执行当事人没有实现生效法律文书确认内容的可能性，将此种不能通过主观努力改变的“执行不能”也纳入“执行难”的范畴较牵强。[③] 因此，本文的民事“执行难”不包括因客观上被执行人无可供执行财产等原因造成的无法执行的案件，主要是指案件执行

---

① 参见高执办：《“执行难”新议》，载最高人民法院执行工作办公室：《强制执行指导与参考》2002 年第 1 辑，法律出版社 2002 年版，第 353 页。

② 参见杨荣新、乔欣：《论强制执行制度的改革与完善》，载田平安主编：《民事诉讼程序改革热点问题研究》，中国检察出版社 2001 年版，第 506 页。

③ 关于解决“执行不能”的方法，法院系统之前推出过债权凭证制度，不过似乎所起作用不大，以至于后来渐渐被弃用。目前，对于申请执行人生活确实出现困难的情况，只能通过执行基金来解决。

的主观不能，即已经进入强制执行程序的民事案件，由于被执行人有履行能力却采取各种手段逃避执行、协助执行人不配合执行或法院内部自行不力等主观原因，导致法院的生效裁判确定的财产内容得不到执行，申请执行人的合法权利得不到实现的执行案件。

2. 民事“执行难”的具体表现

在司法实践中，民事“执行难”的表现形式多种多样，主要体现在以下几个方面。

（1）被执行人千方百计逃避执行，缺乏自觉履行司法裁判的主动性。这是“执行难”最主要的表现形式。民事执行得以顺利进行的关键在于被执行人的配合，然而在实践中执行程序启动后，寻找被执行人成为一大难题。大量的被执行人在执行程序开始之前或者案件开始审理时就外出工作，无固定住所和工作单位，法院的执行通知书根本无人接收，执行措施也就缺乏具体可实施的对象了。另外，执行得以实现的前提是被执行人有财产可供执行，但由于我国财产监管制度不健全、财产信息不透明，使无意主动履行判决的被执行人有机可乘。一旦获悉自己的财产将被查控，被执行人想方设法迅速把自己名下的财产转移到他人名下，造成自己无可供执行财产的假象，给执行工作带来了巨大的阻碍。

（2）协助执行人以作为或不作为的形式阻碍执行。按照法律规定，银行、工商部门、税务部门等机构有协助法院执行的义务。然而在实践中，协助执行人与被执行人往往关系密切，出于维持长期合作关系、实现可期待利益的私心，协助法院执行被执行人财产时或以不作为方式阻碍，或以积极的作为方式帮助被执行人逃避执行，具体表现为：当法院发出或出示协助执行通知时，协助执行人以各种理由搪塞，消极懈怠履行协助义务，故意拖延时间以便被执行人转移财产；或者假意表示立刻查询以稳住执行人员，私下向被执行人通风报信，帮助其迅速转移财产；抑或是有意向法院提供被执行人的虚假信息，使法院的执行机关无法获得准确的被执行人的信息；更有甚者在收到法律文书后，不仅不遵循法律文书的要求，反而公然对抗执行。

(3)暴力抗法事件层出不穷。近些年，被执行人为逃避执行暴力对抗执行人员的暴力抗法事件屡见不鲜，执行人员的生命安全受到威胁，“执行难”问题愈演愈烈。被执行人根本无视法院的执行措施，随意撕毁法院的封条，肆意处置法院已查封的执行财产，甚至在法院依法进行查封、扣押财产时，采取围攻、殴打甚至杀害执行人员的行为来阻碍执行工作的开展。[①] 除这种直接对抗执行人员以妨碍执行的情况外，在具体的执行案件中还出现了以自杀、自残等“冷暴力”的方式阻碍法院执行工作的现象。[②]

3. 民事“执行难”的社会影响

(1)严重损害法院裁判的公信力。司法公信力是裁判过程和裁判结果得到民众充分信赖、尊重与认同的高度反映，司法公信力一方面表现出民众对司法的充分信任与尊重，另一方面体现出法律的权威和尊严已然树立。民事执行案件中被执行人具有履行生效裁判文书的能力却拒不履行，甚至采取各种方式逃避执行，该行为本身就是对司法裁判的蔑视，对法律的极其不尊重。而当申请执行人经法院确定的合法权利长期未能得到有效实现，

---

① 2015年9月南宁市江南区法院干警在采石场内强制执行，遭到了协助被执行人的暴力反抗，造成3名法院干警受伤，其中1名法警的左手食指被砍伤。

② 湖南一名被执行人让其年迈的母亲躺在其豪宅门口阻止法院的执行人员查封财产，劝走老人后从其豪宅内查出大量现金。

申请执行人就会质疑裁判结果的公正性和执行程序的规范与合法性,进而怀疑裁判的公信力和司法公正。当大量申请执行人合法权利无法得到满足时,他们便释放出“法院判了又如何,权利还是得不到保障”的消极信息,久而久之,法院的权威和司法的公信力逐步下降。当民众不再相信司法是维护社会公平与正义的“最后一道防线”,发生纠纷的当事人就倾向使用私力救济方式而不是诉诸法院来定分止争,如采用商业追讨、黑社会讨债等方式,这不仅增加了社会的不稳定因素,严重扰乱了社会经济秩序,而且严重动摇了法律作为定分止争利器的地位,严重损害了司法权威和司法尊严。

(2)破坏市场经济秩序,影响社会稳定。社会主义市场经济的健康有序发展需要诚信,更需要交易双方遵守交易规则、自觉履行相关义务。如果一个社会缺乏诚信,交易双方签订合同后不主动履行,诉诸法院得到生效裁判也不能实现合法债权,其结果就是债权人利益受损甚至资金链断裂,三角债、多角债问题愈发严重;经营风险控制难以奏效,市场中充斥着缺失信用能力但他人难以识别的主体,交易安全受到严重威胁,大大增加市场交易的风险,市场交易的成本被人为地大幅提高。同时,由于我国失信惩戒措施不尽完善,违法行为得不到有效惩处,进而助长了违法犯罪的嚣张气焰。当交易风险越来越大,交易成本逐步提高,合法债权长期得不到有效保护,人们投身于市场交易,与陌生市场主体进行交易的愿望慢慢消失殆尽,那么市场经济将不再活跃,而是死水一潭。并且大量合法债权无法实现,司法公信力严重下降,人们可能会寻求法律以外的手段解决纠纷,自残、自杀或者故意伤害对方,甚至黑社会性质组织代为讨债、非法拘禁讨债等违法犯罪手段将被推崇,民事纠纷案件演变成刑事案件,这些私力救济方式必将成为社会治安的隐患,进而严重损害社会经济秩序和社会稳定。

(二)溯因:从“执行难”到社会信用缺失的深层跃迁

导致民事“执行难”的原因是多方面的,包括法律制度的不健全、法院裁判有失公正导致当事人抵触情绪严重、选择性执行、消极执行、法院执行程序有待完善等。但是单纯依靠立法的完善、执行机关加大执行力度、法院提高裁判的公正性等法律手段,并不能从根本上解决民事“执行难”的困境。要从源头解决民事“执行难”,必须抓住社会信用缺失这一本质因素,在深入分析造成民事“执行难”的深层次原因的基础上,积极引入强势力量,进行社会综合治理,形成整体合力,健全和完善民事执行工作长效机制,从根源上防止产生不利于民事执行程序顺利进行的因素。

1. 多主体守信观念缺失催生民事“执行难”

首先,被执行人信用缺失是民事“执行难”产生的主要原因。长期以来,我国一直在道德层面倡导诚信,并没有形成“刚性”的约束机制,造成当下我国社会中信用意识淡化。[①] 例如,企业提供虚假信息骗取银行贷款,制假售假等不诚信行为比比皆是。当前,社会信用文化严重扭曲,守信者得不到好处,失信者却收获颇丰,当这种现实被公众普遍认同并产生出“守信失利、失信得利”的信用文化,这种文化使信用角色错位,反而又刺激了社会信用的进一步缺失。[②] 被执行人受到此种扭曲信用文化的“熏陶”,自然不会主动信守承诺,让自己处于失利的境地。同时,从成本—

① 参见单玉华、陶然欣:《论社会信用体系建设中的诚信意识养成》,载《社科纵横》2015 年第 7 期。

② 参见宋汉林:《论民事强制执行与社会信用体系之关联》,载《安阳师范学院学报》2006 年第 6 期。

收益角度分析,被执行人是否自动履行法院裁判主要取决于违法成本和违法收益之间的比例。当违法成本远低于违法所获得的利益,拒不执行生效裁判便成为首要选择。由于社会道义上的责任感在巨大的经济利益驱动下日益降低,被执行人失信也不会受到公众的指责,其道义负罪感随之下降;再加上失信惩戒机制未能发挥应有的震慑作用,那些千方百计逃避执行的被执行人不仅未受到更严重的惩罚,反而可以从中获利,最终导致被执行人的失信成本过低,也就难怪被执行人在收益和成本的衡量之下,倾向选择拒不履行生效法律文书确定的义务。

其次,政府信用观念的缺失是民事“执行难”产生的重要原因。政府信用是社会信用体系的核心和基础,其缺失会对其他社会主体产生消极的影响,加剧“执行难”的现状。

最后,法院执行信用缺失也是导致民事“执行难”的关键因素。生效裁判的顺利执行不仅需要被执行人、协助执行人的全力配合,更需要执行人员秉公执法、加强执行力度。然而,目前法院在执行中并没有诚实信用的履行职责,“执行乱”现象频发。“执行乱”暴露出法院在执行中信用的缺失,而由于惩处不力导致执行人员违法成本和失信成本过低,因此“执行乱”成为法院强制执行的顽疾,严重影响了法院的权威和法院裁判的及时执行。

2. 征信体系乏力促成民事执行困局

由于我国征信系统不完善,工商、税务、房地产等方面的资源信息不共享,造成法院与被执行人之间信息不对称,民事主体的财产信息缺乏透明度。[①] 征信系统乏力致使在司法实践中民事执行常常陷入困境:一是财产登记体系不健全,尤其是财产登记信

---

① 参见童心:《民事执行改革研究》,人民法院出版社2010年版,第7页。

息不联网、错误或者虚假登记现象严重、财产登记信息查询困难等,给法院全面查找被执行人财产、及时控制被执行人财产带来巨大困难,即使是耗费了大量人力、物力查询到的财产,也可能已为被执行人成功转移,民事执行工作困难重重;二是从被执行人抗拒执行所受的惩罚后果来看,由于我国的信用惩戒功能尚未充分发挥作用,不履行生效法律判决所确定的义务不仅不会给被执行人生活带来不便,反而可能因为其逃避执行而"获利",所以长期以来形成了"守信者失利,失信者获利"的不正常现象,民众自然不会主动履行义务,甚至可能在法院执行时暴力抗法,这是信用惩戒功能的失效或低效导致的民事"执行难";三是信用体系的不健全导致执行不能的案件不断增多。我国信用体系仍不健全、各类信用记录相互割裂、各部门系统间不互通,交易当事人在交易前不能全面、准确评估对方的信用状况,无法对交易风险进行有效评估和预防,交易风险较大。一旦出现纠纷诉诸法院并进入执行程序,往往会出现无可供执行财产的局面,造成所谓的"执行不能"。正如前文所述,"执行不能"并非依靠主观能力就能解决的,虽然这种"执行不能"并非我们所探讨的民事"执行难"范畴,但其在司法实践中占"无法执行法院生效裁判确定内容"案件的比重较大,加剧了民事执行的困境。

三、作用的内在机理:民事执行与社会信用体系的联动关系

之所以将社会信用体系的培育作为化解民事"执行难"的根本途径,其根源在于民事执行与社会信用体系间的联动关系:民事"执行难"表面是被执行人拒不履行生效法律文书确定的义务,本质上是源于社会信用体系的缺失,而被执行人因逃避执行却未受到相应惩处,反而获得非法利益又客观上鼓励了失信行为,又反作用于社会信用体系,阻碍了社会信用体系的形成和完

善，这又使民事执行陷入新的恶性循环。因此，要从根本上破解民事“执行难”，就必须不断完善社会信用体系。

（一）社会信用体系的具体内容

社会信用体系研究最早是经济领域提出并适用的，目的在于保障市场经济中交易安全有序进行，增强交易主体的风险意识。而当前民事“执行难”的根源在于社会主体的诚信意识不高、失信成本过低，故而建立健全社会信用体系来提高整个社会的信用意识、重塑价值理念，是攻克“执行难”问题的重要一环。

社会信用体系，是指国家通过征信机构全面记录个人、企业和其他组织的信用信息，并对失信者在融资、投资、经营、置产、任职、就业等方面依法予以限制，以督促市场主体诚信经营、遵规守法的法律机制。[①] 社会信用体系的功能主要体现在以下几方面：能够有效规范和整顿市场经济秩序，减少市场经济中信息不对称的情况，有效防止一些市场主体利用信息不对称谋取不正当利益的情形，从而规范市场经济秩序，有效减少因混乱的市场秩序所造成的资源浪费；有利于壮大信用交易规模，减少现金交易，提高经济运行的效率和安全；有助于防范信贷风险，优化金融机构的资源配置；可以形成全社会约束的机制，合力对社会失信行为进行惩戒，规范市场经济秩序。

（二）民事执行对社会信用的内在依托

1. 社会信用对民事执行的“多向助力”

（1）社会信用体系的惩戒力。社会信用体系的惩戒力主要体现在经济价值惩戒和文化道德惩戒两个方面。经济价值惩戒的

---

① 参见胡志超：《从源头上化解执行难的机制研究》，载《法律适用》2007 年第 12 期。

重要原则是使失信者因处罚而遭受的损失远远大于其从失信行为中获得的利益。根据失信执行人名单制度,有能力履行而拒不履行法院裁判的被执行人应被纳入失信被执行人名单,一旦被列入,在政府采购、招标投标、政府扶持、融资信贷、资质认定等方面都会受到种种限制,这实际上是一种以剥夺可期待利益的方式对被执行人进行经济惩戒的方式。文化道德惩戒则是一种软约束机制,随着社会信用体系的不断健全,社会公众的诚信意识普遍提升,社会上达成了一种道德上的共识,面对报纸、网络、广播、电视、显示屏等公布的失信被执行人名单,社会公众都不认同其做法并贬损其名誉,让失信执行人处在一种无形的、充满舆论谴责的环境,备感道德约束的强大压力。

(2)社会信用体系的威慑力。本文探讨的民事“执行难”的范围仅包括有能力履行而拒不履行生效裁判所确定的义务的被执行人,对于这些故意拒绝履行、不诚信的被执行人,社会信用体系通过经济价值惩戒和文化道德两方面的惩戒,形成强大的社会合力,压缩其生存空间,对失信被执行人产生强大的震慑力,使其尽快履行义务;同时,这种强大合力也会在社会上形成一种威慑力,增加对那些尚未进入执行程序或者已经进入执行程序的债务人,甚至一般民众的压迫力和约束力,形成威慑效应,促使被执行人主动履行债务。

(3)社会信用体系的引导力。社会信用体系中对失信被执行人的惩戒并不仅仅是一种惩戒力,更重要的是一种正确价值观、交易观的积极引导。社会信用体系倡导人们要诚实守信、遵纪守法,这就为人们的未来行为提供了可供预期的期待,是对司法实践中执行工作的一种正向的引导。失信被执行人名单制度是社会信用体系中的重要组成部分,其建立是人民法院积极参与国家信用体系建设的重要举措,对引导诚实信用的社会风尚具有积极作用。

2. 发挥执行威慑机制的作用,促进自动履行

随着社会信用水平的不断提高,信用共享机制促进公民信用记录的真实准确,增加了被执行人失信的成本,有效的信用惩戒机制能够使不守信的社会主体受到严厉的惩处,形成广泛的威慑作用,让社会主体对社会信用体系心存敬畏,不敢轻易以身试法,从而有效减少故意隐匿财产、恶意逃债的现象,确保民事执行保障债权人正当利益的目的得以实现,提高法院裁判的执行力度。目前人民法院通过媒体公布失信债权人名单、限制债务人高消费、限制尚未全面履行义务的债务人处境等方式督促债务人履行义务,已经收到良好效果就是最好的例证。[①] 另外,社会信用水平的提高本身就可以有效减少有履行能力恶意逃避执行的现象。

3. 解决财产难找的问题,节约司法资源

在司法实践中被执行人财产难找是导致民事“执行难”、浪费司法资源的源头。而完善的社会信用体系有助于解决债务人财产难找的问题。完善的社会监管系统能够使社会主体的信用状况公开、透明,其他主体只要通过征信体系及信用调查和评价体系就能全面掌握被查询人的财产真实状况。例如,财产登记制度中严格规范不动产登记并提供相应的查询服务,银行严格管理个人和企业开户资格审查和信息共享,并且公民信用体系的建立,使法院能够与工商、银行、交通等各个机构实现信息及行为联

① 参见谭秋桂:《论民事执行机制与社会信用体系的关联性》,载《求索》2009 年第 2 期。

动,[①]迅速查找被执行人财产情况,大大降低寻找可执行财产的难度,进而有效节约诉讼成本和司法资源。另外,公民信用体系的建立,能够对被执行人以威慑从而督促其自觉履行,降低了法院因进行强制执行所消耗的时间、人力和经济成本,可以减少对执行机关的人力投入。[②]

4. 提升公民信用意识,预防纠纷,缓解执行压力

民事执行程序与公民社会信用体系的结合,从司法层面强化了对公民失信的惩处力度,使公民树立只有严格遵守并履行契约,才能免受来自社会各方面制裁的观念,从而有效明确自身权利和义务,使全社会养成诚实守信、文明守法的良好风尚。这种良好的社会氛围和环境本身就能够有效防止恶意逃避债务、拒不履行义务等不诚信行为的发生。同时,在完善的社会信用体系下,交易双方在交易之前可以通过信用记录查询系统进行信用评价,对双方的履约能力作出正确判断,实现交易风险的事先、主动控制。[③] 如此,社会主体可以有效控制交易风险,因不履约或履约不完全引发的交易纠纷数量就会减少,法院受理诉讼和执行案件数量也会随之降低,可以缓解法院的诉累和执行压力。并且,受案压力的减小会增强对个案执行的力度,执行效果也能因此有所改善,进而不断提高司法的公信力和法院裁判的权威。

(三)民事执行对社会信用建设的反向助益

民事"执行难"的根本解决依赖社会信用体系的不断完善,

---

① 参见付凤娟:《论我国民事执行威慑机制》,西南政法大学2010年硕士学位论文,第37~39页。

② 参见胡志光、白田甜、李振宇:《大数据背景下民事执行查控的创新》,载《人民司法》2014年第23期。

③ 参见谭秋桂:《论民事执行机制与社会信用体系的关联性》,载《求索》2009年第2期。

而实际上,民事执行机制对于社会信用体系的完善同样具有重要的促进作用,两者是相互影响、相互促进的关系。

1. 民事执行有助于提高整个社会的信用水平

当前由于社会信用体系不够完备,现有法律对契约关系的维护、对债权人的保护力度不够,民事生效裁判的执行力不足。①但民事执行是强制债务人履行生效裁判文书确定义务的程序机制。当债务人拒绝履行义务时,通过采取强制的方法和手段保护守信者的正当利益,督促债务人履行债务,并使其失信行为受到惩罚,这其实是对债务人失信行为的强制矫正。这种强制矫正行为一方面使债务人为其失信行为付出代价,另一方面会在社会上形成示范效应,督促其他未涉案主体主动履行以避免受到失信行为带来的严重后果。如此一来,社会主体的信用观念就会不断增强,信用道德水平会不断提升,滥用信用的现象也会随之减少,甚至逐步消失。

2. 民事执行是社会主体信用信息的重要来源

民事执行案件信息是社会征信指标系统的重要内容。执行机关对债务人强制执行的过程及结果是体现债务人信用信息的重要指标,债务人拒绝履行法院生效裁判确定的义务是较严重的失信行为,自然应列入债务人信用信息范畴,由此可以不断充实和完善相关社会主体的信用信息。通过一定途径实现民事执行案件信息与社会征信体系的双向沟通,是征信系统完善的重要内容和标志,这不仅有利于全面客观反映社会主体的信用资讯、促进社会主体信用评估完整,而且对完善社会征信体系意义重大。

---

① 参见宋汉林:《论民事强制执行与社会信用体系之关联》,载《安阳师范学院学报》2006年第6期。

3. 民事执行有利于实现信用惩戒功能

司法性惩戒是失信惩戒机制的主要类型之一，是通过司法机关依法追究失信者的民事、刑事责任来实现惩戒的目的。民事执行在强制债务人履行生效裁判确定的义务、维护债权人正当权利的同时，通过责令债务人承担执行费用以及迟延履行责任，甚至追究拒不执行法院裁判者的刑事责任等方式，来增加债务人的失信成本，从而实现对失信债务人的惩罚，充分发挥和实现信用的惩戒功能，通过强制执行的方式在一定程度上解决我国信用约束乏力的问题。

四、破解执行困局的进路：社会信用体系的培育与完善

厘清了社会信用体系与民事执行间的联动关系，明晰了社会信用体系的培育和完善是破解执行困局的重要路径，那么，具体可以从以下六个方面来逐步完善社会信用体系。

（一）思想维度：加强诚信文化塑造与信用意识教育

要攻克执行难关，需要加强社会诚信文化体系的建设。在社会中，用来支配和调节各种经济主体之间信用关系和信用行为的理念和规范被称为信用文化，其具有时代性、伦理性、经济性、时代性、法律性和实践性等特点。诚信文化的建设不是一朝一夕就能实现的，而是一项长期复杂的系统工程，需要从以下几个方面来夯实根基、稳扎稳打、逐步推进：一是要充分利用媒体加强对诚信文化的传播作用。在利用网络、电视、广播、报纸等媒体传播诚信文化时，既要创新传播内容和方式，又要通过对媒体的培训和指导使其发布的信息与各级法院公布的失信被执行人信息相契合。二是要充分发挥诚信司法的垂范效应。诚信在社会网络中对司法效益与能量调控虽是隐性的，却是巨大的，它是司法的道

德“语法”。[①] 各级人民法院在办案过程中,必须恪守诚信司法理念、彰显司法公信力,为社会诚信文化的建设作出示范作用。三是要大力进行诚信道德建设。鉴于诚信道德是诚信文化的核心,我们要通过创新方式方法,构建健康有效的社会诚信伦理体系,加强社会个体诚信品德的培育,以有力推进社会信用文化的培育。

此外,还需要开展信用道德教育,提升社会公众信用意识。社会信用体系完善的最高境界不是通过信用惩戒、信用监管等外部条件来约束社会主体诚实守信,而是社会主体发自内心的重视自己的信用,并将其形成一种习惯。要达到这种境界,就需要家庭、学校、单位、媒体等通过多种渠道加强信用意识宣传作用,不断提高社会主体对诚信重要性的认同感,营造社会人人守信的良好氛围,进而为破解民事“执行难”奠定基础。

（二）系统建设:搭建统一的联合征信系统

当前,由于各地区社会信用体系的建设参差不齐,导致执行相关信息呈现零散、割据状态,使公众只能通过“全国法院被执行人平台”查询到执行案件的相关状况,缺乏渠道查询其他领域信用信息。然而,建立一套信息全面、覆盖各部门、各行业、查询快捷的被执行人信用信息数据库是解决被执行人逃避执行的基础条件。因此,首先,需要法院、政府部门和其他单位协同,建立全国统一的信用信息数据库,特别是国土、房产管理部门要尽快建成全国统一的国土资源电子数据库、房产电子数据库,工商管理部门尽快建成全国统一的企业工商登记电子数据库。其次,要实现信用信息数据库共享,在符合信息公开的前提条件下,形成以

① 参见李述胜、李欣红、韩重华:《论社会诚信的司法培育与养成规律》,载《山东审判》2012 年第 1 期。

组织机构代码和公民身份号码为基础的企业和个人信用信息数据库。最后，借助各部门数据库完善被执行人信息查询系统。政府和各行业监管部门，要督促协调国土、房管部门、商业银行、证券登记公司向法院开放业务数据库，尽快协同法院建立被执行人土地、房产、银行存款、有价证券等财产的"点对点"网络查询系统，以发挥联合征信系统的作用解决执行困境。

（三）信息融通：建立信用信息传递与共享机制

目前，因受我国条块分割的管理制度之影响，信用信息比较分散，传递和共享信息较困难。鉴于此，我国法院民事执行实践工作受到严重制约，比如，法院若要查询被执行人的账户和存款，需要向各银行的分支行逐一下达协助执行通知书，才可以查询到该被执行人在该银行的存款，且必须到各营业网点才能办理冻结、划扣存款的相关手续，效率极其低下。因此，建立信用信息传递和共享机制，推进信用信息有序和规范开发就尤为必要。随着信用信息传递和共享机制的建立，上述造成民事执行困难的原因将会迎刃而解。

（四）失信制裁：完善执行联动威慑机制

社会信用体系功能的发挥，离不开震慑机制。同样，公民诚信意识的提升，也离不开震慑机制。据调查，法治社会里法院生效裁判主要通过当事人自觉履行实现，但在我国约60%的法院生效裁判当事人不能自动履行，而需要法院通过强制执行手段才能得以实现。① 这既不利于社会信用体系的建设、公民诚信意识

① 参见俞灵雨：《2004年7月29日在全国法院执行信息管理现场会上的讲话》，载最高人民法院执行工作办公室：《强制执行指导与参考》2004年第3辑，法律出版社2005年版，第6页。

的提升,又极大地加重了法院执行工作的负荷,人为地加剧了执行困境。因此,要不断完善执行联动威慑机制。

执行威慑机制,是指通过严密的财产监管机制、强有力的惩罚机制,以及合理的利益调节机制,促使债务人自动履行债务。其特点是将强制执行威慑的对象由被执行人的财产转向被执行人的财产和人身,尤其是人身;将强制执行的重心由法院主动调查和直接执行被执行人财产移向促使债务人主动申报和交出财产;将执行工作的责任中心由债权人和人民法院变为债务人;将债务人被强制执行的成本代价规定得远远超过自动履行的成本代价。通过执行联动机制,人民法院将诉讼和执行案件的相关信息与联动单位共享,待联动单位知悉被执行人不履行义务的信息时,除法律规定法院必须下达协助执行通知书的情形外,联动单位可以自动开启执行联动程序,采取相关联动措施和手段限制其生产经营、生活消费等方面。通过执行联动机制,使不履行义务的被执行人逃无可逃,在强大威慑迫使的作用下,不履行债务的被执行人只能自动履行,待其履行完相应法律义务后,职能部门才会通过网络反馈至执行联动威慑机制,同时与所有信用信息共享机构共享,取消对其采取的限制性措施。

(五)制度配套:优化财产登记制度与信用交易体系

如前所述,执行中最重要的是发现和控制被执行人的财产,而法院的财产调查制度主要是查找发现被执行人的财产,财产登记制度和信用交易体系的优化与完善能够使被执行人的财产状况一目了然,大大提高了执行效率。首先,实行严格的财产登记制度,强化对不动产和依法应当进行登记的动产如实登记,采取有效措施防止虚假登记现象的发生。其次,严格企业和个人银行账户管理。为防止被执行人利用先进交易来规避法院对其财产的查控,企业通过其与银行管理人的特殊关系或者各地区间银行信息不互通的漏洞,在多个地区、不同银行分别设立账户导致财产难找的情况,加大对企业和银行双方的处罚力度,严禁一个企业在同一银行有数个账户,严格限制个人在同一银行开设账户的数量,并对所有账户实行强制合并。[①] 最后,对大额交易强制实行票据交易,减少现金流。为了在一定程度上防止债务人在其财产数量上弄虚作假,无论是企业还是个人,当其交易的资金超过一定数量就必须通过签发银行票据进行,杜绝大额的现金支付,以此实现资金往来留痕,便于法院根据线索查找债务人的财产真实状况。

(六)权益保障:注重隐私保护与失信信息适时删除

信息披露和共享制度会涉及多方面的敏感领域,在采集、披露、信息公开时要尤其注意维护被征信主体的合法权益,注重隐私保护。在采集信息阶段,个人信息的采集要经过被征信人的同意,但不良信用记录的征集除外;在使用阶段,必须是出于正当目的,如为了规避商业交易风险等,同时要注意执行机关在执行过程中获得的个人信息及商业秘密只能用于强制被执行人履行义务,不得挪作他用。由于社会信用体系下众多关联机构可以通过互联网共享互通公民的个人信用信息,为防止公民信用信息或个人隐私泄露后,因多头负责导致的追责主体不明确,必须对各单位的征信方式、用途、征集范围等进行严格限定,并明晰责任,一旦出现信息外泄,可以及时采取应对措施并追究相关单位的责任。

---

① 参见谭秋桂:《论民事执行机制与社会信用体系的关联性》,载《求索》2009 年第 2 期。

同时,对于已经记录的被执行人失信信息要根据被执行人信用情况的好转适时进行删除,以消除失信信息对被执行人的工作、生活和学习产生的不利影响。被执行人失信信息的删除,是指在符合一定条件时,将被执行人不履行生效法律文书的失信信息删除。[①] 实际上,这是失信被执行人的退出机制,是对已经被贴上"失信"标签的被执行人的一种反向保护。当被执行人全部履行了生效法律文书确定的义务,或执行当事人双方达成和解协议并经申请执行人确认已执行完毕或者法院依法裁定终结执行时,应及时删除被执行人的失信信息,及时恢复其信用,否则不仅违背了该制度设置的初衷,而且显失公平,对提高被执行人主动履行债务的积极性毫无益处,甚至会损害该制度的公信力。在从最高人民法院失信被执行人名单库中删除相关信息之后,还要及时向有关单位进行通报,已经接到通报的单位应及时恢复被执行人的正常权益,不得因其曾经的失信信息故意阻挠其办理正常业务。

五、结语

民事"执行难"之所以成为司法顽疾,长期困扰申请执行人和法院执行人员,主要是因为造成"执行难"的原因错综复杂,原因的多重性以及因果关系的复杂性决定了解决"执行难"的路径不止一条。但最根本的路径是培育社会信用体系,因为社会信用的缺失是导致民事"执行难"的最本质原因。因此,需要建立完善的社会信用体系,体现在执行领域,即要以执行案件信息管理系统为平台进行信息共享,失信惩戒机制作为保障,整体社会成

---

① 参见刘涛、朱燕:《〈关于公布失信被执行人名单信息的若干规定〉的理解与适用》,载《人民司法》2013 年第 19 期。

员的信用意识提高为目标,促使被执行人自动履行生效法律文书,并通过健全的社会信用体系,掌握被执行人的财产状况。只有这样才能在源头上解决民事“执行难”问题,让“教科书式老赖”无处可遁,切实保障申请执行人的正当利益,从而提高司法公信力和法院裁判的权威与尊严。

信用治理中的声誉异化及其法律规制

——以失信行为黑名单为分析对象

闫　敏*

内容摘要　黑名单作为信用治理声誉罚的手段之一，在实践中存在信息传达不畅、发布标准不一和负激励机制失范的错位现象。追根溯源，探寻其背后的原因发现有三点：一是信息发布的被动化；二是受众认知的刻板化；三是声誉异化的社会强化。只有将失信行为声誉罚的法律规制到位，才能使声誉罚归位，具体的路径为嵌入约束——参与主体多元化，类型思维——发布标准均一化，程序控制——声誉处罚适度化和主体选择——司法

* 湖南省岳阳市云溪区人民法院法官。

救济的正当化，多措并举，力争声誉罚“罚当其为”。

关键词 信用治理；失信行为；黑名单

按照国务院《关于印发社会信用体系建设规划纲要（2014～2020年）的通知》（国发〔2014〕21号）提出的“健全失信惩戒制度，建立各行业黑名单制度”的要求，政府部门、司法机关、垄断行业等已经建立了黑名单制度，如食品安全黑名单、环保黑名单、失信被执行人黑名单……信用治理利用黑名单的负面激励机制，通过使人规避羞辱引发的耻感，[①]维护自己的诚信声誉，以达到遵守法律的制度目标。但是黑名单的实践运用却有声誉异化的错位现象，亟须法律的控制和矫正，以发挥其“罚当其为”的作用。

一、现状扫描：黑名单的实践运用错位

失信行为黑名单既是转型社会激活失信行为人廉耻之心的非常之举，又是常规处罚手段的必要补充，能够促使其深刻的自省达到不再违法或失信的效果。但这种既具外部性又具内省性的黑名单制度，却要么没有效果，要么效果惊人，实践运用存在严重的错位。

（一）隔山阻水：黑名单的信息传达不畅

黑名单制度作为声誉处罚手段要想发挥作用，必须依托工作联动机制与信息共享。而制约黑名单的信息传播的因素之一，是黑名单的实施主体。由于黑名单的主要信息来源是行政处罚信息，而黑名单发布的主流做法是省级的信用体系领导小组或信用体系主管部门牵头发布，但职能分工的差异导致行政部门掌握的

---

① 参见段礼乐：《羞辱性执法的信息经济学阐释——以企业负面信息发布制度为分析对象》，载《政法论丛》2018年第1期。

行政处罚信息不一,法律也没有排除地方立法要求的各自发布。同时,地方立法还规定各机关、部门、事业单位、服务机构作为执行主体的配合义务,却限于简单的指示型规定,缺乏具体的内容和程序设计,导致配合义务沦为“一纸空文”,黑名单的信息来源受阻。如呼和浩特市城市管理行政执法局设立信用黑名单,“各城市管理行政执法部门会按照各自的管理事项,结合日常管理中的重点、难点,将违法情况严重、多次被处罚、暴力抗拒执法等情节严重的自然人、法人和其他组织列入‘黑名单’,并形成失信‘黑名单’信息,然后向上级部门进行报送”。[①]

黑名单信息发挥声誉罚的作用取决于传播广度和受众数量。学者在评价食品安全信用档案时称,“声誉罚的基础在于信息,即使短期内囿于执法资源,查处概率尚未能够显著提高。只要既有的企业违法信息能够及时进入消费者的认知结构,迅速形成集体共识,一个发达的市场交易机制也足以凭借‘抵制购买’警示其他企业放弃潜在的枉行,产生相当的威慑效果’”。[②] 简而言之,黑名单制度的威慑力在于其公开性。考虑到现代社会中职业活动的集约化与分工精细化,人们注意力具有局限在职业范围内的路径依赖性,而现行黑名单制度主要目的在于信息的发布,发布却并不意味着信息的有效传达。国家质检总局定期公布食品监测结果显示,但仍有86.7%的受访者认为“应加大对违法企业的曝光力度”,即表明民众无意识地阻挡认知结构外的信息进入自己的视野。另外,发布渠道狭窄亦限制了信息传播的广度和深度。

---

① 孙岳文:《市城管执法局设立“红黑榜”,36项违规行为将被列入信用黑名单》,载《呼和浩特日报》2017年9月6日,第2版。

② 吴元元:《信息基础、声誉机制与执法优化——食品安全治理的新视野》,载《中国社会科学》2012年第6期。

（二）参差不齐：黑名单的发布标准不一

从黑名单的设置初衷来看，直接面向社会公众的黑名单借助于市场惩罚与信息传播机制驱动，内容明确是其发挥规制作用的保障。

一方面，我国当前的黑名单管理制度很多，各项制度之间差异性很大。这是行政处罚日益专业化的必然结果，却导致黑名单发布的联合惩戒难免被“架空”。如我国《旅游法》第 108 条规定，违反本法者应记入诚信档案，向社会公布，但对如何记入信用档案的规定付之阙如。国家旅游局与中国民用航空局签署的《关于加强文明旅游工作、促进行业融合发展的合作协议》明确落实不文明行为记录的限制措施，鼓励旅游企业、民航企业拒绝为列入“不文明行为记录”的游客、旅客提供旅游、乘机等服务。这种不具有强制性的合作协议，民航企业对是否拒绝为不文明人服务拥有自主权，与国家旅游局是否记入诚信档案无关。

另一方面，在同一行业亦存在黑名单发布内容规定不一致的情形。以环境保护黑名单为例，我国环境保护法要求企业事业单位和其他生产经营者的环境违法信息应当记入社会诚信档案，违法者名单应当及时向社会公布，却尚未涉及环境保护黑名单内容的规定。环境保护社会诚信档案没有确定的条文展现，各地的环境保护失信黑名单管理办法中对于黑名单应包含的内容规定各异、标准不一，如陕西省、贵州省和浙江省的环境保护失信黑名单管理办法相对较详细，规定黑名单包含的内容包括经营者的名称、代码、注册地址，法定代表人；对环境服务机构，公布其名称、代码、资质等级、业务范围、计量认证时间、计量认证机关、认证业务范围；对自然人，公布其姓名、性别、身份证号码；列入失信“黑名单”的事由，不良行为整改情况、“黑名单”信息移出日期等内容。而湖南省则较简略,为单位或个人的基本情况、主要违法及失信事实、纳入黑名单管理的理由及依据、其他有必要公布的信息,这种模糊的概括性规定使地方自由裁量权过大,易滋生腐败和权力寻租,最终损害社会的公共利益(见表1)。

表1

文件名称	公布环境保护失信黑名单应包含的内容
《陕西省环境保护失信"黑名单"管理办法(试行)》	(1)对企事业单位和其他生产经营者,公布其名称、代码、注册地址,法定代表人; (2)对环境服务机构,公布其名称、代码、资质等级、业务范围、计量认证时间、计量认证机关、认证业务范围; (3)对自然人,公布其姓名、性别、身份证号码; (4)列入失入黑名单的事由,包括认定违法失信行为的事实及理由,行政处罚、行政强制、行政处理的依据及处理结果、处理日期等; (5)不良行为整改情况,包括是否完成整改、完成整改日期等; (6)黑名单信息移出日期; (7)环境保护行政主管部门认为应当披露的其他内容
《贵州省环境保护失信黑名单管理办法(试行)》	(1)对企事业单位和其他生产经营者,公布其名称、代码、注册地址,法定代表人; (2)对环境服务机构,公布其名称、代码、资质等级、业务范围、计量认证时间、计量认证机关、认证业务范围; (3)对自然人,公布其姓名、性别、身份证号码; (4)主要违法及失信事实; (5)行政处罚、行政强制、行政处理等情况; (6)行政拘留、刑事处罚情况
《湖南省环境保护黑名单管理暂行办法》	(1)单位或个人的基本情况; (2)主要违法及失信事实; (3)纳入黑名单管理的理由及依据; (4)其他有必要公布的信息

续表

文件名称	公布环境保护失信黑名单应包含的内容
《浙江省环境违法"黑名单"管理办法(试行)》	纳入黑名单企业事业单位和其他生产经营者的名称、社会统一信用代码、法定代表人姓名、法定代表人身份证号(公布时隐去部分字段)、违法事实、惩治措施、公布起止期限、作出决定的机关、决定书的编号、认定机关、发布时间等信息

(三)过犹不及:黑名单的负激励机制失范

行政机关基于个案执法结果,认为可能会对公众造成巨大损害而发布黑名单,旨向公众提示风险,只是该警示明确造成危险的具体物或者人,因而涉及具体的第三方。如果其执法结果错误,那么黑名单的信息必然错误,从而影响该第三方的合法权益。农夫山泉"砒霜门"事件是错误黑名单的典型案例。基于现代通信技术发展的社交网络,人与人的密集互动导致的信息高速"涟漪"式扩散,农夫山泉即使通过复检得以澄清事实,海口市工商局的对自身错误的说明亦有助于挽回其声誉。但是,该事件发生后1周,农夫果园和水溶C100的销售环比下降50%,销售业绩明显下滑。而处理公关花费不菲、库存压力提高和品牌形象下降等潜在的伤害亦在所难免。

黑名单重声誉惩罚,轻实质解决,单纯实施该制度难以为继。以金融监管行业为例,信息披露工具虽然赢得市场化人士的青睐,被认为是各类监管工具的首选,但其客观上存在强制力不足的缺陷。如果没有有效的市场传导机制,信息披露工具将会面临无效的尴尬境地。对于某些资产质量较差,对自身诚信形象不关心的企业,失信行为黑名单很难发挥期待的作用,在实践中体现为这些企业违规再犯率极高。如在2006~2011年,11家上市公司及其相关责任人受到上交所公开谴责后再次违规而受到公开谴责,再犯率高达22%,其共同特征为资产质量较差,全部为民营企业,目前有9家为ST、*ST或完成重组。[①] 而对于在某一行业处于"龙头"地位的企业来说,生产经营方面的比较优势明显,一旦在小问题上出现错误就可能"一损俱损",如雅士利中老年奶粉因标签不合格和铁、维生素B1超过标示值(但质量合格)被国家工商总局宣布为十大"不合格奶粉"之一后,不仅中老年奶粉纷纷下架,其婴幼儿奶粉亦受到消费者的抵制,这种不区分违法程度大小而将企业直接纳入黑名单的做法,导致黑名单的范围扩大化,会降低黑名单制度的威慑力,消弭黑名单制度的效果和制度优势。[②]

二、原因透视:信用治理的声誉异化

"先破后立"的黑名单制度之所以在实践中错位,原因在于探究运用"失信扩大"的基本原理惩罚失信行为,行政机关、受众和媒体的交互影响使之声誉异化,结果便是黑名单"只破不立"。

(一)信息发布的被动化

公权干预的依据之一在于信息不对称,行政机关应根据民众的需要发布失信行为信息。

一方面,信息的分散化妨碍行政机关主动发布。由于企业、组织、公民的信用信息分散在法院、公安、工商、食药、民政、国土、银行、网信等部门和单位中,甚至散落在微信、淘宝、滴滴、ofo、芝

---

① 参见卢文道、王文心:《对上市公司的公开谴责有效吗——基于上海市场2006~2011年监管案例的研究》,载《证券法苑》2012年第2期。

② 参见张家宇:《经济法语境下黑名单制度滥用的法律规制——基于案例的整理与研究》,载《中南大学学报》2016年第4期。

麻信用等商业机构中,[①]零落的信用信息难以完全集中到单一的行政机关。前文所述的信息联合发布机制要求机关、部门、事业单位、服务机构主动予以配合,但是空泛的指示型要求下,除行政机关外的其他主体由于不了解失信行为需要发布的信息而无从履行协助义务。因此,只有失信行为已经出现甚至造成一定影响后,行政机关才会发布信息告知公众。

另一方面,失信行为的“政府中心规制”观念加剧了被动发布的态势。如金融领域失信行为的规制,社会各界默认政府为金融行业规制的核心主体,甚至是唯一主体,结果便是宽松有余、严厉不足。以 P2P 网贷为例,我国《合同法》《刑法》等传统法律规制难以适用,处置非法集资部际联席会议办公室主任明确 P2P 业务边界的“四条红线”,银监会创新监管部主任提出“十项监管原则”,一旦违反“四条红线”或“十项监管原则”,就可能处于声誉罚的规制范围之内。但是,监管当局宣言式的建议没有约束力,而“事后惩罚规制方式的威慑力取决于惩罚程度和发现犯罪的概率,在巨大的利益诱惑下,惩罚力度被弱化,在警力资源稀缺的约束条件下犯罪发现率很低”。[②] 如环境保护失信黑名单中法定强制披露仅限于通过数据发布排污超标或超量的污染严重的名单及排污信息,公众处于被告知的角色,既不能使普通公众对违法行为的危害性产生真切的认知,也无从发挥其揭露潜在违法

① 参见田禾:《推动信用体系立法需注意四个问题》,载信用(中国)湖北网:http://www.hbcredit.gov.cn/xyzx/xyzs/201807/t20180730_39282.shtml,最后访问日期:2018 年 9 月 15 日。

② 参见潘静:《从政府中心规制到社会共治:互联网金融治理的新视野》,载《法律科学》2018 年第 1 期。

的公众参与作用。[①]

（二）受众认知的刻板化

由于普通民众在社会分工下的信息结构处于弱势地位，其在失信行为的信息获取上本能地会依靠大众媒体等外部信息来源。如果失信行为被制作成为黑名单予以发布，民众基于对公权机关的信任而会不假思索地接受并形成刻板的记忆效应，没有动力和精力主动进行纠偏。如“问题疫苗”事件爆发后，迅速占据新闻头条，评论与转发动辄数万条。即使仅部分批次疫苗检测出问题，但民众对该公司的所有疫苗均持抵制态度亦表明失信行为容易给民众带来高度的风险规避心态，“宁可信其有，不可信其无”的认知启动声誉机制的惩罚功能。而“淘宝大战‘工商总局’系列案”虽以双方达成共同打假的合意，工商总局撤下《关于对阿里巴巴集团进行行政指导工作情况的白皮书》并宣布其无效而结束，但却造成阿里巴巴股价从 103 元跌到了 89 元，大约跌了 13%，市值缩水 320 亿元，[②]同样表明，民众通过“用自己”的方式对企业的失信行为实施了“经济裁制”。

更严重的是，只要成为社会的集体记忆，则在公众的认知中具有很强的黏性，很难随着时间的流逝而被淡忘。[③] 一方面，失信之人难以重建信任。“三鹿奶粉”事件发生 10 年后，人们仍在关心“大头娃娃”的生存现状。而“青岛天价虾”事件让所有游客

---

① 参见巩固：《守法激励视角中的〈环境保护法〉修订与适用》，载《华东政法大学学报》2014 年第 3 期。

② 《淘宝假货风波门之对马云公关团队的分析》，载天涯社区网：http://bbs.tianya.cn/post-develop-1989043-1.shtml，最后访问日期：2018 年 9 月 10 日。

③ 参见吴元元：《食品安全治理中的声誉异化及其法律规制》，载《法律科学》2016 年第 2 期。

到青岛吃海鲜更谨慎、小心。即使经过控制和整改措施后,失信行为不复存在,公众依旧不愿意靠近失信的企业、组织或个人,这也就意味着"一朝失信,永远失信",失信之人难以重新唤起公众的集体信任,重新树立起诚信形象。另一方面,错误发布的失信行为黑名单时有耳闻,如新西兰奥克兰市议会系统出错,误将一家食品卫生等级为 A 级的中餐馆评为 D 级,经营者称餐厅生意下降 30%,即使市议会已经发布正确的评级证书,但仍可能导致经营完全无法恢复。①

(三)声誉异化的社会强化

现代社会被称为信息时代,大众媒体是当代社会的主要传播工具。从功能的意义来看,监管部门公开发布失信行为,需要通过大众传媒的中介与形塑才能完成其社会建构。只有将公众的注意力有效聚焦到失信行为上来,引起最大范围民众的热烈讨论并形成公共舆论,失信行为声誉罚才不致沦落为无人理会的"信息独白"。如"问题疫苗"事件,国家药品监督管理局发布通告指出长春长生生物科技有限公司用狂犬病疫苗生产存在造假等行为,迅速引爆朋友圈,媒体、自媒体争相报道后,经过重塑的个人话语反过来又改变了公共话语,吉林省已全面推动干部作风大整顿、大改进、大提升。

现代媒体广泛而富有控制的传播力与影响力,一旦个人或企业与失信行为相挂钩,便极有可能被卷进舆论的旋涡,迅速招致不良公共评价。如 2018 年 9 月 2 日刘强东涉嫌性侵案,9 月 3

① 参见《新西兰中餐馆被误评"最脏餐馆"老板:生意下降 30% 名誉受损》,载北晚新视觉网:http://www.takefoto.cn/viewnews-1414015.html,最后访问日期:2018 年 9 月 12 日。

日,京东在法兰克福上市存托股(ADR)周一开盘下跌4.69%,报收25.6322欧元。因此,如果传播失当,媒体便成为加剧声誉异化的社会强化因素,媒体应注意失信行为发布的管理和职业纪律,精心把握、精准拿捏、客观中立。从媒体的运作实践来看,失信行为的声誉异化主要原因在于违反真实报道原则和违反全面报道原则。一方面,“真实是新闻的生命”。确保报道真实,是新闻工作者的基本职业道德。我国台湾地区曾发生过误报法国毒奶粉,数天后发现被污染的毒奶粉系列,根本没有在台湾地区出售,不仅引发民众恐慌,还给产品的提供者、制造商,以及销售商的生产造成持续的不良影响,呈现波状式扩散效应。另一方面,准确定性是根本。类型繁多的黑名单是各领域失信行为信息的集合,具有极强的专业和特有的性质判断标准,但媒体在“吸引眼球、先人一步”的及时性压力下,概念、参数和数量等表述便可能存在偏差。如“啤酒生产中使用甲醛”被误报成“啤酒含有甲醛”,中国乳品中苯甲酸检出量很低被误报成“中国奶制品大多被检出苯甲酸”等,经过媒体的宣传和公众舆论的“发酵”,再一次卷起民众对食品安全担忧的“飓风”。

三、路径选择:失信行为声誉罚的归位

无论是行政机关的被动发布,还是个人认知的刻板印象,抑或是声誉异化的社会强化,都揭示出信用治理运用声誉罚的失序和错位。研读我国的信用立法,关于声誉罚的表述散落在各个部门规章或地方法规中。然而,一项内容空洞、没有公众参与、丧失救济的失信行为黑名单制度难保不异化成所有企业、组织和个人的内在性强迫力量,甚至是摧毁性力量。因此,有必要对失信行为声誉罚进行法律上的调整和归位,以修复和重塑声誉罚的公信力。

(一)嵌入约束:参与主体多元化

失信行为声誉罚是一个重复博弈、动态博弈的结果,时刻保持动态不一致性。因此,行政机关根据个案执法结果发布黑名单不仅需要严格执法获得正确的执法结果,还需要在公众利益和第三方的权益之间权衡,决定是否需要发布以及何时发布黑名单。因此,首先,应在对失信行为进行声誉罚时,在已有的失信行为黑名单上嵌入企业自我规制的信息展示板块,明示企业标准认证等自我规制行为,通过教化使个人道德予以提高,同时用政府监管补齐自我约束的“短板”。其次,可以通过行业组织搭建的信息平台如消费者协会、互联网金融信用信息平台等定期信息平台来实现声誉罚“弱者的武器”的作用,相较欠缺专业性的个人,可以在信息高速流通时精准识别失信行为,及时传递信息并完成对失信行为的事前预防。最后,媒体的参与应在信息发布之前履行了法定的审查核实义务。考虑到新闻的时效性和新闻与实际绝对吻合间内在的紧张关系,以新闻真实性要求媒体达致舆论监督与企业合法权益间的恰当平衡。

(二)类型思维:发布标准均一化

失信行为声誉罚本质上属于行政处罚。由于涉及行政相对人的名誉等基本权利,而国家基于社会事件形态多样,行政机关不可能仅在事态发生或恶化时,才出面行使国家权利,而应着眼于积极揭露国家所有的信息,使人民不断通过接收信息而预防风险。因此,失信行为声誉罚可依其严重程序分为轻微的声誉罚和严重的声誉罚。以食品安全失信行为声誉罚为例,行政机关判断涉案食品对人体有危害风险时,公布食品安全黑名单可以提前告知消费者进行预警。而当行政机关判断涉案食品有可能对人体健康有严重危害时,公布食品安全黑名单的同时还有行政处罚。

由此可知,失信行为声誉罚虽不以直接发生法律效果为前提,但行政机关的行为虽没有效果意思,却至少有行为意思。换言之,依据事物性质不同,不同类型以及严重程度的失信行为设置不同的法律规范密度。

信息发布的判断标准均一化与参与主体的多元化是一脉相承的,因为信用评级标准的统一是一个均衡、协调各方利益的公平博弈过程。因此,失信行为黑名单的信息发布范围的判断标准应当多样化,一般化的公布信息无法有效实现其传播功能。德国联邦法院指出,一项措施重要与否,立法者是否以法律决定该措施、相关事项,或是至少在内容明确的法律授权前提下交由行政权决定,主要的依据应以基本为圭臬,而基本权利的保护是重要的参考依据,而受影响人的范围大小与作用的长短亦需考虑其中。因此,在发布负面信息时,必须考量这些信息可能会影响到哪些主体,从而确定合适的信息传播渠道、传播方式和传播路径,从而增进信息的针对性和说服力。因此,在负面信息发布中,除考虑在特定区域内发布外,也应当将主体作为考量因素,某些信息的发布应当专门针对特定主体予以投放,以增强信息的可接受性。比如,某种商品只有特定的主体才会消费,不合格商品导致的损害后果也只会由这些主体来承担,在发布负面信息时,应当根据这些主体的知识水平、消费习惯、认知能力作出专门发布,增进信息发布的针对性。

(三)程序控制:声誉处罚适度化

在现代社会,行政机关发布失信行为黑名单是预防风险发生的有力措施,但这种事前预防措施仍存在过度惩罚的可能性,如在旅客不文明行为记录制度中,公安、航空、铁路、机场安检等相关部门对记录期内的不文明游客可依法采取一定的警示约束措施等遭受学者联合惩戒合法性和可行性的双重质疑。因此,声誉罚需要摒弃对失信行为过度惩戒的思维,对过度惩戒施以法律控制。

一方面,在农夫山泉"砒霜门"事件中,海口市工商局虽然及时发布了消费警示,但是事后证明其所依据的证据是不正确的;在"金浩茶油"事件中,事态的发展证明质监局没有向公众及时发布消费警示,致使此次事件涉及的9批次金浩茶油仍然在市场上销售,给消费者造成难以计算的损失。从这两个事件可以看出,及时性与证据的充分性是发布失信行为黑名单最关键的两个要素。为保证失信行为内容的正确性,行政机关需要通过行政调查的手段获取尽可能正确的信息,勾勒出事实基础,并进一步判断是否有发布失信行为黑名单的需要。在行政调查的过程中,保障行政相对人的获得告知义务和申辩的权利。如有学者建议,纳入经营异常名录的生效要件的第一项为行政相对人接收到通知,以当面送达为原则,以企业信用信息公示系统公告送达为例外。当面送达参考《行政复议法实施条例》关于送达的规定,"行政机关作出具体行政行为,依法应当向有关公民、法人或者其他组织送达法律文书而未送达的,视为该公民、法人或者其他组织不知道该具体行政行为"。而公告送达则以间隔不少于15天的两次邮寄无法签收为前提。①

另一方面,附条件限制负面信息传播。与其事后开放权利救济渠道,不如做好事前的控制,降低行政行为的错误风险。因为一个自始至终符合法秩序的行政行为,没有与法治国各项原则产

---

① 参见范伟、朱广东:《论经营异常名录制度的建构与完善》,载《政法学刊》2016年第1期。

生摩擦的行政行为,更接近人们对于国家公权力行使的期待。[①]为此,可以借鉴反垄断法承诺制度的契约精神,如前文所述雅士利中老年奶粉的标签错误的失信行为,失信行为人在承诺期限内消除影响,行政机关也应承诺:在失信行为人承诺之后,对涉嫌的失信行为暂停发布。在失信行为人履行承诺之后,对其予以减轻或免除处罚。当然,如何发布失信行为黑名单,显然不能单方地交给行政机关来判断。具有抽象性和不确定性的公共利益需要事先加以具体界定,否则很容易在实践中被执行机关滥用。因此,附条件限制负面信息的传播应限定严格的程序控制。如反垄断法的执行和解制度中,美国司法部以“同意判决”结案前,须在联邦登记簿上公布60天以便听取社会评论。联邦贸易委员传播“同意命令”同样需要公布60天。

(四)主体选择:司法救济的正当化

失信行为声誉罚对企业、组织或个人的影响可能相当严重,学者称“在现代社会记入‘黑名单’是一种很严重的惩罚方式,特别是随着大数据、云计算的普及以及各部门之间的联网和数据共享,一个人因为行为不当而进入‘黑名单’后,有可能导致多项合法权利不能正常行使。这种惩罚对一个生活在互联网信息时代的现代人来讲,其可怕程度不比限制人身自由差多少”。[②] 因此,对于错误的声誉罚应构建科学合理的权利救济制度。1989年我国《行政诉讼法》修改前,我国行政法学界大多认为,公共警告仅具有提示民众注意进行风险规避的功能,不影响行政相对人的权

① 参见王子荣:《行政机关公开警告行为与人民权利救济》,台湾中正大学硕士研究生论文,第9页。

② 朱兵强、喻瑶:《旅游不文明行为记录制度的法治化》,载《时代法学》2018年第3期。

利义务,属于行政事实行为。相应地,行政相对人无法通过行政诉讼救济。

鉴于司法实践中非具体行政行为的客观规制效果惊人,2014年我国《行政诉讼法》第12条第1款第12项规定,无辜蒙冤的行政相对人可以"认为行政机关侵犯其他人身权、财产权等合法权益"为由提起行政诉讼。前文所述的农夫山泉"砒霜门"事件如果发生在2014年之后,则该公司可以依法提起行政诉讼。法院着眼于国家采取行为时有无预见性为标准,将可救济的错误惩罚分为3种:一是诉争事实效果的发生为行政机关直接目的;二是诉争事实虽非行政机关的直接目的,但为行政机关所预见且容忍其发生;三是诉争事实效果的发生虽为行政机关所未预见,但有预见可能性等,基本权利事实上影响可认定对基本权利的侵害。如经由行政诉讼程序确证监管部门发布的警示信息确有错误,行政机关主动或依失信行为人申辩后依法予以撤销并重新发布,"以此对发布错误的警示信息施以一个强有力的反拨,促使其尽快将公众因警示信息有误导致的错误认知予以矫正,避免舆论导向错误引发市场混乱"。[①]

四、结语

信用治理中的信用罚是一柄"双刃剑",使用得当能护公共利益之周全,使用不当则既伤公共利益又伤无辜者合法权益,唯有在多方主体的共同努力下,通过统一的标准、严格的程序控制和正当的法律救济才能使声誉罚复位至法律被遵守的良好状态。

---

① 都玉霞:《完善食品安全中的政府监管法律责任》,载《政法论丛》2012年第3期。

债务催收中债务人的权利救济研究

郭　纯*

内容摘要　债务催收行业在无序状态下迅速发展，债务人的合法权益频繁受到不法侵害。但在现有条件下很难对债务人的损害进行充分的救济，行业的不成熟、缺乏相关的行业立法、损害赔偿不足、缺席判决的滥用，这些因素杂合在一起共同对债务人权利救济造成障碍。在借鉴美国等发达国家的丰富经验同时，应结合我国的债务催收实际情况，推动相关立法和制度建设的进程；将债务人视为“金融消费者”，引入惩罚性赔偿；严格作出缺席判决。

* 南昌大学法学院法律硕士研究生。

关键词 债务催收;权利救济;债务人;监管

一、前言

债务催收一直是社会上难以解决的症结,2016 年的“于欢案”又掀起了公众对债务催收的广泛关注和讨论。债务催收问题具有很深远的社会原因,从金融市场的信贷情况来看,归咎于整个社会的贷款资金总额在不断增加。就银行的信用卡业务而言,截至 2017 年年末,全国的借贷合一卡和信用卡在用发卡数量一共近 5.9 亿张,同比增长 26.35%。人均持有信用卡 0.39 张,同比增长 25.82%,相当于平均每 3 个人当中就有 1 人持有 1 张多的信用卡。另外,截至 2017 年年末,“银行卡授信总额为 12.48 万亿元,同比增长 36.58%,银行卡应偿信贷余额为 5.56 万亿元,同比增长 36.83%。银行卡卡均授信额度 2.12 万元,授信使用率 44.54%。信用卡逾期半年未偿信贷总额 663.11 亿元,占信用卡应偿信贷余额的 1.26%”。[①] 近些年债务催收引发的社会矛盾和纠纷不断,严重影响了社会的和谐发展和个人的合法权益。笔者于 2018 年 3 月 30 日在中国裁判文书网检索“债务催收”关键字,一共出现 11,867 个结果,从时间上来看,从 2009 ~ 2017 年的案件数量都是呈逐年递增的趋势,2012 年 68 个,2013 年 292 个,2014 年 1478 个,2015 年 1898 个,2016 年 3320 个,2017 年 3873 个。以上数据表明,债务催收的纠纷案件在逐年增加。是什么导致这么多的债务催收纠纷案件的产生和增加,如何有效避免这些纠纷的产生,或者纠纷产生后如何去面对或救济?

---

① 中国人民银行:2017 年支付体系运行总体情况,载中文互联网数据资讯中心网:www.199it.com/archives/697480.html,最后访问日期:2018 年 5 月 10 日。

我们不得不对这些问题进行思考，而且厘清这些问题是保障债务人合法权益的关键。

二、债务催收的发展现状

（一）债务催收行业的基本情况

“催收”，在百度百科中有两个含义：一是农业领域的概念，是指将农产品加快成熟，减短成熟周期，如我们用乙烯将青涩的香蕉催收；二是经济领域的概念，是指不良债务的一种回收方式，当出现债务逾期时，债权人自身或委托第三人进行债务的催收，①也就是我们通常所说的讨债。本文研究的就是经济领域的催收。又由于社会矛盾和纠纷往往出现在第三人催收的情况下，所以本文主要研究的是第三方催收。债务催收，英文为“Debt collection”。虽说“有借有还，再借不难”，但是自从有借贷关系以来，债务从来都不是有借有还的。很大一部分的债务存在有借不还的情况，尤其在中国这样的乡土社会中，熟人间信用贷款占据很大比例，导致到期不还时，债务催收很困难。一方面，因为大家都是熟人，不好意思向贷方催款；另一方面，贷款方本身就缺乏偿债能力。这两个原因往往交叉在一起。到了现代社会，虽然抵押贷款逐渐发展起来，但是银行的信用贷款业务仍然在不断地扩展。逾期的信用贷款比抵押贷款催收难度大很多，银行在早些年只是内部成立一个专门的资产管理机构进行不良债务的催收，很少进行债务催收业务外包。但是随着个人信用贷款的规模越来越大，逾期贷款额也在逐渐增加，银行对于债务催收越来越显得力不从心，并且已经影响主营业务的开展。近年来，银行基本上

---

①　载百度百科网：Https://baike. baidu. com/item/催收/5167208? fr = aladdin，最后访问日期：2018 年 5 月 21 日。

逐渐开始将个人信用贷款催收业务外包给第三方,并且这种外包呈现常态化和流水化。我国在这方面起步较晚,在金融业发达的地区和国家,银行等金融机构把逾期的个人信用贷款催收工作委托给第三方是惯例。就美国而言,早在20世纪60年代债务催收就已经成为一个较成熟的行业。债务催收在我国很早就有,但是并不是作为一个正规行业而存在。我国正规的债务催收行业是近些年才形成的,2018年4月9日笔者在智联招聘网站检索"催收"关键字,全国范围内一共出现44,426个相关职位,南昌区域有495个相关职位(南昌区域一共46,094个职位)。相关的职位有银行信用卡催收专员、电话催收员、催收专员、催收经理等,公司的形式有商务咨询公司、资产管理公司,金融服务公司、投资有限公司等。一些第三方催收公司还是债权人的全资或控股的子公司。除以上公司外,第三方催收的主体还有律师事务所。

(二)债务催收的形式

债务催收的形式大体可以分为两种:一种是非诉催收方式,另一种是诉讼催收方式。

1. 非诉催收方式

(1)电话催收。电话催收是第三方催收公司最常见、最具效益的催收方式,一是因为它快捷方便,二是因为它成本低、效率快,三是因为这种方式对债务人影响也最小,是彼此双方最容易接受的方式。虽然电话催收有如此多的优点,但是如果要充分发挥它的作用,还必须取决于打电话的人。电话催收员如同一个推销员,要想成功完成指定催收任务,必须具备很多优秀的品质。首先,电话催收员必须熟知债务人的欠款情况,以及债务人和原债权人的借贷合同情况,不能在不了解债务状况的情况下与向债务人催收。其次,电话催收员还必须具备一定的电话沟通技巧,语言要礼貌、张弛有度,不能在晚上、中午休息时间打扰债务人,电话催收行为不能影响债务人最基本的生活条件。最后,电话催收员还应具备相应的权限,在与债务人交流过程中,如果遇到债务人实在没有足够资金偿还全额债务的情况,如果债务人愿意偿还部分债务,电话催收员能有权限作出相应的回应。

(2)书面函件催收。采用书面函件进行催收是最官方、最正式的,而且在日后的纠纷中还可以作为证据。使用书面函件,其内容必须向债务人传达一个明白、准确的信息:债务人需要按照规定的时间偿还本金和利息。根据《商业银行信用卡业务监督管理办法》的规定,对于银行客户进行催收的书面函件应当充分体现以下基本信息:客户姓名和欠款余额、客户相关权利和义务、催收事由和相关法律法规、提出异议的途径、银行的联系方式等内容。[①] 书面函件催收应当注意以下几点:第一,书面函件的用语必须准确,在不同的情况下用词要不一样,如对待有钱不还的“老赖”用词可以严厉些,对待态度良好但疏忽还款的债务人可以用词委婉一些。第二,书面函件催收债务可以达到诉讼时效中断的效果,也可以是解除合同的前置程序,因此它比其他催收方式具有独特的功能。第三,如果债权人或催收公司需要将催收的书面函件作为日后解决矛盾纠纷的证据,在书面函件的寄送方式上尽量采用挂号信、快递等方式,或者使用其他方法让对方签收也可以。

---

① 《商业银行信用卡业务监督管理办法》第69条规定:“信用卡催收函件应当对持卡人充分披露以下基本信息:持卡人姓名和欠款余额,催收事由和相关法规,持卡人相关权利和义务,查询账户状态、还款、提出异议和提供相关证据的途径,发卡银行联系方式,相关业务公章,监管机构规定的其他内容。发卡银行收到持卡人对信用卡催收提出的异议,应当及时对相关信用卡账户进行备注,并开展核实处理工作。”

(3)当面催收。对于一些债务来说,采取当面催收是非常有必要的,尤其对于一些“债台高筑”的债务人。同时,当面催收也是对债务人工作和生活影响最大的一种催收方式,债务催收人员在债务人工作地点或生活居住地址进行催收,往往会给债务人的工作和生活带来极大烦恼,甚至有时会让债务人因此丢失工作或造成家庭不和睦。也许正是因为此种催收方式可能给债务人带来不好的影响,所以当面催收往往可以达到很好的催收效果。在这种压力下,债务人一般迫于压力会答应还款。但是这种“良好”效果是以牺牲债务人的正常生活为代价的,其催收方式的合理性有待进一步探讨。但有一点可以确定,就是对于当面催收的人员,应当具备相应的能力和资格,岗前应当接受必要的培训。

(4)索要书面付款计划或确认函。书面付款计划或确认函在很多时候并没有什么作用,但是如果以后发生诉讼或仲裁,那么它将起到十分关键的作用,尤其当债权人没有其他书面证据证明债权人与债务人之间存在借贷关系时。另外,书面付款计划和确认函需要尽快拿到,随着时间的逝去和催收愈加紧迫,债务人“赖账”的可能性越大,书面付款计划和确认函就更难获取。在某些状况下,债务人的法定代表人出现更换时,没有书面的付款计划或确认函,催收会更加麻烦。

2. 诉讼催收方式

诉讼催收,也就是通常说的通过诉讼来达到讨债的目的,这是债权人和第三方催收方通过非诉催收未果后采取的最后努力。诉讼催收之前,必须确保自身的证据已经充足,债务人没有正当的履行异议,以避免债务人在法庭上提出不利于债权人的抗辩。另外还要确保债务人有足够的资产偿还债务,否则债权人即使得到了清偿判决,也执行不了,而且还浪费时间和精力。在得到法院的形成(清偿)判决后,还应对债务人的动产和不动产等进行调查,必要时可以申请财产保全,这有利于判决有效执行。一般而言,银行等金融机构会把采取诉讼催收的客户委托给律师事务所,由于这类案件基本是银行个人信用贷款的案件,所以律师事务所一般已经将此类案件流程化。律师事务所会将这类案件批量起诉到法院,法院根据原告提供的信息对被告即债务人送达起诉状副本或传票。如果无法送达,则进行公告送达。如果债务人届时不参加诉讼,则进行缺席判决。一般而言,原告债权人都能胜诉。但是在债权转交过程中,债务人的个人信息及欠款金额可能会与债务的原始资料发生不一致,这样造成起诉状送达不成进而导致法院作出缺席判决,这样的结果会对债务人的权益造成很大的损害。

(三)债务催收的积极意义

我国的债务催收行业发展十分迅速,根据 2017 年的不完全统计,目前我国从事第三方债务催收的单位数量已有上千家,专门从事债务催收的工作人员也有 30 万人左右。[①] 债务催收往往是从债务购买市场开始,银行等金融机构往往会将自身的债务打包出售给第三方,实现资产证券化。首先,发行人即债权人将债务打包为一个投资组合,这些投资组合会通过一个招标程序由债务购买者(债务催收公司)竞价购买,通常是折价购买,并且有时是大幅折价,债务催收公司就是通过赚取中间的差价营利。但债务购买不一定都通过招标程序,往往债权人自身有长期的合作伙伴,或者自身成立了一家从事债务催收的子公司,这类债权人会

① 参见贾晓雯:《第三方债务催收乱象及债务人权益保护》,载《中国银行业》2017 年第 7 期。

直接将自身的债务交给固定的债务催收公司。其次，有些债务购买者根据自己的分类标准对不同投资组合的债务进行细分或汇总，将债务重新包装，并出售债务组合给其他买家。委托第三方进行债务催收实际上对整个借贷行业的健康发展具有非常重要的积极作用，对银行等债权人来说，在不断增加的债务逾期额的背景下，委托第三方催收可以降低债权人的成本。对债务人来说，债务催收公司在实在催收不到债款的情况下会与债务人进行谈判协商，此时经济实在困难的债务人可能会同意支付比债务总额低的款项。

(四)政府对待债务催收的态度极其影响

实际上，“讨债”或“债务催收”业务在我国的工商注册范围中并不存在，债务催收公司是不能注册的。早在1993年，国家工商行政管理局就颁布施行了《关于停止办理公、检、法、司机关所属“讨债公司”登记注册有关问题的通知》，里面规定立即停止为公、检、法、司机关申办的“讨债公司”及类似企业登记注册。后来到了2000年，国家经济贸易委员会、国家工商行政管理局、公安部又联合下发了《关于取缔各类讨债公司严厉打击非法讨债活动的通知》，规定任何人都不得开办“讨债公司”从事“讨债”业务。但是，在实践中有很多企业通过其他途径注册具备“银行信贷业务咨询、商账管理”等经营范围的公司进入债务催收行业，对此各个地方的工商部门都给予注册。但是注册的经营范围都没有使用“债务催收”“讨债”的字样。但在2015年6月，湖南省长沙市的商事登记经营范围中包括了“金融服务外包”“受银行委托对信贷逾期户和信用卡透支户进行催收服务以及收账管理外包服务"。[①] 因此,政府对于债务催收存在模棱两可的态度,主要是因为没有对其纳入监管范围。即使债务催收行业繁荣发展,但是匿名存在的,在其表面披了一层掩盖其真实面目的面纱。因此,表面上繁荣的债务催收行业,实质上却隐含了大量的隐患,各种违规催收和暴力催收呈现出来,产生了一系列的问题。就目前而言,"校园贷""网贷"等贷款中被报道出现很多不适当催收的情况,如利用当事人的"裸照"相威胁。另外,"于欢案"等重大的不法催收行为导致的恶劣事件也层出不穷,在"欠债还钱,天经地义"的道德传统下,以及"契约必须遵守"的法律原则下,如何既维护债权人的经济利益,又保障债务人的合法权益不被损害,这是值得考虑并需加以解决的问题。

三、债务催收中债务人权利救济的障碍

(一)法律法规不完善

一直以来,我国针对债务催收没有出台专门的法律法规。现在对于债务催收中债务人救济的法律规则零落的分布在我国《宪法》、《民法通则》(现为《民法总则》)、《侵权责任法》、《刑法》等法律中,这些法律对于任何侵权行为都是可以适用的,但是债务催收行业中债务人权利受侵害的案例频繁发生,这样一般性的法律很难达到具有针对性、有效性的规制。

银监会针对商业银行的债务外包问题出台过一些规范性文件,但是其对债务催收的规制仍不具体,如2009年出台的《关于进一步规范信用卡业务的通知》(银监发〔2009〕60号)在少数条款中规定了商业银行在委托第三方催收时应尽到审慎的注意义

---

① 参见孙天琦:《我国第三方债务催收市场调查报告》,载《金融时报》2015年12月7日,第12版。

务,以及商业银行对因催收外包管理不利造成债务人或其他人合法权益受损时,应当承担相应的管理责任;[①]在 2010 年出台了《银行业金融机构外包风险管理指引》,该指引一共 5 章 28 条,仅仅简单规定了商业银行对金融外包活动的责任主体,以及银行的金融外包管理的组织框架,以及相关的职责,这主要体现了银监会对商业银行的监督管理,并没有提及催收机构的相关内容。[②]后来在 2011 年银监会出台了《商业银行信用卡业务监督管理办法》,该办法对银行及委托第三方催收债务的行为作了相对详细的规定。该办法第 9 条规定银行的发卡业务包括欠款催收业务环节,第 66 条规定银行应当建立欠款催收管理制度,规范催收的策略权限、流程和方式等事项。该办法第 68 条规定银行只能对债务人本人及其担保人进行催收,不能对与债务无关的第三人进行催收,不得采取暴力、胁迫等违法催收行为。对催收过程应当录音,录音资料至少保存 2 年备查。该办法相对以往规定来说是个突破,但是该办法仍然没有对催收行为作出具体的规范要求,如对于什么是“不当催收行为”缺乏详细的描述和概括。此外,

---

① 《关于进一步规范信用卡业务的通知》第 13 条规定:“银行业金融机构应审慎实施催收外包行为。实施催收外包行为的银行业务金融机构,应建立相应的业务管理制度,明确催收外包机构选用标准、业务培训、法律责任和经济责任等,选用的催收外包机构应经由本机构境内总部高级管理层审核批准,并签订管理完善、职责清晰的催收外包合同,不得单纯按欠款回收金额提成的方式支付佣金。”第 14 条:“银行业金融机构应持续关注催收外包机构的财务状况、人员管理、业务流程、工作情况、投诉情况等,确保催收外包机构按照本机构管理要求开展相关业务。对因催收外包管理不力,造成催收外包机构损害欠款人或其他相关人合法权益的,银行业金融机构承担相应的外包风险管理责任。监管部门将视情况追究相关银行业金融机构和人员责任,视严重程度采取责令限期整改,限制、暂停或停止其信用卡新发卡业务,以及实施其他相应的行政处罚等审慎性监管措施。”

② 《银行业金融机构外包风险管理指引》。

银监会2017年4月发布的《关于银行业风险防控工作的指导意见》和2018年3月中国互联网金融协会发布的《互联网金融逾期债务催收自律公约(试行)》也都只是简单地规定严禁暴力催收。以上这些规范性文件虽然对债务催收问题进行了一定程度的规范,但是规范的是商业银行委托第三方催收的外包行为,而没有对债务催收机构、行业和其催收行为进行直接规制。另外,从这些规范性文件的条文来看,他们对商业银行的债务催收外包规定得也十分模糊,不具有可操作性。由于缺乏对债务催收行为规制的具体法律法规,所以在司法实践中会导致一项催收行为引发的法律后果不一致的情况或合法或违法。从上面提及的有关债务催收的规范性文件来看,在法律效力层级上都属于层级部门规范性文件和部门规章,在司法裁判中的法律效力很低,其效力低于法律、法律解释、司法解释、行政法规等。

(二)催收行业不成熟

在美国,第三方债务催收行业在社会、经济发展中发挥着不可忽视的作用。一些第三方催收公司甚至是华尔街上市的大规模企业,并且美国国家税务局也计划委托第三方催收机构催收部分的税费。早在1977年,美国联邦就制定了《公平债务催收法》,对债务催收行业和债务催收行为进行了详细的规制。而我国的债务催收行业在很多方面都不够成熟完善。

1.催收行业缺乏准入标准,催收人员缺乏相应资质。就整个债务催收行业而言,缺乏专门的市场准入标准,也就是相当于没有标准,这使债务人的财产权和人身权不能得到充分的保障。首先,债务催收机构的组织类型没有限制。发生在2016年4月14日的“于欢案”,进行债务催收的组织就是由10多名社会无业人员组成,这样一个没有标准的催收组织,显然不能进行规范催收操作，在发生侵权行为后也不能对造成的后果承担完全的责任。其次，债务催收机构的注册资本和实缴资本没有限制。作为一家债务催收机构，如果没有充足的资金，很难对机构本身配置良好的设备去保护债务人的信息安全。最后，债务催收人员缺乏一定的资质。笔者在智联招聘网站检索“催收”关键词，对催收人员的职位要求进行归纳发现，大部分催收机构对债务催收人员没有设置很严格的门槛，很多对催收岗位要求“学历专业不限”“抗压能力强”。这就使很大一部分债务催收人员学历低，一些从业者是社会上的闲杂人员，甚至有一些从业人员之前有犯罪前科。这些本来就专业素质不强的从业人员进入债务催收机构之后的后期培训也存在问题，债务催收机构往往以工作实效作为考核工作业绩的唯一标准，因此，一些欺诈、胁迫等手段成为债务催收人员常用的工作方式。

2. 催收行为不规范。当债权人将债务催收的权利转让给第三方债务催收机构后，债务催收机构便拥有原债权人对债务人的催收资格，催收机构可以通过电话、书面函件、索要确认函或当面提醒当事人偿还债务，债务催收机构在催收过程中应当遵守相关的法律法规。但在实践中，债务催收行为违法违规的情形普遍存在。第一，向债务无关的第三人催收。按照相关规定，债务催收机构只能对债务人本人或担保人进行催收，催收行为不能波及和影响与债务无关的第三人。但是债务催收机构为了达到顺利催收的结果，往往对债务人的家人、朋友、同事进行催收，不断地与他们进行联系，以此向债务人施加压力。这样严重影响了与债务无关人员的生活和侵犯了他们的合法权益。第二，泄露客户信息。债权人在将债务催收任务委托给催收机构时，出于债务催收工作开展的需要，不得不将债务人的基本信息提供给债务催收机构。由于债务催收机构参差不齐,有些催收机构或因组织机构没有技术能力保护债务人的信息安全导致债务人信息泄露,或因为债务催收机构为牟取不法利益而贩卖债务人信息导致信息泄露,或因为债权人与第三方催收机构在委托契约中没有约定关于债务人信息的保密条款使催收机构疏于防范而泄露信息。总而言之,债务催收机构在没有经过债务人允许的情况下时常泄露债务人的信息,侵犯了债务人的隐私权。第三,采取欺诈、暴力等违法方式催收。一些债务催收机构或催收人员为了达到所谓的“业绩”,不时会采用欺诈、胁迫等违法方式进行催收。“于欢案”就是一帮人为了达到催收效果,对于欢母子进行殴打、辱骂,才导致了悲剧的发生。除此类“硬暴力”外,一些催收机构和催收人员更多采取的还是“软暴力”,如对债务人进行纠缠、威胁、恐吓、骚扰、跟踪、曝光等行为。另外,有些催收人员采取虚假承诺或者欺骗提高滞纳金等欺诈方式,使债务人陷入错误认识,以达到催收效果。

3. 缺乏行业监管。政府对于债务催收的态度前后矛盾,1993年国家工商行政管理局就发布通知严禁注册“讨债公司”,2000年国家经济贸易委员会、国家工商行政管理局、公安部共同发布通知禁止任何个人和组织设立“讨债公司”,从事讨债业务。然而在实践中却放纵大批机构从事债务催收业务,即使这些机构或企业没有债务催收的经营范围。到现在发展为逐渐放开,在一些省份的商事登记经营范围中已经开始出现“金融服务外包”“催收服务”等字眼。另外,证监会也批准了一家债务催收企业——上海一诺银华投资股份有限公司在新三板挂牌,这无疑说明了证监会承认了债务催收企业的合法性,认可其在经济社会中的地位。随后,另一家催收企业——湖南永雄资产管理集团有限公司也启动了新三板挂牌计划。政府对于债务催收前后矛盾的态度使债务催收行业一直处于灰色地带。

就债务催收的监管主体而言，没有一个明确的监管部门，各个监管部门职责交叉重叠。模糊的监管主体导致在发生债务人权利需要得到救济时各个部门之间相互推诿，不能有效解决债务催收中出现的各种纠纷和矛盾。

（三）司法赔偿不足

在实践中，受到不法侵害的债务人在寻求救济时，即使有充分的证据证明债务催收机构或人员采取了欺诈、胁迫等违法手段进行催收，而且这种违法催收行为的确造成了债务人婚姻破裂、工作丢失、隐私被泄露的后果，但是在司法裁判中得不到足够的赔偿。

实际损失计算困难。有时候债务催收机构或个人的催收行为对债务人的不良影响是巨大的，并且这些影响很难通过金钱衡量，但的确给债务人造成了巨大的伤害和利益损失。债务人因不法债务催收行为而导致的损失可以分为直接损失和因催收产生的不良影响造成的附带损失。直接损失是债务人因债务不法催收导致的自身财产和人身损害，包括债务催收人员对财物的破坏，债务催收人员采取暴力行为导致的身体伤害而付出的医疗费用和误工费用及因暴力催收而产生的精神伤害等。附带损失是债务催收人员的不法催收行为带给债务人的不能直接计算的损失，譬如不法催收行为给债务人造成的婚姻破裂、失业等。往往附带损失造成的伤害比直接损失更大、持续时间更长，对债务人的影响更为深远。虽然在受到侵害的债务人起诉债务催收人员时，法院会依据法律对债务人的实际损失给予赔偿，但是债务人的实际损失很难得到清楚的计算。对债务人造成的直接损害可能比较容易计算清楚，像财物损失、医疗费、律师费等。但是对债务人造成的附带损失，如婚姻破裂给债务人造成的财产损失和精神伤害都是很难计算清楚的。因不法催收导致的债务人失业而遭受的损失也不容易计算。在司法实践中，这些损失基本上很难得到救济，甚至得到误工费都是不容易的。由于债务人实际损害难以量化，法院在很多时候不考虑债务人的这些附带损失。因此，债务人在诉讼过程中得到的“实际损害赔偿”远远低于债务人的实际损失。在实践中，债务催收人员对债务人的伤害远远超出了债务人所负担债务的偿还义务，虽然法院在诉讼中很难对债务人的实际损失进行量化，但是因此忽视债务人所遭受的巨大伤害，显然对债务人来说是不公平、不合理的。

缺乏惩罚性赔偿。因为债务催收行业缺乏专门的法律法规，因此，债务人因催收侵权导致的损害只能依据一般民事法律进行救济，而这样一般性法律对债务人的损害赔偿采取补偿原则，加上债务人损害难以量化，导致一般的赔偿规则很难保障债务人的合法权益。有必要增加法定赔偿金的规定，以提供适当、合理的赔偿和威慑。我们知道刑法中除有普通的诈骗罪外，在金融领域还制定了一个刑罚更严厉的金融诈骗罪，原因在于金融诈骗比普通诈骗罪的危害性更大，通过普通诈骗罪的条款很难对其进行有效的规制。同样，当普通的民事赔偿规则体系不能对债务人的合法权益进行充分救济时，就应该设置更严格的处罚规则来遏制不法债务催收行为。借贷关系的债务人，从另一个角度来看也可以是一名金融消费者，因此可以参照我国《消费者权益保护法》第55条的规定，增加惩罚性赔偿，赔偿金额可以为消费者接受金融服务费用的3倍，这样就可以让债务人得到足够的资金救济。另外，也可以依照该法第56条对金融服务机构处以违法所得1倍以上10倍以下的行政罚款，这样才能更好地救济债务人的权益和规制不法债务催收行为。

(四)缺席判决的滥用

一些第三方债务催收机构，尤其是律师事务所习惯于通过诉讼方式进行催收。催收机构利用其自身的专业性采取掠夺性诉讼侵犯债务人的合法权益，缺席判决成为他们采取掠夺性诉讼的重要工具。[①] 催收机构往往对债务催收类诉讼很熟练，他们利用手里掌握的大量客户信息批量地向法院提起诉讼。债务催收机构之所以利用大量的诉讼作为达到债务催收效果的战略，是因为这种战略依赖这样的一种假设，即债务人不会出席诉讼，这种假设在很大程度上能够转化为现实。债务人不出席应诉的原因有以下几个：第一，原债权人和后面债权人及催收机构在不断的信息传递后，到达债务催收机构手里的信息已经与原始信息脱离，并不是完整的债务人信息，因此，法院无法成功将起诉状送达到债务人。第二，一些债务人错误地认为，如果被起诉的债务实际上不是自己的，就不需要作任何回应。第三，公告送达等程序出现瑕疵。催收机构依赖债务人缺席的假设而追求一场已知结果的诉讼，诉讼中他们一开始就想得到缺席判决。从某种意义上来讲，债务催收机构缺乏真正起诉债务人的意思，他们一开始就在滥用诉讼、滥用缺席判决。当债务催收人获得缺席判决时，债务人面对的不仅是判决的直接后果——支付债务：当缺席判决后，后续执行未果，债务人很可能进入法院系统的“老赖”名单。这样将严重影响债务人的信用状况，波及债务人的正常生活，如禁

---

① “Vol. N. Improving Relief from Abusive Debt Collection Practices”, *Harvard Law Review*, 2014(127), pp. 1447－1468.

止出入境、限制高消费，甚至招录公务员和担任企业高管都有影响，继而还会导致债务人婚姻不稳定，就业机会减少等。这种滥用缺席判决的做法已经影响了众多群众，对债务人造成了重大和广泛的损害。

当然，在缺席判决后，如果债务人得知存在这样一个判决，可以上诉或申请再审。如果债务人能证明他的不出庭具备正当理由，或者缺席判决违反了法定程序，法院可以重审此案和撤销缺席判决，债务人还可以申请索赔。但是，即使债务人成功撤销缺席判决，其权益仍然不能得到很好的保障。原因在于：第一，虽然催收机构起诉债务人是在滥用诉权，但是债务人依然要花大量时间、金钱和精力去举证和进行其他诉讼程序，诉讼成本昂贵，债务人很难承受。第二，即使成功撤销缺席判决，债务人仍然面临着法律索赔的困难。第三，缺席判决的撤销是有时间限制的，上诉需要在上诉期限内提出，即判决书送达后 15 日内，[①]申请再审也应当在判决生效之后 6 个月内提出。[②]

四、可行的债务人权利救济完善建议

（一）制定专门的法律法规

鉴于我国没有特定针对债务催收行业的法律法规，而证监会出台的一些规范性法律文件法律层级较低，很难达到明显的法律规制效果，因而有必要制定全国性的专门债务催收法律法规。国

① 我国《民事诉讼法》第 164 条规定：“当事人不服地方人民法院第一审判决的，有权在判决书送达之日起十五日内向上一级人民法院提起上诉。当事人不服地方人民法院第一审裁定的，有权在裁定书送达之日起十日内向上一级人民法院提起上诉。”

② 我国《民事诉讼法》第 205 条规定：“当事人申请再审，应当在判决、裁定发生法律效力后六个月内提出；有本法第二百条第一项、第三项、第十二项、第十三项规定情形的，自知道或者应当知道之日起六个月内提出。”

际上其他发达国家的债务催收行业也是在完善相关法规后开始健康发展的,美国在1977年颁布了《公平债务催收法》,在《公平债务催收法》实施以前,美国联邦政府对债务催收行业基本上也是放任自由,市场上出现大量对债务人的过度侵权行为,[①]债务催收行业长期受到欺诈、误导和不道德的催收做法的指控。[②] 美国《公平债务催收法》在很大程度上促进了美国债务催收行业的繁荣,这部法律对美国债务催收机构的催收行为进行了很详细的规定,比如,消费者位置信息取得的规范、与债务催收相关的沟通的规范、骚扰和侵犯行为的界定、令人误解和错误的陈述的界定、不公平债务催收行为的界定等。[③] 日本的债务催收立法则重点突出在催收行业的规制上,其对第三方债务催收机构规定了严格的设立条件和准入门槛。在日本《债权管理回收业特别措置法》中,要求日本的债务催收企业要达到5亿日元以上的资本金额,并且组织形式必须为股份有限公司,在债务催收人员的任职条件方面,其规定具备暴力组织成员背景的人员不具备从事催收行业的资格。[④] 我国学者廖永安认为,我国在债务催收行业的立法可以借鉴日本"催收行业规范"和美国"催收行为规范"的立法模式,将"行业规范"模式和"行为规范"模式整合于我国债务催收法律当中。在立法框架上,应当包含催收行业的催收主体和客

---

① 参见孙天琦:《我国第三方债务催收市场调查报告》,载《金融时报》2015年12月7日,第12版。

② "Vol. N. Improving Relief from Abusive Debt Collection Practices", *Harvard Law Review*, 2014(127), pp. 1447 - 1468.

③ 参见曾天琪:《美国公平债务催收法》,载《金融服务法评论》2013年第2期。

④ 参见张旭东、伍坚:《债务催收中债务人权益的保护》,载《重庆社会科学》2017年第10期。

体、行为规范、行业监管、违法责任等方面，[1]廖永安教授的观点值得立法者考虑。另外最重要的是，应该在法律上承认催收公司的合法地位，因受传统观念的影响，债务催收行业在大众眼中几乎同暴力和“黑社会”画上等号，这样使不少合法合规经营的债务催收公司无故承受“莫须有”的罪名，应当让这些债务催收机构在阳光下健康成长。

（二）完善债务催收行业监管制度

除制定专门的债务催收行业法律外，完善债务催收行业制度对债务人权利救济也是极其重要的。在整个债务催收行业制度建设中，最需要完善的就是本行业的监督管理制度，在行业监督管理上，美国和日本都具有成熟的监管体系，不过二者有区别，美国是市场导向型监管模式，日本是政府导向型监管模式。美国的债务催收行业监管主体主要是消费者金融保护局和联邦贸易委员会，两部门共同致力于保护金融消费者（债务人）的合法利益和权利，但两部门有各自分工，联邦贸易委员会负责债务催收行为的监督和处罚，消费者金融保护局负责消费者的投诉处理。日本在治理“消金三恶”[2]和“消金被害者运动”过程中，在日本政府主导下，一系列监管措施不断展开，个人破产等制度相继出台，逐渐形成完整的监管体系。对债权回收业的管理主要日本由法务省负责，从2000年开始中小金融机构的监管权从地方政府转移到金融监督厅，2007年建立官方性质的日本贷金业协会，强调行

---

① 喻向阳：《中国债务催收行业鱼龙混杂，法学专家称立法刻不容缓》，载湖南频道：http://hn.rednet.cn/c/2017/03/10/4235575.htm 最后访问日期：2018年5月16日。

② “消金三恶”：一是过高利率；二是多重借贷；三是暴力追债。

业自律和自行监管。[①] 总体而言,日本债务催收行业的监管重点主要放在行业准入上。我国在债务催收行业监管制度建设方面固然可以借鉴美国、日本等发达国家的经验,但也必须结合我国的债务催收实际情况。第一,明确债务催收行业的监管主体,面对无序的债务催收市场,亟须统一的监管部门,明确各监管部门的职责。例如,如果设置了债务催收行业的准入条件,市场监督管理局的工商管理部门要发挥好这一方面的作用,严格监管行业的从业者。第二,应该加强对金融消费者的教育。美国在这一方面值得借鉴,美国消费者金融保护局不仅在网络上建立"Ask CFPB"问答栏目对消费者进行在线解答,还会针对低收入、经济困难的债务人开设各种金融课程,传授相关知识和技能。[②] 我国债务催收行业尚不成熟,更有必要对全社会普及相关知识。应该让公众明白,债务催收是金融市场发展成熟的必然产物。对它不应抵制,而应用法治进行管理和规范。第三,政府必须建立起健全的社会信用体系,债务人和债务催收机构的信用情况都能记录在信用体系中。因此,债权人可以在了解债务人的信用状况下提供贷款,债务人也会珍惜自己的信用记录而及时还款。对催收机构来说,监管部门可以依据信用体系推出准入和退出机制。第四,建立全国性的债务催收行业协会,发挥行业自我监督的作用,形成债务催收行业与债务人良性发展的局面。

(三)引入惩罚性赔偿

不法债务催收行为给债务人不仅造成了直接的金融损害,而

---

① 孙章伟、王聪:《日本"消金三恶"与治理研究》,载《现代日本经济》2011 年第 1 期。

② Kelly Thompson Cochran,"The CFPB at FiveYears:Beyond the Numbers",*North Carolina Banking Institute*,2017(21),pp. 70 - 71.

且带来了巨大的附带损害,这些附带损害很难清楚地计算赔偿数额。法院在裁判中经常对债务人的附带损失给予忽略,这样一方面债务人得不到全部的实际损害赔偿,另一方面判决结果也无法对不法催收人造成足够的处罚,缺乏震慑作用。债务催收机构或人员采用暴力等不法催收行为的目的无非是想要获得债务人的欠款,得到经济上的利益。要想有效地规制不法催收行为,必须让不法催收机构和人员承担严厉的民事损害赔偿责任,使其得不偿失。因此,有必要对不法催收机构或个人引入惩罚性赔偿。在这个方面,美国《公平债务催收法》第 13 条的民事责任部分规定,违反《公平债务催收法》的债务催收机构除要赔偿金融消费者(债务人)因其违法给消费者造成的实际损害外,在个人诉讼中,法院还可以判决其支付 1000 美元以下的额外赔偿。但美国有学者指出,作为 1977 年制定的法律,1000 元美元法定赔偿到现在为止这个数额已经明显不够,需要作出修改。① 我国目前没有对债务催收行业的惩罚性赔偿规定。美国和日本都是将债务人作为金融消费者对待,美国《公平债务催收法》中对债务人一直都是使用"消费者"的称呼,《公平债务催收法》第 3 条专门解释了法律条款中的"消费者"的含义,"消费者"一词是指有义务或被称有义务偿还债务的自然人,②也就是我们所称的债务人。我国也可以参照美国等国家的做法,将债务人当作是金融消费者,因此在赔偿方面就可以适用我国《消费者权益保护法》中对

---

① "Vol. N. Improving Relief from Abusive Debt Collection Practices", *Harvard Law Review*, 2014(127), pp. 1447 – 1468.

② *The Fair Debt Collection Practices Act*, 英文文本载 https://www.ftc.gov/enforcement/rules/rulemaking-regulatory-reform-proceedings/fair-debt-collection-practices-act-text,最后访问日期:2018 年 5 月 17 日。

消费者的惩罚性赔偿的规定,从而对债务人进行更好的权利救济。

（四）严格作出缺席判决

由于债务催收机构或人员进行诉讼催收时滥用缺席判决导致债务人权益受损,法院有必要进行诉讼程序改革,限制债务催收机构获得法院缺席判决的便利性,例如,法院可以花费更多的精力对缺席判决的申请程序和证据要求进行严格审查。法院要认真、严格核实被告人（债务人）的真实地址,确保起诉状等法律文书能有效送达债务人。法院对不符合法律宗旨的缺席判决,应当提供被告人顺畅撤销的权利和途径。缺席判决的法理基础源于民事诉讼中的当事人处分原则,当事人有权对自己的实体权利和诉讼权利自由处分,甚至放弃自己的权利,其中包括放弃诉讼抗辩的权利。在债务催收诉讼中,债务催收人一开始就打算得到法院的缺席判决,被告人在很多情况下对起诉并不知情,未出庭应诉并不是放弃权利的意思。美国在撤销缺席判决方面法律上给予了明文规定,《美国联邦地区法院民事诉讼规则》第55条规定,如果被告人有证据证明未出席诉讼具备正当理由,对缺席判决的判决本身或登记可予以撤销。[①] 我国在缺席判决的撤销问题上没有类似相关的规定,目前只能依靠二审程序和再审程序撤销不正当的缺席判决。

五、结语

健康的债务催收行业需要多方的努力才能实现,不是依靠一方就能解决,也不是仅仅依靠立法和制度建设就能解决。对政府

---

① 参见章武生、吴泽勇:《论我国缺席判决制度的改革》,载《政治与法律》2002年第5期。

来说,要发挥其行业监督管理和行业立法的职能;对债务催收行业来说,其需进行自我约束、自我监督;对债务人来说,则要诚实守信,自觉及时地履行债务;对银行等债权人来说,其主要工作是解决信贷逾期和不良管理的问题,不能再延续通过滞纳金、暴力催收控制风险的风控手段,必须开发更科学、高效的风控手段和不良信贷处置方式。多方共同努力从而使债务催收行业最终达到大众不排斥、政府不禁止、催收机构不违法的状态。从本质上来讲,只有不断地发展经济、消除贫富差距、降低国民的负债总额、提高普通公众的道德素质水平,才能根本解决债务催收中债务人权利的救济问题。

论信用联合惩戒的运行逻辑与立法建议

李佳飞*

内容摘要　信用联合惩戒运行的基本范式有自由和强制两种,但在立法层面,所要构建的联合惩戒一般仅指后者。联合惩戒制度在当下规范中存在两种模式:行政类和司法类。二者运行逻辑的正式程序是"认定或鉴别、告知或公示、施行和救济"4个节点,但司法类联合惩戒除此之外还包括前置程序。行政类联合惩戒是失信主体在法律惩罚之外的第二重惩罚;司法类联合惩戒是失信主体由于不遵守法院判决而被认定为再次违法,由司法

* 厦门大学法学院博士研究生,厦门大学立法研究中心秘书。

机关主导对新违法行为采取的一种“新型”司法处罚。在具体规范中,二者存在不同的逻辑起点。由于当下规范在联合惩戒的施行条件上无法涵盖一些社会反响巨大、潜在危害巨大的失信行为,如“洁洁良精日行为”,联合惩戒施行程序也存在制度性不足,如没有诉讼和听证程序。因此,建议在具体立法中对二者具体制度进行完善。

关键词　信用;联合惩戒;运行逻辑;立法建议

一、引言

我国正在对信用进行统一立法,信用立法中最重要的制度之一是“惩戒”。“惩戒”既是立法的老问题,又是我国信用立法的新问题。“老”无须多说,法律的历史有多长,“惩戒”的历史就有多久,甚至惩戒机制比法律更长久。“苏格拉底之死”就是法律惩戒的历史寓意和经典注脚。“惩戒”意味着要对法律上认定为违法的行为进行制度性的责难,这种责难模式最严重的表现就是犯罪中的刑责,最轻微的模式是日常行为的治安处罚。但信用惩戒却不仅仅是简单的责难,它最鲜明的制度特点在于不断形成的“一处失信,处处受限”的联合惩戒机制。

联合惩戒机制构建的基本逻辑,是将社会层面对失信行为的道德联合惩戒上升为法律上的联合惩戒。最初,道德惩戒是失信行为的一种后续补充性责难机制,这种机制是失信行为在受到国家法律或社会规范责难后的第二重规制。所以信用立法中的联合惩戒制度逐渐形成了新的社会治理中的二重规制。二重规制的目的在于对失信当事人进行法律上的影响促进其改过自新、诚实守信。这也正是信用立法的重要目的所在,毕竟立法可以更好地对失信产生重要的影响,如可以受到法律约束或强制、因法律要面临“受苦”或因法律而受益等。[①] 而产生的影响可以从两个方面来理解，一种影响是法律强加的不可不遵守，另一种影响是法律带来的“副作用”。

信用立法存在的双重影响也使联合惩戒制度出现了两种类型化的划分：自由型和强制型联合惩戒。但从立法上来看，由于自由型联合惩戒仅仅是法律规定以公开信用信息为基本构成要件，其他不做强制性要求，属于社会相互交往主体之间的自由选择范畴，所以其法律后果或者其他责难在法律规范上也不再进行制度性规定。但对于强制型联合惩戒，却不仅仅包括公开信用信息等基本要件，更要有明确可施行的责难机制，这种机制包括适用条件、适用程序和法律后果。由此可见，虽然自由型联合惩戒也是不可或缺的，但信用立法中所需要严格规定的是强制型联合惩戒。本文所阐释的信用联合惩戒也仅仅是指强制型的联合惩戒。

联合惩戒是对失信的人进行追责、强化失信的责难后果，以促使社会主体尽量减少不必要的失信行为。然而信用立法该如何构建一个联合惩戒制度，却并未达成统一共识，其中最重要的原因在于联合惩戒的基本运行逻辑仅仅存在于大量的国家规范中，缺乏立法的引领，也缺乏理论的审视，依然不够清晰。制度运行逻辑不清必然导致在实践中的争议，由于国家层面对于联合惩戒立法的缺失和不明确，导致了地方性实践和立法的无所适从。联合惩戒运行逻辑理论的模糊，也使信用立法的具体构建缺乏导向性，这会阻碍我国社会信用体系的规范化建设。这也是《信用

---

① 参见[英]杰里米·边沁：《论一般法律》，毛国权译，上海三联书店2008年版，第68页。

法》"久呼万唤"难以出台的原因之一。

联合惩戒已经在我国实践中不断运行，其合法性源于国家规范，大量的国务院规范性文件或部门规范文件不断构建着实践中的联合惩戒运行逻辑，形成了两大模式：一是以行政机关为主导的联合惩戒模式；二是以司法机关（主要是法院）为主导的联合惩戒模式。这两种模式从整体上组成了我国联合惩戒的基本结构，但其中行政类联合惩戒是基本模式，司法类联合惩戒是特殊模式。因为在实践中司法类联合惩戒不仅需要行政类联合惩戒的密切配合，还需要有司法类的特殊性。行政类和司法类联合惩戒形成我国较全面的惩戒机制，具体运行可以从当下我国出台的一系列规范中得到相应阐释。

因此，笔者试图在总结联合惩戒规范的基础上，厘清两种模式运行的实践逻辑，对运行逻辑规范的不足进行理论阐释，为信用立法中的联合惩戒制度提供不成熟的建议，希望对我国信用法的科学制定有点助益。

二、行政类联合惩戒的基本逻辑

（一）相关规范

我国信用体系建设中最重要的联合惩戒制度就是行政类联合惩戒。从国家规范层面来看，行政类联合惩戒的规范性源于2007年国务院办公厅发出的《关于社会信用体系建设的若干意见》，其明确要求"各部门要积极配合，及时沟通情况，建立信用信息共享制度，逐步建设和完善以组织机构代码和身份证号码等为基础的实名制信息共享平台体系，形成失信行为联合惩戒机制，真正使失信者'一处失信，寸步难行'"。这可以被认为是国家层面行政领域首次以规范性文件形式对联合惩戒提出的目的性要求。虽然它在效力上已经失效，但从其指导性的意见要求可以看出,其联合惩戒的目的在于构建一种体系化的失信治理体系。体系化治理在于形成“一处不诚,各处不行”的责难环境,让失信主体在社会中寸步难行,使人们不敢轻易失信,也不能轻易违法。但该意见关于联合惩戒的规定过于简单,只有一个目的性要求,缺乏可操作性的规定。不仅没有对联合惩戒进行明确的概念性限定,也缺乏具体的适用条件、对象和责任,更缺乏一个有效的执行程序。从文件层级上来看,它是国务院办公厅发的一个规范性文件,不是行政法规,更与法律规范相去甚远,在效力上缺乏严肃性和强制性。

从上述文件伊始,国务院或国务院办公厅分别出台了多个与联合惩戒相关的规范性文件。2014 年 6 月 14 日国务院出台《社会信用体系建设规划纲要(2014 ~ 2020 年)》,明确提出应当“建立多部门、跨地区信用联合奖惩机制。通过信用信息交换共享,实现多部门、跨地区信用奖惩联动,使守信者处处受益、失信者寸步难行”。其可以被认为是联合惩戒制度构建的方式和目的性要求,是联合惩戒的核心环节,但文件没有提出更详细的制度性规定,依然缺乏可操作性。上述这些文件随着目的更为明确,制度构建研究更为充分,不断为建设失信联合惩戒体系提出建设性意见。

联合惩戒制度构建最重要的文件是 2016 年 5 月 30 日国务院出台的《关于建立完善守信联合激励和失信联合惩戒制度加快推进社会诚信建设的指导意见》,其对联合惩戒提出了较具体的导向性构建要求,在构建内容方面相对具体,也比较详细。它从总体要求到具体奖惩机制共提出了 27 个方面的构建要求,其中涉及惩戒机制的就有 19 个方面,并明确从 4 个方面建立联合惩戒机制,分别是“一是严重危害人民群众身体健康和生命安全的行为，包括食品药品、生态环境、工程质量、安全生产、消防安全、强制性产品认证等领域的严重失信行为。二是严重破坏市场公平竞争秩序和社会正常秩序的行为，包括贿赂、逃税骗税、恶意逃废债务、恶意拖欠货款或服务费、恶意欠薪、非法集资、合同欺诈、传销、无证照经营、制售假冒伪劣产品和故意侵犯知识产权、出借和借用资质投标、围标串标、虚假广告、侵害消费者或证券期货投资者合法权益、严重破坏网络空间传播秩序、聚众扰乱社会秩序等严重失信行为。三是拒不履行法定义务，严重影响司法机关、行政机关公信力的行为，包括当事人在司法机关、行政机关作出判决或决定后，有履行能力但拒不履行、逃避执行等严重失信行为。四是拒不履行国防义务，拒绝、逃避兵役，拒绝、拖延民用资源征用或者阻碍对被征用的民用资源进行改造，危害国防利益，破坏国防设施等行为”。该意见不仅明确了对失信行为进行联合惩戒的标准，即具有严重失信行为或者是重点领域，如果从二元化层面来看，该意见还通过将联合惩戒的对象进行明确而区分了其与一般性失信惩戒之间的界限，只是这种界限仍不甚明确，依然缺乏更科学和具可操作性的范畴限定而已。

追求“善”的法律规范制度没有终点，永远在路上，因为从未“止于至善”。联合惩戒制度的构建也依然是一种动态的、变动的不断完善的机制，所以不可能一蹴而就。上述3部规范性文件关于联合惩戒制度的构建在实践方面虽然满足了建议性、目的性和导向性要求，但在具体的可操作性方面，还缺乏更科学的规定，更缺乏法律法规的强制性效力。

为了更好地构建具有可操作性的联合惩戒制度，2016年9月25日中共中央办公厅、国务院办公厅出台了《关于加快推进失信被执行人信用监督、警示和惩戒机制建设的意见》，其明确以构建联合惩戒机制为核心目的，详细提出了 11 类 37 项联合惩戒的具体措施。其意义在于，明确了联合惩戒的具体对象和可以采用的措施，这为信用法的联合惩戒制度规定提出了实践性要求，需要在理论上深入分析实践问题和规范要求，以建立全面、可行的联合惩戒制度，特别是能够起到“四梁八柱”作用的框架。关于国务院行政类联合惩戒的规范如表 1 所示。

表 1 国务院（包括办公厅）与行政类联合惩戒相关的主要规范

施行日期	出台部门	规范层级与名称	关于联合惩戒的规定
2007 年 3 月 23 日	国务院	规范性文件；《关于社会信用体系建设的若干意见》	要求建立联合惩戒机制，但并没有具体的规定
2014 年 6 月 14 日	国务院	规范性文件；《社会信用体系建设规划纲要（2014 ~ 2020 年）》	明确提出建立“建立多部门、跨地区信用联合奖惩机制。通过信用信息交换共享，实现多部门、跨地区信用奖惩联动，使守信者处处受益、失信者寸步难行”
2016 年 5 月 30 日	国务院	规范性文件；《关于建立完善守信联合激励和失信联合惩戒制度加快推进社会诚信建设的指导意见》	明确在指导思想、基本原则和具体机制 27 个方面建立联合奖励和联合惩戒的制度
2016 年 9 月 25 日	中共中央办公厅、国务院办公厅	党的领导法规制度，团体规范；《关于加快推进失信被执行人信用监督、警示和惩戒机制建设的意见》	以联合惩戒机制为核心，详细地提出 11 类 37 项联合惩戒措施①

① 参见徐隽：《加强信用监督联合惩戒“老赖”》，载《人民日报》2016 年 9 月 26 日，第 9 版。

（二）运行逻辑

从2007年开始，国务院及各部门相继出台了多个领域的失信联合惩戒规范性文件。党的十八大之后，社会信用体系建设不断加快，国务院各部门出台了多部规范性文件，据统计，截至2018年8月，明确要求建立联合惩戒的部门规范性文件共23部之多。这些规范性文件要求建立联合惩戒，涉及煤矿建设生产、上市公司、安全生产、投标招标、环境保护、食品药品生产经营、严重质量违法、税务、电子认证服务、房地产、石油天然气、运输物流、保险、对外经贸合作、财政性资金管理使用、出入境检验检疫、旅游、电力、慈善捐赠、家政服务、婚姻登记21个重要领域。①

行政类联合惩戒的运行逻辑首先在于对违法行为进行定性，判断其是否可以纳入失信惩戒范畴，然后对失信行为进行鉴别，认定其是否是重点领域失信和严重失信行为，如果是，则将其纳入联合惩戒名单中予以惩戒。

从上述规范可以很明显看出，对失信行为采取行政类联合惩戒的标准和对象大致可以总结为“领域+行为”的模式，即所谓的“一个领域和一类行为”。一个领域是指社会治理的重点领域，一个行为是指违法导致的严重失信行为。上述具体规定中关于失信认定标准一般只有一个，即以“违法”为前提，所以联合惩戒对象为违法失信人，但联合惩戒与单独惩戒的不同在于联合惩戒的对象是重点领域违法失信和严重违法失信行为。根据上述规范性文件的相关规定，可以将行政类的联合惩戒运行逻辑大致总结为以下4个环节。

---

①　资料来源：北大法宝中的规范文件，笔者根据搜索情况进行了整理。

(1)鉴别。由主管部门对所管辖领域的违法行为进行认定,并鉴别其违法失信行为是否属于被上述规范认定为需要联合惩戒的行为,如果是,则就将被纳入联合惩戒的名单之中。从23部规范来看,认定机关一般是主管的行政机关,确定是否属于联合惩戒的认定标准为两个:重点领域失信和严重违法失信行为。

(2)公示。主管部门将被认定为失信联合惩戒的主体纳入黑名单,在“信用中国”网站或者主管部门网站发布,自发布之日起7个工作日为公示期,公示期内,被公示人可向认定部门提出异议,公示期满,被公示人未提出异议或者提出异议经审查未予支持的,开始受到相关限制并开展联合惩戒。

(3)施行。在公示期或者异议期之后,政府各部门或者其他组织会根据公布和共享的联合惩戒失信人信息对其进行联合惩戒。这种联合惩戒包括两个方面:一是由国家发展改革委员会或主管部门依法通过“信用中国”网站、部门网站、国家个人或企业信用信息系统网站公布失信信息,也依据各机构签订的备忘录向其他相关部门共享企业或者个人的失信信息。二是将认定结果(失信信息)纳入信用管理系统,并列入联合惩戒名单,即通常所说的黑名单,在施行前告知其应当履行的义务和可以享有的权利,并依照规范进行联合惩戒。

(4)救济。无救济即无权利,联合惩戒作为“减损主体权利和增加义务的规定”,应当具有相应的救济机制。在上述规范中大多数要求行政联合惩戒实施动态管理,即对采取联合惩戒的失信行为主体,在一定时期内如果已经改正或者符合法律规范的要求将其移除联合惩戒黑名单,将其他不符合条件的移入黑名单。通过相应的救济机制依据规范要求开展联合惩戒。

根据上述行政类联合惩戒的运行环节,其运行逻辑如图1所示。

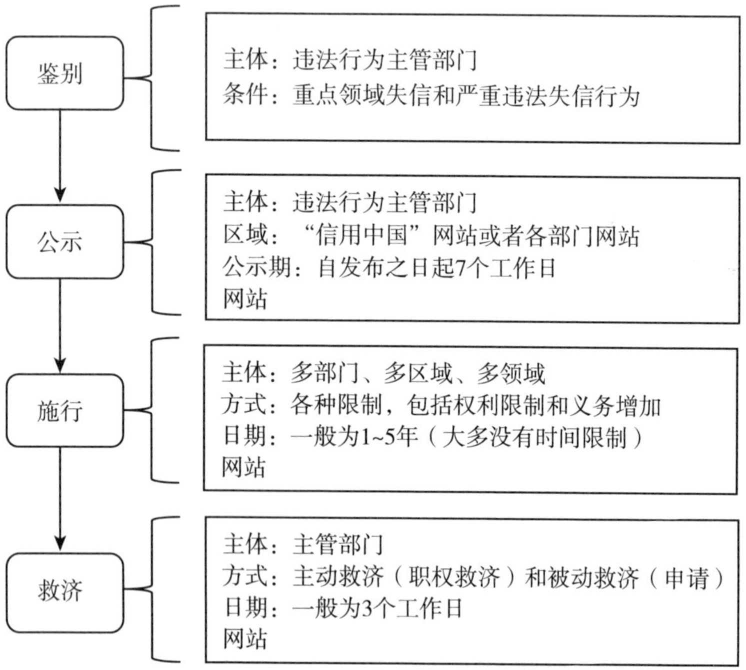

图1　行政类联合惩戒的运行逻辑

三、司法类联合惩戒的运行逻辑

(一)相关规范

司法类联合惩戒的主要目标是解决司法判决(大多是民事判决)“执行难”的问题。“执行难”已经成为影响中国司法公正的关键问题,司法公正被认为是法治社会的“最后公正”。这种公正的缺乏导致人们在法治实践中获得感和幸福感严重不足。

司法类联合惩戒始于2010年10月1日最高人民法院施行的《关于限制被执行人高消费的若干规定》,该规定正式开启了对失信被执行人进行信用联合惩戒。[①] 在总结实践经验的基础上，为了更全面和有效促进“执行难”的解决，最高人民法院于2015年对该规定进行了相应修改和补充。修改后联合惩戒限制消费的领域比之前更大，从“高消费”变为“高消费及其有关消费”，其他方面的限制和责难规定也变得更详细和全面。

但在限制失信人高消费方面，需要对失信被执行人进行管理，这就涉及所谓的黑名单问题。为了对失信被执行人名单的管理更加规范有序，保障当事人合法权益，2013年10月1日最高人民法院又出台了《关于公布失信被执行人名单信息的若干规定》的司法解释，并在2017年进行了修改。修改后的司法解释具体规定从12条变为了13条，内容更充实和全面，在具体规定方面也较科学和细致，对失信被执行人权益和执行机关的权限都作了较严格的规定。修改后的司法解释主要内容包括列入失信被执行人名单的条件和限制、列入的时间限制、被执行人的具体信息、人民法院的具体权限、被执行人名单所需记录的信息、公开失信名单的程序、失信信息删除的条件和相应的救济渠道等内容。

2016年1月20日为了更好地建立体系化的联合惩戒，最高人民法院与国家发展改革委员会、中国人民银行等多个部门签订了《对失信被执行人实施联合惩戒的合作备忘录》（以下简称《备忘录》）。《备忘录》明确要求政府相关部门应当联合惩戒的对象是“最高人民法院公布的失信被执行人（包括自然人和单位）”。关于司法类联合惩戒的主要规范如表2所示。

最高人民法院以司法解释的形式进行联合惩戒，其本质上是

---

① 参见徐嫣、王博：《论失信联合惩戒视野下社会组织信用监管制度的构建》，载《法律适用》2017年第5期。

一种“立法”行为,没有法律、行政法规和地方性法规的依据则不能对当事人进行“减损权利和增加义务”的行为。虽然我国《立法法》第104条赋予了最高人民法院进行司法解释的权限,但其权限必须严格限制:第一,只有在审判工作中具体应用法律需要进一步明确其具体含义,解释的对象也仅限于“具体的法律条文”,这种解释也必须“符合立法的目的、原则和原意”;第二,不可以进行司法解释的除外情形包括“法律的规定需要进一步明确具体含义的”“法律制定后出现新的情况,需要明确适用法律依据的”;第三,遵循严格的监督机制,即司法解释需要接受全国人大常委会的备案审查。①

很显然,最高人民法院《关于公布失信被执行人名单信息的若干规定》的司法解释并不仅仅是适用法律条文的问题了,它最开始是法院内部适用法律的规范,但显然现在已经直接具有了外部性,这种外部性已经远远超出了具体条文的适用问题,其实质上就是一种立法活动。如果是一种立法行为,那么最高人民法院就是无权的,这种司法解释也就不具有合法性和正当性。

表2　司法类联合惩戒的主要规范

施行日期及出台部门	规范层级及名称	规范的主要目的
2010年10月1日发布;最高人民法院 2015年7月20日修改;最高人民法院	司法解释;《关于限制被执行人高消费的若干规定》	被执行人未按执行通知书指定的期间履行生效法律文书确定的给付义务的,人民法院可以限制其高消费

① 参见刘风景:《司法解释权限的界定与行使》,载《中国法学》2016年第3期。

续表

施行日期及出台部门	规范层级及名称	规范的主要目的
2013年10月1日发布;最高人民法院 2017年2月28日修改;最高人民法院	司法解释;《关于公布失信被执行人名单信息的若干规定》	在规定的条件下,被执行人未履行生效法律文书确定的义务,人民法院应当将其纳入失信被执行人名单,依法对其进行信用惩戒及其他相关内容
2016年1月20日签署;国家发展改革委员会、最高人民法院等44个部门	严格意义上是一个合作性文件;国家发展改革委、最高人民法院、中国人民银行等《关于对失信被执行人实施联合惩戒的合作备忘录》	联合惩戒对象为最高人民法院公布的失信被执行人(包括自然人和单位)
2016年4月29日;最高人民法院	工作文件;《关于落实"用两到三年时间基本解决执行难问题"的工作纲要》	全力推进执行信息化进程,联合惩戒失信被执行人,畅通被执行人及其财产发现渠道,基本改变"登门临柜"查人找物的传统模式,真正破解查人找物传统执行难题
2016年8月30日发布;最高人民法院、国家发展改革委、工业和信息化部、住房和城乡建设部、交通运输部、水利部、商务部、国家铁路局、中国民用航空局	司法解释;《关于在招标投标活动中对失信被执行人实施联合惩戒的通知》	加快推进社会信用体系建设,健全跨部门失信联合惩戒机制,促进招标投标市场健康有序发展,现就在招标投标活动中对失信被执行人实施联合惩戒

续表

施行日期及出台部门	规范层级及名称	规范的主要目的
2016年9月25日;中共中央办公厅、国务院办公厅	党的领导法规制度,团体规范;《关于加快推进失信被执行人信用监督、警示和惩戒机制建设的意见》	以联合惩戒机制为核心,详细的提出11类37项联合惩戒措施①
2017年8月7日;最高人民法院	工作文件;《关于为改善营商环境提供司法保障的若干意见》	充分运用信息化手段,促进社会信用体系建设的持续完善。探索社会信用体系建设与人民法院审判执行工作的深度融合路径,推动建立健全与市场主体信用信息相关的司法大数据的归集共享和使用机制,加大守信联合激励和失信联合惩戒工作力度

(二)运行逻辑

司法类联合惩戒失信被执行人名单制度属于惩罚性规范,基于其惩罚性功能,在适用该制度时首先要明确纳入失信被执行人名单的标准。② 我国《民事诉讼法》第111条规定:“诉讼参与人或者其他人有下列行为之一的,人民法院可以根据情节轻重予以

① 参见徐隽:《加强信用监督联合惩戒“老赖”》,载《人民日报》2016年9月26日,第9版。

② 参见李昌超:《失信被执行人名单制度施行中的问题及解决》,载《政法论丛》2017年第2期。

罚款、拘留;构成犯罪的,依法追究刑事责任……(六)拒不履行人民法院已经发生法律效力的判决、裁定的。人民法院对有前款规定的行为之一的单位,可以对其主要负责人或者直接责任人员予以罚款、拘留;构成犯罪的,依法追究刑事责任。”

《关于对失信被执行人实施联合惩戒的合作备忘录》明确要求:“国家发展改革委基于全国信用信息共享平台建立失信行为联合惩戒系统。最高人民法院通过该系统向签署本备忘录的其他部门和单位提供失信被执行人信息并按照有关规定更新动态。其他部门和单位从失信行为联合惩戒系统获取失信被执行人信息,执行或协助执行本备忘录规定的惩戒措施并按季度将执行情况通过该系统反馈给最高人民法院和国家发展改革委。”

司法联合惩戒的具体运行逻辑可以从以下两方面来看。

1. 前置程序,风险提示

在被纳入失信被执行人名单前,人民法院应当对被执行人进行风险提示。依据《关于加快推进失信被执行人信用监督、警示和惩戒机制建设的意见》的规定,人民法院应当在将被执行人纳入失信名单前,向被执行人发出风险提示通知。被执行人认为,将其纳入失信名单错误的,可以自收到决定之日起10日内向作出决定的人民法院申请纠正,人民法院应当自收到申请之日起3日内审查,理由成立的,予以撤销;理由不成立的,予以驳回。被执行人对驳回不服的,可以向上一级人民法院申请复议。

2. 正式程序

(1)认定。司法类联合惩戒的第一要件在于对司法失信行为的认定。由人民法院依据我国《民事诉讼法》《关于公布失信被执行人名单信息的若干规定》等相关规定,将符合条件的失信被执行人纳入失信被执行人名单。这种认定也具有两种模式,即

“依申请”和“依职权”。《关于公布失信被执行人名单信息的若干规定》第5条规定:“申请执行人认为被执行人具有本规定第一条规定情形之一的,可以向人民法院申请将其纳入失信被执行人名单。人民法院应当自收到申请之日起十五日内审查并作出决定。人民法院认为被执行人具有本规定第一条规定情形之一的,也可以依职权决定将其纳入失信被执行人名单。”

(2)告知。对司法失信人认定后需要通过法定程序告知被认定人。人民法院依照我国《民事诉讼法》和《关于公布失信被执行人名单信息的若干规定》的规定,制作决定书,由院长签发,应当按照《民事诉讼法》规定的法律文书送达方式送达当事人,告知书自作出之日起生效,应当明确写明纳入理由、纳入期限等内容。

(3)施行。自作出告知书送达后,就由人民法院自主或者联合其他机构开展联合惩戒。这种联合惩戒的施行有两种方式:一种是法院自主施行,先将失信被执行人信息录入最高人民法院失信被执行人名单库,通过该名单库统一公开。与此同时,地方各级人民法院也可以根据各地实际情况,将失信被执行人名单通过报纸、广播、电视、网络、法院公告栏等其他方式予以公布,并可以采取新闻发布会或者其他方式对本院及辖区法院实施失信被执行人名单制度的情况定期向社会公布。另一种是由其他部门单位辅助施行。“人民法院应当将失信被执行人名单信息,向政府相关部门、金融监管机构、金融机构、承担行政职能的事业单位及行业协会等通报,供相关单位依照法律、法规和有关规定,在政府采购、招标投标、行政审批、政府扶持、融资信贷、市场准入、资质认定等方面,对失信被执行人予以信用惩戒。”

(4)救济。人民法院应当依照《关于公布失信被执行人名单信息的若干规定》第9条至第12条的规定对纳入失信被执行人名单的主体进行救济。救济方式可以总结为两大类型,共四个方面:①主动救济和修复。不应当纳入或者信息记录有错误的,应当在3日内予以删除或者更正;符合一定条件如已执行、已和解、法院同意、无财产可执行、中止执行、不予执行、终止执行等,除特殊条件外,在3个工作日内删除失信信息。②被动救济和修复(申请救济)。符合不应当纳入失信被执行人名单、记载信息有误

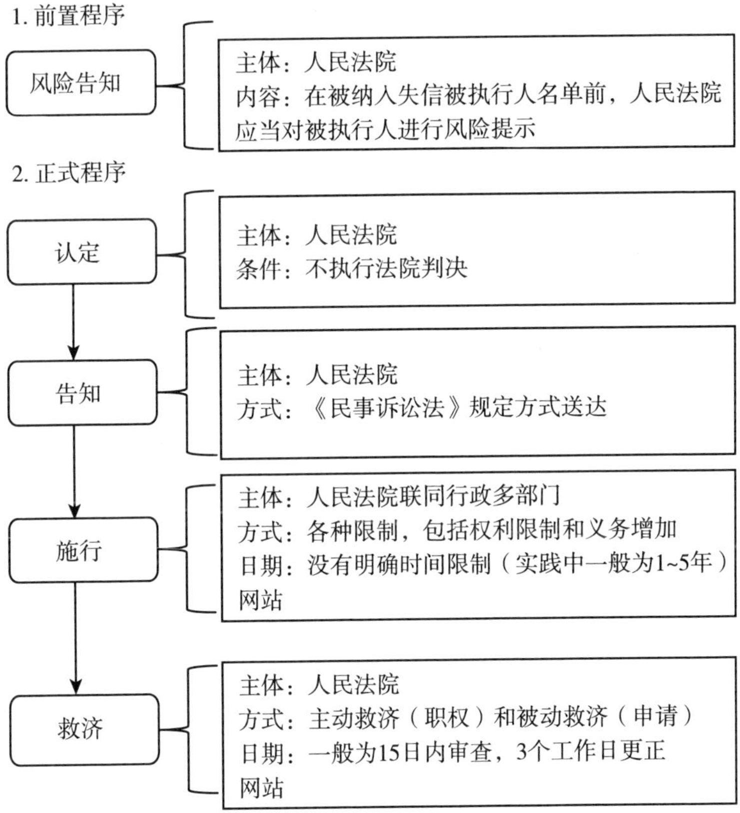

图2　司法类联合惩戒的运行逻辑

或失信信息应当删除等条件的被执行人可以向人民法院申请纠正;申请纠正必须以书面的形式向执行法院申请,15 日内审查,理由成立的,3 个工作日内纠正;理由不成立的,决定驳回。对驳回决定不服的,可以 10 日内向上一级人民法院申请复议。上一级人民法院应当自收到复议申请之日起 15 日内作出决定。司法类联合惩戒的运行逻辑如图 2 所示。

四、信用联合惩戒的立法建议

无论是行政类联合惩戒还是司法类联合惩戒,都是以规范性文件或者司法解释来指导施行的,均缺乏国家层面基本法律的制度支撑,不仅在效力方面明显不足,在具体的社会实践中也存在一些争议。最根本性的争议在于惩戒的具体性质,在实践中甚至一个省内服务性单位就可以采取联合惩戒机制,[①]而这明显与法治社会的基本要求还有差距。因此,需要在法律规范上予以明确联合惩戒的关键节点,着重完善其施行条件和施行程序。

(一)施行条件

法律规范对当事人(或许不是一个人)至少会产生 3 种影响,即“被约束或强制、会面临受苦、受益或被规定为受益”。[②] 联合惩戒制度规范必然也会产生上述影响,这种影响与当事人权益紧密相关,设定具体的施行条件就是必要的,也是必需的。因此,联

---

① 有些失信行为并不是恶意或者故意的,却偏偏被纳入失信黑名单,被联合惩戒。具体可以参见邹倜然:《浙江欠缴电费计入银行征信引争议》,载《工人日报》2016 年 1 月 20 日,第 4 版。

② 边沁认为,“当事人可被法律所涉及或影响的方式有三种:(1)受法律约束或强制;(2)因法律至少面临受苦;(3)因法律而受益或被规定为受益。根据分析可以看到,一方面,在所有这三种方式上,法律必然涉及一个或多个人;在另一方面,法律涉及任何人的方式不可能再有其它的了”。参见[英]杰里米·边沁:《论一般法律》,毛国权译,上海三联书店 2008 年版,第 68 页。

合惩戒制度首要节点正是施行联合惩戒机制的具体条件。

通过对目前行政类和司法类联合惩戒的规范进行整合，大致有以下两个方面的失信行为正在进行联合惩戒。

根据《关于建立完善守信联合激励和失信联合惩戒制度加快推进社会诚信建设的指导意见》的要求联合惩戒施行对象有2类：一是重点领域的失信行为，包括严重危害人民群众身体健康、生命安全的行为以及严重破坏市场公平竞争秩序和社会正常秩序的行为。二是严重失信行为，包括拒不履行法定义务，严重影响司法机关、行政机关公信力的行为和拒不履行国防义务的失信行为。该意见对失信行为的惩戒分为两类：一般失信惩戒和严重失信联合惩戒。有学者也将这两类区分为3种形态：(1)单一失信导致相对主体二次失信；(2)第三方失信引起主体对相对方的连环失信；(3)纯粹基于行为主体主观过错的失信。[①]

无论是上述2类还是之后的3种形态，在具体联合惩戒中却出现明显不足，这种不足体现为某一些社会反响巨大、潜在危害巨大的行为难以纳入信用联合惩戒之中。如"孙某恶意占座"[②]"洁洁良精日行为"等侵扰道德意识和民族感情的恶意行为似乎难以被纳入联合惩戒制度中。虽然"孙某案"中的违法当事人被交通部门处以180天失信黑名单，不得乘坐火车类所有车次，但这种惩戒的程度似乎远远不能与其产生的恶劣影响相适应，无法

---

① 具体内容是："(1)就相对方失信在先而致本方以失信相对抗的社会失信行为；(2)就第三方失信在先而致本方对相对方作出的某种社会失信行为；(3)就某些纯粹基于行为主体主观过错所致的社会失信行为。"参见胡朝阳：《社会失信行为的法律规制——基于外部性内在化的法经济学分析》，载《法商研究》2012年第6期。

② "孙某恶意占座"只是由中国铁路总公司进行了单独的信用惩戒，并不是"联合惩戒"。

满足罪责相适应的要求。罪责相适应应当是法治最重要的一项原则,在信用立法制度构建中应当建立科学有效的与失信程度相适应的惩戒机制。

罪责相适应的原则需要坚持,应当考虑具体失信行为的社会影响和社会危害程度,只有这样才能建立较有效的信用体系。如2018年9月1日“洁洁良精日行为”的当事人田某被厦门大学开除党籍,作退学处理,受到了应有的处分。但似乎“精日行为”产生的影响与其所受的惩罚还远远不相适应,因为其不仅无法平复民族感情,也无法建立有效的爱国环境。如果仅仅对其进行治安处罚或者单项的失信惩戒,依然无法有效遏制其在其他领域的失信,也无法有效应对其所产生的不良影响。其实可以考虑将一些严重的“精日分子”纳入联合惩戒的黑名单之内,原因在于他们严重伤害了民族感情,更危害了国家利益和社会主义核心价值观。这些产生严重危害的行为,在任何国家都会受到处分的,甚至是严厉追责的。

可以通过立法将上述失信人纳入联合惩戒,在一定期限内限制其享有某一些社会服务和公共福利,提高其生活成本;也可以限制其进入相关领域,取消其相应资格。特别是对危害国家利益和民族感情的失信人更应当严厉惩戒。

失信联合惩戒就是为了给社会中违法行为的低成本和低责任提供一个补全的后续机制,所以失信联合惩戒的主要目的是对法律责任较低的失信行为进行第二重规制,这种规制应当与法律责任进行明确区分。为了使失信人减少失信违法行为和尽可能杜绝不必要的严重失信行为,就要求联合惩戒制度应当更加严格和有效。

因此,建议在立法中明确重点领域和严重失信行为,也可以赋予国务院制定重点领域的政府目录，通过定期或者不定期发布目录，以适应社会发展中的联合惩戒对象变动问题。对其他严重违法行为可以在立法中直接认定为严重失信行为，这样不仅可以有效衔接各法律规范之间的具体罚则，也可以减少联合惩戒认定中的复杂程序问题，以节约政府信用治理中的社会成本。

（二）完善具体的程序

对某一主体进行联合惩戒就意味着产生两种可能：第一，失信行为可以被依法公开，由社会自由进行判断，结果是主体在社会互动中不再具有可信性，相关的交易利益会受损，如名誉、财产等权益；第二，失信行为被依法惩戒，由行政机关和司法机关进行认定，通过强制性的惩戒制度，使失信主体不仅利益受损，一些社会权利和基本服务也会被克减，特别是人格性事项，如平等权、隐私权等权利。因为被认定为失信人，就会失去其他主体所给予的信任。信任是一种指向他人的存在，破坏信任足以使人失去人性，使信任的对象具体化，使它从人的特质——个体性、同一性、尊严、自制——中被清除掉。[①] 这种同一性、尊严等特质就是主体人格的重要组成内容。因此，联合惩戒事关行为主体的重要权利，应当建立较完善的程序来规范惩戒措施以保护主体的合法权利。

联合惩戒制度在上述规范中的核心程序可以总结为“认定或鉴别、告知或公示、施行和救济”4 个节点。但其中却存在明显的不足，这种不足体现为两个方面：一是关于行政类联合惩戒的，其认定主体是各主管部门，但其救济主体也是主管部门，缺乏第三

① 参见[波兰]彼得·什托姆普卡：《信任：一种社会学理论》，程胜利译，中华书局 2005 年版，第 86 页。

方监管部门，特别是司法救济，表现为在具体的救济设置方面缺乏可诉性的规定，致使行政类联合惩戒制度的规范主体出现“有权即任性”的可能，这会侵害联合惩戒对象的合法权益。应当建立行政类联合惩戒的救济性规定，即应当明确要求进入联合惩戒的对象可以通过行政诉讼维护和保护自己的信用利益。

行政主导的联合惩戒，源于行政机关作为基本公权力的执行机构的特性，其通过各种行政行为对失信对象进行联合惩戒。但其合法性的依据却仅仅是规范性文件，或者是国务院规范性文件，抑或是国务院各部委的规范性文件。虽然有学者认为其具有合法性，[①]但其合法性来源依然不足。可以建议行政类联合惩戒遵循行政处罚的程序性设定，建立相应的听证程序。

二是关于司法类联合惩戒的，其在开展正式程序前需要先行施行前置程序，即风险告知，但这种联合惩戒的风险告知却缺乏必要的期限限制，特别风险提示的方式、提示的时间等都没有明确，需要在立法中予以明确。由于司法类联合惩戒的责任后果较严重，可以要求司法机关（主要是法院）在作出裁判后，在裁判通知书中以书面的形式明确“风险告知”的内容，其应当包括被纳入失信被执行人名单的严重后果和具体权利，特别提醒会纳入其中多长时间。当然也可以在裁判之后，以书面的形式另行告知。

两种程序中还具有交叉的部分，即司法类联合惩戒在实践中需要行政各部门的配合才可以有效施行。尤其是当法院将联合惩戒的信息通报各行政部门后，各行政部门应当依法采取必要的

---

① 参见徐嫣、王博：《论失信联合惩戒视野下社会组织信用监管制度的构建》，载《法律适用》2017年第5期。

联合惩戒措施,但在实践中所依据的规范仅仅是签订的备忘录,没有法律法规的强制性规定。备忘录缺乏更严格的制度性规范,缺乏行政机关依法遵守法院裁定或者判决的程序性要求和责任性规定。所以,建议在备忘录中明确应遵循的程序和责任规定,也可以通过具体的立法完善司法类联合惩戒的合作程序。

其实,联合惩戒的程序性构建较复杂,这与联合惩戒的性质直接相关,也与厘清联合惩戒的立法目的间接相关。由于"法律旨在调整即组织人的互动。为了至少在最小范围内达到这一目标,法律规范集合内的某种统一性(unity)即融贯性(coherence)是一项根本要求"。[①] 因此,信用立法应当在联合惩戒制度方面坚持基本的融贯性原则,在惩戒机制融贯性的具体等级上进行深入研究,[②]为制定较科学的惩戒程序提供助益。

五、余论

在信用立法中由于联合惩戒的特殊性,除适用条件和具体应用程序外,还应当在制度构建中遵循基本的惩戒原则。联合惩戒原则的构建离不开对联合惩戒制度目的的分析和探究。联合惩戒制度目的有两点:第一,减少失信行为,特别是严重失信行为;第二,保护重点领域或重点对象,特别是在国家利益、公共利益和民族利益等方面。两者的最终目的却只有一个,即提高社会主体的信用度,构建一个人人诚信的高信任伦理社会。因此,构建联合惩戒制度的原则应当坚持"三个有利于":有利于惩戒机关采取

---

① [比利时]马克·范·胡克:《法律的沟通之维》,孙国东译,法律出版社 2008 年版,第 29 页。

② 立法融贯性可以分为"零级、一级、二级和三级"融贯层次,具体可以参见[比利时]卢卡·温特根斯:《作为一种新的立法理论的立法法理学》,王保民译,载《比较法研究》2008 年第 4 期。

联合惩戒制度减少社会失信行为、有利于社会信用度的提高增强社会信任感、有利于失信主体的改过自新以恢复相应权益。

联合惩戒是完善信用立法不可或缺的责任手段，具有重要的工具性。联合惩戒要求多部门联动，对失信主体进行联合规制，形成“一处失信，处处受限”的治理体系，在社会中发挥了重要作用，效果也很显著。我国传统理念强调“得饶人处且饶人”“穷寇莫追”，而国外大多强调“得理不饶人”，甚至是“赶尽杀绝”的制度构建模式。因此，在我国具体的制度构建中应当审慎，不要将所有违法行为全部纳入联合惩戒之中，否则，不仅在刻意增加社会治理难度，而且增添了规范制度在社会空间中的密度。规范密度的增加会使社会处处充满“红线”，这种“红线”严重挤压了人们的交往关系和生活空间，这会使亚里士多德赞许“城邦之外非神即兽”的良善愿景变为“城邦之内非神即兽”的制度性恶果。

我国第三方债务催收行业的法律供给与规则完善

李　璐*

内容摘要　第三方债务催收行业作为我国信贷市场分工细化的产物，其运用私力救济所特有的优势，逐渐成为金融市场中处置不良借款的重要力量，其在实践中也逐渐形成了一套与公力救济不同的纠纷解决方式和运作程序。一方面，第三方债务催收行业因其纠纷解决的高效性、稳定性和专业性，广泛受到金融市场的青睐和重视；另一方面，该行业因法律规制、政策监管等外部因素的不完善，以及自身在行业发展中所暴露的弊病，使其合法性受到法律的拷问和公众的质疑。因此，第三方债

* 湖南弘一律师事务所管委会秘书长。

务催收作为一个新兴产业,亟须在理论上对其运作的合法性进行解读,并可以借鉴国外立法经验,对该行业的法律规则加以完善,以期早日将第三方债务催收行业纳入我国法治建设的轨道。

关键词　债务催收;法律规制;私力救济

第三方债务催收行业与所谓的暴力讨债或非法催收不同,其是经工商依法注册的,在银行或其他企业等合法债权人的委托下,以非诉讼的、合法的方式向债务人催收欠款的行业。在信用产业发达的国家这一产业也被称为信用服务行业或金融服务外包行业,在我国目前的市场中则表现为资产管理公司、金融咨询公司或从事债务催收工作的律师事务所。第三方债务催收行业的本质不仅在于帮助债权人取得合法债权,也是为了挽救违约债务人的信用危机,更好地解决社会纠纷。[①] 我国对于第三方债务催收行业的态度也经历一段逐渐转变的过程。在20世纪八九十年代,我国对于催收行业、讨债公司是极为排斥和禁止注册的态度,认为其存在不利于社会稳定;[②]2006年劳动部正式批准了“商账追收师”等5个信用管理方面的新职业,虽然依据官方的解释,“商账追收师”与“第三方职业催收人员”并不等同,[③]但官方对于信用管理类职业的认可,也为开放第三方债务催收行业释放了信

---

① 参见王锐、段明:《以法治破解债务催收行业困境》,载《公民与法》(综合版)2018年第4期。

② 1993年国家工商总局下发《停止办理公、检、法司机关所属“讨债公司”登记注册有关问题的通知》(工商企字〔1993〕124号);1995年公安部下发《关于禁止开办“讨债公司”的通知》(公通字〔1995〕87号)。

③ “商账追收师”是企业雇佣专业的人员通过专业合法的方式帮助企业及时有效的追回应收账款;而“第三方职业催收人员”则是通过委托关系,通过各种合法的手段帮助委托企业追回信用贷款或应收账款。

号。之后，随着金融借贷的进一步推广以及民间借贷数量的“井喷式”增长，单纯通过公力救济的方式已无法满足市场对于处理不良资产的需求，越来越多的第三方催收机构也在民间悄然兴起，部分地方政府也开始尝试将催收行业纳入工商服务领域，由政府进行统一监管。2015 年 6 月长沙市工商局根据“法无禁止则自由”的原则，正式将“金融服务外包”“受银行委托的信贷催收服务”“企业应收账款管理外包服务”纳入商事登记经营范围，这标志着信贷催收业务首次获得了官方的认可，第三方债务催收行业也告别了灰色地带。[1] 然而，第三方债务催收行业在法律供给与规则构建上仍存在许多的漏洞，因此赋予第三方债务催收行业正式的法律地位，构建该行业的法律机制和行业自治标准成为信用服务领域的一项重要课题，也是本文所要探讨的重点。

一、第三方债务催收行业合法化的法理基础与现实价值

就目前的实践现状而言，第三方债务催收行业仅是在部分地区获得了工商许可的登记，尚未在法律或行政规章中确立明确的法律地位，故在信贷催收服务未被纳入商事经营许可范围的地区，许多债务催收机构仍处于“地下”的状态或法律的边缘。加之，受媒体对于民间非法催收团体的报道，许多民众还是戴着“有色眼镜”看待第三方债务催收行业，质疑其存在的合法性。因此，推动第三方债务催收行业健康发展，首先需要赋予其合法的地位，打消民众对其合法性的质疑。而且任何一个新兴行业被赋予合法化的法律地位都有其存在的法理基础和现实价值。

---

① 参见喻向阳：《信贷催收首获国家经营许可，不良资产管理告别灰色地带》，载湖南频道网：http://hn.rednet.cn/c/2015/06/24/3718906.htm，最后访问日期：2018 年 9 月 15 日。

(一)第三方债务催收行业合法化的法理基础——私力救济的正当性

根据权利救济主体地位的不同,我国法学界通常将救济方式分为私力救济、公力救济和社会救济。① 其中,公力救济是现代法治社会的核心,而司法救济又是公力救济的核心。社会救济则是由民间公益组织、社会团体等所提供的救济方式。而与这两种救济方式不同,私力救济虽然不是现代救济方式的主流,但却是存在时间最悠久、覆盖面最广泛、救济手段最多元、完全依靠民间力量实现私人权益的救济方式。② 第三方债务催收行业依靠法人力量解决债务纠纷的方式就是私人救济的集中体现。因此,第三债务催收行业能否实现合法化,在法理上应当首先论证私力救济的正当性问题。

从人类纠纷解决的发展史来看,在自然原始社会,私力救济是当时人类解决矛盾、实现正义的唯一方式,在没有成文法的情况下,人类则按照自然观念(自然法)来维护自己的权益,并使用无束缚的一切私力手段来抵制外界的侵犯。③ 随着社会的发展,以及国家、法律的出现,被认为暴力、野蛮、不文明的私力救济逐渐被国家主导的公力救济所取代。但是,即使在公力救济独大的情况下,蕴含着人类朴素正义观的私利救济都在民间纠纷解决中发挥独特的作用。在古代的各国立法中也并不完全排斥民间私力救济的运用,甚至鼓励通过私力救济来解决危险情况和民间纠

① 参见徐昕:《论私力救济》,中国政法大学出版社 2005 年版,第 28 页。

② 参见汪力等:《浅析游离于法律边缘的私力救济》,载《内蒙古社会科学》(汉文版)2005 年第 3 期。

③ 参见[英]霍布斯:《利维坦》,黎思复、黎廷弼译,商务印书馆 1985 年版,第 106 页。

纷。譬如,古罗马的《十二铜表法》就允许债权人将债务期满仍不还债且无担保物的债务人自行扣押在家,以待惩罚。[①] 古印度的《摩奴法典》也曾规定债权人在不违反伦理的前提下,可以使用各种手段甚至是强制措施,要求债务人还债。[②] 在唐朝,债务人到期拒绝履行债务的,根据《唐律》的规定,债权人可以先行扣押债务人的等额财产抵债,这种行为在古代中国则被称为"牵掣"。[③] 即使到了法治文明、公力救济模式完善的近现代社会,虽然在原则上禁止私力救济,但是在法律上仍有关于允许私力救济的例外规定,例如,刑法上的正当防卫、紧急避险,民法上的留置权、质押权、典权等都是私力救济模式在现代法律上的体现。[④] 而在现代实践中,根据"法无禁止即自由"的原则,私力救济也被广泛运用于金融债务催收、民间讨债、私人侦查等多个领域。由此可见,无论是古今中外,私力救济在解决以债务纠纷为代表的社会纠纷时,都有其正当存在的地位。私力救济的正当性不仅源于国家法层面的认可,更是源于其本身蕴含着追求正义、和谐的自然法思想。所以,徐昕教授在介绍债务催收行业时,认为其是一项在历史长河中自然演进的职业,而非一项现代新兴职业。[⑤] 因此,第三方债务催收行业作为当代私力救济形式的代表,其合法化自然有其一脉相承的历史渊源、根深蒂固的社会土壤以及正当性的法理基础。

---

① 参见周枏:《罗马法原论》,商务印书馆1994年版,第926页。

② 参见[美]摩尔根:《古代社会》(上),杨东莼等译,商务印书馆1997年版,第75页。

③ 《唐律疏议·杂令》:"诸公私以财产出举者,任依私契,官不为理。"《唐律疏议·杂律》"负债强牵财务条":"谓公私债负,违契不偿,应牵掣者,皆听官司听断。"

④ 参见林德操:《浅析私力救济的范围》,载《科技信息》2008年第5期。

⑤ 徐昕:《论私力救济》,中国政法大学出版社2005年版,第73页。

虽然私利救济也常因其自身所带有的“以暴制暴”“同态复仇”等不文明的色彩受到诟病,使其正当性、合法性受到质疑。但是,不能因为一项行为或权利的过度行使可能存在危险,而否认其在一切范围内的正当性。诚如马克思所言:“法律按其真正的含义而言,与其说是限制还不如说是指导一个自由而智慧之人去追求他的正当利益。”[①]因此,对于债务催收等私力救济行为,我们需要做的是将私力救济纳入法律规制的框架内,实现法律对此种“非司法性行为”的引导和规则,而非一味地排斥和限制。历史也表明,自人类建立国家、制定规则以来都试图通过行政手段、司法手段等公力救济的方式实现社会生活的有序性,限制人类的任意专断和违背自然法的行为。[②] 因此,在国家和法律的统治下,私力救济即便带有“同态复仇”等非司法性的特征,但却从未超越司法,始终停留在“法律的监视”之下。[③] 事实上,自法律出现以来,各国的统治阶级、立法者就一直尝试将私力救济制度化,随着经济社会和人类法制文明不断发展,逐步将私力救济中野蛮、暴力、不人道的成分剔除。例如,德国、俄罗斯等国家的民法典中直接将私力救济规定于总则编中,并明确了其权利行使的边界。[④] 因此,私力救济的正当性必然以不违反法律规定为前提,公众在面对第三方债务催收行业合法化时,大可不必谈“催”色变,因为将第三方债务催收行业合法化并不是放任其消极影响的

---

① 《马克思恩格斯全集》(第1卷),人民出版社1956年版,第71页。

② 参见[美]E.博登海默:《法理学、法律哲学与法律方法》,邓正来译,中国人民大学出版社2004年版,第25页。

③ 参见徐昕:《论私力救济与公力救济的交错》,载《法制与社会发展》2004年第4期。

④ 参见沃耘:《民事私力救济的边界及其制度重建》,载《中国法学》2013年第5期。

肆意蔓延,而是强化公权力对催收行业的监督,实现该行业的健康发展,维护债权人的合法债权,挽回债务人的诚信尊严。

(二)第三方债务催收行业相较诉讼程序的现实价值

在现实社会的纠纷解决中,我们也必须承认相较私力救济,公力救济具有确定性、权威性、公正性等优势,人类社会纠纷解决方式的发展也是私力救济范围不断缩小、公力救济范围不断扩张的过程。但是,公力救济和法治并不总能有效地发挥作用、及时地解决纠纷,在很多时候,市场或其他非诉讼渠道更可能是解决纠纷、化解矛盾的有效方法。正如美国法社会学家唐·布莱克教授指出的:“虽然民众愈来愈多地选择求助法律,但是民众并未把法律视作化解纠纷的唯一方法,实际上正是因为社会缺乏其他多元化纠纷解决方式,才导致了诉讼的增长。”①第三方债务催收不仅能够分流大部分简单的债务纠纷案件,缓解当前司法资源不足、“执行难”的压力,还能培植解决纠纷的社会力量,促进债务纠纷解决的市场化和社会化。统治阶级为了维持法律在社会中的垄断地位,通常会对私力救济进行限制,但公共资源的有限性又迫使统治阶级不得不容忍在某些领域的私人救济与惩罚,并将其视为一项重要的社会治理资源。② 第三方债务催收行业正是这种独立于国家司法救济之外的社会治理资源,并已在民间形成了一定的规模。第三方债务催收行业的不断扩张可以视为债权人对其治理方式的肯定,也可视作官方对这种社会治理资源的默许。在借贷纠纷案件数量不断增长的当代,单纯利用诉讼程序已

---

① [美]唐·布莱克:《社会学视野中的司法》,郭星华译,法律出版社2002年版,第85页。

② 参见桑本谦:《私人之间的监控与惩罚》,山东人民出版社2005年版,第140页。

无法满足各方当事人的需求，在合法的范围内承认第三方债务催收行业已成为一条必由之路。具体而言，在债务纠纷领域，第三方债务催收行业相较诉讼程序有以下两大方面的特殊价值。

1. 催收方式的灵活性与实效性

与诉讼程序中强调实体正义与程序正义并举不同，第三方债务催收行业在保证程序不违法的前提下，更加关注实体正义的实现，通过各种灵活且富有实效性的方式满足当事人对实质债权的追求，针对不同当事人的需求提供不同的权利请求模式。

从债务纠纷权利救济的程序上来看，第三方债务催收并不拘泥于程序主义的桎梏，而是在确认债权人的合法债权后，直接采取各种合法的措施为债权人争取最大利益。因此，在债务催收中，债权人的地位相较债务人明显更高，并掌握着整个催收过程的话语权，能够根据催收各阶段的实际情况，灵活地变更催收的方式和金额。相比之下，诉讼程序虽然更加重视程序正义的作用，强调双方当事人在诉讼中的平等地位。但是，在许多恶意拖欠债务的案件中，债权人已经在诉讼中明显处于实体正当的地位，甚至法官也对失信者深恶痛绝，却不得不坚持诉讼程序的平等参与且不得随意变更诉讼请求的规定，这往往会令处于正当地位的债权人对司法程序感到厌倦，无法灵活、有效地满足债权人对实体正义的需求。由此可见，无论是复杂的重大案件还是案情简单、结果明了的小额诉讼，司法诉讼都必须通过程序正义来构建其正当性的基础，实现其公正审判的法治使命。① 然而这些程序正义的烦琐内容却是处于明显优势地位的债权人所不在意、不需要的，他们关注的仅是如何更快、更好地实现自身的合法权益

① 参见王亚新：《社会变革中的民事诉讼》，中国法制出版社2001年版，第6页。

而非在诉讼中感受程序公正。而第三方债务催收追求结果正义,强调程序灵活的特征正好满足债权人的需要。

此外,相较私力救济,司法救济是单一直线型的救济方式,依附于国家的统一管理,受制于严格的法律标准,抑制各司法机关在程序运行上的灵活性。① 因此,债权人想要通过诉讼手段实现债权,必须严格按照诉讼程序的法律规定行事,有时可能仅仅是起诉的条件就使债权人望而却步。因此,诉讼程序对于很多小额债务诉讼的当事人来说是一种昂贵的纠纷解决方法,故想让所有债务纠纷都通过裁判来解决的想法是不现实的。② 而第三方债务催收行业不仅在受理案件上的标准更低,也在过程和执行方式上更灵活,善于将法理与情理相结合,将非正式机制与正式机制相补充,以市场为导向,以债权人的利益最大化为目标,在不违反法律的前提下想方设法地讨债。③ 第三方债务催收人游刃有余地来往于债权人、债务人和公共机构之间,善于利用一切合法的社会公共资源,并以整个催收企业为庞大的实力后盾,不仅诉诸道德规范和法律规制,也利用各种社会"潜规则",有时还站在中立的立场规劝债务人履行债务,完全不同于公众传统印象中暴力催收的形象。④ 同时,在第三方债务催收中,债权人也不必拘泥于法律规定的程序限制,可以灵活地选择催收方式和次数,避免债务人钻法律空子逃避债务,大大提高了债权人实现债权的可能。

---

① 参见季卫东:《法律程序的意义》,中国法制出版社2012年版,第20页。

② 参见[日]小岛武司:《仲裁,一种私设裁判》,林剑锋译,载陈刚主编:《比较民事诉讼法》(第1卷),西南政法大学出版社1999年版,第83页。

③ 参见徐昕:《通过法律实现私力救济的社会控制》,载《法学》2003年第11期。

④ 参见张萍:《第三方债务催收的合法化规则》,上海师范大学2018年硕士毕业论文,第23页。

2. 催收过程的高效性

第三方机构在债务催收的过程中将权利认定和权利实现相结合，简化了对案件事实认定的过程，缩减了当事人间不必要的程序对抗。而法律救济途径必须将案件裁判与执行相分割，其中又以裁判阶段为核心，设置了较漫长和复杂的裁判程序，初次裁判之后还有二审、再审等异议程序。在裁判的各个阶段，当事人双方反复地举证、辩论，也延长了法院对事实认定的进程。即使通过调解、简易程序或小额程序审理，诉辩双方也很难在事实认定上轻易让步，从而使债权的实现不得不等待事实的认定。即使事实认定完毕、债权人获得胜诉，在司法救济中，权利的实现又需经历漫长的司法执行过程，众所周知，在我国"执行难"问题一直都是司法机关的"软肋"，从权利宣示到真正的权利实现对于债权人来说要经历何等艰难的过程。相形之下，第三方债务催收则没有这么多的程序性消耗。在债务催收中，第三方职业人员既是事实认定的裁判者，又是权利实现的执行者，但其作为裁判者在事实认定上的职责远不及法院烦琐，不用履行中立裁决的义务，也无须教条地遵从烦琐的诉讼规定，一切都以实现债权人的委托为首要宗旨。因此，第三方催收人员只需履行简单的事实认定程序，再确认债权人身份与债权合法之后，便可直接投入催收欠款的过程中。据统计，其事实认定花费的时间往往不到1天，效率远远高于法院立案、审查、裁判的时间。①

此外，任何权利救济方式都有失败的可能。债权人在司法诉讼的过程中，一旦因举证瑕疵或技巧失误等原因败诉，无论是法律还是社会评价都会受到极为不利的影响，而想要改变这种不利

① 参见徐昕：《论私力救济》，中国政法大学出版社2005年版，第80页。

的局面又得重新投入更多的时间和成本，极大增加了债权人的负担。而第三方债务催收则不同，即使催收人员在考虑是否接受债权委托时，对债务纠纷作出了与事实不符的认定，或是拒绝委托，也不会因催收人员的事实认定给债权人带来不利的影响，债权人大可重新寻求其他催收机构的帮助。这让当事人有了更多的机会来救济自身权利，无须受制于先前的事实判断。因此在实践中，第三方债务催收行业往往因其高效性而备受急需回收债权的当事人的青睐，成为债权人提起诉讼前一条行之有效的权利救济途径。

第三债务催收的运行过程：接受委托——确认合法性——催收——反馈

诉讼程序的运行过程：起诉——受理——审理——裁判（上诉、再审）——执行①

二、我国第三方债务催收行业现实运行中存在的法律问题

由于我国官方对于第三方债务催收行业的态度一直比较模糊，致使我国在债务催收领域的立法严重滞后于债务催收行业的市场需求。当前，我国还未有一部专门规范债务催收的法律或行政规章，对于债务催收行为的规制仅是散见于某些部门性规范文件、行业自治章程或是委托协议中。

例如，中国银监会根据《银行监督管理法》《商业银行法》等法律法规，分别于 2009 年、2010 年发布了《关于进一步规范信用

---

① 参见谢文哲、宋春龙：《作为纠纷解决方法的职业讨债研究》，载《时代法学》2014 年第 4 期。

卡业务的通知》和《银行业金融机构外包风险管理指引》两部部门性规范文件，提出了银行金融机构在金融服务外包中应当加强监管，应注意第三方债务催收机构存在的法律风险，第三方催收机构若对债务人造成侵权损害，银行应当承担相应的法律责任。之后，中国银监会于2011年1月发布实施的《商业银行信用卡业务监督管理办法》曾被寄予能够规范债务催收的厚望，但是该办法仅在第68条规定，银行作为债权人在债务催收过程中不得采用干扰第三人和暴力催收的方式，而并未提及第三方债务催收机构，也未规定不当催收的法律后果。①

民间借贷火热之后，互联网金融风险专项整治、P2P网贷风险专项整治工作领导小组办公室又于2017年12月发布了《关于规范整顿“现金贷”业务的通知》，要求各类机构或受委托的第三方机构在催收欠款的过程中不得采用威胁、暴力、辱骂、骚扰、诽谤等不当方式。银监会、保监会等四部委也于2018年5月联合下发《关于规范民间借贷行为　维护经济金融秩序有关事项的通知》，表示将严厉打击包括暴力催收在内的一系列非法金融行为。某些行业组织也开始通过制定行业自律公约的方式来试图约束债务催收行为。例如，中国互联网金融协会于2018年3月发布了《互联网金融逾期债务催收自律公约（试行）》，要求催收人员在催收过程中，不得采用非法的方式伤害、殴打或骚扰债务人及其他人员，不得限制他人的人身自由，不得非法侵入他人住宅或

① 《商业银行信用卡业务监督管理办法》第66条规定：“发卡银行应当对债务人本人及其担保人进行催收，不得对与债务人无关的第三人进行催收，不得采用暴力、胁迫、恐吓或辱骂等不当催收行为。对催收过程应当进行录音，录音资料至少保存2年备查。”

非法搜查他人身体。[①]

通过分析以上规定不难发现,我国当前对于债务催收行业的规定存在形式性、缺乏惩戒性、范围不明确且效力位阶低的特点。以上的大多数规定除部门规章外,规范性文件和行业自律规定都不具备对外的法律效力,仅在该行政部门或行业领域内生效,无法有效地调整债务催收行为。并且当前对催收行业的限制性规定都还太过简单、原则化,在实践中的可操作性极差。正是因为我国法律规制在第三方债务催收领域的失灵,使债务催收机构在市场运行中面临以下三大棘手的法律问题。

(一)第三方债务催收机构的合法地位迟迟无法明确

虽然第三方债务催收行业的存在有其自身的社会需要和正当性,且债权人与第三方债务催收行业的法律关系也建立在双方签署的委托合同之上,但对于第三方债务催收行业本身的法律性质,以及其是否具有开展金融外包服务的法律资格,我国当前的法律都没有进行直接的规定,政府的态度也是十分模糊,从而为第三方债务催收机构的成立附加了额外的阻碍,也使第三方债务催收行业的合法性地位无法完全得到社会的认可。虽然在部分地区已经开始探索将银行信贷催收服务和企业应收账款催收服务纳入工商注册登记的范围,[②]但仍然还有许多普通民众甚至学者因当前立法上没有明确界定第三方催收机构的法律地位和催

---

① 参见《催收行业现状:正经历至暗时刻,老赖缠身回款难》,载百家号网:https://baijiahao.baidu.com/s?id=1603848056090566594&wfr=spider&for=pc,最后访问日期:2018年9月15日。

② 参见喻向阳:《信贷催收首获国家经营许可,不良资产管理告别灰色地带》,载湖南频道网:http://hn.rednet.cn/c/2015/06/24/3718906.htm,最后访问日期:2018年9月15日。

收行为的种类，而质疑甚至抨击其在市场经济运行中的合法性。例如，洪道德教授就曾对催收机构的合法性提出质疑，其认为：“到目前为止，我国并未在法律上或中央政策上同意成立催收机构，甚至在上个世纪曾严厉禁止讨债公司，因此银行随意将金融催收业务外包给社会的第三方公司是不合法的。”①因此，在讲究法治经济的当代，第三方债务催收行业若一直游离于法律的边缘，必将不利于该行业的健康发展，也正是因法律地位的不明确，才导致了大量“地下”讨债公司和暴力催债的暗潮涌动，因此，尽快确认第三方债务催收行业的合法性已成为当务之急。

（二）第三方债务催收行业的准入标准过低

首先，在市场准入上，我国当前的债务催收市场鱼龙混杂，并没有统一严格的行业市场准入制度或标准。因此在市场中，既存在经过合法工商注册的高服务质量的大型资产管理集团，也存在机构尚不健全的小型催收公司，甚至还有一些未经依法注册的“地下”讨债团体。而且，此类不成熟的催收公司和“地下”讨债团体为了追求数量，不仅接受中小企业的委托，也会为了利益，而违法接受民间私人借贷催收的请托，并容易忽视对债权合法性的审查，以致成为某些不法分子实现非法债权的工具。另外，某些非法的“地下”催收组织为了追求效率甚至不惜采用极端、不人道甚至违法的手段进行催收，不仅极大破坏了第三方债务催收行业的健康发展，也给社会和谐稳定带来了极大的隐患。②

---

① 参见《洪道德：催收公司代银行催要信用卡欠款不合法》，载新浪新闻网：http://news.sina.com.cn/c/2010-03-18/085619889475.shtml，最后访问日期：2018年9月15日。

② 参见张希：《民间“讨债公司”生存现状调查》，载搜狐新闻网：http://news.sohu.com/20071107/n253108897.shtml，最后访问日期：2019年8月6日。

其次，在催收人员的从业标准上，许多不甚规范的债务催收公司在招收职业催收人员时，入职门槛太低，不重视对入职人员的品德审查，造成我国催收行业中催收人员素质的参差不齐。有记者在对华南地区的民间催收行业进行实证调查时发现，每5个职业催收人员中仅有1个人为高中以上文化，其余的大部分未高中毕业，甚至有不少职业催收人员曾经受过行政或刑事处罚。这些人之所以选择催收行业，大多数是因为文化水平低或没有专业技能，而将债务催收行业视为无须技能的简单行业。虽然近些年有许多律师或受过法律职业教育的大学生开始加入该行业，但从总体上来看，职业催收人员的水平并没有明显提高。①

（三）第三方债务催收缺乏外部监管和行业自律

在当代社会，人们为了防止公权力的膨胀对私人权益的侵犯，总是更在意为公权力的行使设置权力边界。然而在缺乏外部监管和行业自律的情况下，债务催收等私力救济的行为同样容易侵犯他人的权利。并且不同于公权力需要受制于程序以及制度设计等各方面的规制，私力的行使更加随意、不受限制，私力救济一旦被滥用，对社会和普通民众的伤害比公权力的不当行使更严重。② 因此，一旦未控制好私力催收的方式和边界，最有可能造成的就是暴力催收伤害债务人和侵犯金融安全信息的危险结果。

在实践中，"地下"催收组织的暴力催收行为已是屡见不鲜。为了完成效益，或许直接对债务人采用辱骂、威胁、殴打、控制人

---

① 参见黄枫等：《职业讨债人：游走在法律边缘的危险职业》，载东南网：http://qz.fjsen.com/2016-07/01/content_18103877_all.htm，最后访问日期：2018年9月15日。

② 参见贺海仁：《从私力救济到公力救济——权利救济的现代性话语》，载《法商研究》2004年第1期。

身自由,甚至抢劫等极为恶劣的手段措施。合法注册的催收机构大多采用的是较文明的催收方式,但在某些机构中也存在变相“冷暴力”的催收方式,即不再采取肢体冲突的暴力方式,取而代之的是轮番全天候的电话提醒、到处散播债务人的失信信息等精神折磨的方式。此外,在金融催收业务外包中,金融机构需要向第三方催收机构提供被催收债务人的各种基本个人信息,[①]同时,第三方催收机构在帮助债权人催收的过程中,也能知晓许多金融机构的商业秘密,如经营情况、制度规划、坏账情况等。因此,第三方催收机构一旦违反商业道德,将债务人或金融机构的信息对外披露都将对二者产生极为不利的影响。并且催收行业从业人员鱼龙混杂且流动性较大,也进一步增加了员工泄露金融信息的风险。[②]

面对上述各种风险,不仅没有明确的立法在制度上对第三方债务催收行业加以规制,也缺乏明确的行政或社会机构对其进行外部监督和管理。当前,在国家各机构中,仅有银保监会、工商部门和公安部门在工作中较多与第三方债务催收行业接触,然而3个部门目前并未对第三方债务催收行业实现有效的监管。银保监会在催收领域的有关规定仅旨在规范各银行进行金融服务外包时的行为,并未直接针对第三方催收机构的催收行为,其处罚对象也只能是各商业银行,而非催收机构;工商部门仅在工商注册时对第三方催收机构行使事前审查的权利,而未关注第三方催收机构之后的经营行为,未及时与第三方催收机构的服务对象建

---

① 参见吕炳斌:《金融消费者保护法律制度之构建》,载《金融与经济》2010年第3期。

② 参见王雁翔:《银行逾期贷款催收外包业务刍议》,载《法治论坛》2014年第4期。

立顺畅的反馈投诉机制,缺乏有效的工商事后监管;公安部门仅在催收行为触犯了行政法规或刑法时才会登场,对于第三方催收机构某些不道德行为往往选择“睁一只眼,闭一只眼”。[①]

在外部监管失灵的情况下,若行业组织能实现自律也能将行业风险控制在较小的范围内。但是,在第三方债务催收行业中,除办理催收业务的律师事务所能够在律协的管理和帮助下实现行业自律,避免从业风险以外,其他直接以催收公司或资产管理公司为组织形式的第三方催收机构,往往因为成立时间较短,未能形成充分的行业共识、行业习惯和行业凝聚力,而未有类似于律师协会的行业组织。因此,在第三方债务催收行业中,各催收机构往往各自为政,缺乏有效沟通,某些机构、公司在催收中突破了法律和道德的底线,其他公司也无法及时地提醒或制止,最终可能导致第三方催收行业的恶性竞争,不利于整个行业的可持续发展。

三、国外经验借鉴与我国第三方债务催收行业的规则完善

“他山之石,可以攻玉。”金融产业发达的国家和地区,其金融外包服务和第三方债务催收服务相对我国来说起步更早、各项服务技术也更完善、相关催收立法自然也更齐全完备。他们在催收领域基本都有专门的立法或专门规制催收行为的相关规范。例如,美国《公平债务催收作业法》涵盖了催收行为进程的各个方面;[②]日本《分期付款销售法》的出台有效地规范了日本信用卡

---

① 参见武钰、赵然:《后危机时代商账追收服务业监管问题探析》,载《征信》2013年第7期。

② 参见[美]罗伯特·亨特、姜涛:《美国债务催收业的发展之路》,载《银行家》2007年第8期。

催收和委托第三方催收的行为；[①]我国香港特别行政区的《银行营运守则》第5章对银行等金融机构委托第三方公司代为催收金融贷款的行为作出了详尽的规定上述这些域外立法都有自己的特色之处，笔者认为，结合我国催收行业所面临的法律困境，从以下三方面借鉴上述样本地区的债务催收立法，能为我国第三方债务催收行业的规则完善提供丰富的经验。

（一）通过立法的方式明确第三方债务催收行业的合法地位

无论是国内还是国外，第三方债务催收行业在当地都是属于私力救济的方式一种。但为了更好地规范催收的开展，美国、日本及我国香港特别行政区都在其法律规范中确立了债务催收的法律性质和合法地位。美国在《公平债务催收作业法》中就将债务催收的法律性质定义为：“受银行等金融机构债权人委托向债务人催收信贷欠款的行为。”[②]并在之后的法律规定中确立了第三方催收公司的法人地位。其他国家和地区的立法与美国类似，基本上将第三方债务催收视作银行等金融领域不良资产管理的一种外包方式。由此可见，这些国家和地区在将私力救济的债务催收合法化的同时，也对债务催收的合法范围作出限制。仅允许受银行等金融机构委托的债务催收方式，而回避了一般的民间私人借贷纠纷。

我国目前虽然没有明确债务催收的法律性质和适用范围，但是通过我国目前对于债务催收工商注册允许的范围可以看出，我国官方对于第三方债务催收行为允许适用的领域也是限于受银

---

① 参见孙毅坤等编著：《银行卡产业监管》，中国金融出版社2009年版，第85页。

② 闫海、鞠阳：《美国第三方债务催收联邦立法实践及对我国的启示》，载《南方金融》2017年第8期。

行委托的金融信贷领域,并在此基础上外加了企业应收账款催收的新领域。因此,为了促进我国合法的资产管理公司和第三方债务催收机构的健康发展,抑制“地下”非法讨债团体的滋生,可以借鉴美国的做法,制定专门的债务催收法或条例,赋予第三方债务催收行业合法的地位,并在法律法规中尽快明确债务催收的合法主体、适用领域、实施方式、权利义务以及法律后果等。[①] 在适用领域的范围上,应当将第三方债务催收的适用领域限定在银行委托的金融信贷催收和企业委托的应收账款催收领域;在实施方式上,应当对催收人员的催收方式提出详尽的法律要求,不仅应当禁止暴力讨债的行为,还应当为催收行为设置必要的程序性规定,以免禁止措施沦为空谈;在权利义务设定上,不仅应当为催收人员设定权利义务,还有必要为委托人(债权人)和被催收人(债务人)设定保障性的权利和配合的义务;在法律后果上,则应当重视对债务催收违法行为的否定性评价,实行债务催收领域的惩戒制度。

(二)通过立法的方式为第三方债务催收行业设置准入标准

在催收机构市场准入标准的设置上,可以借鉴我国台湾地区“金融机构办理应收债权催收作业委外处理要点”中对于债务催收公司成立的标准。在第三方债务催收行业的主体认定中,只有通过工商部门事前审查,并被允许注册登记的催收机构或律师事务所、会计师事务所才有资格成为市场中债务催收的主体。律师事务所和会计师事务所,在有关规定中已有较严格的行业准入标准,而对于债务催收企业的行业准入标准则成为当前亟待明确的

---

① 参见靖东晓:《信用卡催收外包业务相关法律问题研究》,复旦大学2013年硕士学位论文,第21页。

领域。我国应尽快出台规定，统一全国各地的债务催收机构在申请工商登记时所应具备的行业准入标准，强化工商行政管理机关对于成立债务催收机构的事前审查，具体可以从注册资本、从业人员资质、公司组织结构、从业年限和业内声誉等方面为催收机构设置准入门槛，切实提高催收机构的服务质量。① 并且为了保持催收机构独立性，第三方债务催收机构不能是合伙企业或一人独资公司，必须有完善的董事会、监事会和股东会，必须有不同股东之间的相互制衡。

在职业催收人员从业准入标准的设置上，可以借鉴美国模式，构建一套体系化的职业催收人员入职资格，加快第三方债务催收行业的职业化进程，并通过专业培训使职业催收人员的工作更加规范、合理，以期早日形成独立的职业债务催收体系。职业催收人员具体的从业标准可以从学历和职业技能两方面来确定。在学历方面，虽然学历的高低不一定与工作成果成正比，但不可否认的是，学历代表一个人的知识与经验积累，在第三方债务催收行业中，学历高的工作人员对于规则的熟悉程度和认同感更高，也更容易赢得委托人的信任。至于第三方债务催收行业最低的学历准入标准究竟如何规定才合适，还有待进一步的实证调研和统计学上的分析，并需要通过一段时间的试点运行才可以最终得出结论。但是，债务催收机构也应当积极为其员工提供学历提升的途径，鼓励职业催收人员通过各个途径提高自身的知识文化水平。此外，在职业技能方面，第三方债务催收工作仍未被政府部门确定为一种正式的社会职业，因此该行业并未有统一的职业技能要求。而以美国为主的许多国家对于从事债务催收工作的职业人员有十

① 王雁翔：《银行逾期贷款催收外包业务刍议》，载《法治论坛》2014 年第4 期。

分严格的职业技能要求和准入标准,有些国家甚至只允许律师从事债务催收工作。[①] 把控好职业催收人的入职资格是债务催收工作职业化的必要措施。因此,我国未来的债务催收人职业化道路可以借鉴域外的各种经验,由政府或行业组织对有意从事债务催收工作的人员进行培训、考核,并对通过考核的学员颁发债务催收执业证书,使债务催收工作者能够持证上岗、专业催收。

(三)规范第三方债务催收行业的外部监管和行业自律

第三方债务催收行业的规范化、可持续发展既离不开外部行政机关的监管,也离不开行业组织内部的自我管理。然而,我国目前对于第三方债务催收行业的行政监管还停留在各自为政且监管措施极为不完备的阶段。而在美国、英国等国家都建立起了专门监管第三方债务催收行业的行政机构。美国的联邦贸易委员会(Federal Trade Commrssion,FTC)、英国的公平贸易委员会(Office of Fair Trading,OFT),都是直接负责该国家债务催收工作的监管机构,他们大多通过制定规则、定期检查、接受举报等方式对债务催收机构的案件来源、催收方式和后期服务工作进行监督管理。因此,我国也应当尽快在债务催收领域构建起完善的行政监管体系,在政府机构内成立专门的债务催收工作管理办公室,负责对催收机构的日常监管和举报。在专门的管理机构之外,仍由工商行政部门负责催收机构成立前注册审查,银监部门负责协调银行委托人与催收机构之间关系,公安部门则负责处理违法的第三方债务催收行为,从而形成一部门主要监管,多部门协同配合的治理方式。

---

① 参见武钰、赵然:《后危机时代商账追收服务业监管问题探析》,载《征信》2013年第7期。

随着催收市场的日益发达，第三方债务催收机构之间也存在激烈的竞争，为了保持催收行业的健康发展，防止恶性竞争带来的负面影响，就需要建立行业自治组织，形成规范化的行业自律体系。美国的应收账款催收者协会（CCAA）、英国的信用管理协会、日本的消费者金融协会、我国香港特别行政区的金融债务催收协会都是当地知名的债务催收行业组织。这些行业组织，一方面，通过制定严格的行业道德标准来规范债务催收人的行为；另一方面，当催收人、债权人、债务人三方之间发生纠纷时，行业组织又承担起了化解矛盾、处理纠纷的职能。正是因为这些行业组织的努力，才使债务催收工作一直处于稳定、良性的状态中。因此，为了实现第三方债务催收领域的行业自律，我国在借鉴域外经验的基础上，可以率先在催收行业发达的地区建立适应自身市场需求的行业自治组织，并与行政监管相结合，争取以最小的成本实现对债务催收行业最有效的监管。

四、结语

第三方债务催收作为一个方兴未艾的私力救济行业，其法律制度的完善在我国还需经历一个相对漫长的过程。根据域外发达国家和地区催收立法的发展经验，第三方债务催收从长远来看必将纳入法治的轨道中，并在与公力救济博弈的过程中，逐步形成成熟的催收方式和良性的催收程序。因此，对于第三方债务催收行业，我们应当抛弃原先对于私力救济和债务催收的偏见，从实体正义和多元化程序运作的角度加深对第三方债务催收积极作用的认识，并充分借鉴域外先进的信用法治理念，对我国现阶段的债务催收法律问题进行解剖与反思，并利用各方的力量，努力为第三方债务催收行业提供良性的法律供给，使其成为推动我国法治化进程的重要力量。

债务催收不当行为的类型化分析

——从“辱母杀人案”谈起

陆银清*　袁　亚**

内容摘要　私力债务催收源自债权的自我保护与实现，是“欠债还钱”朴素正义观的行为体现。根据案件梳理，私力催收手段可归纳为“暴力”“软暴力”“诱导”等类型，具体行为模式则呈现合作、讨价还价、暴力冲突之渐进演化过程。当公权力审视债务催收不当行为时，不仅需对债权人、债务人相互冲突的基本权利进行均衡，更需合理协调公权力与私权利、行为规制与经济效益之间的冲突。基于催收行为的类型化表现，应构建层次性规制体

* 湖南省怀化市中级人民法院研究室副主任。

** 湖南省长沙市雨花区人民法院民三庭法官助理。

系：一方面，立足我国现有法制资源，综合运用刑事尤其民事侵权责任的规制作用；另一方面，可在立法层面借鉴域外经验，对催收行为进行规范化指引，形成倡导性的事前激励效应。此外，确立债务人容忍义务则不仅能更公平地评价催收行为价值，更能引导社会诚信体系建设。就不当催收行为的责任认定，可运用权利位阶、利益衡量、权利协调等原则进行具体判断，而比例原则的引入更可实现“一举两得”：一是要求采取与催收目的相当之催收手段，禁止强势债权人滥用私力救济；二是设立公权力规制行为界限，防范其过度干涉私法自治。

关键词　债务催收；私力救济；权利位阶

2016 年 4 月 14 日山东省聊城由社会闲散人员组成的 10 多人催债队伍来到女企业家苏银霞的工厂，辱骂、殴打苏银霞。苏银霞之子于欢目睹其母受辱，从接待室的桌上摸到一把水果刀乱捅，致使一人死亡、两人重伤、一人轻伤。一审以故意伤害罪判处于欢无期徒刑后，该所谓“辱母杀人案”引发广泛社会讨论。2017 年 6 月 23 日山东省高级人民法院对于欢故意伤害案二审公开宣判，认定于欢构成故意伤害罪，但属防卫过当，依法对其减轻处罚，改判有期徒刑 5 年。这起案件暴露出民间金融、实业发展的现实困境，而导火索正是不当的债务催收行为，折射出私力债务催收的诸多问题。

一、现状浏览：债务催收行为的变异过程

“债的本质不在于我们取得某物的所有权或者获得役权，而

在于其他人必须给我们某物或者做或履行某事”,[①]债权人自行或委托他人对债务人进行债务催收,无论采取何种形式的催收行为,其实质均为债权实现的私力救济。私力救济是指权利遭受侵害时,“不通过国家机关和法定程序,而依靠自身或私人力量,实现权利,解决纠纷”。[②] 但是债务催收实际上是催收人为了让债务人履行支付义务,而与其进行的各种与催收有关的沟通。私力债务催收是一个双向交流、不断博弈的沟通过程,根据双方手段及妥协情况,形成不同的行为模式及沟通结果。

(一)情理模式

债权人依据法定或约定请求债务人履行支付义务,在依赖关系中双方自行协商解决,债权人以温和方式催讨,不采取过激言行;债务人也积极履行,主动筹措偿还,即使不能按约清偿也会展现困难、求得延缓。此种模式下,双方的沟通行为互为良性,以诚实信用及互谅互让为基础,合作关系得以维持,债权私力救济自我实现。

(二)法理模式

当债权人向债务人请求支付被拒绝后,部分债权人会选择向公权力机关提起诉讼(或申请仲裁和调解)以维护及实现债权,即运用公力救济手段。在这个司法机关居中裁判、双方举证的过程中,既有讨价还价的纯经济行为,也有“耍赖”等割裂关系的行径,双方的权利义务由司法机关根据法律条文、债务权益、举证责任进行裁决(见图1)。

---

① [意]彼德罗·彭梵得:《罗马法教科书》,黄风译,中国政法大学出版社1992年版,第284页。

② 徐昕:《私力救济的正当性及其限度——一种以社会契约论为核心的解说》,载《法学家》2004年第2期。

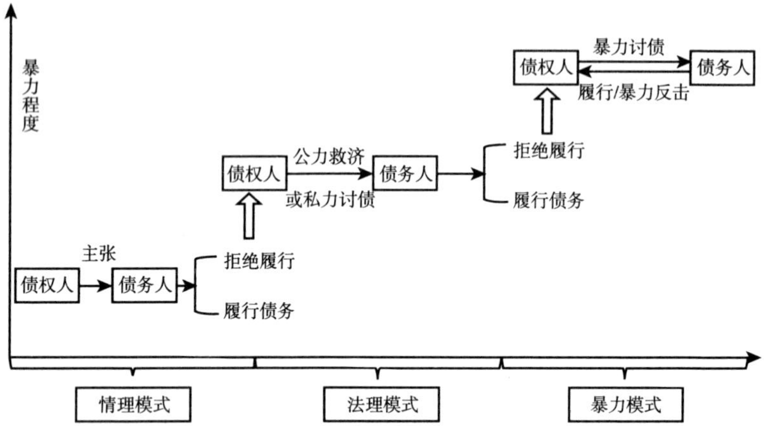

图1 私力债务催收一般行为模式

(三)暴力模式

债务人不履行债务对债权所体现的经济价值产生威胁,此时部分债权人会自行或借由他人采用暴力或暴力威胁方式迫使债务人偿还,这是违法性的私力救济方式,民事纠纷上演至刑事案件。在这种模式下,既没有温情脉脉的合作,也没有斤斤计较的讨价还价,只有强力高低决定的全有或全无的债务履行结果;没有关系的维持或割裂,只有赤裸裸的暴力侵犯或互相伤害。

上述3种模式不仅表明了私力债务催收的3种状态,更显示了私力债务催收向暴力冲突渐进演化的过程,从中可见并非所有的催收行为均会演变为暴力冲突的刑事犯罪,其变异过程如图2所示。

图2　债务催收行为变异过程

二、实践考察：债务催收不当行为的类型化表现

债权的实现建立在请求权实现即债务人履行的基础之上，当债务人未对请求予以给付后，为保障并实现债权的期待性利益，债权人会通过催收语言、催收手段、行为对象的调整来督促或逼迫债务人履行债务。经案件梳理，以催收行为暴力程度为区分，常见催收行为可归纳如下。

（一）暴力催收手段

债权人对债务人进行财产扣押或人身自由限制，以暴力、胁迫、恐吓等强制手段收取债务，催收行为暴力程度高，根据指向的对象，可以分为人身健康侵害型、财产侵害型、人身自由或住宅侵害型。催收人希望以殴打、刺杀造成债务人生理痛楚以影响其还款意志，或通过拘禁、安全恐吓等给予债务人人身安全压力，加速债务的偿还；对债务人财物除有扣押抵债目的外，还有破坏泄愤之意图。债务人虽承担履行债权人请求权之义务，但并不因此丧失对自身人身或财产的支配权，催收中不得对其人身或财产采取实行行为，故前述催收行为不仅对债务人权益损害严重，更产生恶劣社会影响，偏离债务催收之目的（见表1）。

表1 常见暴力催收行为

行为手段	序号	具体情形
使用或威胁使用暴力对债务人生命或身体进行侵害	案例1①	债权人陈某为讨债持携带的尖刀连续刺戳债务人姜某背部、颈部、胸腹部等处,造成姜某失血性休克死亡
	案例2②	债权人曹某纠结他人向万某索要拖欠货款,众人对万某实施殴打致轻伤
	案例3③	被告人王某指使被告人张某等找到债务人魏某,以言语威胁手段迫使其还款
	案例4④	被告人为向被害人索取债务,将其看管期间,通过言语恐吓的方式逼迫交付费用
对债务人财产(或占有物)进行盗取、损害、扣押等	案例5⑤	李某、王某至何某经营处追讨拖欠的工钱1720元,因寻找及呼喊何某未果,两人将档口内停放的价值2295元的黄色电动车推走抵债
	案例6⑥	黄某和宋某因合作经营红松林咨询中心产生纷争,为追讨合作资金及收益,宋某举牌讨债,后于晚间在咨询中心卷闸门和广告牌上用红色油漆喷上"黄某骗子,欠钱不还""还钱""黄某"等字样
	案例7⑦	陈某因多次向刘某催要借款无果,后发现刘某驾驶某车辆(系刘某向某租赁公司租借)遂将该车辆扣留
	案例8⑧	江某在讨债过程中伙同他人将被催收人汽车玻璃及门外压条等物品打烂

① 参见上海市第二中级人民法院(2010)沪二中刑初字第110号刑事判决书。

② 参见安徽省天长市人民法院(2015)天刑初字第00033号刑事判决书。

③ 参见河南省郑州市中级人民法院(2013)郑刑一终字第119号刑事判决书。

④ 参见上海市青浦区人民法院(2015)青刑初字第1069号刑事判决书。

⑤ 参见广东省吴川市人民法院(2014)湛吴法刑初字第142号刑事判决书。

⑥ 参见广东省珠海市中级人民法院(2016)粤04民终2199号民事判决书。

⑦ 参见陕西省石泉县人民法院(2015)石民初字第00688号民事判决书。

⑧ 参见吉林省梅河口市人民法院(2016)吉0581刑初397号刑事判决书。

续表

行为手段	序号	具体情形
对债务人人身自由或住宅进行侵犯	案例9①	为催讨债务,郭某纠集他人将刘某由某网吧带至某连锁旅店房间,期间对刘某殴打致左耳耳膜穿孔,次日民警将刘某解救
	案例10②	为向赵某索要欠款,杨某伙同韩某、张某贴身跟随赵某并要求二人吃住在赵某家中。次日,赵某妻子要求韩某、张某离开被拒绝,后赵某妻子欲喝农药自杀被韩某、张某制止,随后二人先后离开
	案例11③	周某因向马也公司催讨债务进入该公司居住,由2015年5月居住至2015年12月一审判决之时

(二)“软暴力”催收手段

债权人对债务人滋扰、辱骂,或妨碍日常生活、工作的手段一般被概括为“软暴力”,是区别于肢体暴力造成他人伤害的一类行为,暴力程度虽然较低,但给债务人正常生活和工作造成较大困扰。债权人希望以骚扰、跟踪、堵截、宣扬等方式侵扰债务人日常生活或经营,通过破坏身心安宁和社会评价造成债务人心理逼迫感,不胜其烦而选择还款(见表2)。该类行为性质混杂,既有正当或社会容忍范围内的催收行为,也有逾越合理界限的侵权行为,是债务双方纠缠重点及司法认定难点。

① 参见天津市滨海新区人民法院(2017)津0116刑初60143号刑事判决书。

② 参见广东省佛山市中级人民法院(2006)佛刑二终字第318号刑事判决书。

③ 参见江苏省泰州市中级人民法院(2016)苏12民终223号民事判决书。

表2 常见“软暴力”催收行为

行为手段	序号	具体情形
在债务人居所或工作单位公然讨债	案例12①	因何某未能及时还款,方某至其住处催讨,引发小区居民围观
	案例13②	为要求赵某归还借款,金某自行并委托他人至其工作单位要债
	案例14③	薛乙以薛丙欠债未清为由,汇集多人至薛甲(薛丙父亲,与薛丙共同居住,为户主)家庭居所处主张债权,并数次在前、后门悬挂白色条幅,上书“还我血汗钱”
	案例15④	张某因经济纠纷先后将苏某经营的山庄大门锁住,扰乱经营活动,指使亲戚在门口悬挂“欠债不还、天理不容”横幅
对债务人紧跟、威胁	案例16⑤	被告人王某多次指使被告人崔某、何某以紧跟、威胁等手段向债务人催讨欠款
对债务人人格尊严进行侮辱	案例17⑥	程某因多次向董某追要借款未果,用推车卸倒粪便在董某家门口,被董某家人看到后予以阻止,过程中董某、程某互相抹粪

① 参见江苏省苏州市吴中区人民法院(2016)苏0506民初2299号民事判决书。
② 参见江苏省南京市中级人民法院(2015)宁民终字第7234号民事判决书。
③ 参见福建省福清市人民法院(2014)融民初字第4786号民事判决书。
④ 参见河南省新乡市辉县人民法院(2013)辉民初字第1213号民事判决书。
⑤ 参见河南省郑州市中级人民法院(2013)郑刑一终字第119号刑事判决书。
⑥ 参见河南省濮阳市濮阳县人民法院(2016)豫0928刑初81号刑事判决书。

续表

行为手段	序号	具体情形
对债务人生产经营场所进行干扰	案例18①	绿洲苑公司与新龙源公司就欠款事宜在法院达成调解协议并约定还款期限,后新龙源公司未按约付清。某次催讨争议中,绿洲苑公司用两辆车将新龙源公司大门堵上,后经报警调解将车辆移开
利用网络、微信等新兴媒体散播追债信息	案例19②	解除恋爱关系时莫某认可欠付梁某恋爱期间开支若干并签名确认,约定还款日前梁某在某微信群发布莫某签名借款书,并发布"莫某请自重""欠债还钱、天经地义"等文字信息

(三)"诱导型"催收手段

催收人意在引发债务人误解,影响其权利行使及债务履行,如造成债务已由律师受理并等待交付法庭情景,以督促及时响应付款要求;制造债务金额膨胀假象,债务人会担忧财务状况并误以为在讨价还价,最后屈服于催收人的要求(见表3)。美国《公平债务催收法》(Fair Debt Collection Practices Act,FDCPA)将该类行为定义为"错误或令人误解的陈述"并列举了16种情形,催收人如有违反将承担相应民事责任。[3] 如"Avila诉Rubin案"及

① 参见贵州省贵阳市观山湖区人民法院(2014)筑观法民商初字第42号民事判决书。

② 参见广东省佛山市高明区人民法院(2016)粤0608民初3800号民事判决书。

③ 参见《公平债务催收法》第7条"错误或令人误解的陈述",曾天琪译,载《金融服务法评论》2013年第2期。

“Foti 诉 NCO 财务系统公司案”中，[1]法院认定催收人假称律师进行催收、试图掩盖催收目的以不履行“Mini Miranda”（迷你米兰达）警告[2]，对不成熟的债务人造成心理强迫或诱导，应承担相应损害赔偿责任。在我国物业服务合同及商品房预售合同系列案中较常见，催收人会使用法律顾问律师事务所的信函或名义发送催款函，但律师不会实际参与前期催收或债务核实工作；在合同纠纷中，债权人也倾向主张高额违约金或损失赔偿，以此作为调解筹码。

表 3　常见“诱导型”催收行为

行为手段	序号	具体情形
律师角色的渗入	案例 20[3]	物业公司主张曾委托某律师事务所向被告邮寄《催收物业费律师函》，但未提交邮寄签收证明
冒充国家工作人员	案例 21[4]	朱某化名张政冒充人民警察帮忙讨债

---

① Elwin Griffith：“The Challenge of Communicating with the Consumer and Validating the Debt Under the Fair Debt Collection Practices Act”，*U. Kan. I. Rev*（2006）．“Avila 诉 Rubin 案”中，催收机构使用律师信笺一年内发送了 270,000 封信件，律师实际不可能审查如此多催收档案；“Foti 诉 NCO 财务系统公司案”中，收债员通过答录机发出标准化语音信息，要求债务人就一个需立马重视的私人问题予以电话回复，该留言间接传达了关于债务的信息而未履行“Mini Miranda”。

② Shera Erskine：“Please Leave a Message after the Tone_ How Florida Lawyers Should Approach the Mini-Miranda Warning Requirement of the Fair”，*Noval L. rev*（2007）．FDCPA 要求债务收取人在与债务人初次沟通时（口头或书面）必须表明身份并表明正在尝试收取债务及沟通所取得的信息将用于该目的，在随后的沟通中亦应表明其债务收取人身份。

③ 参见重庆市沙坪坝区人民法院（2016）渝 0106 民初 8488 号民事判决书。

④ 参见江苏省苏州工业园区人民法院（2016）苏 0591 刑初 547 号刑事判决书。

续表

行为手段	序号	具体情形
债务金额的夸大	案例22①	东邦公司依据框架协议及相关补充协议约定，主张银富公司向其支付剩余合同价款，而约定事项尚未实现
	案例23②	陈某与迅联公司签订房屋租赁合同并履行，后迅联公司因经营原因要求解除合同并发出通知书，陈某于2014年12月5日收回房屋，要求支付房租至2014年12月25日
沟通性语言的使用	案例24③	债权人和债务人之间因矛盾或误会导致债务未履行，通过化解矛盾最后收取债务
催债目的的掩盖	案例25④	中国工商银行广东支行和北京分行分别在网上公布共计1700余名拖欠助学贷款的大学毕业生信息

三、理论剖析：债务催收不当行为的冲突与规范

作为权利主体的人是社会关系的总和，故权利与权利之间并非井然分立，而是相互限定、相互制约。当公权力审视不当催收行为时，其规范行为不得违背比例原则，并应交替站在债务双方利益立场，通过利益衡量均衡双方冲突之利益，制定符合社会公益的规制方法。

（一）基本权利之间的冲突

两个以上基本权利主体各自相互主张其基本权利，而二人主

① 参见最高人民法院（2014）民申字第1461号民事裁定书。

② 参见四川省成都市成华区人民法院（2015）成华民初字第7452号民事判决书。

③ 佚名：《讨债公司要债手段先问原因再下手》，载青青岛社区网：http://club.qingdaonews.com/touch/show-1242-52373，最后访问日期：2017年8月18日。

④ 贺林平：《助学贷款违约曝光能否管用》，载人民网：http://paper.people.com.cn/rmrb/html/2007-08/10/content_15549813.htm，最后访问日期：2019年8月6日。

张对立的“权利主张之冲突”即为基本权利冲突,也有学者称为“基本权利摩擦”。这一问题的产生,是随着认可“基本权利之第三人效力”理论,即在私法关系上可以援引宪法基本权利而来的问题。①

权利冲突是美国经济学家科斯的重大发现,他在研究“公害”等类似侵权案件时指出:“避免对乙的损害将会使甲遭受损害,必须决定的真正问题是:是允许甲损害乙还是允许乙损害甲?”②以此观点分析私力债务催收:催收系保障债权人财产权的行为手段,即从“存续保障”进展到“价值保障”,行为指向的对象可能涉及债务人的人身权、名誉权、财产权等,故“催收”实质是债务双方上述基本权利的冲突,真正的问题是:是允许债权人损害债务人,还是允许债务人损害债权人?

当债务双方基本权利发生冲突时,必然要求某方适当妥协或退让其权利主张,以维系社会主体之稳定与和谐及宪法价值共同体,这种观点在 FDCPA 中得到体现,该法在请求权与隐私权的冲突中,以列举和概括的方式明确对债务人隐私权的保护,对催收行为予以限制。如规定在与消费者③之外的任何人就取得消费者位置信息而进行沟通时,不得直接说明或用其他形式泄露债务收取事宜,故明信片、邮件、电报等通信方式的使用及内容均需遵守这一原则。④ 而随着答录机等新兴通信工具的使用,信息获取人

① 李震山:《基本权利之冲突》,载《月旦法学教室:公法学篇》2000 年 1 月。

② [美]科斯:《社会成本问题》《论生产的制度结构》,盛洪、陈郁译校,三联书店上海分店 1994 年版,第 143 页。

③ 在 FDCPA 中消费者指“有义务或被指有义务偿还债务的自然人”。

④ 美国《公平债务催收法》第 4 条第 2、4、5 款,曾天琪译,载《金融服务法评论》2013 年第 2 期。

变得广泛及不确定，对上述规定造成了一定挑战。①

（二）私权利和公权力的冲突

基本权利系维护个体尊严和自由，反映了宪法上“人”的目的性，可保护个体自由不被公权力无故侵犯。面对公民基本权利，公权力应恪守比例原则，对私权利的干预限于更高的利益目的，且采取适合该目的的最缓和的手段。

在不当债务催收中，债务人可以基于国家对基本权利的保护义务，请求公权力保护其私权利；但当公权力基于此项请求对债权人权利进行限制时，债权人也可向国家主张基本权利的防御功能，要求国家的不作为，避免该限制影响其债权实现。公权力须在债务双方的权利之间进行取舍，均衡两者的冲突。

为避免对债权人财产利益的过度干预，公权力规范催收行为应以消除侵犯性催收行为、维护诚实信用的金融环境等公共利益为目的，在规范中亦应尊重债权人的正当权利主张及使用必要催收手段。具体而言，既不能仅限制债权人的救济行为，无视其对权利的自然追求，与社会普遍正义理念相冲突；也不能盲目肯定救济行为的合法性，引起对债务人权利的侵犯，产生新的社会矛盾。故仅需对严重损害社会公共利益及债务人权利的行为予以规范，不过度干预债权人行使债权的权利及自由。

（三）行为规制与经济效益的冲突

经济学家维克塔·范达赛尤（Viktar Fedaseyeu）最近的一项研究认为，标准经济分析表明，对债权人收款的强制性限制对消

---

① Elwin Griffith, "The Role of Validation and Communication in the Debt Collection Process", *Creighton Law Review*(2010).

费者获得信贷总体产生不利影响。①

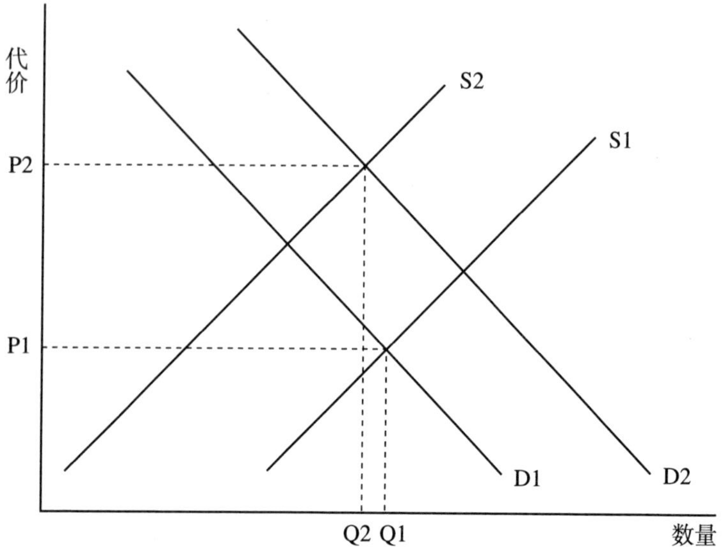

P=代价；Q=数量；D=需求；S=供应

图3　限制债务催收行为的影响

从图3可见，更严格的限制债权人的催收行为将导致供应从S1转向S2，同时债务人需求从D1增加到D2，总体数量从Q1转为Q2，这说明平衡量的减少。因此，已经违约的债务人会受益于对催收行为的更多限制，但利益将以牺牲其他债务人为代价，其他债务人可能会最终付出更多的代价或获得更少的信贷机会。因为在贷款时，贷方不能完全预测哪些借款人会最终违约，所有潜在借款人都将被迫支付更高的信贷成本，特别是风险较高的借款人。相反，降低债权人催收行为限制将增加债权人的损失风

① Todd J. Zywicki, *The Law and Economics of Consumer Debt Collection and Its Regulation*, Social Science Electronic Publishing(2015).

险,从而提高贷款成本。

银行委托第三方进行债务催收即存在上述冲突:催收机构采取“软暴力”催收手段以实现较高的催收率,对金融机构诚信及商誉产生负面影响,如北京东城区人民法院即向某银行北京分行发出司法建议,要求对信用卡催收行为予以规范。① 为解决上述矛盾,我国银监会及我国台湾地区、香港特别行政区银行业纷纷借鉴“成本收益分析”规制催收行为,计算权利损害成本和财政支出成本,平衡公共利益的追求,以此制定管理办法,明确催收外包机构选用标准、业务培训、法律责任等,规定不得单纯按欠款回收金额提成方式支付佣金,并要求催收公司不得采取骚扰性或不正当催收手段。② 将成本收益分析应用于催收行为规制影响分析,既能增强行政规制能力,又能提升资源配置效益。

四、司法判定:债务催收不当行为的法律认定原则

我国目前没有专门的债务催收行为法规,仅个别地方司法机关出台了涉及违法催收行为司法适用的有关解释,③而对不当催收行为的民事责任认定没有统一标准。面对债务双方相互冲突的基本权利,为避免陷入判断困区,可运用或综合运用以下原则作为个案认定标准,以删繁就简。

---

① 王丽娜、马文婷:《银行雇人用恐吓等手段催信用卡客户还钱》,载新浪网:https://eladies.sina.cn/?pwt=all&sa=t184d821166v&vt,最后访问日期:2017年8月18日。

② 如中国银监会《关于进一步规范信用卡业务的通知》(银监发〔2009〕60号)、“金融机构办理应收债权催收作业委外处理要点”(我国台湾地区)、《银行营运守则》(我国香港特别行政区)。

③ 2008年北京市公安局、北京市人民检察院、北京市高级人民法院联合发布《关于办理侦探公司讨债公司违法犯罪案件工作会议纪要》;2001年浙江省高级人民法院、浙江省人民检察院、浙江省公安厅联合发布《关于办理寻衅滋事案件适用法律若干问题的意见》。

（一）权利位阶原则

宪法是受价值拘束的法秩序，在基本权利发生冲突时，可参考宪法体系中各基本权利所保护价值之高低，确立优先保护对象。宪法虽未明确规定某项基本权利优于另一项，但根据需求的层次及紧迫性，各基本权利所保护的价值确实存在不同，法官需在个案中将相互冲突的基本权利排位，优先保护被社会普遍认为具有较高价值位阶的基本权利。

一般而言，生命、身体健康及人身自由的权利价值要高于财产权利价值，[①]故不得为实现财产权利而损害债务人生命或身体健康、自由，或意图暴力侵害其人身使其心生畏惧，FDCPA 即明确规定催收中不得“使用或威胁使用暴力或其他犯罪手段，对他人的人身、名誉或财产进行损害”。[②] 案例 1 ~4 及案例 9、案例 10 中的债权人行为违反了这一原则，分别构成故意杀人罪、故意伤害罪、非法侵入住宅罪等。

（二）利益衡量原则

利益衡量法的学术传统源于庞德的社会学法学，其主张通过利益衡量分析和解决冲突。日本法学家加藤一郎在《法律解释学的理论与利益衡量》中进一步阐释：“对于利益作出比较衡量，强调实质判断以化解权利冲突，是十分必要的。”[③]

案例 12 ~15 及案例 19 中，言论自由权与名誉权产生冲突，

---

① 参见欧洲侵权法小组编著：《欧洲侵权法原则：文本与评注》，于敏、谢鸿飞译，法律出版社 2009 年版，第 63 页。

② 美国《公平债务催收法》第 6 条第 1 款，曾天琪译，载《金融服务法评论》2013 年第 2 期。

③ 王启富、马志刚：《权利的成本——效益分析》，载《政法论坛（中国政法大学学报）》1999 年第 4 期。

对此应具体衡量。构成名誉侵权必须具备公开和恶意、社会评价的降低、特定受害人等要件，与社会观念、传统意识、文化基础等息息相关。是否使用明知虚假的材料进行诬蔑和攻击成为司法判定的重要标准，我国台湾地区司法主管机关释字第 509 号解释即确认“对诽谤之事，能证明其为真实者不罚”。案例 12、案例 13 中何某、赵某违约侵权在先，债权人为保障权利上门讨债在后，虽引发居民围观有所不妥，但上门催要欠款属正当催收手段，债权人的言论皆围绕讨债而进行，无贬损债务人人格或宣扬其隐私之意图，故不构成名誉侵权。但若言论内容失实且造成严重负面影响，则应追究言论人之名誉侵犯责任，这种观点在 FDCPA 中得到体现，其规定不得使用下流不敬的语言辱骂消费者。[①] 案例 14、案例 15 中债权人悬挂横幅滋扰了债务人家庭生活，且横幅内容易被公众理解为及于全体家庭成员，足以导致债务人家庭成员的社会评价降低，明显具有主观过错；案例 19 中梁某使用贬损他人名誉的文字在微信群内随意描写，并歪曲事实，在微信群内及线下造成网友对莫某的负面评价，产生不良影响，均侵犯了名誉权。

（三）权利协调原则

在有些情况下，相互矛盾的冲突利益之间可能相互协调，实现一方法益并不意味着另一方法益的牺牲，各退一步可获得各自生存空间，以优化利益分配。债务人的正常生活、工作及经营不仅是其生存及发展手段，亦是偿债能力之基础，故债务主体间不应激烈斗争和冲突。FDCPA 据此对债务人的生活安宁权及工作权进行了相应维护，规定不得选择对消费者工作、生活造成不便

---

① 美国《公平债务催收法》第 6 条第 2 款，曾天琪译，载《金融服务法评论》2013 年第 2 期。

的时间或地点进行催收,不得采取骚扰、侵犯对方的通信方式,如重复或超长时间的通话、响铃,当消费者雇主禁止时亦不得在其工作地点催收等。①

案例18中绿洲苑公司通过车辆堵门的激烈手段讨要欠款,其目的虽然是维护自身合法权益,但造成新龙源公司正常生产经营秩序受损。运用权利协调原则加以分析,新龙源公司的正常经营及获益是有利于实现绿洲苑公司债权的,双方有共同的利益空间,故新龙源公司的生产经营权属应保护的权利,绿洲苑公司依法应承担相应侵权责任。案例11亦属此类情形。

(四)比例原则

"比例原则要求合比例、适度,着眼于相关主体利益的均衡,其精神在于反对极端、实现均衡,既不能'过',也不能'不及'",②由适当性、必要性、均衡性3个子原则构成。在基本权利冲突的案件中,可审查债权人"为实现目的所采取的限制基本权利的手段是否为必要,有无更为和缓的替代性措施,该最和缓措施所造成的不利益与所追求的目的间是否相均衡"。③ FDCPA对与催收目的不相称的催收手段明确禁止,如以某种外在形式虚假陈述或暗示与政府存在隶属关系,伪造或假称书面文件由法院等政府机关签发,威胁即将采取非法措施或错误告知消费者面临逮捕、监禁、扣押、查封等法律处分。④

---

① 美国《公平债务催收法》第5条第1款、第6条第5款,曾天琪译,载《金融服务法评论》2013年第2期。

② 王利明:《民法上的利益位阶及其考量》,载《法学家》2014年第1期。

③ 郑晓剑:《比例原则在民法上的适用及展开》,载《中国法学》2016年第2期。

④ 美国《公平债务催收法》第7条第1款、第4款、第5款、第9款,曾天琪译,载《金融服务法评论》2013年第2期。

案例5～8中催收人虽均具有合法债权，但以盗抵债或损坏、扣押财物逼债，不仅侵害债务人的财产所有权（占有权），也破坏了社会管理秩序，催收手段超出债权实现之目的，过度侵害了债务人财产权，故判决均认定催收行为不当或违法，应分别承担相应责任。案例17中程某、董某互相泼粪的行为与债务催收无关，也超出了社会公序良俗可接受的债务纠纷一般限度，公然侮辱对方人格尊严，情节恶劣，经比例衡量确认构成侮辱罪。

五、路径探索：债务催收不当行为的合理化规制

在认可私力债务催收存在之必要性及对公力救济补充性前提下，鉴于不当催收行为会侵犯债务人权利及债务清偿顺序，甚至构成犯罪并引发后续违法，如于欢的故意伤害行为即由非法催收行为引发，公权力应对债务催收不当行为予以规制，“法律正是借助于私利而使私力救济行为人为公益而协作，即使他具有野心并贪得无厌”，[①]以此引导私力救济实现公平、正义的法律价值。

（一）规制原则：公权力对私权利的引导与规范

一是探讨完善并发展可提升到法律层面的私力债务催收。如自助行为的法律化，通过立法设定债权实现之自助行为的性质、要件、限度和后果，既从制度上肯定债权人私力救济的合法性，又表明国家对不当催收行为的打击态度。美国是目前债权实现中私力救济运用较完备先进的国家，已形成了以债务人权益保护为核心的法律保障体系，催收人有明确的行为引导规范，根据法定后果自动调整行为方式，以取得最大化合法利益（见表4）。

---

① Harold C. Syrett：The Papers of Alexander Hamilton（1961－1963），p.73.

表4 美国债务催收行为规范体系

发布时间	主要内容
1968年	美国联邦贸易委员会首次发布催收指导原则，阐明不公平和欺诈性的催收行为是非法并会被起诉
1970年	美国联邦政府规定债务人工资收入的最高扣押比例是25%
1970年	美国《公平信用报告法案》规定消费者在信用报告中不良记录的存续年限及不准确记录更正程序
1974年	美国《公平信用结账法案》规定信用卡账单的异议处理程序
1977年	FDCPA作为基本法规定第三方催收公司义务和消费者权利，禁止催收公司实施一切有损消费者权利和尊严的行为
1977年	美国联邦法院发布“最不知情的消费者”标准来评价消费者处境，以此判断催收过程是否存在误导
1985年	美国《FTC信用实践条例》限制债权人在信贷合约中的救济措施
2010年	美国《多德—弗兰克法案》赋予美国消费者金融保护局（Consumer Financial Protection Bureau，CFPB）指定催收规则、监管催收业和行政执法的权力

反观我国，民事领域仅在《民法总则》及《侵权责任法》中将紧急避险、正当防卫确定为侵权责任免责事由，①立法尚未确认民事自助行为。但在司法实践中，面对民事主体对自助行为的自然需求，法院仍然作出了积极回应。② 对此，立法不应予以回避，当“无法及时获得国家力量的帮助”或“情节轻微，实际上并没有寻求国家力量帮助的必要”时，就侵权责任认定“仍然有必要将自助行为规定为一项抗辩事由”。③

① 结合我国《刑法》第20条、第21条分析，其针对的必须为正在进行的不法侵害或正在发生的危险，是对权利存在的消极保护，并非本文讨论的权利实现中的私力救济。

② 尹伟民：《民事自助行为的认定——以司法判决实证分析为视角》，载《社会科学》2016年第9期。

③ 张新宝：《民法分则侵权责任编立法研究》，载《中国法学》2017年第3期。

二是在司法实践中排除暴力型私力救济，引导侵权型私力救济。对于并非显然属于刑事规定构成要件（法益的侵害还有争执空间者）的"不当催收行为"，刑法的谦抑性原则应予重视；对一些侵犯债务人或其他人合法权益的不当催收行为，则追究相应侵权责任，以民事责任法律效果处理不当催收行为最佳。不当催收行为的规范路径如图4所示。

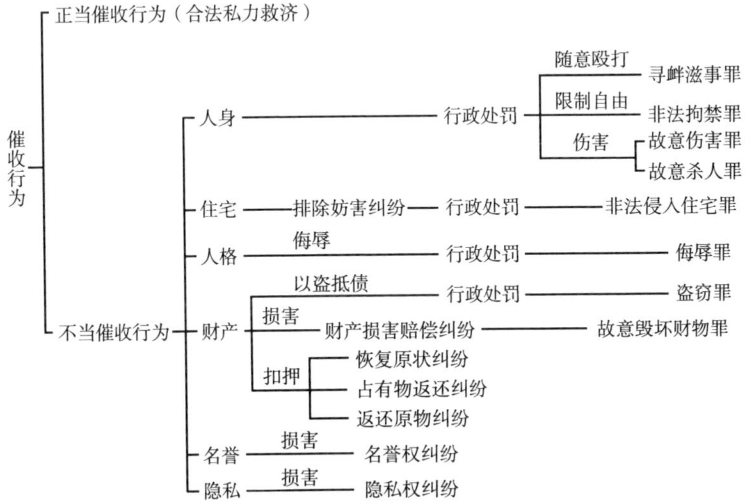

图4　催收行为一般规范路径

通过图4反观"辱母杀人案"：债权人吴某、赵某指使他人对于欢、苏银霞限制人身自由，并伴有多次催逼、骚扰、侮辱，对于欢间有推搡、拍打、卡颈部等肢体行为，上述情节构成非法拘禁；还采取在源大公司车棚内驻扎、在办公楼前支锅做饭等方式催债，如对公司正常生产经营造成妨害，则应承担排除妨害的侵权责任；此外，吴某、赵某与苏银霞借款时签订房屋买卖合同，双方约定如逾期还款，则将该住房过户给赵某，属于流质契约，为无效约定，故后续吴某、赵某指使他人将上述住房的门锁更换并强行入住，侵犯了房屋所有权人利益，亦应承担排除妨害的侵权责任。

（二）规制态度：私权利对私权利的容忍与限制

在私力债务催收中，债务人怠于履行债务并给债权人造成损害在先，催收人使用的非法或不当手段，其最终目的并非侵害债务人或其他人法益，系追求金钱上的给付义务，而这个义务原本就是债务人应该要承担的。基于权利与义务的统一原则，人在享受权利时亦应承担相应义务，尤其因自身行为产生的责任，故债务人基于过错在先的鄙视性及可谴责性，应接受必要及合理的催收手段，对于偶发的、短暂的、低强度的只造成轻微不便或烦恼的追债行为，如非恶意及轻微的多次催讨、跟随、上门讨要、拉扯纠缠、吵闹宣泄等不具备实质性伤害的行为，债务人具有容忍义务。① 债务人容忍义务的负担程度取决于其主观恶意和实际履行债务情况，且成正比例。另外，债权人在行使权利时亦不能毫无克制，应对债务人的合法权利予以认可和容忍，债权行使时承担注意义务。

债权人的行为价值可通过债务人容忍义务的界定予以判断，在适用过错原则对催收行为是否侵权予以认定时，应不仅立足于惩罚行为人所实施的导致他人损害的行为，更要结合债务人的容忍度，注重“过错侵权责任法的利益平衡性”，②需要平衡的不仅是个案中债权人、债务人之间的利益，更重要的意义在于通过平衡债务双方利益，实现社会整体利益和个人利益的平衡。“一个

---

① 冯·图尔认为，“关于容忍义务，在概念上只是说，某人有义务不提反对或异议，这种反对或异议是他原本有权提出的”，德国法学家卡尔·拉伦茨予以认同并将容忍义务界定为一种区别于义务的法律约束。

② 张民安：《过错侵权责任制度研究》，中国政法大学出版社2002年版，第21页。

国家建立的侵权责任法体系只有对受害人与加害人的保护是均衡的，才是正义的"，[①]如果催收行为导致债务人有所损害时即苛以侵权追责，则债权人从事社会经济活动的积极性和主动性将会受到妨害，造成社会经济效益及朴素道德认同下滑。故在司法实践中应具体结合履约情况、损害程度及社会影响综合判断，通过债务人承担一定的容忍义务保护适度债权自助行为，以实现社会公共利益。

（三）规制方法：催收行为的禁止与开放

权利的行使应有理性及法律的界限，即公共利益与他人利益，不得以侵害二者为主要目的。正当催收行为的行为对象、目的、手段及社会效应均应在法律规定或社会秩序认可限度之内（见图 5），可通过设立私力债务催收的要件、程序和责任等来积极控制。

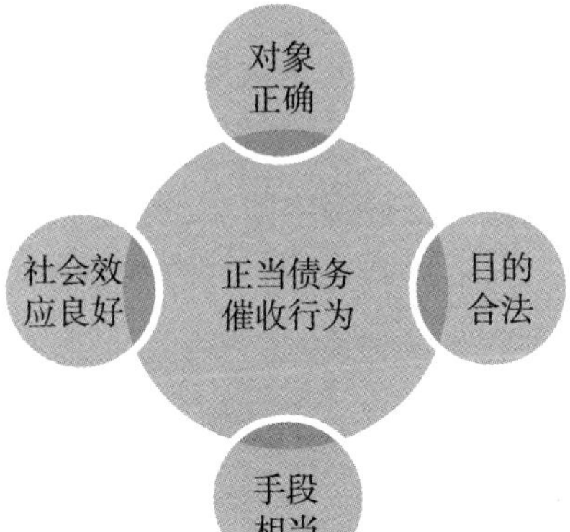

图 5　私力债务催收行为合理化构建

① 张新宝：《侵权责任法立法的利益衡量》，载《中国法学》2009 年第 4 期。

首先,债权及主张金额应合法。债权行使应建立在真实、合法之债务关系上,债权到期后(法定特殊情形除外)债权人方可要求债务人履行支付义务。就债务数额,不得向债务人催收债权金额以外或法律禁止请求的费用。

据 CFPB 对 2014 年关于收债的投诉分析,投诉主要涉及债务的真实性及债务金额。[①] 如"Veach 诉 Sheeks 案"中,催收律师根据 3 倍损害赔偿原则将 350 美元的索赔金额增加到 1050 美元,法院认定催收人违反了"不得以虚伪、欺诈或误导性陈述或手段收取债务"的规定,因为 3 倍赔偿必须由法院判决,催收人的损害赔偿请求陈述过早,构成债务的虚假陈述。[②] 我国虽没有单行规定,但对案例 22、案件 23 中催收人不符合事实及法律规定的债权主张均未予支持。

其次,催收对象应限制。债权人应遵守债权相对性,不得滋扰债务人近亲属或"相关人员",或直接向他人主张权利(法定特殊情形除外),否则应根据侵犯情况追究相应责任。

最后,催收手段应相当。债权行使时应"知己"更"知彼",以对方之正当权益确立自身行为之限度,在确保秩序稳定的价值立场下,催收手段应符合比例原则要求,除不得构成违法犯罪、不得损害社会道德和公共利益外,也不得超出催收目的,即结合债务履行情况、法益损害程度、债务人主观态度采取具备适当性(手段应有助于债务催收目的实现)、必要性(在所有可实现债权手段

---

① Mary Spector, Ann Baddour, *Collection Texas-Style an Analysis of Consumer Collection Practices in and out of the Courts*, Social Science Electronic Publishing(2016). 其中,催讨不存在的债务占 26%,信息不足以核实债务占 14%,金额错误占 5%。

② Elwin Griffith: "The Challenge of Communicating with the Consumer and Validating the Debt Under the Fair Debt Collection Practices Act", *U. Kan. I. Rev*(2006).

中选择对债务人侵害最少的方法)、均衡性(催收手段与债权实现目的保持合理比例关系)之催收手段。具体而言,可参考FDCPA进行行为立法,明确保护权利及禁行行为(见表5)。

表5　构建禁止之不当催收行为(部分)

保护债务人之权利	禁止之行为
人身权、名誉权、财产权	对人身、名誉或财产使用或威胁使用暴力等其他犯罪手段
人格尊严	用下流不敬之语言辱骂或行使侮辱人格之行为
生活安宁权	重复或超长时间电话等通信联系,严重干扰对方正常休息及工作
	在明知不方便或不正常的时间、地点强行债务沟通
隐私权	以广告形式转让债权
	以贬低债务人名誉目的宣扬欠债信息
知情权	以某种外在形式虚假陈述或暗示债务收取人与政府有关系或隶属于政府某部门
	伪造法院或者政府机构文书用于催收
	收取法定或约定以外的款项

六、结语

债权的请求权性质决定了债权自助行为的重要性,当债权人即使请求了也得不到履行时,应赋予其积极应对债务人诚信缺失状况的力量;但该自助行为的方式及强度应以债务人容忍义务限度为边界,行使条件及法律后果有待立法或司法解释予以规范。在我国《民法总则》通过后的“后总则时代”,《侵权责任法》的修订中应探讨私力救济侵权行为的认定及规制,增加自助行为为侵权责任抗辩事由,引导民众在维护他人权利中保护并实现自身权利。

图书在版编目(CIP)数据

首届"信用法治·韶山论坛"优秀论文集 / 谭曼，顾敏康主编. -- 北京 : 法律出版社, 2019
ISBN 978-7-5197-3731-3

Ⅰ. ①首… Ⅱ. ①谭… ②顾… Ⅲ. ①信用制度-建设-中国-文集 Ⅳ. ①F832.4-53

中国版本图书馆 CIP 数据核字(2019)第 168586 号

首届"信用法治·韶山论坛"优秀论文集
SHOUJIE "XINYONG FAZHI · SHAOSHAN LUNTAN" YOUXIU LUNWENJI

谭曼、顾敏康 主编

策划编辑 沈小英
责任编辑 沈小英 毛镜澄
装帧设计 李瞻

出版 法律出版社
总发行 中国法律图书有限公司
经销 新华书店
印刷 中煤(北京)印务有限公司
责任校对 李景美
责任印制 吕亚莉
编辑统筹 法治与经济出版分社
开本 A5
印张 15.625
字数 391 千
版本 2019 年 10 月第 1 版
印次 2019 年 10 月第 1 次印刷

法律出版社/北京市丰台区莲花池西里 7 号(100073)
网址/www.lawpress.com.cn
投稿邮箱/info@lawpress.com.cn
举报维权邮箱/jbwq@lawpress.com.cn
销售热线/400-660-8393
咨询电话/010-63939796

中国法律图书有限公司/北京市丰台区莲花池西里 7 号(100073)
全国各地中法图分、子公司销售电话:
统一销售客服/400-660-8393/6393
第一法律书店/010-83938432/8433 西安分公司/029-85330678 重庆分公司/023-67453036
上海分公司/021-62071639/1636 深圳分公司/0755-83072995

书号:ISBN 978-7-5197-3731-3 **定价**:128.00 元
(如有缺页或倒装,中国法律图书有限公司负责退换)